东南学术文库
SOUTHEAST UNIVERSITY ACADEMIC LIBRARY

向往公平
新生代农民工的社会心态

Aspiring for fairness
The social mentality of the new generation of migrant workers

龙书芹 ◆ 著

东南大学出版社
·南京·

图书在版编目(CIP)数据

向往公平：新生代农民工的社会心态/龙书芹著.
—南京：东南大学出版社，2024.1
ISBN 978-7-5766-1039-0

Ⅰ.①向…　Ⅱ.①龙…　Ⅲ.①民工-社会心理-研究-中国　Ⅳ.①D669.2

中国国家版本馆 CIP 数据核字(2023)第 239540 号

向 往 公 平：新 生 代 农 民 工 的 社 会 心 态
Xiangwang Gongping: Xinshengdai Nongmingong de Shehui Xintai

著　　　者：	龙书芹
出版发行：	东南大学出版社
社　　　址：	南京市四牌楼 2 号　邮编：210096　电话：025-83793330
网　　　址：	http://www.seupress.com
出 版 人：	白云飞
经　　　销：	全国各地新华书店
排　　　版：	南京星光测绘科技有限公司
印　　　刷：	广东虎彩云印刷有限公司
开　　　本：	700 mm×1 000 mm　1/16
印　　　张：	24
字　　　数：	456 千字
版　　　次：	2024 年 1 月第 1 版
印　　　次：	2024 年 1 月第 1 次印刷
书　　　号：	ISBN 978-7-5766-1039-0
定　　　价：	108.00 元

本社图书若有印装质量问题，请直接与营销部联系。电话：025-83791830
责任编辑：刘庆楚　责任校对：张万莹　责任印制：周荣虎　封面设计：企图书装

编委会名单

主 任 委 员：郭广银
副主任委员：周佑勇　樊和平
委　　　员：（排名不分先后）
　　　　　　王廷信　王　珏　王禄生　龙迪勇
　　　　　　白云飞　仲伟俊　刘艳红　刘　魁
　　　　　　李霄翔　汪小洋　邱　斌　陈志斌
　　　　　　陈美华　欧阳本祺　徐子方　徐康宁
　　　　　　徐　嘉　董　群
秘　书　长：白云飞
编务人员：甘　锋　刘庆楚

身处南雍　心接学衡

——《东南学术文库》序

每到三月梧桐萌芽,东南大学四牌楼校区都会雾起一层新绿。若是有停放在路边的车辆,不消多久就和路面一起着上了颜色。从校园穿行而过,鬓后鬓前也免不了会沾上这些细密嫩屑。掸下细看,是五瓣的青芽。一直走出南门,植物的清香才淡下来。回首望去,质朴白石门内掩映的大礼堂,正衬着初春的朦胧图景。

细数其史,张之洞初建三江师范学堂,始启教习传统。后定名中央,蔚为亚洲之冠,一时英杰荟萃。可惜书生处所,终难避时运。待旧邦新造,工学院声名鹊起,恢复旧称东南,终成就今日学府。但凡游人来宁,此处都是值得一赏的好风景。短短数百米,却是大学魅力的极致诠释。治学处环境静谧,草木楼阁无言,但又似轻缓倾吐方寸之地上的往事。驻足回味,南雍余韵未散,学衡旧音绕梁。大学之道,大师之道矣。高等学府的底蕴,不在对楼堂物件继受,更要仰赖学养文脉传承。昔日柳诒徵、梅光迪、吴宓、胡先骕、韩忠谟、钱端升、梅仲协、史尚宽诸先贤大儒的所思所虑、求真求是的人文社科精气神,时至今日依然是东南大学的宝贵财富,给予后人滋养,勉励吾辈精进。

由于历史原因,东南大学一度以工科见长。但人文之脉未断,问道之志不泯。时值国家大力建设世界一流高校的宝贵契机,东南大学作为国内顶尖学府之一,自然不会缺席。学校现已建成人文学院、马克思主义学院、艺术学院、经济管理学院、法学院、外国语学院、体育系等成建制人文社科院系,共涉及6大学科门类、5个一级博士点学科、19个一级硕士点学科。人文社科专任教师800余人,其中教授近百位,"长江学者"、国家"高级人才计划"哲学社会科学领军人才、全国文化名家、"马克思主义理论研究和建设工程"首席专家等人文社科领域内顶尖人才济济一堂。院系建设、人才储备以及研究平台等方面多年来的铢积锱累，为东南大学人文社科的进一步发展奠定了坚实基础。

在深厚人文社科历史积淀传承基础上，立足国际一流科研型综合性大学之定位，东南大学力筹"强精优"、蕴含"东大气质"的一流精品文科，鼎力推动人文社科科研工作，成果喜人。近年来，承担了近三百项国家级、省部级人文社科项目课题研究工作，涌现出一大批高质量的优秀成果，获得省部级以上科研奖励近百项。人文社科科研发展之迅猛，不仅在理工科优势高校中名列前茅，更大有赶超传统人文社科优势院校之势。

东南学人深知治学路艰，人文社科建设需戒骄戒躁，忌好大喜功，宜勤勉耕耘。不积跬步，无以至千里；不积小流，无以成江海。唯有以辞藻文章的点滴推敲，方可成就百世流芳的绝句。适时出版东南大学人文社科研究成果，既是积极服务社会公众之举，也是提升东南大学的知名度和影响力，为东南大学建设国际知名高水平一流大学贡献心力的表现。而通观当今图书出版之态势，全国每年出版新书逾四十万种，零散单册发行极易淹埋于茫茫书海中，因此更需积聚力量、整体策划、持之以恒，通过出版系列学术丛书之形式，集中向社会展示、宣传东南大学和东南大学人文社科的形象与实力。秉持记录、分享、反思、共进的人文社科学科建设理念，我们郑重推出这套《东南学术文库》，将近年来东南大学人文社科诸君的研究和思考，付之梨枣，以飨读者。

是为序。

《东南学术文库》编委会
2016年1月

目 录

第一章 绪论 …………………………………………………………（1）
  第一节 问题的提出 ………………………………………………（1）
  第二节 文献综述 …………………………………………………（3）
    一、社会不平等的理论及实证研究 ……………………………（3）
    二、社会心态的理论及实证研究 ………………………………（7）
    三、新生代农民工社会不平等与社会心态的研究 ……………（10）
  第三节 研究设计 …………………………………………………（13）
    一、分析框架 ……………………………………………………（13）
    二、研究假设 ……………………………………………………（14）
    三、研究方法 ……………………………………………………（15）
    四、样本概况 ……………………………………………………（15）
    五、主要研究内容 ………………………………………………（17）

第二章 新生代农民工的基本状况 …………………………………（19）
  第一节 新生代农民工的工作状况 ………………………………（19）
    一、工作经历及工作稳定性 ……………………………………（19）
    二、工作单位性质及所属行业 …………………………………（20）
    三、工作身份 ……………………………………………………（23）
    四、职务 …………………………………………………………（23）
    五、晋升 …………………………………………………………（24）
    六、工资及其构成 ………………………………………………（24）

七、工作时间及加班 …………………………………………… (27)
　　八、劳动合同签订及保障福利 ………………………………… (29)
　　九、劳动权益受损及其申诉渠道 ……………………………… (30)
　　十、对工作各方面的满意程度 ………………………………… (31)
　第二节　新生代农民工的社会经济地位 …………………………… (32)
　　一、生活水平 …………………………………………………… (32)
　　二、主观阶层地位 ……………………………………………… (34)
　　三、社会经济地位比较 ………………………………………… (35)
　　四、社会地位获得的归因 ……………………………………… (35)
　　五、对社会、生活的满意度 …………………………………… (36)

第三章　新生代农民工的公平观 ……………………………………… (39)
　第一节　新生代农民工的生活、工作观 …………………………… (39)
　　一、婚姻家庭观 ………………………………………………… (39)
　　二、工作观 ……………………………………………………… (43)
　　三、身份认同 …………………………………………………… (47)
　　四、社会融入自评 ……………………………………………… (49)
　　五、政治参与意识 ……………………………………………… (51)
　第二节　新生代农民工的公平观 …………………………………… (53)
　　一、公平观指数 ………………………………………………… (53)
　　二、不平等意识指数 …………………………………………… (55)
　第三节　公平观的群体差异性 ……………………………………… (58)
　　一、公平观的人口学差异 ……………………………………… (59)
　　二、公平观的工作属性差异 …………………………………… (63)
　第四节　不平等意识的群体差异性 ………………………………… (68)
　　一、不平等意识的人口学差异 ………………………………… (68)
　　二、不平等意识的工作属性差异 ……………………………… (76)
　第五节　公平观的影响因素 ………………………………………… (86)
　　一、研究假设 …………………………………………………… (86)
　　二、变量测量 …………………………………………………… (86)
　　三、模型及结果分析 …………………………………………… (90)

第四章　基于整体社会的不公平感 …………………………………… (106)
　第一节　基本状况 …………………………………………………… (106)

一、对不平等的认知 …………………………………………（106）
　　二、对不平等的态度 …………………………………………（108）
　　三、不平等的归因 ……………………………………………（108）
　第二节　群体差异 ………………………………………………（111）
　　一、对不平等程度认知的群体差异 …………………………（111）
　　二、对不平等态度的群体差异 ………………………………（115）
　　三、对不平等归因的群体差异 ………………………………（122）
　第三节　影响因素 ………………………………………………（135）
　　一、研究假设 …………………………………………………（136）
　　二、变量测量 …………………………………………………（136）
　　三、模型及结果分析 …………………………………………（137）

第五章　基于生存境遇的不公平感 ………………………………（170）
　第一节　生活世界的不平等 ……………………………………（170）
　　一、生活世界的不平等遭遇 …………………………………（170）
　　二、生活中的重大挫折或苦难遭遇 …………………………（171）
　　三、各领域不平等的严重程度 ………………………………（172）
　　四、对各领域的不公平感 ……………………………………（173）
　　五、对各领域不平等的接受程度 ……………………………（174）
　　六、歧视指数（不平等遭遇的来源）…………………………（175）
　第二节　群体差异 ………………………………………………（177）
　　一、不平等遭遇的群体差异 …………………………………（177）
　　二、生活中重大挫折或苦难遭遇的群体差异 ………………（186）
　　三、各领域不平等严重程度的群体差异 ……………………（187）
　　四、对各领域不公平感的群体差异 …………………………（194）
　　五、对各领域不平等的接受程度的群体差异 ………………（203）
　　六、歧视指数的群体差异 ……………………………………（211）
　第三节　影响因素 ………………………………………………（216）
　　一、研究假设 …………………………………………………（216）
　　二、变量测量 …………………………………………………（217）
　　三、模型及结果分析 …………………………………………（218）

第六章　社会结构、参照群体与不公平感 ………………………（253）
　第一节　理论与研究假设 ………………………………………（253）

一、社会结构(不平等)与不公平感 ……………………………… (253)
　　　二、新生代农民工的不公平感 …………………………………… (254)
　第二节　数据、变量与方法 ………………………………………… (256)
　　　一、数据与变量 …………………………………………………… (256)
　　　二、统计模型与分析策略 ………………………………………… (259)
　第三节　数据分析 …………………………………………………… (259)
　　　一、各个群体的不公平感 ………………………………………… (259)
　　　二、不公平感的影响因素 ………………………………………… (263)
　第四节　总结与讨论 ………………………………………………… (268)

第七章　不公平感对信任的影响机制 ………………………………… (270)
　第一节　理论和研究假设 …………………………………………… (271)
　　　一、社会信任和政府信任：孰因孰果 …………………………… (271)
　　　二、农民工的社会公平感与信任 ………………………………… (273)
　　　三、分析框架和研究假设 ………………………………………… (274)
　第二节　数据、变量与方法 ………………………………………… (275)
　　　一、数据来源 ……………………………………………………… (275)
　　　二、因变量及其测量：社会信任、政府信任 …………………… (276)
　　　三、核心自变量及其测量 ………………………………………… (277)
　　　四、关于控制变量的说明 ………………………………………… (277)
　　　五、统计模型与分析策略 ………………………………………… (277)
　第三节　数据分析 …………………………………………………… (277)
　　　一、农民工的信任：现状和诸群体比较 ………………………… (277)
　　　二、农民工的社会公平感对其信任体系的影响 ………………… (280)
　第四节　结论与讨论 ………………………………………………… (285)

第八章　遭遇不公平对待时的资源动员和行动模式 ………………… (287)
　第一节　资源动员和行动模式 ……………………………………… (287)
　　　一、资源动员 ……………………………………………………… (287)
　　　二、遭遇不公平对待时的行动模式 ……………………………… (291)
　第二节　行动模式的影响因素 ……………………………………… (298)
　　　一、研究假设 ……………………………………………………… (298)
　　　二、变量测量 ……………………………………………………… (298)
　　　三、模型及结果分析 ……………………………………………… (299)

第三节　结论与讨论 …………………………………………… (311)

第九章　研究结论与对策建议 …………………………………… (312)
　　第一节　研究结论 …………………………………………… (312)
　　第二节　对策建议 …………………………………………… (330)

参考文献 ……………………………………………………………… (339)

附　录 ………………………………………………………………… (345)

图片目录

图 1-1　新生代农民工对社会不平等的社会心态及其引导的分析框架 ………… (13)
图 2-1　新生代农民工的工作转换密度 ………………………………… (20)
图 2-2　新生代农民工的工作身份 ……………………………………… (23)
图 2-3　新生代农民工的职务状况 ……………………………………… (23)
图 2-4　新生代农民工的晋升机会 ……………………………………… (24)
图 2-5　新生代农民工的理想工资与实际工资的差距 ………………… (27)
图 2-6　新生代农民工加班的原因 ……………………………………… (28)
图 2-7　新生代农民工享受"五险一金"的情况 ……………………… (29)
图 2-8　新生代农民工反映意见的主要渠道 …………………………… (30)
图 2-9　新生代农民工的收入满足需要的程度 ………………………… (33)
图 4-1　未来5年中国的穷人和富人比例变化预测图 ………………… (107)
图 5-1　在生活中的重大挫折或苦难遭遇 ……………………………… (171)
图 5-2　遭遇挫折或苦难的种类 ………………………………………… (172)
图 5-3　各领域不平等的严重程度 ……………………………………… (173)
图 5-4　各领域的不公平感 ……………………………………………… (174)
图 5-5　对各领域不平等的接受程度 …………………………………… (175)
图 7-1　社会公平感与政府信任、社会信任的分析框架 ……………… (275)
图 7-2　农民工的公平感对其信任体系影响的结构方程模型——初始模型 … (280)
图 7-3　农民工的公平感对其信任体系影响的结构方程模型——修正模型 … (281)
图 8-1　新生代农民工在工作单位遭遇不平等对待时的倾诉或谈论对象 …… (288)
图 8-2　新生代农民工在工作单位遭遇不公平对待时倾诉的途径或工具 …… (289)

图 8-3 新生代农民工在和城里人相处遭遇不公平对待时的倾诉或谈论对象 …(289)

图 8-4 新生代农民工在和城里人相处遭遇不公平对待时倾诉的途径或工具 …(290)

图 8-5 新生代农民工享受城市的公共服务而遭遇不公平对待时的倾诉或谈论对象 ……………………………………………………………………(290)

图 8-6 新生代农民工享受城市的公共服务而遭遇不公平对待时倾诉的途径或工具 ……………………………………………………………(291)

表格目录

表 1-1 样本主要特征描述(组表) ……………………………………(16)
表 2-1 工作年限和工作转换密度的相关性 …………………………(20)
表 2-2 新生代农民工所在企业的单位性质和所属行业 ……………(21)
表 2-3 新生代农民工所在行业和单位性质的相关性 ………………(22)
表 2-4 新生代农民工的工资及构成比例 ……………………………(25)
表 2-5 总的工资收入与基本工资比例、加班工资比例的相关性 …(26)
表 2-6 新生代农民工的每周工作时间 ………………………………(27)
表 2-7 新生代农民工对工作各个方面的满意程度 …………………(31)
表 2-8 从比较的角度看新生代农民工目前的生活水平 ……………(32)
表 2-9 新生代农民工的生活所需工资与实际收入的差距 …………(33)
表 2-10 新生代农民工对自己所处社会阶层的评估 …………………(34)
表 2-11 新生代农民工社会经济地位的比较 …………………………(35)
表 2-12 新生代农民工认为获得较高社会地位的影响因素 …………(36)
表 2-13 新生代农民工对各个方面的满意程度 ………………………(37)
表 3-1 新生代农民工对家庭的看法 …………………………………(40)
表 3-2 新生代农民工的工作属性 ……………………………………(43)
表 3-3 新生代农民工对工作的意义的看法 …………………………(45)
表 3-4 新生代农民工对同事的看法 …………………………………(46)
表 3-5 新生代农民工对老家的看法 …………………………………(48)
表 3-6 新生代农民工对自身社会融入的看法 ………………………(49)
表 3-7 新生代农民工对国家事务的关注情况 ………………………(51)
表 3-8 关于不公平的观念 ……………………………………………(53)
表 3-9 公平观指数的描述性统计 ……………………………………(55)
表 3-10 关于不平等的意识倾向 ………………………………………(56)
表 3-11 不平等意识指数的描述性统计 ………………………………(58)

表3-12	不同性别的新生代农民工在公平观上的差异性	(59)
表3-13	新生代农民工的公平观的性别差异性	(59)
表3-14	新生代农民工的公平观指数在其年龄上的差异性	(60)
表3-15	新生代农民工公平观指数在年龄上的具体差异	(60)
表3-16	新生代农民工的公平观指数在其文化程度上的差异性	(62)
表3-17	新生代农民工公平观指数在文化程度上的具体差异	(62)
表3-18	新生代农民工的公平观与其总的打工年限的相关性	(64)
表3-19	新生代农民工公平观指数在其总的打工年限上的差异性	(64)
表3-20	新生代农民工公平观指数与其工作所在城市的相关性	(65)
表3-21	新生代农民工的公平观指数在其工作所在城市的具体差异	(66)
表3-22	不同性别的新生代农民工在不平等意识上的差异性	(69)
表3-23	新生代农民工的不平等意识的性别差异性	(69)
表3-24	不同政治身份的新生代农民工在不平等意识上的差异性	(70)
表3-25	新生代农民工的不平等意识在政治身份上的差异性	(71)
表3-26	新生代农民工的不平等意识在年龄上的差异性	(71)
表3-27	新生代农民工的不平等意识在年龄上的具体差异	(72)
表3-28	新生代农民工的不平等意识在文化程度上的差异性	(74)
表3-29	新生代农民工的不平等意识在文化程度上的具体差异	(74)
表3-30	新生代农民工的不平等意识与其在工作所在地生活年限的相关性	(76)
表3-31	新生代农民工的不平等意识在其工作所在地生活年限上的具体差异	(77)
表3-32	新生代农民工的不平等意识与其总的打工年限的相关性	(79)
表3-33	新生代农民工的不平等意识在其总的打工年限上的具体差异	(79)
表3-34	新生代农民工的不平等意识与其工作所在城市的相关性	(81)
表3-35	新生代农民工的不平等意识在其工作所在城市上的具体差异	(82)
表3-36	新生代农民工的公平观指数的影响因素模型	(90)
表3-37	新生代农民工的不平等意识指数的影响因素模型	(97)
表4-1	关于不平等程度的认知	(107)
表4-2	对不平等的态度	(108)
表4-3	一些人之所以成为穷人的原因	(109)
表4-4	变穷归因的两个因素指数的描述性统计指标	(110)
表4-5	一些人变为富人的原因	(110)
表4-6	致富归因的两个因素指数的描述性统计指标	(111)
表4-7	对不平等程度的认知在年龄上的差异性	(112)
表4-8	对不平等程度的认知在文化程度上的差异性	(113)
表4-9	对不平等程度的认知在工作年限上的差异性	(114)

表4-10	对不平等程度的认知在其工作所在城市上的差异性	(114)
表4-11	对不平等的态度在性别上的差异性	(116)
表4-12	对不平等的态度在年龄上的差异性	(117)
表4-13	对不平等的态度在文化程度上的差异性	(118)
表4-14	对不平等的态度在打工年限上的差异性	(119)
表4-15	对不平等的态度与当前城市居住年限的相关性	(120)
表4-16	对不平等的态度与其工作所在城市的相关性	(121)
表4-17	不同年龄段的不平等归因的方差分析	(123)
表4-18	各年龄段在不平等归因上的具体差异	(123)
表4-19	不同性别的人在不平等归因上的差异	(125)
表4-20	新生代农民工在不平等归因上的具体性别差异	(125)
表4-21	不同文化程度的人在不平等归因上的方差分析	(126)
表4-22	不同文化程度的群体在不平等归因上的具体差异	(127)
表4-23	不同政治身份的人在不平等归因上的差异	(128)
表4-24	新生代农民工在不平等归因上的政治身份差异	(129)
表4-25	对不平等的归因在总的打工年限上的差异性	(129)
表4-26	不同打工年限的新生代农民工在不平等归因上的具体差异	(130)
表4-27	对不平等的归因与其工作所在城市的差异性	(132)
表4-28	在不同城市工作的新生代农民工在不平等归因上的具体差异	(133)
表4-29	新生代农民工对"过度的不平等"的认知和态度的影响因素模型	(138)
表4-30	新生代农民工对"有害的不平等"的认知和态度的影响因素模型	(144)
表4-31	新生代农民工对变穷的结构性因素的认知和态度的影响因素模型	(149)
表4-32	新生代农民工对致富的结构性因素的认知和态度的影响因素模型	(153)
表4-33	新生代农民工对变穷原因的个人因素的认知和态度的影响因素模型	(158)
表4-34	新生代农民工对致富原因的个人因素的认知和态度的影响因素模型	(164)
表5-1	新生代农民工遭遇不平等的情况	(171)
表5-2	新生代农民工遭遇不公平对待的原因	(175)
表5-3	新生代农民工在生活世界的不平等遭遇的性别差异性	(178)
表5-4	新生代农民工在生活世界的不平等遭遇的年龄差异性	(179)
表5-5	新生代农民工在生活世界的不平等遭遇的文化程度差异性	(180)
表5-6	新生代农民工在生活世界的不平等遭遇在总的打工年限方面的差异性	(182)

表5-7	新生代农民工在生活世界的不平等遭遇与其在当前工作城市生活年限的相关性	(183)
表5-8	新生代农民工在生活世界的不平等遭遇的地域差异性	(184)
表5-9	不同打工年限的新生代农民工在挫折或苦难数量上的具体差异	(186)
表5-10	新生代农民工对各领域不平等严重程度的判断在年龄上的差异性	(187)
表5-11	新生代农民工对各领域不平等严重程度的判断在文化程度上的差异性	(189)
表5-12	新生代农民工对各领域不平等严重程度的判断在总的打工年限上的差异性	(190)
表5-13	新生代农民工对各领域不平等严重程度的判断的地域差异性	(192)
表5-14	新生代农民工对各领域不公平感的性别差异性	(194)
表5-15	新生代农民工对各领域不公平感的年龄差异性	(195)
表5-16	新生代农民工对各领域不公平感的文化程度差异性	(197)
表5-17	新生代农民工对各领域不公平感与其在当前工作城市生活年限的相关性	(198)
表5-18	新生代农民工对各领域不公平感与其总的打工年限的相关性	(199)
表5-19	新生代农民工对各领域不公平感的地域差异性	(201)
表5-20	新生代农民工对各领域不公平的接受程度在年龄上的差异性	(204)
表5-21	新生代农民工对各领域不公平的接受程度在文化程度上的差异性	(205)
表5-22	新生代农民工对各领域不平等的接受程度与其在当前工作城市生活年限的相关性	(206)
表5-23	新生代农民工对各领域不平等的接受程度与其总的打工年限的相关性	(208)
表5-24	新生代农民工对各领域不平等的接受程度与其工作所在城市的相关性	(209)
表5-25	不同性别的新生代农民工在不平等遭遇来源上的差异	(212)
表5-26	新生代农民工在不平等遭遇来源上的性别差异	(212)
表5-27	农民工身份歧视指数在其文化程度上的差异性	(213)
表5-28	新生代农民工歧视指数在文化程度上的具体差异	(213)
表5-29	农民工身份歧视指数与其在工作所在城市生活年限的相关性	(214)
表5-30	新生代农民工歧视指数在其工作所在城市的生活年限上的具体差异	(214)
表5-31	农民工身份歧视指数与其工作所在城市的相关性	(215)
表5-32	新生代农民工歧视指数在其工作所在城市的具体差异	(215)
表5-33	对就业机会不平等的认知与态度的影响因素模型	(219)

表5-34	新生代农民工对劳动报酬不平等的认知与态度的影响因素模型	(225)
表5-35	新生代农民工对住房状况不平等的认知与态度的影响因素模型	(231)
表5-36	新生代农民工对医疗不平等的认知与态度的影响因素模型	(237)
表5-37	新生代农民工对教育机会不平等的认知与态度的影响因素模型	(243)
表5-38	新生代农民工歧视指数的影响因素模型	(248)
表6-1	主要变量的描述性统计(新生代农民工群体)	(258)
表6-2	不公平感在3个群体间的一元方差分析	(260)
表6-3	3个群体不公平感均值的多重比较	(260)
表6-4	4个群体不公平感均值的多重比较	(261)
表6-5	新生代农民工不公平感的影响因素模型	(265)
表7-1	农民工的政府信任	(278)
表7-2	农民工的普遍信任	(278)
表7-3	社会信任和政府信任的诸群体比较	(279)
表7-4	修正模型的拟合优度指数	(282)
表7-5	测量模型的标准化参数估计	(282)
表7-6	结构模型的标准化参数估计	(283)
表7-7	社会公平感对政府信任的影响分解	(283)
表7-8	社会公平感、政府信任对社会信任的影响分解	(284)
表8-1	作为被访者的新生代农民工本人遭到不公平对待时的行动模式：按行动激烈程度分	(292)
表8-2	作为被访者的新生代农民工本人遭到不公平对待时的行动模式：按参与的人数分	(294)
表8-3	作为被观察者的新生代农民工遭到不公平对待时的行动模式：按行动激烈程度分	(295)
表8-4	作为被观察者的新生代农民工遭到不公平对待时的行动模式：按参与人数分	(296)
表8-5	"不反抗"的结构方程模型	(300)
表8-6	"个体行动"的结构方程模型	(302)
表8-7	"集体行动"的结构方程模型	(304)
表8-8	"消极的反抗"的结构方程模型	(305)
表8-9	"积极的反抗"的结构方程模型	(307)
表8-10	"过激的反抗"的结构方程模型	(309)

第一章 绪论

第一节 问题的提出

改革开放以来,中国在经济快速发展的同时,也在经历着急剧的贫富分化,通常认为,当社会不平等达到一定的程度(如基尼系数超过0.4)时,将会使该社会处于发生动荡的危险之中,就中国而言,基尼系数早已经超过了警戒线[1],但中国社会却并没有如有些人预期的那样成为"社会火山"(social volcano)[2]。有学者对此的解释是,当前我国的贫富分化造成的"社会结构紧张"只是一种客观结构,是发生社会矛盾的重要基础,但矛盾是否出现,要看第二个环节,即"公平失衡",而后者是民众的一种主观心态,即"不公平感"[3],而一些实证研究的结果似乎恰恰验证了这样的解释,如怀默霆认为,中国民众对社会不平等更多是接受而不是不满,而最为不满的那些人,也并不是集中于中国最底层的群体,因此他认为中国不平等的模式和趋势是社会稳定而不是社会不稳定的来源[4]。

---

[1] 汝信,陆学艺,李培林. 社会经济和谐度指标体系综合评价和分析[M]// 2006年:中国社会形势分析与预测. 北京:社会科学文献出版社,2005:386-399.
[2] 怀默霆. 中国民众如何看待当前的社会不平等[J]. 社会学研究,2009,24(1):96-120,244.
[3] 李强. 改革开放30年来中国社会分层结构的变迁[J]. 北京社会科学,2008(5):47-60.
[4] 怀默霆. 中国民众如何看待当前的社会不平等[J]. 社会学研究,2009,24(1):96-120,244.

但是，怀默霆的观点中值得商榷的一点是，从中国目前社会分层的结构看，处于社会最底层的群体除了农民之外，还有一个不容忽视的群体，那就是农民工。国家统计局根据抽样调查的结果推算，认为2012年全国农民工的总量达到26 261万人[1]。与农民相比，农民工由于户籍、文化程度和劳动技能等的限制，他们在其工作和生活中遭遇了更多的不平等对待，如超长的工作时间，工资水平低，被拖欠工资，没有医疗保障、养老保障，不能享受公民待遇，融入城市存在种种障碍和困难，等等[2-4]，因此，他们对不平等遭遇的感受应该更为强烈。而李培林等人认为，对农民工的界定除了结构逻辑（指农民工在社会结构中所处的位置）之外，还有历史逻辑。所谓的历史逻辑，就是按照时间将农民工分为老一代农民工和新生代农民工，而1980年以后出生的一代农民工就是新生代农民工[5]。根据国家统计局的资料，2012年新生代农民工占农民工总体的40%左右，即大约1亿人，而根据国家卫生健康委员会于2021年12月22日发布的《中国流动人口发展报告2021》显示，2021年全国流动人口总量为2.44亿，其中1980年以后出生的新生代流动人口占比已超过六成。他们在我国的经济社会发展中正日益发挥重要作用。

新生代农民工是对社会不平等的认知和感受最为敏感和最深切的群体之一，他们对这一问题的认知和态度，对了解和把握现代中国社会的深层社会心理，具有十分重要的前沿和预警意义。另外，本课题拟对关于社会不平等的一些理论假设和经验研究结论进行验证和对比，这不仅可以为社会不平等这一研究领域提供新的知识增量，也可以为新生代农民工对社会不平等的心态及其行动模式提供新的经验研究的成果，从而有较大的理论价值。

---

[1] 数据来源：国家统计局网站. http://www.stats.gov.cn/tjfx/jdfx/t20130527_402899251.htm.

[2] 李强. 社会学的"剥夺"理论与我国农民工问题[J]. 学术界，2004(4)：7-22.

[3] 简新华，黄锟. 中国农民工最新生存状况研究：基于765名农民工调查数据的分析[J]. 人口研究，2007(6)：37-44.

[4] 王春光. 新生代农民工城市融入进程及问题的社会学分析[J]. 青年探索，2010(3)：5-15.

[5] 李培林，田丰. 中国新生代农民工：社会态度和行为选择[J]. 社会，2011，31(3)：1-23.

在中国的城市化进程中,新生代农民工是一个越来越重要的人群,和他们的父辈不同,新生代农民工没有从事过农业生产,他们所认同的是城市生活方式。因此,新生代农民工容易由于城市里的社会不平等机制产生被排斥心理和强烈的不公平感,而这种心理结构有可能导致新生代农民工采取相应的行动模式:接受现状、个体行动或者集体行动。本课题将致力于描述这种对社会不平等的主观认知并识别出可能的行动模式,从而为地方政府加强对农民工的管理和引导,提高城市治理水平献微薄之力。

因此,研究新生代农民工对社会不平等的感知并对其社会心态进行引导,不仅具有理论意义,也有较强的现实意义。

第二节 文献综述

一、社会不平等的理论及实证研究

1. 中国社会不平等现象的突显

人类从未停止过对平等的追求,历史长河中先贤对不平等的思索早已有之,启蒙运动时期卢梭便曾说人类中间存在两种不平等,一种是自然上的或者生理上的不平等;另一种或许可以成为精神上或政治上的不平等,它依靠一种特定的制度安排,并且至少经过人们的一致认同[1]。不平等是所有复杂社会的一个特征,对不平等的权利关注长期以来都是哲学、政治学以及社会科学的核心议题[2]。平等是社会主义思想及其实践中的重要内容[3],然而当前不平等现象仍旧处处可见。要理解中国的不平等,应该将其置于中国的情境中,包括中国的历史、文化、政治和经济结构[4]。中国社会不平等现象自20世纪80年代以来越来越突出,因为此前中国社会实行的是单一社会主义分配制度,在平均主义下社会不平等并不明显。而80年代"让一部分人先富起来"的多元化分配政策拉开了中国社会的收入差距。随着改革的深化,各种制度变革把已经存在的差距制度化,造成不同社会群体之间的巨大差距,贫富分化、城乡差距和区域差距不断扩大等社会问题日益凸显,社会不

---

[1] 卢梭. 论人类不平等的起源[M]. 高修娟,译. 上海:上海三联书店,2014:18.
[2] 克朗普顿. 阶级与分层[M]. 陈金光,译. 上海:复旦大学出版社,2011:20-27.
[3] 郎友兴,项辉. 社会学能为中国社会平等做些什么?[J]. 社会,2001(4):18-21.
[4] 谢宇. 认识中国的不平等[J]. 社会,2010,30(3):1-20.

平等已经是一个不争的事实[1-2]。居高不下、日益拉大的社会不平等会给中国的经济转型、社会安定和政治治理带来冲击,近年来政府的政策导向已从效率优先、兼顾公平向更加注重社会公平转变[3]。为缩小社会差距、缓和社会矛盾、推动社会和谐,有必要对社会不公平进行深入研究和持续探讨。

2. 社会不平等的研究范式和实证研究

有学者梳理了我国关于社会不平等的研究的两次范式转换:第一次是在20世纪80年代末90年代初,从马克思传统的阶级分析转向韦伯传统的分层研究,特别是转向以布劳-邓肯模型为基础的地位获得研究,最终分层研究全面取代阶级分析成为中国社会不平等研究的主导范式;第二次是最近几年,有一些学者开始反思分层研究的不足,呼吁重返阶级分析[4-5],但这是否构成一次范式转换还有待观察,目前占统治地位的范式仍然是分层研究。阶级分析和分层研究的区别在于前者关于社会不平等的基本假设是冲突论,认为社会不平等是统治阶级的需要和权力强制的结果;而分层研究的基础是功能论,认为社会不平等是社会整体的需要和自由竞争的结果。因此,前者更关注社会剥夺和集体抗争,后者更关注地位获得和"市场形势"[6]。

虽然阶级分析对理解当前的社会不平等有一定的解释力,但是基于我国当前的社会形势,分层研究更具指导意义。与马克思的阶级理论不同,韦伯以社会秩序来表示社会分层结构。社会秩序实质上体现出一种权力差序,主要表现为三种差序形态:经济、政治和社会秩序。韦伯多元分层的意义在于强调区分社会阶级可以有多重标准。在多重标准下,会出现社会地位相悖现象,于是不同阶级间的利益边界会有所模糊,不同阶级间的关系不一定是冲突的。同时,韦伯强调阶级是在市场的条件下形成的,阶级地位就是市场地位,而非生产关系。在韦伯看来,地位差异源自生活机会的不同,是否占有生

---

[1] 张海东.城市居民对社会不平等现象的态度研究:以长春市调查为例[J].社会学研究,2004(6):11-22.

[2] 李忠路.拼爹重要,还是拼搏重要?当下中国公众对绩效分配原则的感知[J].社会,2018,38(1):215-237.

[3] 李骏,吴晓刚.收入不平等与公平分配:对转型时期中国城镇居民公平观的一项实证分析[J].中国社会科学,2012(3):114-128,207.

[4] 仇立平.回到马克思:对中国社会分层研究的反思[J].社会,2006(4):23-42,206.

[5] 沈原.社会转型与工人阶级的再形成[J].社会学研究,2006(2):13-36,243.

[6] 冯仕政.重返阶级分析?:论中国社会不平等研究的范式转换[J].社会学研究,2008(5):203-228,246.

产资料只是影响生活机会的原因之一,除此之外,还有很多其他原因[1]。当前社会阶层分化加剧,在财富阶层快速崛起的同时,社会底层有所扩大[2]。随着城市化进程的推进和新生代农民工的崛起,农民工群体内部也出现结构分化和代际分化[3],劳资对立的阶级视角会很容易把农民工的自我身份建构的多元性过度简化理解[4]。他们面临着社会、经济、文化等多方面的机遇和挑战,面临着回乡和融入城市的抉择,面临生存境遇和身份认同的难题,生产资料或者说经济因素并非决定农民工生活境遇的唯一因素,应该更加客观、全面地看待社会地位差异以及不平等产生的原因。

在不平等的实证研究方面,传统的社会不平等研究大多侧重于社会不平等的客观测量及其相关问题的研究,如社会不平等形成的社会因素、形成的机制等[5-7],形成了丰富的理论成果,在对社会不平等的主观认知方面,Kluegel等人不仅进行了一系列的理论探讨[8-9],而且进行了一系列的实证研究,如分别于1991年和1996年进行的"国际社会公正调查"(International Social Justice Project,ISJP),并形成了一批非常有影响力的研究成果[10-11]。

---

[1] 郝大海.流动的不平等:中国城市居民地位获得研究(1949—2003)[M].北京:中国人民大学出版社,2010:68-69.

[2] 陆学艺.当代中国社会结构[M].北京:社会科学文献出版社,2010:401.

[3] 时怡雯.新生代农民工的社会公平感研究:职业流动与相对经济地位的影响[J].同济大学学报(社会科学版),2018,29(1):75-82.

[4] 郑松泰."信息主导"背景下农民工的生存状态和身份认同[J].社会学研究,2010,25(2):106-124,244-245.

[5] Baron J N. Organizational Perspectives on Stratification[J]. Annual Review of Sociology,1984(10):37-69.

[6] Cain G G. The Challenge of Segmented Labor Market Theories to Orthodox Theory: A Survey[J]. Journal of Economic Literature,1976(14):118-145.

[7] Wright E O,Costello C,Hachen D,et al. The American Class Structure[J]. American Sociology Review,1982,47(6):709.

[8] Kluegel J R,Smith E R. Beliefs about Inequality:Americans' Views of What Is and What Ought to Be[M]. New York:Aldine de Gruyter,1986.

[9] James K. Economic Problems and Socioeconomic Beliefs and Attitudes[J]. Research on Social Stratification and Mobility,1988(7).

[10] Mason D S,Kluegel J R. Marketing Democracy:Changing Opinion about Inequality and Politics in East Central Europe[M]. Lanham:Rowman&Littlefield,2000.

[11] James K,Mason D,Wegener B. Social Justice and Political Change[M]. New York:Aldine de Gruyter,1995.

3. 当前我国对社会不平等的总体认知状况

社会不平等作为一项重要的社会议题一直备受学界关注,并且已经汇集了丰富成果。张海东总结了国内社会学对社会不平等现象研究的两个主要方向:一方面,集中探讨社会结构转型过程中作为社会不平等形式和结果的社会分层问题,研究社会结构变化和阶层变化之间的关系[1-3];另一方面是对社会不平等所引发的社会公正问题的关注[4-8]。另外,还有学者关注人们面对贫富差距的心态[9],或者从主观层面探讨人们的满意度和相对剥夺感[10-12]。美国学者怀默霆(Martin K. Whyte)利用其2004年在中国所做的全国性的问卷调查资料,系统分析了中国人对社会不平等状况的主观认知,以及这种认知对中国的政治稳定和社会生活的影响,他认为当时中国不平等的模式和趋势不会导致社会不稳定,而恰恰是社会稳定的来源。他发现,农村居民特别是那些离城市很远的农民,更倾向于接受当前的不平等,因为农民关于不平等的态度更可能是基于与他们周围的人的比较而不是与那些远在都市里的富豪相比较,因此,他们对不平等的认知反而是乐观的[13]。马磊和刘欣则利用CGSS2005(2005年中国综合社会调查)的资料,在怀默霆研究的基础上,进一步探讨了中国城市居民的分配公平感的微观形

---

[1] 李培林.社会结构转型理论研究[J].哲学动态,1995(2):41-45.

[2] 李强."心理二重区域"与中国的问卷调查[J].社会学研究,2000(2):40-44.

[3] 王奋宇,李路路.当代中国制度化结构体系下的社会心理特征[J].社会学研究,1993(1):5-15.

[4] 吴忠民.从平均到公正:中国社会政策的演进[J].社会学研究,2004(1):75-89.

[5] 景天魁.底线公平与社会保障的柔性调节[J].社会学研究,2004(6):32-40.

[6] 徐梦秋.公平的类别与公平中的比例[J].中国社会科学,2001(1):35-43,205.

[7] 孙立平.社区、社会资本与社区发育[J].学海,2001(4):93-96,208.

[8] 郑杭生.社会公平与社会分层[J].江苏社会科学,2001(3):29-34.

[9] 李培林.中国贫富差距的心态影响和治理对策[J].中国人民大学学报,2001(2):7-11.

[10] 刘欣.相对剥夺地位与阶层认知[J].社会学研究,2002(1):81-90.

[11] 李汉林,李路路.单位成员的满意度和相对剥夺感:单位组织中依赖结构的主观层面[J].社会学研究,2000(2):1-17.

[12] 张海东.城市居民对社会不平等现象的态度研究:以长春市调查为例[J].社会学研究,2004(6):11-22.

[13] 怀默霆.中国民众如何看待当前的社会不平等[J].社会学研究,2009,24(1):96-120,244.

成机制[1]。整体来看,当前人们对不平等的认知态度较为积极,对不平等的内在接受化解了产生剧烈冲突和矛盾的可能。中国的不平等在很大程度上是通过集体的中介性因素体现出来的,因而不平等程度在日常生活中得以淡化;中国的传统文化实际上是接受不平等的,并且很多中国人认为不平等是经济发展的副产品,因而许多中国民众目前还是能够容忍和接受不平等现状的[2]。中国民众将当前的不平等更多地归因为个人绩效因素而非外部因素(如机会不平等);与其他国家相比,中国民众对不平等的态度更加正面和积极。但对于这一结果并不能盲目乐观,社会不平等关系着社会稳定,随着社会阶层的分化和群体内部复杂性的凸显,对社会不平等这一议题仍需要密切关注。

二、社会心态的理论及实证研究

1. 社会心态的概念及内涵的梳理

在深化改革的新阶段,人们的信念、价值观、态度、意见和期望都会随着社会转型进程的加快而面临新与旧、现代与传统的撞击。调查和研究人们的社会心态及其变化有助于全面把握当前的社会形势,进一步因势利导以维护深化改革所需要的稳定的社会环境;另一方面有益于研究社会的发展[3]。社会心态既是社会转型的反映,也是影响社会转型的力量[4]。

从 20 世纪 80 年代以来,社会心态研究一直受到学界的关注。中国社会心态研究伴随着中国改革开放和经济快速发展走过了 30 多年,在这期间个体心理和社会心态都发生了较大的转变。但是对于"社会心态"这一概念定义的争论却未停息。诸多学者都尝试厘清概念,如有学者认为社会心态是人们在社会生活中由经济关系、政治制度以及整个社会环境的发展变化而引起的直接的、在社会群体中较为普遍地存在的、具有一定共同性的社会心理反应或心理态势[5]。随着研究的推进,社会心态的内涵也不断得到补充,如杨

---

[1] 马磊,刘欣.中国城市居民的分配公平感研究[J].社会学研究,2010,25(5):31-49,243.

[2] 谢宇.认识中国的不平等[J].社会,2010,30(3):1-20.

[3] 冯伯麟.市场经济条件下的社会心态研究[J].社会学研究,1995(2):79-90.

[4] 王俊秀.社会心态:转型社会的社会心理研究[J].社会学研究,2014,29(1):104-124,244.

[5] "社会心态研究"课题组.转型时期的上海市民社会心态调查和对策研究[J].社会学研究,1994(3):19-25.

宜音提出社会心态(social mentality),它一般指在一段时间内弥散在整个社会或社会群体社会类别中的社会共识、社会情绪和感受,以及社会价值取向。这一定义揭示社会心态的实质是个人与社会相互建构的最为宏观的心理关系[1]。但也有学者质疑,虽然从社会心态的本质来看,前者将社会心态理解为社会情绪基调、社会共识和社会价值取向这三个由表及里的心理层次,但在叙述逻辑中可以将社会心态和社会心理看成是基本相同的概念了,没有进一步探讨两个概念之间的区别。进而提出社会心态是与特定的社会运行状况或重大的社会变迁过程相联系的,在一定时期内广泛地存在于各类社会群体内的情绪、情感、社会认知、行为意向和价值取向的总和[2]。虽然表述不同,但对于这一概念存在一定的共识,首先社会心态是在一定时期内形成的整个社会或社会大多数成员共有的宏观的社会心理状态;其次受特定时期社会文化变迁的影响,这一社会心理状态是动态变化的。除此之外,周晓虹认为社会心态还具有突生性的特点,并且在此基础上提出社会心态是一定时期内弥散在整个社会或某些社会群体中的宏观、变动和突生的社会心理态势[3]。在概念的基础之上,诸多学者对社会心态的指标体系做了进一步阐述,如王俊秀认为社会心态包含了社会需要、社会认知、社会情绪、社会价值观和社会运动[4];马广海则通过社会情绪、社会认知、社会价值观和社会行为意向对社会心态进行测量[5]。在《中国社会心态研究报告(2012—2013)》中也从社会认知、社会情绪、社会价值和社会行为倾向四个方面考察了社会心态[6]。尤其值得借鉴的是,《中国社会心态研究报告(2012—2013)》对当前社会心态特点进行描述时,也包含了对社会公平感的分析。而新生代农民工对社会不平等的认知与态度也将是本书探讨的重点,因此笔者将着重探讨社会认知中的社会不平等意识,对其他维度不做探讨。

---

[1] 杨宜音.个体与宏观社会的心理关系:社会心态概念的界定[J].社会学研究,2006(4):117-131,244.

[2] 马广海.论社会心态:概念辨析及其操作化[J].社会科学,2008(10):66-73,189.

[3] 周晓虹.转型时代的社会心态与中国体验:兼与《社会心态:转型社会的社会心理研究》一文商榷[J].社会学研究,2014,29(4):1-23,242.

[4] 王俊秀.社会心态:转型社会的社会心理研究[J].社会学研究,2014,29(1):104-124,244.

[5] 马广海.论社会心态:概念辨析及其操作化[J].社会科学,2008(10):66-73,189.

[6] 王俊秀,杨宜音.中国社会心态研究报告(2012—2013)[M].北京:社会科学文献出版社,2013:2.

2. 社会心态的理论基础及研究方向

对社会心态的研究融会了社会学、心理学等多学科成果,理论基础也来自多个方面。社会心态的理论基础可以分为经典理论和现代理论,如杨宜音考察了社会学的社会心理学关于"个体中的群体"的思想,发现欧洲社会心理学家秉承了涂尔干、塔尔德、勒庞、列维·布留尔、冯特等学者的研究传统,让社会心理学始终具有社会的性质;刘力认为,社会心态的理论基础可以追溯到法国哲学家孔德;周晓虹认为德国社会学家卡尔·曼海姆的"乌托邦心态"、荣格的"集体无意识"等也都关注的是集体心理;除了经典的社会学、社会心理学理论外,当代理论中比较重要的理论资源包括来自欧洲的社会表征理论、社会认同理论和共享现实理论等[1]。以上关于社会心态的理论梳理前人已经做了较为详尽的阐述,在此便不再赘述。既有的社会心态的研究成果,除了上述概念和内涵的界定、测量指标的探讨以及理论追溯,也有诸多关于不同群体社会心态特点、社会感受、观念价值、行为倾向的实证研究[2-4];此外还有学者探讨了改革和社会转型带来的社会心态变化[5-6],对社会转型中社会心态的分析和解释能够反映出社会价值观念、认知、态度、情绪和行为等方面的结构性特点[7]。

随着社会阶层的分化和收入差距的拉大,各群体尤其是底层群体的心态变化和社会秩序的稳定存在密切联系,人们对社会心态的研究持续了30余年,未来社会心态的议题也将继续受到关注。在既有研究的基础上,本书将聚焦新生代农民工对社会不平等的认知,在城市化进程中,新生代农民工面临着新的生活机遇,弥散在社会中的不平等感不仅仅会影响农民工这一群体,更关系到社会各阶层、各群体间的关系是紧绷还是更为和谐,这也是对社

---

[1] 王俊秀.中国社会心态研究30年:回顾与展望[J].郑州大学学报(哲学社会科学版),2017,50(4):10-16,158.

[2] 高文珺,杨宜音,赵志裕,等.几种重要需求的满足状况:基于网络调查数据的社会心态分析[J].民主与科学,2013(4):73-76.

[3] 李培林.中国贫富差距的心态影响和治理对策[J].中国人民大学学报,2001(2):7-11.

[4] 王俊秀,杨宜音.中国社会心态研究报告(2012—2013)[M].北京:社会科学文献出版社,2013.

[5] 龙书芹.转型期中国人的社会心态及其阶层差异性:基于2006CGSS的实证分析[J].南京师大学报(社会科学版),2010(6):32-37.

[6] 周晓虹.中国人社会心态六十年变迁及发展趋势[J].河北学刊,2009,29(5):1-6.

[7] 王俊秀.社会心态:转型社会的社会心理研究[J].社会学研究,2014,29(1):104-124,244.

会转型期社会心态变化研究的继承和发展。

三、新生代农民工社会不平等与社会心态的研究

1. 新生代农民工面临的社会不平等及危害

随着新生代农民工的数量规模逐步扩大,他们在城市建设和发展中发挥着越来越重要的作用,保障了我国制造业、服务业等行业人力资源的供应,推动了中国社会的转型。但农民工相对于城市工人而言,在经济收入、社会地位、社会福利与保障等诸多方面存在明显的不平等,这些不平等是农民工产生社会不公平感的根本原因[1]。

有学者发现,农民工面临着以下不平等待遇:首先,收入水平低于城市工人,而其劳动时间却多于城市工人,而收入差异主要是由于受教育水平和劳动技能的差别所致;其次,农民工的户籍身份以及农民工的社会保障制度设计不完善导致农民工的社会保障水平远远低于城市工人[2-3]。作为城市化进程的参与者和推动者,新生代农民工虽然进了城,实现了身份的转换,并且大多数人实现了向上流动,或满足了经济诉求,或增长了知识和技术,但他们未能享受到与城市居民同等的生活质量,也缺少同等的发展条件,从这个意义上来说,他们还没有真正享受现代城市的物质文明和精神文明[4]。同老一代农民工相比,新生代农民工文化程度相对较高,维权意识也比较强烈。"同工不同酬、同工不同时、同工不同权"等歧视性、不公正的劳动待遇会引起新生代农民工的不满,并使之丧失社会归属感,而且新生代农民工对于生活满意程度的参照,主要是迁入地居民的生活水平,如果经济诉求长期得不到回应,极易产生对抗行为,引发治安事件[5]。

2. 新生代农民工对社会不平等的认知现状

按照一般的社会分层理论,人们的经济状况和经济地位,决定着人们的

---

[1] 时怡雯.新生代农民工的社会公平感研究:职业流动与相对经济地位的影响[J].同济大学学报(社会科学版),2018,29(1):75-82.

[2] 李培林,李炜.农民工在中国转型中的经济地位和社会态度[J].社会学研究,2007(3):1-17,242.

[3] 简新华,黄锟.中国农民工最新生存状况研究:基于765名农民工调查数据的分析[J].人口研究,2007(6):37-44.

[4] 徐增阳.市民化:保障农民工权益的根本路径[J].探索与争鸣,2014(1):21-23.

[5] 廉思.城市新移民群体的主要利益诉求与社会融入[J].探索与争鸣,2014(1):23-26.

社会态度[1]。新生代农民工与老一代农民工相比虽然受教育程度更高,收入水平也有所提高,但是有学者发现农民工的社会经济地位实际上是出现了"逆成长",相对收入水平和地位自评均出现了下降,这些逆向变化增强了其相对剥夺感[2]。农民工对市民群体有很大的不满情绪,心理上有受歧视感[3]。近年来新生代农民工的社会公平感不高,与城市工人、居民相比有下降趋势,这对当前中国城市社会稳定与发展都提出了挑战[4]。但也有研究发现,农民工并没有因其经济地位不高而表现出更加突出的社会不满情绪,反而呈现出积极的社会态度[5]。还有人认为农民工是一个"沉默的群体",他们虽然有较普遍的不公平感,但他们面对城市政府,基本上处于不表达(利益诉求)、不申诉(利益受损状况)的状态[6]。潘毅(Pun Ngai)等人的研究运用定性研究的方法,从另一个角度(新阶级理论)阐述对农民工的认识,她们对新生代农民工的生存状况、身份认同、尴尬处境、心理状态进行了非常透彻的分析,她们认为,解决新生代农民工问题的出路之一,就是将他们真正转化为工人阶级,并让这样的工人阶级有足够的力量来和资本进行博弈,这样的转化并不会对国家有太大影响,但会对资本有压力[7]。时至今日,新生代农民群体越发多元化,其中不乏"90后"新生代人口,新生代农民工对于社会不平等究竟有怎样的认知并不明晰,群体内部因生存境遇、个人特征而出现的对不平等的差异认知也有待进一步探究。

---

[1] 李培林,李炜.农民工在中国转型中的经济地位和社会态度[J].社会学研究,2007(3):1-17,242.

[2] 田丰.逆成长:农民工社会经济地位的十年变化(2006—2015)[J].社会学研究,2017,32(3):121-143,244-245.

[3] 李强.关于城市农民工的情绪倾向及社会冲突问题[J].社会学研究,1995(4):63-67.

[4] 时怡雯.新生代农民工的社会公平感研究:职业流动与相对经济地位的影响[J].同济大学学报(社会科学版),2018,29(1):75-82.

[5] 李培林,李炜.农民工在中国转型中的经济地位和社会态度[J].社会学研究,2007(3):1-17,242.

[6] 陈映芳."农民工":制度安排与身份认同[J].社会学研究,2005(3):119-132,244.

[7] Ngai P, Lu H L. Unfinished Proletarianization: Self, Anger and Class Action of the Second Generation of Peasant-Workers in Present-Day China[J]. Modern China, 2010,36(5):493-519.

3. 对新生代农民工社会不平等感的理论解释

对公平感的理论解释主要依据结构决定论和局部比较论[1-2]。前者来源于利己主义"理性人"的假设,认为人们对社会公平的判断取决于他们在整个分配过程中获得了多少利益,当人们在社会结构中处于优势地位时,会更加认同和维护当前的社会不平等体系[3],社会经济地位较高的人对社会不平等的接纳程度更高[4]。有研究发现人们获得的现实物质利益越多,其对社会不平等越倾向于持积极的态度;反之,更倾向于持消极态度[5]。但笔者之前的研究发现,较高收入的新生代农民工的不公平感明显高于较低收入的新生代农民工。原因在于高收入的新生代农民工对各项城市公共资源和公共服务的需求度更高,在需求无法满足的情况下往往会产生较强的社会不公平感[6]。这提醒我们应该在公民权或公民身份视野下讨论新生代农民工的社会心态问题。随着新生代农民工的出现,"生存-经济"的叙事模式解释力正在减弱[7],他们不仅关注自身的物质利益,也开始争取各项福利保障、公共服务,因此"理性人"假设中的"利益"应包含拥有公民身份的个体所具备的方方面面的权益。

局部比较论基于"相对剥夺理论"和"社会比较理论",认为人们对当前境遇的公平感不仅仅建立在自己所获得资源数量或地位的高低上,他们还会将自己所获得的资源或地位与参照群体(除了组织内部成员外,还包括家庭成员、同辈群体和自己过去的状态等)进行对比。如果他们在资源或地位对比中处于劣势,将会产生相对剥夺感,从而产生不公平感和消极的社会态度。

---

〔1〕 时怡雯.新生代农民工的社会公平感研究:职业流动与相对经济地位的影响[J].同济大学学报(社会科学版),2018,29(1):75-82.

〔2〕 张海东.城市居民对社会不平等现象的态度研究:以长春市调查为例[J].社会学研究,2004(6):11-22.

〔3〕 李骏,吴晓刚.收入不平等与公平分配:对转型时期中国城镇居民公平观的一项实证分析[J].中国社会科学,2012(3):114-128,207.

〔4〕 李忠路.拼爹重要,还是拼搏重要?当下中国公众对绩效分配原则的感知[J].社会,2018,38(1):215-237.

〔5〕 张海东.城市居民对社会不平等现象的态度研究:以长春市调查为例[J].社会学研究,2004(6):11-22.

〔6〕 龙书芹,风笑天.社会结构、参照群体与新生代农民工的不公平感[J].青年研究,2015(1):39-46,95.

〔7〕 王小章.从"生存"到"承认":公民权视野下的农民工问题[J].社会学研究,2009,24(1):121-138,244-245.

对于受到不公待遇,可仍保持积极心态的现象,有学者指出原因之一就在于农民工的比较参照体系,农民工更倾向与家乡的农民相比较,与过去生活做对比,鉴于农民工的利益曲线是向上走的,所以更容易产生积极的社会态度[1]。新生代农民工与老一代农民工相比表现出更加多元化的需求,并且有更强的市民化意愿,同时也是比较容易融入城市、被市民化的群体[2]。在新的形势下,新生代农民工不仅会和同乡、家庭成员进行横向比较或者与过去的生活进行纵向比较,可能也会将市民作为参照对象,以表达其市民化的利益诉求。因此,新生代农民工关于社会不平等的心态也许会表现出不同以往的特点,这也是本书将关注的重点。

第三节 研究设计

一、分析框架

新生代农民工对社会不平等的认知和态度是其社会经济特征、个人特征、生存境遇、心理认知和感受等一系列因素综合作用的结果,他们的行动模式又是上述所有因素综合作用的结果,而对策研究正是在对上述关系和规律性进行深入剖析的基础上进行的,因此,本书的分析框架如图1-1所示。

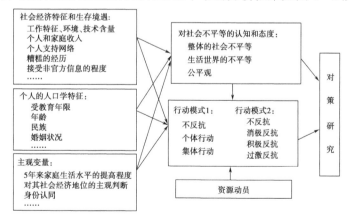

图1-1 新生代农民工对社会不平等的社会心态及其引导的分析框架

---

[1] 李培林,李炜.农民工在中国转型中的经济地位和社会态度[J].社会学研究,2007(3):1-17,242.

[2] 刘传江,程建林.我国农民工的代际差异与市民化[J].经济纵横,2007(7):18-21.

二、研究假设

在上述分析框架中,因变量是 4 个,即新生代农民工对整体社会不平等的认知与态度、对具体的生活世界的不平等的认知与态度、公平观、新生代农民工应对不平等的行动模式。而新生代农民工对社会不平等的认知与态度及其行动模式的影响因素分为结构因素、个人的人口学特征和主观变量三大块。其中结构因素主要指新生代农民工的社会经济特征和生存境遇,包括新生代农民工的工作特征、工作环境、工作技术含量、工作阅历、个人和家庭收入、个人支持网络、接受非官方信息的程度、打工过程中的糟糕遭遇等;个人的人口学特征则包括新生代农民工的性别、年龄、受教育年限、民族、婚姻状况等;主观变量则涉及新生代农民工对其社会经济地位的主观判断、身份认同以及五年来家庭生活水平的提高程度等。

(1) 新生代农民工的公平观和不公平感的影响因素模型

本研究对整体的社会不平等的测量与怀默霆等人的一致,即将整体的社会不平等分为四类:过度的不平等(对不平等程度的认知)、有害的不平等(对不平等的态度)、不公平的不平等和基于个人绩效的不平等,后两个测量的是人们对不平等的归因。由于整体的社会不平等涉及的维度较多,且新生代农民工对整体不平等的认知和态度的影响因素较多,因此,仅从综合的角度提出新生代农民工对公平观和不公平感影响因素的研究假设,具体如下:

研究假设 a:新生代农民工的社会经济特征(工作特征、收入状况、个人支持网络、接受非官方信息的程度等)显著影响他们的公平观和不公平感。

研究假设 b:新生代农民工的个人特征(文化程度、性别、年龄、婚姻状况等)显著影响他们的公平观和不公平感。

研究假设 c:新生代农民工对其社会经济地位的主观认知和身份认同(主观阶层地位、不同参照群体比较、纵向比较、收入公平感等)显著影响他们的公平观和不公平感。

研究假设 d:新生代农民工或其家人的糟糕经历的次数将显著影响他们的公平观和不公平感。

(2) 新生代农民工的行动模式的影响因素模型

当新生代农民工遭遇不公平的事情的时候,他们所采取的行动将受前述诸因素的影响,由于涉及的变量较多,在此不一一赘述。

三、研究方法

本研究以问卷调查为主,同时对具有代表性的个人进行较为细致的访谈。2013年6月到12月,在全国若干经济水平不同的地区选取几个点,分别抽中了南京、上海、常州、郑州、厦门、广州这六个城市,以新生代农民工,即出生于1980年以后、年龄在16周岁以上、在异地以非农就业为主的农业户籍人口作为调查对象进行调研。

南京、上海、常州、厦门和广州这5个城市地处我国东部沿海经济发达地区。其中,上海和广州是我国一线城市和地区性金融中心,第二、三产业发展迅速,有极大的劳动力需求,吸引了大量外地青年前来务工。南京是江苏省省会城市,在长三角地区中是仅次于上海的商贸中心城市。常州处于长江三角洲中心地带,2012年底,常州市非户籍人口占到常住人口的22.17%[1]。厦门市非户籍人口占到总人口的47.24%。作为省会城市的郑州是中原经济区的中心城市,社会经济的快速发展吸引了大量华中地区的青年人口在此就业。较高的外来人口比例成为我们将其纳为调查地点的原因之一。

因此,以上6个城市都是全国各地外来务工人口的就业目标城市,也成为本次调研的目标地点。此外,考虑到调查的可行性,在这些城市我们可以获得朋友和单位的帮助。因此选择以上6个城市中新生代农民工聚集的工业区和社区作为问卷调查的地点。

考虑到被调查对象流动性和分散性的特点,我们采用立意抽样的方法对流动人口较为集中的社区和工业区的新生代农民工进行调查。每个城市发放问卷200份左右。

四、样本概况

此次调查共发放问卷1300份,回收有效问卷1206份,有效回收率为92.8%,表1-1显示了被调查对象的基本特征,主要为人口统计学特征。

---

[1] 数据来源:http://baike.baidu.com/link?url=ltJem35Fjp3CidAtSlDgNLbLX_9kFM6dk1TlGkdrgrNjNlETZ8cSPaUHOqyJWeNba1fV4_CZPwZ9oKGRlFzeC2axKQSaaaJF9AnOavCXPe#5.

表1-1 样本主要特征描述(组表)

性别 (N=1 188)	人数(个)	百分比(%)	户口 (N=1 206)	人数(个)	百分比(%)
男	648	54.5	本省户口	618	51.2
女	540	45.5	外省户口	588	48.8

年龄结构 (N=1 205)	人数(个)	百分比(%)	文化程度 (N=1 203)	人数(个)	百分比(%)
80后	627	52.0	小学	21	1.7
90后	578	48.0	初中	340	28.3
平均值(岁)	25	—	高中	256	21.3
最大值(岁)	34	—	中专/职高	225	18.7
最小值(岁)	15	—	大专及以上	361	30.0

婚姻状况 (N=1 199)	人数(个)	百分比(%)	到本地生活时间(N=1 162)	人数(个)	百分比(%)
已婚	455	37.9	0～5年	770	66.3
丧偶	6	0.5	6～10年	282	24.3
离婚	14	1.2	11～15年	86	7.4
未婚	724	60.4	15年以上	24	2.1

注1:"—"表示缺失值。本次调查时间在2013年6月到12月,计算到本地生活时间时,2013年到本地的按0年计算,2012年到本地的按1年计算,以此类推。

注2:由于被访者对各个问题的回答都可能存在缺失,故各个变量的有效填答样本量(N)都各不相同。

根据表1-1所呈现的样本基本状况,可以大致勾勒新生代农民工的基本特征:男性略多于女性;跨省流动的农民工占一半左右;"80后"和"90后"基本各占一半;学历较低的农民工所占比例较小,初中及以下学历的仅占30%,而大专及以上的农民工也占40%,这说明新生代农民工的文化程度较老一代农民工有明显提高;在婚姻状况方面,未婚的约占60%,离婚的仅占1.2%。

根据《中国流动人口发展报告2014》的数据,2013年的流动人口中,男性占52.5%,女性占47.5%,平均年龄为27.9岁,平均受教育年限为9.7年,因此,本研究虽然采用了非概率抽样的方法,但经抽样,样本的基本状况和同年流动人口的基本状况相似,可以认为,本研究的问卷调查数据有相当的可靠性。

本次问卷调查的资料在经过初步整理、编码之后,用 Foxpro 6.0 进行录入,用 SPPP 18.0 进行查错和基本的统计分析,在分析方法上,本课题主要采用了频数分析、交互分类、t 检验、方差分析、因子分析、Logit 模型、多元线性回归模型、结构方程模型等。

五、主要研究内容

本书旨在研究新生代农民工对社会不平等的心态及可能的行动模式,因此在新生代农民工对整体社会不平等的态度的研究上,本书将参考怀默霆的理论框架和变量测量方法,以便与之对话,其研究内容主要有:

(1) 关于社会不平等的主观认知及行动可能的理论分析。对相关理论进行系统梳理,从中提炼出基本的研究假设,为进一步的定量研究奠定基础。同时,根据实证数据的研究结果,进行相关的理论总结和分析,为对策研究奠定基础。

(2) 新生代农民工对社会不平等的认知和态度的基本状况。一是将社会不平等操作分为整体的社会不平等和生活世界的不平等。其中,整体的社会不平等分为四类:过度的不平等、有害的不平等、不公平的不平等、基于个人绩效的不平等(和怀默霆的测量完全一致)。二是将生活世界的不平等操作分为新生代农民工在就业机会、收入差距、住房状况、医疗状况、教育机会等方面的不平等。

(3) 新生代农民工对社会不平等的认知和态度的影响因素分析。建立回归模型,分析农民工的社会经济特征、生存境遇、个人特征、心理认知和感受等多个层面因素对因变量(新生代农民工对社会不平等的认知和态度)的影响。

(4) 新生代农民工针对社会不平等的行动模式和资源动员。了解新生代农民工对社会不平等的不满的宣泄渠道和方式,分析他们对社会不平等的认知和感受和其行动模式之间的关联性。他们对各类社会不平等的反应可能包括不反抗(inaction)、个体行动(individual action)和集体行动(collective action)。同时,了解各种行动模式和资源动员之间的关联性,如他们可动员的社会资源有哪些(老乡、同学、同事等)、他们获取信息和进行资源动员的渠道有哪些(如电话、短信、QQ 等聊天工具,网上论坛等)。

(5) 合理引导与健全相关政策研究。根据上述研究所得到的新生代农民工对社会不平等的心态的基本状况、影响因素及其与行动模式之间的关联性,从两个方面进行对策研究:① 提出对策建议,对新生代农民工的心理和行为进行合理引导,使其正确看待和对待各类不平等;② 从政府、企业和公共平台等角度,建立健全相关的政策方针、法规和具体措施,缓解新生代农民工在工作、生活中所体验的不公平,从源头上预防罢工、自杀等行为的发生,保证和促进社会稳定与和谐发展。

第二章

新生代农民工的基本状况

新生代农民工在生活、工作等各方面的基本状况及其各种生活境遇是人们了解其社会心态的基础,这些基本状况也是其可能遭遇不平等的现实情境。

第一节 新生代农民工的工作状况

一、工作经历及工作稳定性

新生代农民工的工作给人的刻板印象是工作不稳定、跳槽频繁。而调查结果显示,新生代农民工在工作经历方面有很大的差异性,他们当中既有相当比例的人频繁跳槽,也有一小部分人从一而终地坚守一份工作长达15年之久,为了更客观并且综合地反映他们总体的工作经历,本研究采用工作转换密度这个指标(用每个人总的工作年限除以总的工作份数)来测量新生代农民工的工作稳定性,而调查结果显示,有约三成的新生代农民工工作不稳定,他们每份工作的平均工作时间在1年及以下,而另有约10%的人工作相对稳定,他们每份工作的平均工作时间在5年以上,具体结果如图2-1所示。

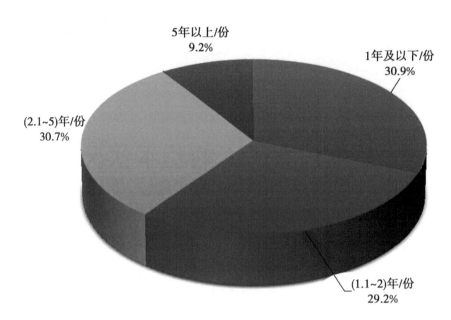

图 2-1 新生代农民工的工作转换密度

进一步分析发现,新生代农民工的工作转换密度与其总的工作年限有显著相关,具体表现为,新生代农民工的工作年限越长,其工作稳定性越好,例如,总的打工年限在 10 年以上的人当中,频繁跳槽(每份工作时间不足 1 年)的仅占 2.8%,而大约有 1/3 的人,他们每份工作的平均工作时间超过了 5 年,具体如表 2-1 所示。

表 2-1 工作年限和工作转换密度的相关性

	10 年以上	5~10 年	4 年及以下	总体
1 年及以下/份	2.8%	10.7%	58.5%	30.9%
(1.1~2)年/份	8.4%	38.6%	30.1%	29.2%
(2.1~5)年/份	55.6%	42.1%	11.5%	30.7%
5 年以上/份	33.2%	8.6%		9.2%
$\chi^2=549.43 \quad df=6 \quad sig=0.000$				

二、工作单位性质及所属行业

调查结果显示,新生代农民工多数在私营企业或个体企业工作,其中在私营企业工作的占50.3%,在规模更小的个体户工作的比例为7.8%,二者之和接近六成(58.1%),在港/澳/台及其他各类外资企业工作的比例共12.4%,在国有企业工作的占13.5%,不可忽视的是,有9.1%的人是自雇的个体经营者,具体如表2-2所示。

表2-2 新生代农民工所在企业的单位性质和所属行业

单位性质	频数	百分比	行业	频数	百分比
私营企业	570	50.3%	制造业	592	49.3%
国有企业	153	13.5%	建筑业	85	7.1%
集体企业	79	7.0%	运输与物流行业	39	3.2%
港/澳/台企业	92	8.1%	批发/零售业	151	12.6%
日韩企业	7	0.6%	商业服务业(宾馆/餐饮业)	196	16.3%
欧美企业	42	3.7%	家政服务业	15	1.2%
自身是个体经营	103	9.1%	其他	124	10.3%
个体户	88	7.8%	合计	1 202	100.0%
合计	1 134	100.0%			

注:由于被访者对这两个问题的回答人数不同(每个问题都有人不回答从而造成数据缺失),所以这里的"合计"略有差异。

从行业看,新生代农民工有一半(49.3%)在制造业,排名第二的是商业服务业(宾馆/餐饮业),比例为16.3%,另外,分别有12.6%和7.1%的人在批发/零售业和建筑业。

进一步分析发现,新生代农民工所在的行业和单位性质也呈显著相关,具体表现为:制造业当中,私营企业、国有企业、外资企业的比例都较高;在建筑业当中,私营企业、集体企业、个体经营的比例较高;在运输与物流行业当中,国有企业、集体企业的比例较高;在批发/零售业当中,个体经营(包括自雇和他雇)的比例较高;家政服务业当中,私营企业、个体经营的比例较高,具体如表2-3所示。

表 2-3　新生代农民工所在行业和单位性质的相关性

	制造业	建筑业	运输与物流行业	批发/零售业	商业服务业（宾馆/餐饮业）	家政服务业	其他	总体
私营企业	53.4%	56.8%	37.8%	48.6%	40.2%	53.8%	52.4%	50.3%
国有企业	15.9%	9.9%	27.0%	3.4%	14.7%	7.7%	11.4%	13.5%
集体企业	6.4%	16.0%	18.9%	2.1%	5.4%	7.7%	8.6%	7.0%
港/澳/台企业	14.1%	3.7%	8.1%	1.4%	0.0%	0.0%	2.9%	8.1%
日韩企业	1.1%	0.0%	0.0%	0.0%	0.5%	0.0%	0.0%	0.6%
欧美企业	5.5%	0.0%	0.0%	0.7%	0.5%	7.7%	7.6%	3.7%
自身是个体经营	1.2%	2.5%	0.0%	28.8%	21.2%	15.4%	10.5%	9.1%
个体户	2.5%	11.1%	8.1%	15.1%	17.4%	7.7%	6.7%	7.8%
合计	100.0%	100.0%	100.0%	100.0%	100.0%	100.0%	100.0%	100.0%

$\chi^2 = 324.413$　$df = 42$　$sig = 0.000$

三、工作身份

在新生代农民工的工作身份中,以正式工和合同工所占比例最大,其中正式工的比例为35.2%,合同工的比例为32.9%,不可忽视的是,有12.1%人仍然是临时工。

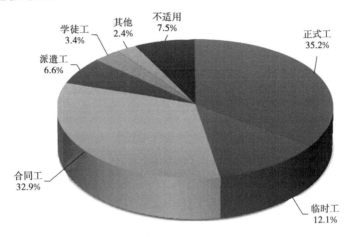

图2-2 新生代农民工的工作身份

四、职务

可喜的是,有超过20%的新生代农民工在其工作中有一定的职务,其中基层管理者(领班、组长等)的比例为19.0%,中层管理者(部门经理)的比例为5.8%。

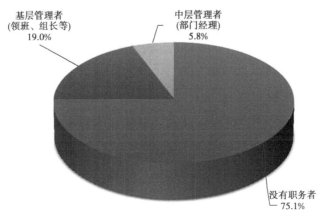

图2-3 新生代农民工的职务状况

五、晋升

调查结果显示,在接受访问之前的 2 年内有 33.7% 的新生代农民工曾经获得过技术等级或职务上的晋升,就未来而言,共有 13.1% 的人认为晋升的机会比较大或非常大,另有 38.5% 的人认为晋升机会比较小或很小,具体见图 2-4。

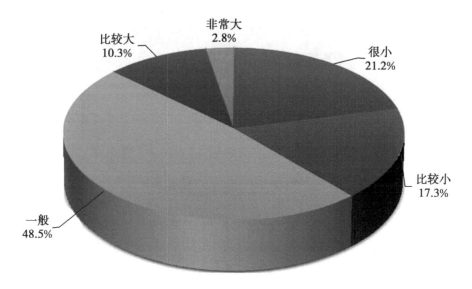

图 2-4 新生代农民工的晋升机会

六、工资及其构成

新生代农民工的工资均值为 3 277.34 元,但是有超过六成的人的工资少于 3 000 元,其中工资在 2 000 元及以下所占的比例为 23.7%,工资在 2 001~3 000 元所占的比例为 38%,在工资较高的群体中,工资在 3 001~4 000 元的比例为 19.9%,工资在 4 001 元及以上的比例为 18.3%,由此可见,新生代农民工总体来说属于中低收入群体,而在他们之间,也存在一定的收入差距。具体如表 2-4 所示。

表 2-4 新生代农民工的工资及构成比例

上个月工资	频数	百分比	基本工资所占比例	频数	百分比	加班工资所占比例	频数	百分比
2 000 元及以下	270	23.7%	50%及以下	221	22.8%	10%及以下	464	56.2%
2 001~3 000 元	433	38%	51%~70%	197	20.3%	10.1%~50%	307	37.2%
3 001~4 000 元	227	19.9%	71%~90%	248	25.5%	50.1%~100%	55	6.7%
4 001 元及以上	209	18.3%	91%~100%	305	31.4%			
合计	1 139	100%	合计	971	100%	合计	826	100%

注：由于被访者对这 3 个问题的回答人数不同，故每个项目的"合计"各不相同。

虽然从均值和工资分组的情况看,新生代农民工当中有相当比例的人工资收入不低,但在这些工资收入中,有相当比例的是加班工资,基本工作所占比例相对较小,其中有22.8%的基本工资比例在50%及以下,而相当多的人是靠加班工资来提高收入的。

进一步分析发现,新生代农民工的基本工资及加班工资在总体收入中所占的比例与他们总的工资收入有显著相关性。就基本工资与总的工资收入的关系而言,总工资收入越高,基本工资所占比例越低,其中总工资收入在3 001~4 000元之间的人中,基本工资比例低于50%的人超过1/3(34.2%),这是相当高的一个比例,而总工资收入在4 000元以上的群体中,基本工资比例低于50%的人也高达28.8%;就加班工资与总的工资收入的关系而言,总的规律是总的工资收入越高,加班工资所占比例越高,具体而言,总工资收入在3 001~4 000元之间的群体中,加班工资比例超过50%的人所占比例为18.8%,加班工资比例在10%~50%之间的人所占比例为36.9%,具体见表2-5。这充分说明,新生代农民工的高收入主要是靠加班、靠付出额外的时间和劳动换取的。

表2-5　总的工资收入与基本工资比例、加班工资比例的相关性

		2 000元及以下	2 001~3 000元	3 001~4 000元	4 001元及以上	总体	
基本工资比例	50%及以下	7.1%	23.6%	34.2%	28.8%	22.8%	$\chi^2=95.41$ $df=9$ $sig=0.000$
	51%~70%	11.5%	26.0%	15.5%	24.3%	20.3%	
	71%~90%	32.7%	21.8%	28.9%	20.9%	25.5%	
	91%~100%	48.7%	28.6%	21.4%	26.0%	31.4%	
加班工资比例	10%及以下	69.6%	53.0%	44.4%	56.8%	56.1%	$\chi^2=63.25$ $df=6$ $sig=0.000$
	10.1%~50%	29.4%	41.9%	36.9%	38.4%	37.2%	
	50.1%~100%	1.0%	5.1%	18.8%	4.8%	6.7%	

在新生代农民工付出了额外的时间、精力和劳动之后,虽然得到了看似不错的工资收入,但绝大多数人认为,根据他们的能力和工作状况,他们应该有更高的工资。图2-5是新生代农民工自己认定的根据能力和工作状况应得的理想工资与实际工资的差距,从中可以看到,仅有18.8%的人对其实际工资满意,其余的人的理想工资都与其实际工资有或多或少的差距,其中两者差距在1~500元之间的占24.2%,差距在501~1 000元之间的占

24.9%,差距在1 001~2 000元之间的占18.9%,差距在2 001元及以上的占13.2%。

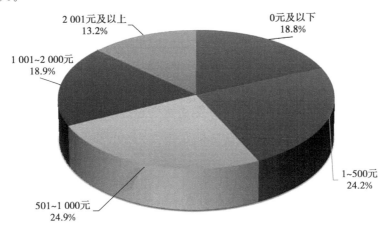

图2-5 新生代农民工的理想工资与实际工资的差距

七、工作时间及加班

从前面的分析可以看到,相当比例的新生代农民工是靠延长工作时间来提高其工资收入的,他们的工作时间和加班情况具体如表2-6所示。

表2-6 新生代农民工的每周工作时间

	每周实际工作时间		单位要求每周最少工作时间	
	频数	百分比	频数	百分比
40小时及以下	289	24.5%	313	28.3%
41~50小时	246	20.8%	327	29.6%
51~60小时	242	20.5%	252	22.8%
61小时及以上	405	34.2%	214	19.3%
合计	1 182	100%	1 106	100%
均值	57.05 小时		52.04 小时	
中值	54 小时		48 小时	
标准差	16.52		13.61	

注:由于被访者对这两个问题的回答人数不同,故"合计"有差异。

从表2-6可以看出,新生代农民工的工作时间超长的比例非常高。

首先,用人单位所要求的新生代农民工的每周最少工作时间就远高于国家法定的每周工作时间,其均值为52.04小时,中位数为48小时,这充分说明用人单位对新生代农民工普遍存在超时用工的状况,具体而言,有超过四成(42.1%)的用人单位要求他们的每周最少工作时间超过50小时,其中,有大约1/5的用人单位要求他们的每周最少工作时间超过60小时。

其次,在用人单位对新生代农民工的工作时间要求如此严苛的状况之下,新生代农民工实际的每周工作时间更远远超过这个要求,他们每周实际工作时间的均值为57.05小时,中位数为54小时,分别比用人单位的底限要求多5小时和6小时。具体而言,新生代农民工的每周实际工作时间符合国家法律规定的比例仅为24.5%,每周实际工作时间在41~50小时之间的比例为20.8%,每周实际工作时间在51~60小时之间的比例为20.5%,而每周实际工作时间超过60小时的比例最高,高达34.2%。

这说明新生代农民工的工作境遇非常糟糕,他们相对较高的收入都是通过加班或延长工作时间获得的。就加班原因而言,如果将为了事业发展界定为主动加班、将增加收入界定为半主动半被动加班、将来自用人单位的强制要求界定为被动加班,则可以看到,被动加班的比例最高,达61.6%,其中公司规定必须加班的比例为31.1%,因公司安排的工作干不完而加班的比例为30.5%;以收入增加驱动的半主动加班属于单项原因中最高的,达50.4%,而为了获得提拔机会的主动加班的比例最低,仅为7.2%,另外还有8.4%的人因为没有其他事情干而加班,具体见图2-6。

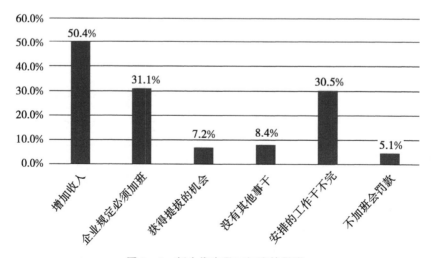

图2-6 新生代农民工加班的原因

八、劳动合同签订及保障福利

新生代农民工与用人单位签订劳动合同的比例还是比较高的,除了派遣工之外(他们与派遣单位而非用人单位签订劳动合同),有63.9%的人签订了劳动合同,而在那些没有签订劳动合同的人中,有29.5%是因为不想签,有15.4%是因为手续没办好,有33.5%是因为单位不给签,所以,从总体而言,共有17.7%的新生代农民工因为用人单位的原因没能签订劳动合同。

新生代农民工在用人单位享有的保障如图2-7所示,从中可以看到,新生代农民工享受"五险"的比例不足50%,他们最需要的工伤保险比例仅为41.9%,享受"一金"(住房公积金)的比例仅为22.7%,而在"五险"当中,比例较低的是生育保险和失业保险,其比例分别为23.9%和31.7%。

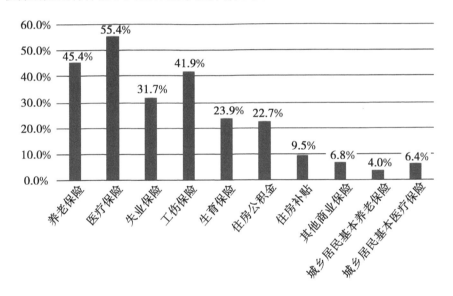

图2-7 新生代农民工享受"五险一金"的情况

就福利方面,新生代农民工在用人单位享受的福利主要是吃和住,其中21.6%的人是包吃包住的,这可以极大地降低他们的生活成本,还有13.3%是包吃不包住,有7.9%的人是包住不包吃。同时也要看到,有14.9%的新生代农民工是没有任何社会保障和福利的。

九、劳动权益受损及其申诉渠道

调查结果显示,有16.4%的新生代农民工在职工劳动权益问题上对用人单位有过意见,而在有意见的这部分人当中,有57.9%的人向用人单位反映过这些意见,他们反映的渠道如图2-8所示。

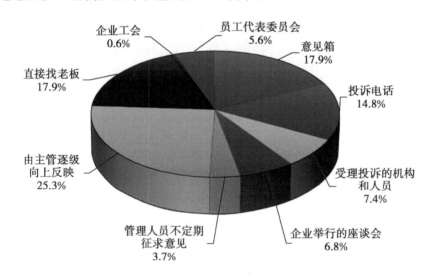

图2-8 新生代农民工反映意见的主要渠道

从图2-8可以看出,新生代农民工向用人单位反映意见的渠道中,比例最高的是"由主管逐级向上反映",其比例为25.3%,其次是"意见箱""直接找老板",其比例都为17.9%,排名第四的渠道是"投诉电话",其比例为14.8%。

在新生代农民工的权益受损问题上,拖欠工资无疑是最重要的一项,所以将这个问题作为单独的一项列出来研究。调查结果显示,有7.9%的新生代农民工在接受访问之前的半年时间内曾遭遇过工作单位拖欠工资的情况,在被拖欠工资的人当中,有51.9%的人被拖欠过一次,有30.9%的人被拖欠过2次,另有17.3%的人在半年之内被拖欠工资3次以上(包括3次)。同时,在被拖欠工资的人当中,虽有66%的人已经全额补发了,但仍有13.8%的人没有补发。从拖欠工资的维权来看,有11.1%是靠新生代农民工自己要回来的,有13.6%是工人集体去向企业要的,有9.9%是在劳动部门的督促之下补发的,而相当大的比例(65.4%)是企业主动补发的。

十、对工作各方面的满意程度

对新生代农民工的工作满意度的测量涉及 7 个方面,具体的满意度情况如表 2-7 所示。

表 2-7 新生代农民工对工作各个方面的满意程度

	描述性统计					因子负载矩阵	
	很不满意(%)	不太满意(%)	一般(%)	比较满意(%)	很满意(%)	工作环境、报酬和发展因子	人际关系因子
1. 工作或劳动的收入	4.8	20.3	50.4	19.3	5.1	0.822	
2. 工作环境和条件	3.4	14.0	48.2	29.5	4.9	0.749	
3. 单位的管理制度	5.5	16.4	50.9	21.9	5.4	0.739	
4. 工作中的晋升机会/发展前途	7.2	20.4	53.9	13.9	4.5	0.727	
5. 工作稳定性	2.7	9.8	48.3	32.7	6.5		0.608
6. 同事间彼此相处的方式	1.3	5.5	36.4	42.4	14.5		0.836
7. 直属上司的人品和工作作风	4.4	9.5	41.5	31.7	13.0		0.812

从表 2-7 可以看出,新生代农民工对工作最满意的前三个方面分别是"同事间彼此相处的方式""直属上司的人品和工作作风"和"工作稳定性",其比较满意和很满意的百分比之和分别为 56.9%、44.7% 和 39.2%;而新生代农民工对工作最不满意的三个方面分别是"工作中的晋升机会/发展前途""工作或劳动的收入"和"单位的管理制度",其很不满意和不太满意的百分比之和分别为 27.6%、25.1% 和 21.9%。

进一步对上述 7 个方面进行了因子分析,提炼出 2 个因子,因子 1 的含义是工作环境、工作报酬和发展,因子 2 的含义是工作中的人际关系,具体如表 2-7 所示。因子分析的结果结合上面的各个方面满意度的状况,可以看出,新生代农民工对工作中的人际关系满意度较高,而满意度低的项目都在因子 1 上,这表明新生代农民工对工作环境、工作报酬和发展的满意度较低。

第二节 新生代农民工的社会经济地位

一、生活水平

1. 比上不足、比下有余

新生代农民工目前的生活水平更多地应该表现为一个相对指标,他们目前的生活水平高低是在与诸多参照群体或参照系的比较中得出的,这些参照系可能包括过去的生活水平、邻居的生活水平、亲戚朋友的生活水平,以及其他有一定可比性的人们的生活水平。问卷调查所显示的新生代农民工自己评价的他们目前的生活水平如表2-8所示。

表2-8 从比较的角度看新生代农民工目前的生活水平

	差很多(%)	差一点(%)	差不多(%)	好一点(%)	好很多(%)
1. 与过去5年比	10.0	10.1	22.9	36.2	20.9
2. 预期未来5年与现在比	4.3	7.5	21.9	33.4	32.9
3. 与亲戚相比	6.5	19.2	49.0	20.5	4.8
4. 与中学同学相比	5.0	16.0	55.7	18.4	5.0
5. 与现在的同事相比	5.7	18.4	56.1	16.2	3.6
6. 与家乡的邻居相比	4.8	15.0	50.3	23.5	6.3
7. 与这个城市的城里人相比	35.2	30.2	25.7	6.9	2.0

根据表2-8的数据发现,新生代农民工目前的生活水平从纵向比在总体上是稳步提升的。一方面,有57.1%的人的目前生活水平比5年前要好,比5年前差的只有20.1%;另一方面,从对未来5年的预期看,有66.3%的人认为他们未来5年的生活会比现在好,认为会变差的比例只有11.8%。因此,从纵向比较看,认为生活水平越来越好的比例远远高于认为越来越差的比例。

从横向比较看,新生代农民工的生活水平呈现出"比上不足、比下有余"的状况。与城里人相比,有65.4%的人认为他们的生活水平不如城里人,仅有8.9%的人认为他们的生活水平比城里人高;而与他们在家乡的邻居比,新生代农民工的生活水平又高于他们在家乡的邻居,其中有29.8%的人认为他们的生活水平高于家乡邻居,有 19.8% 的人认为他们的生活水平低于家乡邻居,前者比后者高出 10 个百分点;与其他参照群体相比,新生代农民工与亲戚、中学同学、现在的同事等的生活水平没有显著差异。

2. 超过半数人的收入不能满足其需要

从总体而言,新生代农民工的收入与其生活需要相比略显不足,其中真正能满足需要的仅有 9.2%,另有 19.3% 的人认为其收入远远不能满足其需要,有 35.4% 的人认为其收入不太能满足其需要,后二者比例之和为 54.7%,换言之,有超过一半的新生代农民工认为他们的收入不能满足其需要,这是值得我们警醒的状况。

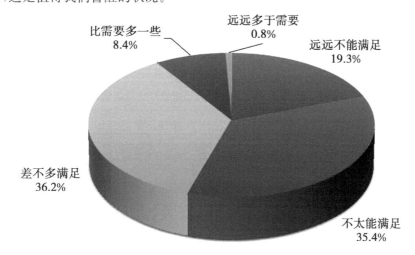

图 2-9 新生代农民工的收入满足需要的程度

从家庭生活需要的角度出发,新生代农民工所认为的理想月收入与其实际收入有着非常明显的差距,具体如表 2-9 所示。

表 2-9 新生代农民工的生活所需工资与实际收入的差距

	频数	百分比
0 元及以下	112	10.2%
1~1 000 元	229	20.8%
1 001~2 000 元	254	23.0%
2 001~3 000 元	162	14.7%
3 001 元及以上	346	31.3%
合计	1 103	100.0%

从表2-9可以看到,将新生代农民工认为的满足家庭需要的理想工资与实际工资相减,得到两者之间的差距,仅有10.2%的人的差距为0和负数,这意味着他们的实际工资能满足他们的生活需要,其他人的工资都或多或少地不足以满足家庭生活需要,其中20.8%的人每个月差1~1 000元,有23%的人差1 001~2 000元,14.7%的人两者之差为2 001~3 000元,另有31.3%的新生代农民工生活负担较重,他们的实际工资与满足生活所需的理想工资之间的差距在每月3 000元以上。

二、主观阶层地位

社会中的每个人都处于不同的层级,如果用10代表最高层,1代表最底层,让新生代农民工对自己所处的层级进行评估,评估的结果如表2-10所示。

表2-10 新生代农民工对自己所处社会阶层的评估

阶层地位	目前的等级		5年前的等级		预期5年后的等级	
	频数	百分比	频数	百分比	频数	百分比
1	156	13.3%	326	28.0%	48	4.2%
2	103	8.8%	226	19.4%	29	2.5%
3	218	18.5%	283	24.3%	85	7.4%
4	208	17.7%	150	12.9%	76	6.7%
5	333	28.3%	135	11.6%	246	21.5%
6	105	8.9%	18	1.5%	199	17.4%
7	33	2.8%	6	0.5%	174	15.2%
8	12	1.0%	10	0.9%	156	13.7%
9	0	0%	2	0.2%	38	3.3%
10	8	0.7%	7	0.6%	91	8.0%

注:由于被访者对这3个问题的回答人数不一样,故这3个问题的频数合计存在差异。

人们对自己所处阶层的主观评价往往与其客观的实际位置存在差距,新生代农民工对自身所处社会阶层的评估也验证了这一点,从表2-10可以看到,新生代农民工对自己所处社会阶层的评估还是比较乐观的,就目前的社会阶层而言,共有13.4%的人认为自己在整个社会中的层级在6级及以上(整个社会分层为10级,10为最高层,1级为最底层),换言之,有13.4%的新生代农民工认为自己处于中上层,而认为 5 年前的等级处于中上层的比例仅为 3.7%,预期 5 年后的等级处于中上层的比例高达 57.6%,这一方面可能是因为新生代农民工对自身所处社会阶层的评估有一定偏差,但也反映了他们对自身社会经济地位的自信以及对未来的无限乐观,同时,从 5 年前、现在、5 年后的对比中,我们也能看到新生代农民工社会阶层地位的明显上升。

三、社会经济地位比较

新生代农民工对其社会经济地位在纵向比较上的乐观自信不仅从上面的主观阶层认定中反映出来,也从他们对其社会经济地位的比较中体现出来。本次调查让他们将其现在的社会经济地位与 5 年前比较,结果发现有 47.3% 的人表示他们现在的社会经济地位比 5 年前变高了,48.7% 的人表示差不多,仅有 4% 的人认为变低了。具体如表 2-11 所示。

表 2-11 新生代农民工社会经济地位的比较

与 5 年前比	频数	百分比	与同龄人比	频数	百分比
变高了	561	47.3%	比较高	84	7%
差不多	578	48.7%	差不多	821	68.7%
变低了	48	4%	比较低	290	24.3%
合计	1 187	100%	合计	1 195	100%

注:由于被访者对这 2 个问题的回答人数不同,故"合计"存在差异。

另外,从横向比较的角度看,新生代农民工却没有那么自信,当让他们与同龄人进行比较时,仅有 7% 的人认为他们比同龄人的社会经济地位高,反而有 24.3% 人认为自己比同龄人的社会经济地位低,但大多数人(68.7%)认为差不多。出现这种结果的原因可能仍然是参照系的问题,同龄人的概念比较模糊,既可能是和他们一样的农民工,也可能是当年考上大学的同学,但即便如此,也能够在一定程度上反映出新生代农民工在横向比较方面的自卑情绪。

四、社会地位获得的归因

一般来说,人们获得社会地位的因素就是两类:一类是结构性因素;另一类是自身因素。由于涉及因素较多,为了描述的方便,在对各因素进行描述性统计之后,还用主成分分析法对这些因素进行了因子分析,并对因子负载矩阵采用方差最大法进行旋转,其结果如表 2-12 所示。

表 2-12　新生代农民工认为获得较高社会地位的影响因素

	描述性统计					因子负载矩阵	
	完全不重要(%)	不太重要(%)	一般(%)	比较重要(%)	非常重要(%)	自致因素	先赋因素
1. 家庭出身	3.2	10.9	23.9	31.5	30.4		0.552
2. 能力和才干	0.2	1.7	12.0	36.9	49.3	0.835	
3. 勤奋和努力	0.2	2.0	12.3	36.0	49.5	0.799	
4. 有好的社会关系	0.2	2.7	12.9	39.6	44.6	0.690	
5. 性别	16.0	28.3	41.8	10.4	3.5		0.830
6. 民族	24.0	31.6	35.1	6.3	2.9		0.796
7. 运气	5.8	11.4	30.3	32.2	20.4		0.568
8. 受教育程度	1.9	4.3	18.0	39.9	35.9	0.665	

因子分析从8个因素中提取出2个因子，这2个因子解释了原有的8个因素的57.65%的信息，结合表2-12的描述性信息，可以看出新生代农民工所认为的社会地位的影响因素的状况如下：

因子1包含了4个因素，其内容大都和个体的能力和努力程度有关，可以称之为自致因素，其中有86.2%的人认为个体的能力和才干重要，85.5%的人认为勤奋和努力重要，75.8%的人认为受教育程度重要，比较新奇的是，良好的社会关系也在这个因子中，其原因可能在于，他们认为社会关系是靠个人建立和维系的，他们当中有84.2%的人认为良好的社会关系是重要的。

因子2同样包含了4个因素，其内容大都和个体的先天条件有关，可以称之为先赋因素，其中，61.9%的人认为家庭出身重要，有52.6%的人认为运气重要，另有13.9%的人认为性别重要，但有44.3%的人认为性别不重要，有9.2%的人认为民族重要，但有55.6%的人认为民族不重要。

纵观上面各因素的重要性程度，可以发现，在新生代农民工的观念中，对提高社会地位重要的是自致因素，先赋因素相对而言不太重要。

五、对社会、生活的满意度

调查结果显示，新生代农民工对各个方面的满意度都比较低，同时由于满意度所涉及的领域较多，为了描述的方便，仍采用主成分分析法，并对因子负载矩阵采用方差最大法进行旋转之后,其结果如表 2-13 所示。

表 2-13 新生代农民工对各个方面的满意程度

	描述性统计					因子负载矩阵	
	非常 不满意 (%)	不太 满意 (%)	中立 (%)	比较 满意 (%)	非常 满意 (%)	生活状 况因子	宏观结 构因子
1. 国家的政治制度	6.4	19.3	52.2	18.8	3.3		0.841
2. 生活水准	5.6	38.6	33.6	20.3	2.0		0.582
3. 国家的经济制度	3.2	23.3	51.3	19.1	3.1		0.835
4. 就业机会	5.2	32.9	40.0	20.1	1.7		0.549
5. 收入差距	14.8	44.5	30.7	8.4	1.6	0.723	
6. 住房状况	19.3	39.0	28.5	11.6	1.7	0.832	
7. 医疗状况	16.4	36.2	32.4	13.1	1.8	0.804	
8. 教育机会	12.1	29.9	36.6	18.3	3.1	0.706	

因子分析从 8 个方面中提取出 2 个因子,这 2 个因子解释了原有的 8 个方面的 62.02% 的信息,其中就业机会的满意度在两个因子上的负载都比较大,但在因子 2 上的负载更大一些,所以将就业机会的这一维度放在因子 2 上,结合表 2-13 的描述性信息,可以看出新生代农民工对各个方面的满意程度如下:

因子 1 包含了四个方面,其内容和新生代农民工的生活密切相关,其中 59.3% 的人对收入差距的状况不满意,有 58.3% 的人对住房状况不满意,有 52.6% 的人对医疗状况不满意,有 42.0% 的人对教育机会不满意。由此可见,新生代农民工对与其生活状况密切相关的诸多方面的不满意程度较高。

因子 2 同样包含四个方面,其内容分为两个维度,一是国家的政治、经济制度;二是新生代农民工的生活水准和就业机会。这四个方面属于一个因子,说明新生代农民工的生活水准及就业机会在很大程度上与国家的政治、经济制度密切相关。就具体状况而言,有 25.7% 的人对国家的政治制度不满意,满意的比例为 22.1%,有 52.2% 的人持中立态度,但不满意的比例比满意的比例略高;在新生代农民工的生活水准方面,有 44.2% 的人不满意,满意的比例为 22.3%;在国家的经济制度方面,不满意的比例为 26.5%,满意的比例为22.2%；在就业机会方面，有38.1%的人表示不满意，有21.8%的人表示满意。由此可见，虽然这四个方面的总体特征都是不满意的比例高于满意的比例，但对国家的政治、经济制度的不满意的比例更低一些，都在25%左右，而另两个方面的不满意程度更高，都在40%左右。

纵观上面两个因子的描述性统计状况，新生代农民工对上述8个方面的不满意程度都比较高，而他们对与其工作、生活密切相关的各个方面的不满意比例更高，对国家的政治制度、经济制度的不满意程度相对较低。

第三章

新生代农民工的公平观

第一节 新生代农民工的生活、工作观

了解新生代农民工在各个方面的观念与看法是了解和理解其对不平等的态度的基础,下面即是他们对家庭、工作、同事、老家、当地社会、国家事务的观念与看法。

一、婚姻家庭观

新生代农民工对家庭的看法包含很多维度,因此在对这些方面进行描述性统计之后,为了描述的方便,仍运用主成分分析法进行了因子分析,并对因子负载矩阵采用方差最大法进行旋转之后,其结果如表3-1所示。

因子分析从18个问题中提取出4个因子,这4个因子解释了原有的18个问题的53.26%的信息,结合表3-1的描述性信息,可以看出新生代农民工在家庭方面的观点如下:

表 3-1 新生代农民工对家庭的看法

	描述性统计					因子负载矩阵			
	非常不同意(%)	不太同意(%)	一般/说不清(%)	比较同意(%)	非常同意(%)	婚姻与代际	与家人关系	性别观念	人生规划
1. 工作就是为了让全家人生活得更好	1.2	2.7	9.2	38.8	48.1		0.546		
2. 找工作时,离家人远还是我考虑的因素	2.6	11.1	22.8	38.0	25.6		0.722		
3. 我每周都会跟家人联系	1.2	5.5	16.2	31.7	45.3		0.577		
4. 与家人的意见出现分歧时,我会尽量从家人的想法	1.6	14.6	37.8	30.1	15.9		0.708		
5. 父母年老时,我会尽量在父母身边照顾他们	0.8	3.2	14.9	38.3	42.9	0.642			
6. 现在女性和男性一样有赡养父母的义务	0.8	3.4	10.0	34.2	51.5	0.762			
7. 我会像对待自己的父母一样对待配偶的父母	0.9	3.2	12.3	34.8	48.8	0.756			
8. 夫妻俩结了婚就应该在一起,不能长期分隔两地	0.9	4.7	19.3	36.1	39.0	0.687			
9. 两个人在一起快乐最重要,不一定要结婚	19.2	34.2	25.6	13.0	7.9				−0.720

续表

	描述性统计					因子负载矩阵			
	非常不同意(%)	不太同意(%)	一般/说不清(%)	比较同意(%)	非常同意(%)	婚姻与代际	与家人关系	性别观念	人生规划
10.婚姻是对夫妻双方权益的保障	1.2	5.0	18.9	37.6	37.4	0.550			
11.家务事应该有空谁做,不分男女	1.0	3.8	13.9	35.6	45.7	0.732			
12.丈夫的事业比妻子的事业更重要	11.3	29.3	28.7	17.9	12.9				
13.女性养家也是很正常的事	3.8	15.0	32.2	31.5	17.6			0.667	
14.孩子和父母共同生活才能健康成长	1.3	6.1	16.4	33.7	42.6	0.645			
15.培养孩子独立、自主的观念很重要	0.9	3.8	11.2	31.2	53.0	0.738			
16.男孩应该比女孩接受更多教育	28.4	31.0	22.2	10.8	7.6			0.768	
17.女孩学得好不如嫁得好	28.1	28.7	23.3	11.2	8.6			0.748	
18.孩子的未来需要父母提前做好规划	7.6	16.0	26.2	27.9	22.3				0.454

因子1包含了8个问题,其内容包含了养老、婚姻和养育孩子,在该因子所包含的问题中,问题5~7和养老有关,其中有81.2%的人认为父母年老时,会尽量在父母身边照顾他们,有85.7%的人认为现在的女性和男性一样有赡养父母的义务,有83.6%的人认为,他们会像对待自己的父母一样对待配偶的父母;问题8和问题10~11和婚姻有关,其中有75.1%的人认为,夫妻俩结了婚就应该在一起,不能长期分隔两地,有75.0%的人认为婚姻是对夫妻双方权益的保障,81.3%的人认为家务事应该谁有空谁做,不分男女;问题14~15和养育孩子有关,其中有76.3%的人认为孩子和父母共同生活才能健康成长,有84.2%的人认为培养孩子独立、自主的观念很重要。这个因子既反映出新生代农民工所拥有的优良的传统思想,如对老人的赡养、对婚姻的忠诚,也反映出他们男女平等的现代思想,如夫妻平权的思想。

因子2包含了4个问题(即问题1~4),其体现的是新生代农民工与家人的关系,在该因子所包含的问题中,有86.9%的人认为工作就是为了让全家人生活得更好,有63.6%的人认为找工作时,离家人远近是其考虑的因素,有77.0%的人会每周都跟家人联系,而有46.0%的人与家人的意见出现分歧时,会遵从家人的想法。因此,因子2反映了新生代农民工与家人的紧密联系。

因子3包含3个问题,其内容和男女性别平等有关,在这个因子所包含的问题中,有30.8%的人认为丈夫的事业比妻子的事业更重要,但有40.6%的人不赞同该观点,不赞同的比赞同的比例高出约10个百分点;有18.4%的人认为男孩应该比女孩接受更多教育,但有59.4%的人不赞同该观点,不赞同的比赞同的比例高出41个百分点;有19.8%的人认为女孩学得好不如嫁得好,但有56.8%的人不赞同该观点,不赞同的比赞同的比例高出37个百分点。由此可见,因子3反映出新生代农民工在婚姻、职场、教育等方面性别平等的思想和观念。

因子4包含2个问题,其内容和对未来的规划有关,其中有20.9%的人认为两个人在一起快乐最重要,不一定要结婚,但有53.4%的人不赞同该观点,不赞同的比赞同的比例高出近33个百分点;而另一方面,有50.2%的人认为孩子的未来需要父母提前规划好。因此,因子4表现出新生代农民工并不是随意游戏人生的群体,他们认同人生规划,希望用婚姻来稳定男女两性的关系。由此可见,婚姻忠诚、性别平等、愿意赡养老人是新生代农民工家庭观、婚姻观的主流。

二、工作观

1. 工作评价

新生代农民工对其工作的评价涉及两个方面,一个是描述其工作的状态,另一个则是表达工作本身对他们的意义。由于涉及的方面较多,为了描述的方便,在进行描述性统计的同时,还采用主成分分析法进行了因子分析,并对因子负载矩阵采用方差最大法进行旋转之后,其结果如表3-2所示。

表3-2 新生代农民工的工作属性

	描述性统计					因子负载矩阵			
	不符合(%)	不太符合(%)	一般符合(%)	比较符合(%)	非常符合(%)	工作中糟糕的一面	工作自主性和成长	工作中的负面信息	工作中的积极信息
1. 我非常喜欢自己的工作	7.8	17.1	45.1	23.3	6.6				0.675
2. 我的工作职责很明确	3.7	11.7	36.3	37.1	11.2				0.788
3. 我的工作单调、重复性高	6.0	14.9	32.9	28.5	17.6			0.567	
4. 我对自己所从事的工作不感兴趣	19.7	29.0	33.7	12.6	4.9			0.629	
5. 工作任务重、要求多	10.3	23.6	37.6	18.7	9.9			0.615	
6. 我的工作场所噪声很大	22.7	23.0	25.1	16.2	12.9	0.755			
7. 工作场所的温度过高或过低	26.4	27.7	23.4	12.9	9.6	0.804			
8. 工作场所不安全,容易发生意外	36.4	29.0	19.6	9.7	5.3	0.818			
9. 我的工作和我的生活经常发生冲突	31.0	31.0	24.6	8.8	4.6	0.611			
10. 工作时间太长,让我无暇承担家庭责任	26.4	25.3	25.1	14.7	8.5	0.504			

续表

	描述性统计					因子负载矩阵			
	不符合（%）	不太符合（%）	一般符合（%）	比较符合（%）	非常符合（%）	工作中糟糕的一面	工作自主性和成长	工作中的负面信息	工作中的积极信息
11. 目前的工作离自己的期望太远	10.4	20.4	33.6	22.9	12.7			0.677	
12. 我的工作需要我不断学习新的知识	8.0	16.2	32.4	27.6	15.7		0.798		
13. 我的工作给了我不断学习新技能的机会	10.6	19.1	35.4	22.5	12.4		0.790		
14. 我能按自己的意愿安排我的工作	18.3	23.6	30.8	19.6	7.6		0.621		
15. 我能自己决定怎么做好我的工作	8.2	15.7	36.8	26.8	12.5		0.611		

因子分析从15个描述语句中提取出4个因子，这4个因子解释了原有的15个描述语句的58.96%的信息，结合表3-2的描述性信息，可以看出新生代农民工在工作属性方面的状况如下：

因子1包含了5个描述语句，其含义主要包含了工作中糟糕的一面，如工作场所的危险性、环境的恶劣性、工作和家庭的冲突等。在该因子所包含的描述中，有29.1%的人认为自己的工作场所噪声很大，有22.5%的人认为工作场所的温度过高或过低，有15.0%的人认为工作场所不安全，容易发生意外，有13.4%的人认为其工作和生活经常发生冲突，有23.2%的人认为其工作时间太长，让他们无暇承担家庭责任。因此，因子1反映出有一定比例的新生代农民工处于比较糟糕的工作环境中，也有一定比例的人其工作和家庭之间存在一定的冲突。

因子2包含4个描述语句，其内容和工作的自主性及工作给个体带来的成长有关。在该因子所包含的描述中，43.3%的人认为他们的工作需要他们不断学习新的知识，有34.9%的人认为他们的工作给了他们不断学习新技能的机会，有27.2%的人认为他们能按自己的意愿安排自己的工作，而有39.3%的人认为他们能自己决定怎么做好自己的工作。因此，从因子2所包含的描述可见，有三四成的新生代农民工能够从工作中学习新的知识和技能，且有相当的工作自主性。

因子3也是包含4个描述语句,其内容主要涉及工作中的负面信息。其中,有46.1%的人认为他们的工作单调、重复性高,有17.5%的人认为他们对自己所从事的工作不感兴趣,有28.6%的人认为自己的工作任务重、要求多,最后,还有35.6%的人认为目前的工作离自己的期望太远。

因子4包含2个描述语句,其内容涉及工作中的积极信息。其中,有48.3%的人认为自己的工作职责很明确,有29.9%的人非常喜欢自己的工作。综合而言,新生代农民工的工作环境较为恶劣,工作的成长性和自主性较低。

2. 工作的意义

新生代农民工对于工作意义的陈述也涉及诸多维度,为了描述的方便,同样用主成分分析法进行了因子分析,并对因子负载矩阵采用方差最大法进行旋转之后,其结果如表3-3所示。

表3-3 新生代农民工对工作的意义的看法

	描述性统计					因子负载矩阵	
	不同意(%)	不太同意(%)	说不清(%)	比较同意(%)	完全同意(%)	友谊、尊重与自我实现	安全
1. 工作就是为了获得经济收入	3.8	13.9	17.0	39.7	25.6		0.535
2. 工作为个人提供了多样化的生活	4.7	12.2	28.8	41.6	12.8	0.508	
3. 工作就是为了打发无聊的时间	25.2	32.3	23.6	14.7	4.1		0.816
4. 工作使我接触了更多的人和事	1.7	5.4	14.3	54.1	24.5	0.713	
5. 我的价值在工作中得到充分体现	3.3	12.7	31.1	38.4	14.5	0.733	
6. 工作中我加深了对自己的认识	2.8	6.3	25.6	48.2	17.1	0.795	
7. 工作使我有了更广阔的发展天地	5.4	14.2	26.6	38.6	15.3	0.768	
8. 工作让我得到尊重	4.0	13.4	28.9	40.1	13.6	0.740	
9. 工作让我结交了新的朋友	1.8	5.2	12.6	50.7	29.7	0.708	

因子分析从 9 个描述语句中提取出 2 个因子,这 2 个因子解释了原有的 9 个描述语句的 53.04% 的信息,结合表 3-3 的描述性信息,可以看出新生代农民工关于工作的意义的观点如下:

因子 1 包含了 7 个描述语句,主要涉及工作的多样性的积极意义,可以命名为友谊、尊重与自我实现。其中,有 54.4% 的人认为工作为个人提供了多样化的生活,有 78.6% 的人认为工作使他们接触了更多的人和事,有 52.9% 的人认为他们的价值在工作中得到充分体现,有 65.3% 的人认为在工作中他们加深了对自己的认识,有 53.9% 的人认为工作使他们有了更广阔的发展天地,有 53.7% 的人认为工作让他们得到了尊重,有 80.4% 的人认为工作让他们结交了新的朋友。

因子 2 包含 2 个描述语句,其内容涉及工作的务实的一面,即为了满足"安全"的需要。其中,有 65.3% 的人认为工作是为了获得经济收入;有 18.8% 的人认为工作就是为了打发无聊的时间,但有 57.5% 的人反对该观点。

从上面两个因子所包含的描述性统计信息可以看出,新生代对工作有着积极的认知和理解,获得经济收入仅仅是工作的一个方面,但远不是工作的全部,他们通过工作接触到更多的人和事,结交到更多的朋友,在工作中加深了对自己的理解,获得了别人的尊重,并从中获得了多样化的生活方式。

3. 人际关系

同事是新生代农民工工作中接触最多的对象,也可能是他们日常生活中接触最多的对象,他们对同事的看法在很大程度上反映了他们日常人际网络的质量。新生代农民工对同事的看法涉及的方面较多,为了描述的方便,仍运用主成分分析法进行了因子分析,并对因子负载矩阵采用方差最大法进行旋转之后,其结果如表 3-4 所示。

表 3-4 新生代农民工对同事的看法

	描述性统计					因子负载矩阵	
	不符合(%)	不太符合(%)	一般符合(%)	比较符合(%)	非常符合(%)	融洽因子	紧张因子
1. 工作中需要帮助时,领导或同事会帮我	5.3	10.7	37.3	31.2	15.5	0.809	
2. 我经常与同事谈论我的工作和生活	4.7	18.2	37.4	29.2	10.6	0.728	

续表

	描述性统计					因子负载矩阵	
	不符合（%）	不太符合（%）	一般符合（%）	比较符合（%）	非常符合（%）	融洽因子	紧张因子
3. 单位对员工过分挑剔，要求太多	14.4	34.4	31.8	13.5	5.9		0.828
4. 同事之间竞争激烈	15.2	32.7	32.3	14.1	5.8		0.826
5. 如果生活中遇到困难，领导或同事会帮我	6.6	17.6	40.5	24.2	11.0	0.730	
6. 我与同事相处非常融洽	1.7	7.3	33.2	34.7	23.2	0.740	

因子分析从 6 个描述语句中提取出 2 个因子，这 2 个因子解释了原有的 6 个描述语句的 61.82% 的信息，结合表 3-4 的描述性信息，可以看出新生代农民工对同事的看法如下：

因子 1 包含 4 个描述语句，涉及同事关系中好的、积极的一面。其中，有 46.7% 的人认为，当他们在工作中需要帮助时，领导或同事会帮助他们；有 39.8% 的人认为他们会经常与同事谈论自己的工作和生活；有 35.2% 的人认为如果他们在生活中遇到困难，领导或同事会帮助他们；有 57.9% 的人认为他们与同事相处非常融洽。

因子 2 包含 2 个描述语句，内容涉及工作关系中紧张的一面。其中，有 19.4% 的人认为单位对员工过分挑剔，要求太多，但有 48.8% 的人反对该陈述；有 19.9% 的人认为同事之间竞争激烈，但有 47.9% 的人反对该陈述。

从上面两个因子所包含的信息及其描述性统计结果可以看出，新生代农民工对同事的看法总体是相当积极的，他们与同事相处融洽，当他们在生活与工作中遇到困难时，会得到领导或同事的帮助，虽然也会有单位的过分挑剔和同事之间的激烈竞争，但有此体验的人比例均不到 20%。

三、身份认同

新生代农民工对老家的看法与感情会在很大程度上揭示和反映他们的身份认同，也会在一定程度上和他们在当地的融入有关，由于涉及的方面较多，为了描述的方便，用主成分分析法进行了因子分析，并将因子负载矩阵采用方差最大法进行旋转之后，他们在这方面的结果如表 3-5 所示。

表 3-5 新生代农民工对老家的看法

	描述性统计					因子负载矩阵		
	非常不同意（%）	不太同意（%）	一般/说不清（%）	比较同意（%）	非常同意（%）	对家乡的归属感	对城市的融入	对家乡的疏离与迷茫
1. 老家的生活更加舒适、方便	2.0	13.0	21.5	32.9	30.7	0.638		
2. 我经常关注老家发生的事情	0.7	6.5	23.3	40.6	28.9	0.795		
3. 我愿意让别人知道我来自农村	1.5	5.9	21.5	40.9	30.3	0.659		
4. 我离开老家时会有一种依依不舍的感觉	1.6	8.3	23.1	33.8	33.2	0.765		
5. 没有获得与当地人同等的待遇，被当地人看不起	13.0	32.0	33.9	14.0	7.1			0.726
6. 我在这里的生活与家乡没有什么差别	8.4	26.7	33.1	22.9	8.9		0.694	
7. 我离开家乡很久了，对家乡没有特别的感觉	26.5	36.8	22.2	10.6	3.9			0.481
8. 我以后留在这个城市生活	9.6	15.6	38.8	25.4	10.6		0.733	
9. 如果家乡的收入水平与本地差不多，我不会出来工作	5.6	17.6	26.5	24.1	26.1			0.453
10. 我觉得我就是城里人	16.3	26.7	37.6	13.6	5.9		0.668	
11. 我对自己是城里人还是农村人感到迷茫	25.2	28.2	34.8	8.7	3.0			0.692

因子分析从 11 个陈述中提取出 3 个因子，这 3 个因子解释了原有的 11 个陈述的 51.75% 的信息，结合表 3-5 的描述性信息，可以看出新生代农民工对老家的看法如下：

因子1包含陈述1~4,其内容涉及新生代农民工对家乡的归属感。其中,有63.6%的人认为老家的生活更加舒适、方便,有69.5%的人认为他们会经常关注老家发生的事情,有71.2%的人认为他们愿意让别人知道他们来自农村,有67.0%的人认为他们在离开老家时会有一种依依不舍的感觉。

因子2包含了陈述6、8、10,其内容表达了对城市的融入倾向。其中,有31.8%的人认为他们在城市生活与家乡没有什么区别,有36%的人认为他们以后将留在城市生活,有19.5%的人认为自己就是城里人。

因子3包含了陈述7、9、11,其内容涉及对家乡的疏离和迷茫。其中,14.5%的人认为他们离开家乡很久了,对家乡已经没有特别的感觉了,有50.2%的人认为如果家乡的收入水平和城市差不多,他们不会出来工作,有11.7%的人对自己是城里人还是农村人感到迷茫。

从上面3个因子所包含的信息及描述性统计结果看,新生代农民工当中仍有相当比例的人对农村有强烈的归属感,但已经有一部分人对自己的身份认同感到迷茫,但有相当一部分(约20%)人的身份认同是城里人而非农村人了,其身份认同的迷茫已然显现。

四、社会融入自评

新生代农民工对其社会融入的看法在相当程度上折射和反映了他们日常生活的社会融入情况。由于和社会融入相关的问题较多,故先对上述问题进行因子分析,一方面可以探寻新生代农民工关于社会融入的看法的深层结构,另一方面也便于对这些问题进行描述,采用主成分分析法进行因子分析,并对因子负载矩阵采用方差最大法进行旋转之后,其结果如表3-6所示。

表3-6 新生代农民工对自身社会融入的看法

	描述性统计					因子负载矩阵		
	非常不同意(%)	不太同意(%)	一般/说不清(%)	比较同意(%)	非常同意(%)	与当地人的感情	对当地群体组织的参与	与当地人的疏离
1. 我与当地人交往较多,有很好的朋友	4.8	17.6	34.9	29.9	12.8	0.821		
2. 我觉得当地人对我比较友好	4.3	15.5	42.4	30.0	7.8	0.809		

续表

	描述性统计					因子负载矩阵		
	非常不同意（%）	不太同意（%）	一般/说不清（%）	比较同意（%）	非常同意（%）	与当地人的感情	对当地群体组织的参与	与当地人的疏离
3. 我对当地社会有一种家的感觉	8.7	25.8	39.2	19.5	6.8	0.738		
4. 在当地生活，我始终觉得自己是局外人	8.1	30.2	35.6	18.6	7.5			0.725
5. 我愿意参加当地的一些群体组织	5.6	21.0	33.8	30.0	9.6		0.756	
6. 参加群体组织，可以丰富我的生活	2.9	13.1	25.7	43.4	14.8		0.817	
7. 与本地组织相比，我更愿意参加老乡组织	4.3	16.3	35.1	30.6	13.8			0.511
8. 我很少与当地人接触，不了解当地的生活	9.7	29.4	34.4	19.8	6.6			0.646
9. 我比较关注当地的经济社会发展状况	4.4	13.2	35.8	34.8	11.9		0.592	
10. 我很喜欢所在的这座城市	2.9	9.7	35.1	34.5	17.9		0.530	
11. 在这个城市我不能很好地发挥自己的能力	9.5	31.9	40.6	13.6	4.3			0.683

　　因子分析从11个问题中提取出3个因子，这3个因子解释了原有的11个问题的55.9%的信息，结合表3-6的描述性信息，可以看出新生代农民工在社会融入方面的观点如下：

　　因子1包含了3个问题（问题1至问题3），体现的是新生代农民工对当地人与当地社会的情感，在该因子包含的问题中，新生代农民工中有42.7%的人与当地人交往较多，有很好的朋友，有37.8%的人觉得当地人比较友好，有26.3%的人觉得对当地社会有一种家的感觉,可以看出,这似乎是一种递进的关系,从交往开始,然后体会友好,并进而有归属感。

因子2包含了4个问题,体现的是新生代农民工对当地的群体组织的参与状况、对当地社会经济发展的关注情况,以及对所在城市的喜欢。从该因子包含的问题中可以看到,新生代农民工当中有58.2%的人认为参加群体组织可以丰富其生活,有39.6%的人愿意参加当地的群体组织,同时,有46.7%的人比较关注当地的经济社会发展状况,有52.4%的人喜欢自己所在的城市。

因子3同样包含4个问题,体现的是新生代农民工对当地社会的疏离和对同乡人的亲和。在这个因子所包含的题目中,有26.1%的人认为自己虽然在当地生活,但始终觉得自己是局外人,有26.4%的人很少与当地人接触,也不了解当地的生活,并且有17.9%的人认为在其所在的城市不能很好地发挥自己的能力,有44.4%的人更愿意参加老乡组织。

从上面的分析可以看出,新生代农民工在当地的社会融入有一定的差异性,对当地的融入感与疏离感并存。虽然有一定比例的新生代农民工对当地人和当地社会存在着疏离感,但也有相当比例的新生代农民工在尝试着与当地人交往、参加当地的群体组织、关注当地的经济社会发展状况,并进而喜欢上所在的城市,甚至对当地社会有一种家的感觉。

五、政治参与意识

新生代农民工对国家事务的关注情况反映了他们的社会参与和一定程度的政治参与状况,为了描述的方便,用主成分分析法进行因子分析,并对因子负载矩阵采用方差最大法进行旋转之后,其结果如表3-7所示。

表3-7 新生代农民工对国家事务的关注情况

	描述性统计					因子负载矩阵		
	非常不同意(%)	不太同意(%)	一般/说不清(%)	比较同意(%)	非常同意(%)	政治参与	对政府的肯定评价	对行政监督机制的评价
1.如果条件允许,我愿意加入中国共产党	6.3	7.8	22.5	25.9	37.5	0.502		
2.我经常关注政府事务的新闻报道	3.9	12.9	32.3	31.0	20.0	0.796		

续表

	描述性统计					因子负载矩阵		
	非常不同意(%)	不太同意(%)	一般/说不清(%)	比较同意(%)	非常同意(%)	政治参与	对政府的肯定评价	对行政监督机制的评价
3. 我对国家的方针政策比较了解	5.5	22.4	44.3	20.2	7.7	0.821		
4. 我非常关心村委会的换届选举	10.6	28.3	39.0	15.0	7.1	0.721		
5. 我比较关注我所在的社区组织的活动	7.2	26.8	40.5	18.6	7.0	0.563		
6. 我比较关注单位组织的各种活动	4.0	15.8	33.2	34.6	12.3			
7. 政府大多时候是维护群众利益的	10.1	21.5	36.6	23.1	8.7		0.852	
8. 政府越来越为人民办实事	11.4	20.6	39.0	21.5	7.6		0.849	
9. 国家的政策是好的,但在执行的过程中会出现一些问题	2.6	6.9	28.8	35.1	26.6			0.733
10. 我对党的十八大的召开给予了较多的关注	6.7	16.4	40.0	24.6	12.3	0.572		
11. 网络对政府行为的监督起到了很好的作用	3.2	9.4	34.1	32.9	20.4			0.720
12. 对政府工作的监督机制比较薄弱	2.3	7.6	36.5	28.1	25.5			0.788

因子分析从12个陈述中提取出3个因子,这3个因子解释了原有的12个陈述的59.57%的信息,结合表3-7的描述性信息,可以看出新生代农民工对国家事务的观点如下:

因子1包含了陈述1~5及陈述10,其内容主要涉及新生代农民工的政治参与状况。其中,有63.4%的人认为,如果条件允许,愿意加入中国共产党,有51.0%的人经常关注政府事务的新闻报道,有27.9%的人对国家的方针政策比较了解,有22.1%的人非常关心村委会的换届选举,有25.6%的人比较关注其所在社区组织的活动,有36.9%的人对十八大的召开给予了比较多的关注。

因子2包含陈述7~8,其内容主要涉及对政府的肯定评价。其中,有31.8%的人认为政府大多时候是维护群众利益的,有29.1%的人认为政府越来越为人民办实事。

因子3包含陈述9和陈述11~12,其内容主要涉及对行政执行及其监督机制的评价。其中,有61.7%的人认为国家的政策是好的,但在执行的过程中会出现一些问题,有53.6%的人认为对政府工作的监督机制比较薄弱,有53.3%的人认为网络对政府行为的监督起到了很好的作用。

由此可见,新生代农民工当中有相当一部分人有积极的政治参与意识,也有30%左右的人对政府持积极肯定的评价,但是他们对政策执行及其监督机制不够满意,同时积极肯定网络对政府行为的监督作用。

第二节 新生代农民工的公平观

一、公平观指数

本书用8个问题来测量新生代农民工在公平方面的观念,并将这8个陈述进行因子分析,得到3个因子,这3个因子解释了原有的8个陈述的66.52%的信息,它们代表不同的含义,新生代农民工在这3个维度上的态度也各有不同。其结果如表3-8所示。

表3-8 关于不公平的观念

	描述性统计					因子负载矩阵		
	完全同意(%)	比较同意(%)	中立(%)	不太同意(%)	完全不同意(%)	基于结构因素的不公平	对不公平的反应	基于个人因素的不公平
1.有些职业的人比其他职业的人地位高,是公平的	9.4	21.2	35.9	24.7	8.9	0.492		
2.对弱势群体给予额外的帮助,使他们能有平等的机会,这是公平的	21.2	41.6	28.5	6.2	2.5			0.841

续表

	描述性统计					因子负载矩阵		
	完全同意（%）	比较同意（%）	中立（%）	不太同意（%）	完全不同意（%）	基于结构因素的不公平	对不公平的反应	基于个人因素的不公平
3. 有条件的人让子女得到更好的教育，是公平的	16.0	31.1	31.9	15.1	5.9			0.636
4. 有门路的人能买到比别人更好的住房，是公平的	6.5	16.0	31.6	28.7	17.3	0.828		
5. 有门路的人能享受到更好的医疗服务，是公平的	4.7	10.0	27.3	32.3	25.8	0.887		
6. 有门路的人能比别人享受到更高的养老金，是公平的	3.6	7.7	25.4	31.0	32.3	0.845		
7. 主张社会正义是没有意义的，这无助于改变现状	7.4	13.2	41.9	23.1	14.3		0.802	
8. 现在已经很难判断社会上的事情是不是公正了	16.6	24.3	38.6	13.9	6.6		0.837	

从表3-8可以看出，新生代农民工对由于外部因素造成某些人能得到优质资源或机会持最难以容忍的态度，如有门路的人能享受到更好的住房、更好的医疗服务、更高的养老金，这三项是他们最不能认同的，他们对这三项的反对比例都在五六成；同时，他们对由于职业不同而造成的社会地位高低也持不赞同的态度，有超过1/3的人不同意这个观点。这就是因子1所包含的主要内容。

另一方面，新生代农民工对基于个人因素造成的资源不公则较为宽容，例如，共有47.1%的人同意"有条件的人让子女得到更好的教育，是公平的"；对于弱势群体，他们持更为宽容的态度，有62.8%的人同意"对弱势群体给予额外的帮助，使他们能有平等的机会，这是公平的"。这正是因子3所包含的内容。

因子2反映了新生代农民工对当前社会的公平的态度，有高达40.9%的人认为"现在已经很难判断社会上的事情是不是公正了"，同时，他们当中仅有 20.6%的人认为"主张社会正义是没有意义的,这无助于改变现状",而有 37.4%的人不同意这句话,另有 41.9%的人保持中立。由此可见,新生代农民工也不再是沉默的群体,已经有相当一部分人渴望主张社会正义、渴望改变现状。

值得注意的是,在新生代农民工的观念中,由于职业不同而造成的社会地位高低也是不公平的,仅有不到 1/3(30.6%)的人同意"有些职业的人比其他职业的人地位高,是公平的",其原因可能在于新生代农民工大多数从事的是体力劳动,在中国的劳动力市场中处于低端,从而造成其社会地位不高,他们的这种观念是对其处境不公所做出的直接反应。

将这 3 个均值为 0、标准差为 1 的因子按前述方法进行转换,分别转换成取值范围在 1~100 之间的 5 个指数,并对这些指数进行命名,转换之后,3 个公平观指数的描述性统计结果如表 3-9 所示。

表 3-9 公平观指数的描述性统计

	公平观指数 1——基于结构因素的不公平	公平观指数 2——对不公平的反应	公平观指数 3——基于个人因素的不公平
均值	58.474 2	49.006 5	43.265 5
极小值	1.00	1.00	1.00
极大值	100.00	100.00	100.00

由于调查问卷中关于公平观的赋值情况为:1——非常同意、2——比较同意、3——中立、4——不太同意、5——完全不同意,因此根据那些陈述生成因子之后,因子的值越大,表示越不同意该陈述,这意味着,将这些因子转换成指数之后,指数的值越高,表示越不同意。就公平观指数 2 而言,指数的值越高,表明新生代农民工对社会公平的渴望越强烈。

从 3 个指数的均值来看,基于结构因素的不公平指数的均值最高,表示新生代农民工在这个维度指数上的认可度、容忍度最低,而他们认可度最高的是基于个人因素的不公平。由此可见,新生代农民工认同基于个人因素的不公平,不认同基于结构因素的不公平,渴望社会公平、期待改变现状。

二、不平等意识指数

关于不平等的意识倾向是一种比较深层的意识结构,反映了新生代农民工在当下不平等的社会结构中究竟是有积极的地位追求意识,还是有消极的平均主义意识。由于关于不平等的意识倾向的量表中的问题较多,为了描述的方便,拟对数据进行因子分析,以便探寻新生代农民工关于不平等的意识倾向的结构,采用主成分分析法进行因子分析,并对因子负载矩阵用最大方差法进行旋转之后,其结果如表3-10所示。

表3-10 关于不平等的意识倾向

	描述性统计					因子负载矩阵				
	非常同意(%)	比较同意(%)	中立(%)	不太同意(%)	非常不同意(%)	机会公平	基于能力的不平等	公平的不平等	绝对平均主义	朴素的平等思想
1. 生活在一个贫穷平等的社会比生活在一个富裕但不平等的社会要好	15.1	23.3	39.2	18.3	4.1					0.888
2. 没有竞争基础上的报酬差别,人们就不会努力工作	15.8	48.7	25.0	8.4	2.1		0.462			
3. 人类社会存在不平等的现象是非常正常的	9.4	33.7	34.1	17.8	5.0		0.776			
4. 因为个人能力的差异,社会不平等是不可避免的	12.8	43.7	30.7	10.5	2.2		0.741			
5. 在市场经济情况下,人们必须容忍社会不平等	6.9	27.6	36.8	22.0	6.7		0.756			
6. 穷人和富人打官司时,能得到同样公平的审判机会	13.6	15.7	25.0	28.6	17.1	0.769				
7. 在我们国家,人们都有平等的机会获得成功	10.4	22.1	31.0	25.7	10.7	0.877				
8. 在我们国家,人们的努力都能获得回报	10.3	22.9	30.5	26.4	10.0	0.821				
9. 只有当机会平等时,人们的财富差距才是合理的	14.7	34.3	34.4	13.6	3.0			0.637		
10. 努力工作的人应该比那些不努力工作的人赚得多	25.4	36.6	24.0	10.4	3.6			0.735		
11. 人们有权将自己的财富传给下一代	22.5	41.8	27.6	6.2	1.8			0.724		

续表

	描述性统计					因子负载矩阵				
	非常同意(%)	比较同意(%)	中立(%)	不太同意(%)	非常不同意(%)	机会公平	基于能力的不平等	公平的不平等	绝对平均主义	朴素的平等思想
12. 富人应该分出一部分钱,使得全社会的人都能满足其基本需求	17.6	25.6	40.1	12.6	4.0				0.733	
13. 即便有些人更聪明或更有才能,他们也不应该赚更多钱	3.7	10.3	33.4	34.7	17.9				0.798	

这13个问题构成5个维度(因子),这5个因子解释了原有的13个问题的64.42%的信息,它们代表不同的含义,新生代农民工在这5个维度上的态度也各有不同。

第1个问题是一个独立的维度(因子5),代表朴素的平等主义思想,有38.4%的人同意这种平等主义思想。

第2题至第5题构成一个维度(因子2),该因子包含的问题中,新生代农民工认可基于竞争基础上的报酬差别(64.5%)、认可不平等的存在(43.1%),但是,他们对基于个人能力差异的不平等的认可(56.5%)远高于外部因素(如市场经济)造成的认可(34.5%)。

第6题至第8题构成一个维度(因子1),该因子中的问题所包含的含义是机会公平或机会平等。新生代农民工当中,有29.3%的人认同"穷人和富人打官司时,能得到同样公平的审判机会",有32.5%的人认同"在我们国家,人们都有平等的机会获得成功",有33.2%的人认同"在我们国家,人们的努力都能获得回报"。

第9题至第11题构成一个维度(因子3),该因子中的问题所包含的含义是"公平的不平等"。其中,有49.0%的人认同"只有当机会平等时,人们的财富差距才是合理的",有62.0%的人认同"努力工作的人应该比那些不努力工作的人赚得多",有64.3%的人认同"人们有权将自己的财富传给下一代"。

第12题和第13题构成最后一个维度(因子4),其含义是绝对的平均主义思想。其中,有43.2%人认同"富人应该分出一部分钱,使得全社会的人都能满足其基本需求",但仅有14.0%的人认同"即便有些人更聪明或更有才能,他们也不应该赚更多钱"。

由此可见,新生代农民工虽然有朴素的平等主义和平均主义思想,但他们更认同基于个人能力差异和努力程度差异而形成的收入不平等,他们希望有机会平等,并认同基于机会平等基础上的财富差异,也认同财富的代际传递,但他们对由于外部因素造成的不平等的认可度最低。换言之,新生代农民工认同公平的不平等(基于个人绩效的不平等),不认同不公平的不平等(基于外部因素的不平等)。

将上述13个问题进行因子分析后,生成5个因子,将这5个均值为0、标准差为1的因子按前述方法进行转换,分别转换成取值范围在1～100之间的5个指数,并对这些指数进行命名,转换之后,5个指数的描述性统计结果如表3-11所示。

表3-11 不平等意识指数的描述性统计

	均值	极小值	极大值
机会公平	51.275 6	1.00	100.00
基于能力的不平等	46.356 9	1.00	100.00
公平的不平等	42.793 9	1.00	100.00
绝对平均主义	50.466 1	1.00	100.00
朴素的平等思想	43.458 0	1.00	100.00

由于调查问卷中关于不平等意识的赋值情况为:1—非常同意、2—比较同意、3—中立、4—不太同意、5—非常不同意,因此根据那些陈述生成因子之后,因子的值越大,表示越不同意该陈述,这意味着,将这些因子转换成指数之后,指数的值越高,表示越不同意。

从5个指数的均值来看,机会公平和绝对平均主义的均值最高,表示新生代农民工在这两个维度指数上的认可度最低,而其认可度最高的是基于公平的不平等(基于个人绩效的不平等),其次是朴素的平等主义思想,而认可度居中的是基于能力的不平等,而他们不认同不公平的不平等(基于外部因素的不平等)。

第三节 公平观的群体差异性

如前所述,用因子分析的方法从描述新生代农民工的公平观的量表中提取出3个因子,并进一步将这3个因子转换成公平观指数,此处就用新生代农民工的公平观指数来分析其群体差异性。而数据分析的结果显示,新生代农民工的公平观与其政治身份(是否为党员)无显著相关,但与其性别、年龄、文化程度、阅历、目前工作所在地域等有显著相关。

一、公平观的人口学差异

1. 公平观的性别差异

采用独立样本 t 检验来比较不同性别的人在公平观指数上的差异性,其具体数据如表3-12所示。

表3-12 不同性别的新生代农民工在公平观上的差异性

		方差方程的Levene检验		均值方程的 t 检验		
		F	sig	t	df	sig(双侧)
公平观指数1——基于结构因素的不公平	假设方差相等	0.192	0.661	−1.638	1 176	0.102
	假设方差不相等			−1.639	1 139.33	0.101
公平观指数2——对不公平的反应	假设方差相等	0.113	0.737	−1.851	1 176	0.064
	假设方差不相等			−1.851	1 136.49	0.064
公平观指数3——基于个人因素的不公平	假设方差相等	0.648	0.421	−0.160	1 176	0.873
	假设方差不相等			−0.160	1 152.98	0.873

从表3-12可以看出,新生代农民工的公平观指数1和公平观指数3在性别上都没有显著的均值差异,而公平观指数2与性别在0.1的显著性水平下有显著相关,其具体差异如表3-13所示。

表3-13 新生代农民工的公平观的性别差异性

	您的性别	N	均值	标准差	均值的标准误
公平观指数1——基于结构因素的不公平	男	644	57.658 2	19.194 48	0.756 37
	女	534	59.491 5	19.034 57	0.823 71
公平观指数2——对不公平的反应	男	644	47.881 9	20.445 18	0.805 65
	女	534	50.095 0	20.419 00	0.883 62
公平观指数3——基于个人因素的不公平	男	644	43.157 3	17.797 32	0.701 31
	女	534	43.320 3	16.989 28	0.735 20

从表 3-13 可以看出,对于公平观指数 2,男性的均值低于女性的均值,这表明,在对于社会公平的反应上,女性比男性的容忍度更低。

2. 公平观的年龄差异

采用一元方差分析来比较不同年龄段的新生代农民工在公平观指数上的差异性,方差分析的结果如表 3-14 所示。

表 3-14 新生代农民工的公平观指数在其年龄上的差异性

		平方和	df	均方	F	显著性
公平观指数 1—基于结构因素的不公平	组间	4 507.421	2	2 253.710	6.216	0.002
	组内	431 822.027	1 191	362.571		
	总数	436 329.448	1 193			
公平观指数 2—对不公平的反应	组间	538.288	2	269.144	0.641	0.527
	组内	500 295.890	1 191	420.064		
	总数	500 834.178	1 193			
公平观指数 3—基于个人因素的不公平	组间	507.734	2	253.867	0.837	0.433
	组内	361 279.601	1 191	303.341		
	总数	361 787.335	1 193			

从表 3-14 可以看出,新生代农民工的公平观指数 2 和公平观指数 3 在年龄上都没有显著的年龄差异,而公平观指数 1 在 0.05 的显著性水平下有显著的年龄差异,其具体的差异如表 3-15 所示。

表 3-15 新生代农民工公平观指数在年龄上的具体差异

因变量	(I)年龄分段	(J)年龄分段	均值差($I-J$)	标准误	显著性
公平观指数 1—基于结构因素的不公平	1980—1984	1985—1989	3.066 05	1.487 26	0.118
		90 后	5.338 13*	1.521 46	0.001
	1985—1989	1980—1984	−3.066 05	1.487 26	0.118
		90 后	2.272 08	1.237 06	0.200
	90 后	1980—1984	−5.338 13*	1.521 46	0.001
		1985—1989	−2.272 08	1.237 06	0.200

续表

因变量	(I)年龄分段	(J)年龄分段	均值差(I-J)	标准误	显著性
公平观指数2——对不公平的反应	1980—1984	1985—1989	0.623 19	1.600 84	1.000
		90后	−0.882 43	1.637 65	1.000
	1985—1989	1980—1984	−0.623 19	1.600 84	1.000
		90后	−1.505 62	1.331 54	0.775
	90后	1980—1984	0.882 43	1.637 65	1.000
		1985—1989	1.505 62	1.331 54	0.775
公平观指数3——基于个人因素的不公平	1980—1984	1985—1989	−0.742 53	1.360 37	1.000
		90后	0.720 37	1.391 65	1.000
	1985—1989	1980—1984	0.742 53	1.360 37	1.000
		90后	1.462 90	1.131 52	0.589
	90后	1980—1984	−0.720 37	1.391 65	1.000
		1985—1989	−1.462 90	1.131 52	0.589

* 均值差的显著性水平为0.05。

表3-15的结果显示,新生代农民工在公平观指数1上的年龄差异性主要表现为,年龄越大,公平观指数1的均值越高,但仅有1980—1984年出生的人与"90后"的指数均值存在显著差异,其他年龄段的人在公平观指数1上的均值均没有显著差异。根据前述公平观指数的含义,指数的取值越高,说明新生代农民工在该维度上的认可度、容忍度越低,这意味着,新生代农民工的年龄越大,他们对由于结构因素造成的不公平的容忍度越低,且1980—1984年之间出生的新生代农民工对结构因素造成的不公平的容忍度显著低于"90后"新生代农民工。

3. 公平观的文化程度差异

一元方差分析的结果表明,在0.05的显著性水平下,新生代农民工的公平观指数1和公平观指数3与其文化程度都有显著相关性,公平观指数2与其文化程度无显著相关,具体如表3-16所示。

表 3-16 新生代农民工的公平观指数在其文化程度上的差异性

		平方和	df	均方	F	显著性
公平观指数 1——基于结构因素的不公平	组间	3 150.442	2	1 575.221	4.327	0.013
	组内	432 861.497	1 189	364.055		
	总数	436 011.940	1 191			
公平观指数 2——对不公平的反应	组间	690.394	2	345.197	0.819	0.441
	组内	501 242.175	1 189	421.566		
	总数	501 932.569	1 191			
公平观指数 3——基于个人因素的不公平	组间	2 951.139	2	1 475.570	4.885	0.008
	组内	359 166.194	1 189	302.074		
	总数	362 117.333	1 191			

新生代农民工的公平观指数在文化程度上的差异具体如表 3-17 所示。

表 3-17 新生代农民工公平观指数在文化程度上的具体差异

因变量	(I) 学历分组	(J) 学历分组	均值差 (I-J)	标准误	显著性
公平观指数 1——基于结构因素的不公平	初中及以下	高中/职高/中专	−3.616 41*	1.332 55	0.020
		大专及以上	−3.437 10*	1.428 14	0.049
	高中/职高/中专	初中及以下	3.616 41*	1.332 55	0.020
		大专及以上	0.179 31	1.336 84	1.000
	大专及以上	初中及以下	3.437 10*	1.428 14	0.049
		高中/职高/中专	−0.179 31	1.336 84	1.000
公平观指数 2——对不公平的反应	初中及以下	高中/职高/中专	0.818 85	1.433 95	1.000
		大专及以上	1.956 98	1.536 81	0.609
	高中/职高/中专	初中及以下	−0.818 85	1.433 95	1.000
		大专及以上	1.138 13	1.438 56	1.000
	大专及以上	初中及以下	−1.956 98	1.536 81	0.609
		高中/职高/中专	−1.138 13	1.438 56	1.000

续表

因变量	（I）学历分组	（J）学历分组	均值差（I-J）	标准误	显著性
公平观指数3——基于个人因素的不公平	初中及以下	高中/职高/中专	3.780 05*	1.213 83	0.006
		大专及以上	2.453 47	1.300 90	0.179
	高中/职高/中专	初中及以下	-3.780 05*	1.213 83	0.006
		大专及以上	-1.326 57	1.217 73	0.829
	大专及以上	初中及以下	-2.453 47	1.300 90	0.179
		高中/职高/中专	1.326 57	1.217 73	0.829

* 均值差的显著性水平为 0.05。

表 3-17 的数据显示，在公平观指数 1 上，高中/职高/中专群体的均值最高，大专及以上的均值次之，而初中及以下群体的均值最低，其中初中及以下群体与高中/职高/中专、大专及以上群体的均值都有显著差异，而高中/职高/中专与大专及以上群体的均值无显著差异，这意味着，在新生代农民工中，高中/职高/中专群体对基于结构因素的不公平的容忍度最低，大专及以上群体的容忍度排名第二，而初中及以下群体的容忍度最高，且初中及以下群体对基于结构因素的不公平的容忍度显著高于高中/职高/中专及以上的群体。

在公平观指数 3 方面，初中及以下群体的均值最高，大专及以上群体的均值次之，高中/职高/中专群体的均值最低，其中初中及以下群体的均值显著高于高中/职高/中专群体，其他群体的均值无显著差异。这意味着，在新生代农民工当中，初中及以下群体对基于工人因素的不公平的容忍度最低，高中/职高/中专群体的容忍度最高，且初中及以下群体对基于个人因素的不公平的容忍度显著低于高中/职高/中专群体。

二、公平观的工作属性差异

1. 公平观的工作年限差异

就新生代农民工的阅历而言，他们在工作所在城市的生活年限对其公平观没有显著影响，但他们总的打工年限对其公平观有显著影响，其方差分析的结果如下：

表3-18 新生代农民工的公平观与其总的打工年限的相关性

		平方和	df	均方	F	显著性
公平观指数1—基于结构因素的不公平	组间	4 321.402	2	2 160.701	5.926	0.003
	组内	427 685.781	1 173	364.609		
	总数	432 007.183	1 175			
公平观指数2—对不公平的反应	组间	1 317.699	2	658.850	1.565	0.210
	组内	493 856.273	1 173	421.020		
	总数	495 173.972	1 175			
公平观指数3—基于个人因素的不公平	组间	642.868	2	321.434	1.068	0.344
	组内	353 035.660	1 173	300.968		
	总数	353 678.528	1 175			

一元方差分析的结果表明,在0.05的显著性水平下,新生代农民工的公平观指数1与其总的打工年限有显著相关性,公平观指数2和公平观指数3与其总的打工年限均无显著相关性,而各公平观指数在总的打工年限上的差异性具体如表3-19所示。

表3-19 新生代农民工公平观指数在其总的打工年限上的差异性

因变量	(I)打工年限分组	(J)打工年限分组	均值差(I-J)	标准误	显著性
公平观指数1—基于结构因素的不公平	10年以上	5~10年	4.942 59*	1.592 46	0.006
		4年及以下	4.956 96*	1.541 41	0.004
	5~10年	10年以上	−4.942 59*	1.592 46	0.006
		4年及以下	0.014 37	1.239 30	1.000
	4年及以下	10年以上	−4.956 96*	1.541 41	0.004
		5~10年	−0.014 37	1.239 30	1.000
公平观指数2—对不公平的反应	10年以上	5~10年	2.205 03	1.711 22	0.593
		4年及以下	0.010 05	1.656 36	1.000
	5~10年	10年以上	−2.205 03	1.711 22	0.593
		4年及以下	−2.194 98	1.331 73	0.299
	4年及以下	10年以上	−0.010 05	1.656 36	1.000
		5~10年	2.194 98	1.331 73	0.299

续表

因变量	（I）打工年限分组	（J）打工年限分组	均值差（I-J）	标准误	显著性
公平观指数3——基于个人因素的不公平	10年以上	5～10年	1.447 96	1.446 82	0.951
		4年及以下	2.046 74	1.400 44	0.432
	5～10年	10年以上	-1.447 96	1.446 82	0.951
		4年及以下	0.598 78	1.125 96	1.000
	4年及以下	10年以上	2.046 74	1.400 44	0.432
		5～10年	-0.598 78	1.125 96	1.000

* 均值差的显著性水平为0.05。

表3-19的数据显示，在公平观指数1上，新生代农民工总的打工年限越长，指数均值越高，其中打工年限在10年以上的人的指数均值显著高于打工年限在5～10年及4年及以下的群体，而打工年限在5～10年与4年及以下的群体的指数均值没有显著差异，这意味着，新生代农民工总的打工年限越长，他们对基于结构因素的不公平的容忍度越低，且打工年限在10年以上的人对基于结构因素的不公平的容忍度显著低于打工年限在10年及以下的群体。

2. 公平观的工作城市差异

一元方差分析的结果表明，新生代农民工的公平观指数与其目前工作所在城市均存在显著相关，具体如表3-20所示。

表3-20 新生代农民工公平观指数与其工作所在城市的相关性

		平方和	df	均方	F	显著性
公平观指数1——基于结构因素的不公平	组间	12 867.611	5	2 573.522	7.226	0.000
	组内	423 475.555	1 189	356.161		
	总数	436 343.165	1 194			
公平观指数2——对不公平的反应	组间	5 733.856	5	1 146.771	2.747	0.018
	组内	496 387.347	1 189	417.483		
	总数	502 121.203	1 194			
公平观指数3——基于个人因素的不公平	组间	5 064.940	5	1 012.988	3.370	0.005
	组内	357 368.221	1 189	300.562		
	总数	362 433.161	1 194			

新生代农民工的3个公平观指数在其工作所在城市上的差异性具体如表3-21所示。

表3-21 新生代农民工的公平观指数在其工作所在城市的具体差异

因变量	（I）调查地点	（J）调查地点	均值差（I-J）	标准误	显著性
公平观指数1——基于结构因素的不公平	南京	上海	-2.288 96	1.922 41	1.000
		常州	-9.062 86*	1.896 83	0.000
		郑州	-6.679 75*	1.866 80	0.005
		厦门	-4.981 32	1.877 95	0.121
		广州	-0.532 48	1.887 22	1.000
	上海	常州	-6.773 9*	1.931 84	0.007
		郑州	-4.390 79	1.902 36	0.317
		厦门	-2.692 36	1.913 30	1.000
		广州	1.756 48	1.922 41	1.000
	常州	郑州	2.383 11	1.876 50	1.000
		厦门	4.081 54	1.887 60	0.462
		广州	8.530 38*	1.896 83	0.000
	郑州	厦门	1.698 43	1.857 42	1.000
		广州	6.147 27*	1.866 80	0.015
	厦门	广州	4.448 84	1.877 95	0.27
公平观指数2——对不公平的反应	南京	上海	-3.203 21	2.081 33	1.000
		常州	-0.356 42	2.053 64	1.000
		郑州	3.316 12	2.021 12	1.000
		厦门	-2.960 2	2.033 20	1.000
		广州	-1.119 41	2.043 24	1.000
	上海	常州	2.846 79	2.091 54	1.000
		郑州	6.519 33*	2.059 63	0.024
		厦门	0.243 01	2.071 48	1.000
		广州	2.083 8	2.081 33	1.000

续表

因变量	（I）调查地点	（J）调查地点	均值差（I-J）	标准误	显著性
公平观指数2——对不公平的反应	常州	郑州	3.672 54	2.031 64	1.000
		厦门	−2.603 78	2.043 65	1.000
		广州	−0.762 99	2.053 64	1.000
	郑州	厦门	−6.276 32*	2.010 97	0.028
		广州	−4.435 53	2.021 12	0.426
	厦门	广州	1.840 79	2.033 20	1.000
公平观指数3——基于个人因素的不公平	南京	上海	−3.108 71	1.765 99	1.000
		常州	1.099 37	1.742 50	1.000
		郑州	−0.276 42	1.714 91	1.000
		厦门	3.819 24	1.725 15	0.405
		广州	1.365 28	1.733 67	1.000
	上海	常州	4.208 08	1.774 66	0.268
		郑州	2.832 29	1.747 58	1.000
		厦门	6.927 95*	1.757 63	0.001
		广州	4.473 99	1.765 99	0.171
	常州	郑州	−1.375 79	1.723 83	1.000
		厦门	2.719 87	1.734 02	1.000
		广州	0.265 91	1.742 50	1.000
	郑州	厦门	4.095 66	1.706 29	0.248
		广州	1.641 7	1.714 91	1.000
	厦门	广州	−2.453 96	1.725 15	1.000

* 均值差的显著性水平为 0.05。

在公平观指数1上，各城市的指数均值的排名为：南京＜广州＜上海＜厦门＜郑州＜常州。其中，南京的指数均值显著低于郑州和常州，与其他城市无显著差异；上海的指数均值显著低于常州，与其他城市无显著差异；常州的指数均值显著高于南京、上海、广州，与其他城市无显著差异；郑州的指数均值显著高于南京，与其他城市无显著差异；厦门的指数均值与其他城市均无显著差异；广州的指数均值显著低于常州和郑州，与其他城市均无显著差异。这意味着，新生代农民工对基于结构因素的不公平的容忍度为：南京＞

广州＞上海＞厦门＞郑州＞常州,而各城市的差异程度如前文所述,此处不再赘述。

在公平观指数 2 上,各城市的指数均值的排名为:郑州＜南京＜常州＜广州＜厦门＜上海。其中,南京的指数均值与其他城市都没有显著差异;上海的指数均值显著地高于郑州,与其他城市均无显著差异;常州的指数均值与其他城市均无显著差异;郑州的指数均值显著地低于上海、厦门,与其他城市均无显著差异;厦门的指数均值显著地高于郑州,与其他城市均无显著差异;广州的指数均值与其他城市均无显著差异。如前所述,就公平观指数 2 而言,指数的值越高,表明新生代农民工对社会公平的渴望越强烈,这意味着,各地新生代农民工对社会公平的渴望程度为:郑州＜南京＜常州＜广州＜厦门＜上海。其中,郑州的新生代农民工对社会公平的渴望程度显著低于厦门和上海。

在公平观指数 3 上,各城市的指数均值的排名为:厦门＜广州＜常州＜南京＜郑州＜上海。其中,南京的指数均值与其他城市均无显著差异;上海的指数均值显著高于厦门,与其他城市均无显著差异;常州的指数均值与其他城市均无显著差异;郑州的指数均值与其他城市均无显著差异;厦门的指数均值显著低于上海,与其他城市均无显著差异;广州的指数均值与其他城市均无显著差异。这意味着,新生代农民工对基于个人因素的不公平的容忍度为:厦门＞广州＞常州＞南京＞郑州＞上海。其中,仅仅是上海和厦门在差异程度上有显著差异,其他各城市之间均无显著差异。

第四节 不平等意识的群体差异性

采用 t 检验、单因素一元方差分析等方法对不平等意识的 5 个指数来进行群体性差异的分析,统计结果显示,这 5 个指数与新生代农民工的性别、年龄、学历、政治身份(是否为党员)、阅历、目前工作所在城市等都有显著相关性,具体如下。

一、不平等意识的人口学差异

1. 不平等意识的性别差异

采用独立样本 t 检验来比较不同性别的人在不平等意识指数上的差异性,结果如表 3-22 所示。

表 3-22　不同性别的新生代农民工在不平等意识上的差异性

		方差方程的 Levene 检验		均值方程的 t 检验		
		F	sig	t	df	sig(双侧)
不平等意识指数 1—机会公平	假设方差相等	0.296	0.586	2.494	1 159	0.013
	假设方差不相等			2.491	1 117.642	0.013
不平等意识指数 2—基于能力的不平等	假设方差相等	0.411	0.522	−2.794	1 159	0.005
	假设方差不相等			−2.798	1 129.366	0.005
不平等意识指数 3—公平的不平等	假设方差相等	0.197	0.658	0.142	1 159	0.887
	假设方差不相等			0.142	1 128.601	0.887
不平等意识指数 4—绝对平均主义	假设方差相等	0.159	0.690	−2.275	1 159	0.023
	假设方差不相等			−2.278	1 129.297	0.023
不平等意识指数 5—朴素的平等思想	假设方差相等	0.215	0.643	0.447	1 159	0.655
	假设方差不相等			0.448	1 134.502	0.654

从表 3-22 可以看出,新生代农民工的不平等意识指数 3 和指数 5 在性别上没有显著的均值差异,不平等意识指数 1、指数 2 和指数 4 在性别上都有显著差异,其具体差异如表 3-23 所示。

表 3-23　新生代农民工的不平等意识的性别差异性

	性别	N	均值	标准差	均值的标准误
不平等意识指数 1—机会公平	男	632	52.727 0	21.152 65	0.841 41
	女	529	49.597 6	21.454 04	0.932 78
不平等意识指数 2—基于能力的不平等	男	632	45.021 6	16.902 11	0.672 33
	女	529	47.783 7	16.628 03	0.722 96
不平等意识指数 3—公平的不平等	男	632	42.862 7	16.349 01	0.650 33
	女	529	42.726 9	16.118 29	0.700 80
不平等意识指数 4—绝对平均主义	男	632	49.546 7	16.182 13	0.643 69
	女	529	51.700 3	15.922 83	0.692 30
不平等意识指数 5—朴素的平等思想	男	632	43.579 0	14.090 13	0.560 48
	女	529	43.213 1	13.654 71	0.593 68

表3-23的数据显示,新生代农民工在公平的不平等和朴素的平等思想这两个指数中不存在显著的性别差异,不平等意识指数1中,男性的均值高于女性的均值,说明男性比女性更不认同机会平等;在不平等意识指数2中,男性的均值显著低于女性,说明男性比女性更加认同基于个人能力的不平等;在不平等意识指数4中,男性的均值显著低于女性,说明男性比女性更加认同绝对平均主义。这说明男性群体是一个比较矛盾的存在,他们一方面认同基于个人能力的不平等,另一方面又认同绝对平均主义。

2. 不平等意识的政治身份差异

表3-24 不同政治身份的新生代农民工在不平等意识上的差异性

		方差方程的 Levene 检验		均值方程的 t 检验		
		F	sig	t	df	sig(双侧)
不平等意识指数1—机会公平	假设方差相等	3.063	0.080	1.035	1 148	0.301
	假设方差不相等			1.126	196.120	0.262
不平等意识指数2—基于能力的不平等	假设方差相等	0.016	0.900	1.401	1 148	0.162
	假设方差不相等			1.385	183.315	0.168
不平等意识指数3—公平的不平等	假设方差相等	1.229	0.268	2.970	1 148	0.003
	假设方差不相等			3.206	194.910	0.002
不平等意识指数4—绝对平均主义	假设方差相等	0.239	0.625	0.680	1 148	0.496
	假设方差不相等			−0.704	189.056	0.482
不平等意识指数5—朴素的平等思想	假设方差相等	0.014	0.905	0.883	1 148	0.377
	假设方差不相等			0.857	181.214	0.393

从表3-24可以看出,新生代农民工的不平等意识指数1、2、4、5在政治身份上都没有显著的均值差异,仅仅是不平等意识指数3在政治身份上存在显著的均值差异,具体差异如表3-25所示。

表 3-25 新生代农民工的不平等意识在政治身份上的差异性

	您是共产党员吗？	N	均值	标准差	均值的标准误
不平等意识指数 1—机会公平	是	143	52.951 1	19.303 28	1.614 22
	不是	1 007	50.978 4	21.601 51	0.680 72
不平等意识指数 2—基于能力的不平等	是	143	48.137 5	17.042 59	1.425 17
	不是	1 007	46.032 5	16.783 35	0.528 89
不平等意识指数 3—公平的不平等	是	143	46.552 3	14.729 52	1.231 74
	不是	1 007	42.273 1	16.308 59	0.513 93
不平等意识指数 4—绝对平均主义	是	143	49.729 9	15.455 77	1.292 48
	不是	1 007	50.708 7	16.190 67	0.510 21
不平等意识指数 5—朴素的平等思想	是	143	44.360 2	14.367 68	1.201 49
	不是	1 007	43.265 6	13.801 68	0.434 93

表 3-25 的数据显示，在不平等意识指数 3 上，共产党员的均值显著高于非共产党员的均值，这表明共产党员比非共产党员更不认同公平的不平等。

3. 不平等意识的年龄差异

采用一元方差分析来比较不同年龄段的新生代农民工在不平等意识上的差异性，方差分析的结果如表 3-26 所示。

表 3-26 新生代农民工的不平等意识在年龄上的差异性

		平方和	df	均方	F	显著性
不平等意识指数 1—机会公平	组间	4 324.443	2	2 162.221	4.804	0.008
	组内	528 872.879	1 175	450.105		
	总数	533 197.322	1 177			
不平等意识指数 2—基于能力的不平等	组间	448.608	2	224.304	0.796	0.452
	组内	331 307.424	1 175	281.964		
	总数	331 756.032	1 177			
不平等意识指数 3—公平的不平等	组间	3 356.418	2	1 678.209	6.388	0.002
	组内	308 685.688	1 175	262.711		
	总数	312 042.106	1 177			

续表

		平方和	df	均方	F	显著性
不平等意识指数4——绝对平均主义	组间	563.598	2	281.799	1.082	0.339
	组内	306 055.358	1 175	260.473		
	总数	306 618.956	1 177			
不平等意识指数5——朴素的平等思想	组间	322.210	2	161.105	0.839	0.432
	组内	225 613.957	1 175	192.012		
	总数	225 936.167	1 177			

方差分析的结果显示，新生代农民工的不平等意识指数1、3在年龄段上存在显著的均值差异，其他指数在年龄段上没有显著差异，具体如下：

表3-27 新生代农民工的不平等意识在年龄上的具体差异

因变量	(I)年龄分段	(J)年龄分段	均值差(I-J)	标准误	显著性
不平等意识指数1——机会公平	1980—1984	1985—1989	-0.610 59	1.662 61	1.000
		90后	3.529 57	1.703 64	0.116
	1985—1989	1980—1984	0.610 59	1.662 61	1.000
		90后	4.140 16*	1.389 73	0.009
	90后	1980—1984	-3.529 57	1.703 64	0.116
		1985—1989	-4.140 16*	1.389 73	0.009
不平等意识指数2——基于能力的不平等	1980—1984	1985—1989	0.920 35	1.315 92	1.000
		90后	-0.442 30	1.348 39	1.000
	1985—1989	1980—1984	-0.920 35	1.315 92	1.000
		90后	-1.362 65	1.099 94	0.647
	90后	1980—1984	0.442 30	1.348 39	1.000
		1985—1989	1.362 65	1.099 94	0.647
不平等意识指数3——公平的不平等	1980—1984	1985—1989	-1.391 18	1.270 20	0.821
		90后	-4.269 31*	1.301 55	0.003
	1985—1989	1980—1984	1.391 18	1.270 20	0.821
		90后	-2.878 12*	1.061 73	0.020
	90后	1980—1984	4.269 31*	1.301 55	0.003
		1985—1989	2.878 12*	1.061 73	0.020

续表

因变量	(I)年龄分段	(J)年龄分段	均值差(I-J)	标准误	显著性
不平等意识指数4—绝对平均主义	1980—1984	1985—1989	−1.557 69	1.264 78	0.655
		90后	−0.268 74	1.295 99	1.000
	1985—1989	1980—1984	1.557 69	1.264 78	0.655
		90后	1.288 95	1.057 19	0.669
	90后	1980—1984	0.268 74	1.295 99	1.000
		1985—1989	−1.288 95	1.057 19	0.669
不平等意识指数5—朴素的平等思想	1980—1984	1985—1989	−0.379 59	1.085 92	1.000
		90后	−1.299 95	1.112 72	0.729
	1985—1989	1980—1984	0.379 59	1.085 92	1.000
		90后	−0.920 36	0.907 69	0.932
	90后	1980—1984	1.299 95	1.112 72	0.729
		1985—1989	0.920 36	0.907 69	0.932

* 均值差的显著性水平为 0.05。

就不平等意识指数 1 而言，1980—1984 年之间出生的人与其他年龄段的人没有显著的均值差异，而 1985—1989 年出生的人与"90 后"的指数均值有显著差异，其中 1985—1989 年出生的群体的指数均值显著高于"90 后"，这表明 1985—1989 年出生的人比"90 后"更不认同机会平等。

就不平等意识指数 3 而言，其指数均值在年龄段上呈现的规律为：年龄越大，指数均值越小，其中"80 后"（包括 1980—1984 年出生与 1985—1989 年出生的群体）的指数均值没有显著差异，而"90"后与"80 后"的两个群体都有显著的均值差异，具体表现为"90 后"对公平的不平等的认同度显著低于 1980—1984 年出生的人，也显著低于 1985—1989 年出生的人。

4. 不平等意识的文化程度差异

一元方差分析的结果表明，在 0.05 的显著性水平下，新生代农民工的不平等意识指数 1 在文化程度上存在显著的均值差异，在 0.1 的显著性水平下，新生代农民工的不平等意识指数 2 在文化程度上存在显著的均值差异，其他不平等意识指数在文化程度上均没有显著差异。具体如下：

表 3-28 新生代农民工的不平等意识在文化程度上的差异性

		平方和	df	均方	F	显著性
不平等意识指数1—机会公平	组间	9 640.634	2	4 820.317	10.797	0.000
	组内	523 688.451	1 173	446.452		
	总数	533 329.085	1 175			
不平等意识指数2—基于能力的不平等	组间	1 605.925	2	802.962	2.853	0.058
	组内	330 118.256	1 173	281.431		
	总数	331 724.181	1 175			
不平等意识指数3—公平的不平等	组间	208.813	2	104.406	0.393	0.675
	组内	311 453.147	1 173	265.518		
	总数	311 661.959	1 175			
不平等意识指数4—绝对平均主义	组间	482.735	2	241.368	0.926	0.397
	组内	305 860.924	1 173	260.751		
	总数	306 343.659	1 175			
不平等意识指数5—朴素的平等思想	组间	118.605	2	59.302	0.308	0.735
	组内	225 825.804	1 173	192.520		
	总数	225 944.409	1 175			

不平等意识指数1和指数2在文化程度上的具体均值差异如下：

表 3-29 新生代农民工的不平等意识在文化程度上的具体差异

因变量	（I）学历分组	（J）学历分组	均值差（I-J）	标准误	显著性
不平等意识指数1—机会公平	初中及以下	高中/职高/中专	−3.343 74	1.486 96	0.074
		大专及以上	−7.378 49*	1.590 44	0.000
	高中/职高/中专	初中及以下	3.343 74	1.486 96	0.074
		大专及以上	−4.034 75*	1.489 37	0.021
	大专及以上	初中及以下	7.378 49*	1.590 44	0.000
		高中/职高/中专	4.034 75*	1.489 37	0.021

续表

因变量	（I）学历分组	（J）学历分组	均值差（I-J）	标准误	显著性
不平等意识指数2—基于能力的不平等	初中及以下	高中/职高/中专	1.220 63	1.180 59	0.904
		大专及以上	2.996 55	1.262 74	0.053
	高中/职高/中专	初中及以下	-1.220 63	1.180 59	0.904
		大专及以上	1.775 92	1.182 50	0.400
	大专及以上	初中及以下	-2.996 55	1.262 74	0.053
		高中/职高/中专	-1.775 92	1.182 50	0.400
不平等意识指数3—公平的不平等	初中及以下	高中/职高/中专	0.812 28	1.146 73	1.000
		大专及以上	1.016 92	1.226 53	1.000
	高中/职高/中专	初中及以下	-0.812 28	1.146 73	1.000
		大专及以上	0.204 64	1.148 58	1.000
	大专及以上	初中及以下	-1.016 92	1.226 53	1.000
		高中/职高/中专	-0.204 64	1.148 58	1.000
不平等意识指数4—绝对平均主义	初中及以下	高中/职高/中专	0.699 93	1.136 39	1.000
		大专及以上	-0.848 24	1.215 46	1.000
	高中/职高/中专	初中及以下	-0.699 93	1.136 39	1.000
		大专及以上	-1.548 17	1.138 23	0.522
	大专及以上	初中及以下	0.848 24	1.215 46	1.000
		高中/职高/中专	1.548 17	1.138 23	0.522
不平等意识指数5—朴素的平等思想	初中及以下	高中/职高/中专	0.088 43	0.976 45	1.000
		大专及以上	-0.638 39	1.044 40	1.000
	高中/职高/中专	初中及以下	-0.088 43	0.976 45	1.000
		大专及以上	-0.726 82	0.978 03	1.000
	大专及以上	初中及以下	0.638 39	1.044 40	1.000
		高中/职高/中专	0.726 82	0.978 03	1.000

* 均值差的显著性水平为0.05。

就不平等意识指数1而言，新生代农民工的文化程度越高，其指数均值越大，且三个学历档次的指数均值都有显著差异，具体表现为高中/职高/中专群体对机会公平的认同低于初中及以下群体，而大专及以上群体对机会公平的认同又显著低于高中/职高/中专群体。

就不平等意识指数2而言,高中/职高/中专群体与其他两个群体的指数均值均无显著差异,而初中及以下群体与大专及以上群体的指数均值有显著差异,前者的指数均值高于后者,这意味着,初中及以下群体对基于能力的不平等的认同明显低于大专及以上群体。

二、不平等意识的工作属性差异

1. 不平等意识的工作年限差异

方差分析的结果显示,新生代农民工的不平等意识不仅与其在工作所在地的生活年限有显著相关性,也与其总的打工年限有显著相关性,具体如下:

(1) 新生代农民工的不平等意识与其在工作所在地生活年限的相关性

一元方差分析的结果表明,在0.1的显著性水平下,新生代农民工的不平等意识指数3与其在工作所在地的生活年限有显著相关性,在0.05的显著性水平下,不平等意识指数5与其在工作所在地的生活年限有显著相关性,其他3个指数与新生代农民工在工作所在地的生活年限均无显著相关性,具体如下:

表3-30 新生代农民工的不平等意识与其在工作所在地生活年限的相关性

		平方和	df	均方	F	显著性
不平等意识指数1—机会公平	组间	218.740	2	109.370	0.238	0.789
	组内	521 563.904	1 133	460.339		
	总数	521 782.645	1 135			
不平等意识指数2—基于能力的不平等	组间	62.569	2	31.284	0.111	0.895
	组内	320 072.565	1 133	282.500		
	总数	320 135.134	1 135			
不平等意识指数3—公平的不平等	组间	1 262.032	2	631.016	2.417	0.090
	组内	295 763.846	1 133	261.045		
	总数	297 025.878	1 135			
不平等意识指数4—绝对平均主义	组间	304.176	2	152.088	0.590	0.554
	组内	292 051.013	1 133	257.768		
	总数	292 355.189	1 135			

续表

		平方和	df	均方	F	显著性
不平等意识指数 5—朴素的平等思想	组间	1 368.792	2	684.396	3.588	0.028
	组内	216 085.814	1 133	190.720		
	总数	217 454.606	1 135			

新生代农民工的不平等意识指数 3 和指数 5 在其工作所在地生活年限上的具体差异性如表 3-31 所示。

表 3-31 新生代农民工的不平等意识在其工作所在地生活年限上的具体差异

因变量	(I)在本地生活年限	(J)在本地生活年限	均值差(I-J)	标准误	显著性
不平等意识指数 1—机会公平	10 年以上	5～10 年	1.313 41	2.069 31	1.000
		4 年及以下	1.244 35	1.911 45	1.000
	5～10 年	10 年以上	−1.313 41	2.069 31	1.000
		4 年及以下	−0.069 05	1.439 27	1.000
	4 年及以下	10 年以上	−1.244 35	1.911 45	1.000
		5～10 年	0.069 05	1.439 27	1.000
不平等意识指数 2—基于能力的不平等	10 年以上	5～10 年	0.128 03	1.621 05	1.000
		4 年及以下	0.553 94	1.497 38	1.000
	5～10 年	10 年以上	−0.128 03	1.621 05	1.000
		4 年及以下	0.425 91	1.127 49	1.000
	4 年及以下	10 年以上	−0.553 94	1.497 38	1.000
		5～10 年	−0.425 91	1.127 49	1.000
不平等意识指数 3—公平的不平等	10 年以上	5～10 年	1.190 86	1.558 28	1.000
		4 年及以下	−1.176 36	1.439 40	1.000
	5～10 年	10 年以上	−1.190 86	1.558 28	1.000
		4 年及以下	−2.367 22	1.083 83	0.087
	4 年及以下	10 年以上	1.176 36	1.439 40	1.000
		5～10 年	2.367 22	1.083 83	0.087

续表

因变量	(I)在本地生活年限	(J)在本地生活年限	均值差(I-J)	标准误	显著性
不平等意识指数4—绝对平均主义	10年以上	5~10年	-1.090 84	1.548 47	1.000
		4年及以下	-1.540 78	1.430 34	0.845
	5~10年	10年以上	1.090 84	1.548 47	1.000
		4年及以下	-0.449 94	1.077 01	1.000
	4年及以下	10年以上	1.540 78	1.430 34	0.845
		5~10年	0.449 94	1.077 01	1.000
不平等意识指数5—朴素的平等思想	10年以上	5~10年	-2.079 13	1.331 94	0.356
		4年及以下	0.374 24	1.230 33	1.000
	5~10年	10年以上	2.079 13	1.331 94	0.356
		4年及以下	2.453 37*	0.926 41	0.025
	4年及以下	10年以上	-0.374 24	1.230 33	1.000
		5~10年	-2.453 37*	0.926 41	0.025

* 均值差的显著性水平为 0.05。

就不平等意识指数3而言,新生代农民工在其工作所在地生活5~10年的群体与生活10年以上的群体之间没有显著的均值差异,但生活4年及以下的群体与生活5~10年的群体有显著的均值差异,具体表现为生活5~10年的群体的指数均值明显低于生活4年及以下的群体,这说明,在工作所在地生活5~10年的新生代农民工对公平的不平等的认同明显高于生活4年及以下的群体。

就不平等意识指数5而言,其指数均值的显著差异也是发生在生活5~10年的群体与生活4年及以下的群体之间,但生活4年及以下的群体的指数均值明显低于生活了5~10的群体,这说明,在工作所在地生活了4年及以下的新生代农民工对朴素的平等思想的认同高于生活了5~10年的群体。

(2) 新生代农民工的不平等意识与其总的打工年限的相关性

方差分析的结果表明,仅仅是不平等意识指数3与新生代农民工的总的打工年限有显著相关性,其他4个指数与打工年限均没有显著相关性,具体如下:

表 3-32 新生代农民工的不平等意识与其总的打工年限的相关性

		平方和	df	均方	F	显著性
不平等意识指数 1—机会公平	组间	1 650.358	2	825.179	1.817	0.163
	组内	525 560.641	1 157	454.244		
	总数	527 211.000	1 159			
不平等意识指数 2—基于能力的不平等	组间	40.893	2	20.446	0.073	0.930
	组内	326 205.805	1 157	281.941		
	总数	326 246.698	1 159			
不平等意识指数 3—公平的不平等	组间	4 547.765	2	2 273.882	8.715	0.000
	组内	301 874.430	1 157	260.911		
	总数	306 422.195	1 159			
不平等意识指数 4—绝对平均主义	组间	59.635	2	29.817	0.116	0.891
	组内	298 687.659	1 157	258.157		
	总数	298 747.294	1 159			
不平等意识指数 5—朴素的平等思想	组间	210.092	2	105.046	0.546	0.579
	组内	222 453.448	1 157	192.267		
	总数	222 663.540	1 159			

新生代农民工的不平等意识在其总的打工年限上的具体差异如表 3-33 所示。

表 3-33 新生代农民工的不平等意识在其总的打工年限上的具体差异

因变量	(I)打工年限分组	(J)打工年限分组	均值差(I-J)	标准误	显著性
不平等意识指数 1—机会公平	10 年以上	5～10 年	-0.670 80	1.783 08	1.000
		4 年及以下	1.906 72	1.724 29	0.807
	5～10 年	10 年以上	0.670 80	1.783 08	1.000
		4 年及以下	2.577 52	1.395 21	0.195
	4 年及以下	10 年以上	-1.906 72	1.724 29	0.807
		5～10 年	-2.577 52	1.395 21	0.195

续表

因变量	(I)打工年限分组	(J)打工年限分组	均值差(I-J)	标准误	显著性
不平等意识指数2—基于能力的不平等	10年以上	5~10年	0.454 56	1.404 77	1.000
		4年及以下	0.499 69	1.358 45	1.000
	5~10年	10年以上	−0.454 56	1.404 77	1.000
		4年及以下	0.045 13	1.099 19	1.000
	4年及以下	10年以上	−0.499 69	1.358 45	1.000
		5~10年	−0.045 13	1.099 19	1.000
不平等意识指数3—公平的不平等	10年以上	5~10年	−1.090 10	1.351 37	1.000
		4年及以下	−4.626 04*	1.306 81	0.001
	5~10年	10年以上	1.090 10	1.351 37	1.000
		4年及以下	−3.535 93*	1.057 40	0.003
	4年及以下	10年以上	4.626 04*	1.306 81	0.001
		5~10年	3.535 93*	1.057 40	0.003
不平等意识指数4—绝对平均主义	10年以上	5~10年	−0.629 43	1.344 22	1.000
		4年及以下	−0.519 09	1.299 89	1.000
	5~10年	10年以上	0.629 43	1.344 22	1.000
		4年及以下	0.110 34	1.051 81	1.000
	4年及以下	10年以上	0.519 09	1.299 89	1.000
		5~10年	−0.110 34	1.051 81	1.000
不平等意识指数5—朴素的平等思想	10年以上	5~10年	−0.375 80	1.160 06	1.000
		4年及以下	−1.061 89	1.121 81	1.000
	5~10年	10年以上	0.375 80	1.160 06	1.000
		4年及以下	−0.686 09	0.907 71	1.000
	4年及以下	10年以上	1.061 89	1.121 81	1.000
		5~10年	0.686 09	0.907 71	1.000

* 均值差的显著性水平为0.05。

表3-33的结果显示,新生代农民工的不平等意识指数3与其总的打工年限的相关性表现为,总的打工年限越长,指数均值越低。它具体表现为,总的打工年限在5~10年的群体与10年以上的群体之间没有显著的均值差

异,而打工年限在 4 年及以下的群体的指数均值明显高于 5 年及以上的群体,这意味着打工年限在 4 年及以下的群体对公平的不平等的认同程度明显低于打工年限在 5 年及以上的群体。

2. 不平等意识的工作城市差异

方差分析的结果显示,在 0.1 的显著性水平下,新生代农民工的不平等意识指数 2 和指数 5 与其工作所在城市有显著相关性,在 0.05 的显著性水平下,新生代农民工的不平等意识指数 1、指数 3、指数 4 与其工作所在城市有显著相关性,具体如下:

表 3-34 新生代农民工的不平等意识与其工作所在城市的相关性

		平方和	df	均方	F	显著性
不平等意识指数 1—机会公平	组间	14 602.797	5	2 920.559	6.604	0.000
	组内	518 766.461	1 173	442.256		
	总数	533 369.258	1 178			
不平等意识指数 2—基于能力的不平等	组间	3 065.834	5	613.167	2.188	0.053
	组内	328 757.925	1 173	280.271		
	总数	331 823.759	1 178			
不平等意识指数 3—公平的不平等	组间	14 448.438	5	2 889.688	11.388	0.000
	组内	297 643.724	1 173	253.746		
	总数	312 092.162	1 178			
不平等意识指数 4—绝对平均主义	组间	5 337.853	5	1 067.571	4.155	0.001
	组内	301 401.542	1 173	256.949		
	总数	306 739.395	1 178			
不平等意识指数 5—朴素的平等思想	组间	2 090.454	5	418.091	2.188	0.053
	组内	224 134.911	1 173	191.078		
	总数	226 225.366	1 178			

新生代农民工的 5 个不平等意识指数在其工作所在城市的具体差异如表 3-35 所示。

表 3-35　新生代农民工的不平等意识在其工作所在城市上的具体差异

因变量	(I) 调查地点	(J) 调查地点	均值差 (I-J)	标准误	显著性
不平等意识指数 1—机会公平	南京	上海	−9.183 33*	2.147 78	0.000
		常州	−3.731 56	2.127 40	1.000
		郑州	−4.847 14	2.090 28	0.309
		厦门	0.997 33	2.097 85	1.000
		广州	0.031 28	2.121 81	1.000
	上海	常州	5.451 77	2.166 56	0.180
		郑州	4.336 20	2.130 13	0.630
		厦门	10.180 66*	2.137 56	0.000
		广州	9.214 61*	2.161 07	0.000
	常州	郑州	−1.115 58	2.109 57	1.000
		厦门	4.728 89	2.117 08	0.385
		广州	3.762 84	2.140 81	1.000
	郑州	厦门	5.844 47	2.079 78	0.076
		广州	4.878 41	2.103 94	0.309
	厦门	广州	−0.966 05	2.111 46	1.000
不平等意识指数 2—基于能力的不平等	南京	上海	3.049 53	1.709 79	1.000
		常州	1.307 13	1.693 56	1.000
		郑州	2.243 37	1.664 01	1.000
		厦门	3.133 38	1.670 04	0.913
		广州	5.185 09	1.689 11	0.033
	上海	常州	−1.742 40	1.724 74	1.000
		郑州	−0.806 16	1.695 74	1.000
		厦门	0.083 85	1.701 65	1.000
		广州	2.135 56	1.720 37	1.000
	常州	郑州	0.936 24	1.679 37	1.000
		厦门	1.826 26	1.685 35	1.000
		广州	3.877 96	1.704 24	0.346

续表

因变量	（I）调查地点	（J）调查地点	均值差（I-J）	标准误	显著性
不平等意识指数2—基于能力的不平等	郑州	厦门	0.890 02	1.655 65	1.000
		广州	2.941 72	1.674 88	1.000
	厦门	广州	2.051 71	1.680 88	1.000
不平等意识指数3—公平的不平等	南京	上海	−0.766 21	1.626 87	1.000
		常州	6.818 57*	1.611 43	0.000
		郑州	5.746 78*	1.583 31	0.004
		厦门	5.971 20*	1.589 05	0.003
		广州	8.746 34*	1.607 19	0.000
	上海	常州	7.584 78*	1.641 09	0.000
		郑州	6.512 99*	1.613 50	0.001
		厦门	6.737 41*	1.619 13	0.001
		广州	9.512 55*	1.636 94	0.000
	常州	郑州	−1.071 79	1.597 93	1.000
		厦门	−0.847 37	1.603 61	1.000
		广州	1.927 77	1.621 59	1.000
	郑州	厦门	0.224 43	1.575 36	1.000
		广州	2.999 56	1.593 66	0.901
	厦门	广州	2.775 13	1.599 36	1.000
不平等意识指数4—绝对平均主义	南京	上海	−0.994 37	1.637 11	1.000
		常州	0.353 25	1.621 57	1.000
		郑州	−0.138 93	1.593 28	1.000
		厦门	−3.148 83	1.599 05	0.737
		广州	−5.598 41*	1.617 31	0.008
	上海	常州	1.347 61	1.651 42	1.000
		郑州	0.855 44	1.623 65	1.000
		厦门	−2.154 47	1.629 32	1.000
		广州	−4.604 05	1.647 24	0.079

续表

因变量	（I）调查地点	（J）调查地点	均值差（I-J）	标准误	显著性
不平等意识指数4—绝对平均主义	常州	郑州	−0.492 17	1.607 98	1.000
		厦门	−3.502 08	1.613 70	0.453
		广州	−5.951 66*	1.631 80	0.004
	郑州	厦门	−3.009 91	1.585 27	0.868
		广州	−5.459 49*	1.603 69	0.010
	厦门	广州	−2.449 58	1.609 42	1.000
不平等意识指数5—朴素的平等思想	南京	上海	−4.237 82*	1.411 75	0.041
		常州	−1.160 60	1.398 35	1.000
		郑州	−2.173 21	1.373 96	1.000
		厦门	−2.353 78	1.378 94	1.000
		广州	−3.079 73	1.394 68	0.411
	上海	常州	3.077 22	1.424 10	0.464
		郑州	2.064 61	1.400 15	1.000
		厦门	1.884 03	1.405 04	1.000
		广州	1.158 09	1.420 49	1.000
	常州	郑州	−1.012 61	1.386 64	1.000
		厦门	−1.193 19	1.391 57	1.000
		广州	−1.919 13	1.407 17	1.000
	郑州	厦门	−0.180 58	1.367 05	1.000
		广州	−0.906 52	1.382 93	1.000
	厦门	广州	−0.725 94	1.387 88	1.000

* 均值差的显著性水平为 0.05。

就不平等意识指数1而言，各城市的指数均值的排名为：厦门＜广州＜南京＜常州＜郑州＜上海。其中，南京的指数均值显著低于上海，与其他城市均无显著差异；上海的指数均值显著高于南京、厦门和广州，与常州、郑州无显著的均值差异；常州的指数均值与其他城市均无显著差异；郑州的指数均值在0.1的显著性水平下显著高于厦门，与其他城市均无显著的均值差异；厦门的指数均值低于上海、郑州，与其他城市无显著的均值差异；广州的指数均值显著地低于上海,与其他城市均无显著差异。这意味着,新生代农民工对机会公平的认同度排名为:厦门＞广州＞南京＞常州＞郑州＞上海,而各城市的指数均值的差异程度如前文所述。

就不平等意识指数 2 而言,各城市的指数均值的排名为:南京＞常州＞郑州＞上海＞厦门＞广州。其中,南京的指数均值显著高于广州,与其他城市均无显著差异;上海的指数均值与其他城市均无显著差异;常州的指数均值与其他城市也均无显著差异;郑州的指数均值与其他城市均无显著差异;厦门的指数均值与其他城市同样无显著差异;广州的指数均值显著低于南京,与其他城市均无显著差异。这说明,各城市的新生代农民工对基于个人能力的不平等的认同度的排名为:南京＜常州＜郑州＜上海＜厦门＜广州,但其中,仅仅是广州的新生代农民工对基于个人能力的不平等的认同显著高于南京,其他城市的认同度都没有显著差异。

就不平等意识指数 3 而言,各城市的指数均值的排名为:上海＞南京＞郑州＞厦门＞常州＞广州。其中,南京的指数均值显著高于郑州、厦门、常州和广州,与上海无显著差异;上海的指数均值显著高于郑州、厦门、常州和广州,与南京无显著差异;常州的指数均值显著低于上海和南京,与郑州、厦门和广州的指数均值无显著差异;郑州的指数均值显著低于上海和南京,与常州、厦门和广州无显著差异;厦门的指数均值显著低于上海和南京,与其他城市无显著差异;广州的指数均值显著低于南京和上海,与其他城市无显著差异。因此,各城市的新生代农民工对公平的不平等的认同度排名为:上海＜南京＜郑州＜厦门＜常州＜广州,而这些城市可以分为 2 个梯队:第一梯队是认同度较低的城市,即上海和南京,第二梯队是认同度较高的城市,即常州、郑州、厦门和广州,这两个梯队内部各城市的指数均值无显著差异,但两个梯队之间各城市的指数均值都有显著差异。

就不平等意识指数 4 而言,各城市的指数均值的排名为:常州＜南京＜郑州＜上海＜厦门＜广州。其中,南京的指数均值显著低于广州,与其他城市均无显著差异;上海的指数均值在 0.1 的显著性水平下低于广州,与其他城市均无显著差异;常州的指数均值显著低于广州,与其他城市均无显著差异;郑州的指数均值显著低于广州,与其他城市均无显著差异;厦门的指数均值与各城市均无显著差异;广州的指数均值与厦门无显著差异,但与其他城市均有显著差异。这说明,各城市的新生代农民工对绝对平均主义的认同度排名为:常州＞南京＞郑州＞上海＞厦门＞广州,而就差异程度而言,仅仅是广州的新生代农民工对绝对平均主义的认同度显著低于上海、南京、郑州和常州，其他各城市之间均无显著差异。

就不平等意识指数5而言，各城市的指数均值的排名为：南京＜常州＜郑州＜厦门＜广州＜上海。其中，南京的指数均值显著低于上海，与其他城市均无显著差异；上海的指数均值显著高于南京，与其他城市均无显著差异；常州的指数均值与其他城市均无显著差异；郑州的指数均值与其他城市均无显著差异；厦门的指数均值与其他城市均无显著差异；广州的指数均值与其他城市均无显著差异。这意味着，各城市的新生代农民工对朴素的平等思想的认同度排名为：南京＞常州＞郑州＞厦门＞广州＞上海，而在具体的差异程度上，只有南京的新生代农民工对朴素的平均思想的认同度显著高于上海，其他各城市之间均无显著差异。

第五节 公平观的影响因素

一、研究假设

根据"研究设计"所提出的分析框架和总体性的研究假设，得到的关于新生代农民工公平观念的研究假设如下：

研究假设1a：新生代农民工的社会经济特征（工作特征、收入状况、个人支持网络、接受非官方信息的程度等）显著影响他们的公平观。

研究假设1b：新生代农民工的个人特征（文化程度、性别、年龄、婚姻状况等）将显著影响他们的公平观。

研究假设1c：新生代农民工对其社会经济地位的主观认知和身份认同（主观阶层地位、不同参照群体比较、纵向比较、收入公平感等）显著影响他们的公平观。

研究假设1d：新生代农民工或其家人的糟糕经历的次数将显著影响他们的公平观。

二、变量测量

1. 因变量及其测量

新生代农民工的公平观念其实分为两个部分，一是新生代农民工的公平观，二是新生代农民工的不平等意识，具体如下：

(1) 公平观指数

本课题用了 8 个问题来测量新生代农民工的公平观,这 8 个问题的赋值情况为:1—非常同意、2—比较同意、3—中立、4—不太同意、5—完全不同意,对其进行因子分析之后,提取出 3 个因子,根据 8 个问题在 3 个因子上的负载大小,将其分别命名为"基于结构因素的不公平""对不公平的反应"和"基于个人因素的不公平",接着将这些因子转换成取值范围在 1~100 之间的指数,称之为公平观指数,根据上述 8 个问题的赋值情况,说明因子的值越大,越不同意那些陈述,从而各因子的指数越高,表示越不同意或越不赞同,就公平观指数 2(对不公平的反应)而言,指数的值越高,表明新生代农民工对社会公平的渴望越强烈。

(2) 不平等意识指数

本课题用了 13 个问题来测量新生代农民工的不平等意识指数,对其进行因子分析之后,得到 5 个因子,根据这 13 个问题在 5 个因子上的负载大小,将其分别命名为"机会公平""基于能力的不平等""公平的不平等""绝对平均主义""朴素的平等思想",并进一步将这些因子转换成取值范围在 1~100 之间的指数,称之为不平等意识指数。而调查问卷中关于不平等意识的赋值情况为:1—非常同意、2—比较同意、3—中立、4—不太同意、5—非常不同意,因此根据那些陈述,所提取的因子的值越大,表示越不同意该陈述,这意味着,将这些因子转换成指数之后,指数的值越高,表示越不同意。

2. 自变量及其测量

影响新生代农民工对整体社会不平等的社会心态的核心自变量主要有几大模块,具体如下:

(1) 个人特征

表征新生代农民工的个人特征的变量主要有性别、年龄、文化程度和婚姻状况,具体如下:

性别:设置成虚拟变量放入模型。

年龄:同样设置成虚拟变量,主要包括 1980—1984 年生人、1985—1989 年生人、90 后。

文化程度:将新生代农民工的文化程度设置成虚拟变量,主要包括初中及以下、高中/职高/中专、大专及以上。

婚姻状况:主要分为已婚与其他(包括未婚、离婚、丧偶),同样设置成虚拟变量放入模型。

(2) 社会经济特征

新生代农民工的社会经济特征主要包括工作特征、收入状况、个人支持网络、接受非官方信息的程度等方面,具体如下:

工作单位性质:将新生代农民工的工作单位性质设置成若干虚拟变量,主要包括国有企业(包括国有企业、集体企业)、私营企业(包括私营企业、个体户)和外资企业(包括港澳台企业、日韩企业和欧美企业)。

工作身份:将新生代农民工的工作身份设置为若干虚拟变量,包括正式工、合同工、派遣工、临时工(包括临时工、合同工和其他)、自雇。

职务:新生代农民工的职位分为中层管理者、基层管理者和无职务,同样设置成虚拟变量。

工作属性:新生代农民工的工作属性由15个问题组成的一组量表来测量的,经过因子分析之后得到4个因子,因子1所包含的问题为"我的工作需要我不断学习新的知识""我的工作给了我不断学习新技能的机会""我能按自己的意愿安排我的工作""我能自己决定怎么做好我的工作",故将其命名为"具有自主性和成长性的工作";因子2包含的问题为"我的工作场所噪声很大""工作场所的温度过高或过低""工作场所不安全,容易发生意外",故将其命名为"有伤害性的工作";因子3所包含的问题为"我的工作单调、重复性高""我对自己所从事的工作不感兴趣""工作任务重、要求多""目前的工作离自己的期望太远",故将其命名为"枯燥乏味的工作";因子4所包含的问题为"我非常喜欢自己的工作""我的工作职责很明确",故将其命名为"喜欢的工作"。

工作氛围:本研究对新生代农民工工作氛围的界定主要是他们所处的软环境,即由同事关系、上下级关系等所体现的工作氛围。这是由6个问题组成的量表来测量的,经过因子分析之后得到2个因子:一个因子表示工作氛围融洽,同事关系和谐,将之命名为"工作氛围宽松";另一个因子表示同事竞争较大,公司要求苛刻,将之命名为"工作氛围紧张"。

个人月收入:由于某些新生代农民工工作的不稳定性,故以他们在接受调查的前一个月的工资收入作为他们个人月收入的指标。根据其描述性统计的结果,将个人月收入分组如下:2 000元及以下、2 001~3 000元、3 001~4 000元、4 001元及以上,并将其设置为虚拟变量。

个人社交网络:测量新生代农民工的个人社交网络的是由8个问题组成的量表,经过因子分析,采用方差最大法旋转之后,得到3个因子,根据那8

个问题在这3个因子上的负载情况,分别将这3个因子命名为当地人关系网、在群体活动中形成的关系网、老乡关系网。

接受非官方信息的情况:本研究采用包含7个问题的量表来测量该问题,经过因子分析,采用方差最大法旋转之后,得到三个因子,根据这7个问题在这三个因子上的负载情况,将这三个因子命名为国外媒体、国内渠道(交流、旅行)、国外渠道(旅行、交流)。

政治身份:本研究将新生代农民工的政治身份设定为党员和非党员,设置成虚拟变量放入模型。

(3) 主观变量

本研究所指的主观变量是指新生代农民工对其社会经济地位的主观认知及身份认同,主要包括如下变量:

社会经济地位的主观认知:主要指新生代农民工对自己所处的社会层级的主观认知,其中1代表最底层,10代表最高层。

与同龄人相比的社会经济地位:让新生代农民工将其本人的社会经济地位与其同龄人进行比较,其选项为"比较低""差不多""比较高",并将其分别赋值为1、2、3纳入模型。

与5年前相比的社会经济地位:让新生代农民工将其目前的社会经济地位与5年前的自己相比较,其选项分别为"变低了""差不多""变高了",同样将其分别赋值1、2、3纳入模型。

与不同参照群体比较的生活水平变化:让新生代农民工将其家庭生活水平与不同的参照群体进行比较,这些参照群体包括亲戚、中学同学、现在的同事、家乡的邻居、工作所在城市的城里人,其选项为"差很多""差一点""差不多""好一点""好很多",将其分别赋值为1、2、3、4、5纳入模型。

纵向比较的生活水平变化:新生代农民工家庭生活水平的纵向比较分别是"过去5年与现在相比"和"未来5年的预期与现在比",其选项同样为"差很多""差一点""差不多""好一点""好很多",同样将其分别赋值为1、2、3、4、5纳入模型。

收入公平感:本研究测量收入公平感的方法是,让被访者根据其能力和工作状况,给出自己的预期合理工资,然后用该合理工资减去其实际工资,这两者之差可以在客观上衡量新生代农民工的收入公平感,该值越大,说明其实际工资与预期合理工资的差距越大,其收入公平感越低。

身份认同:对新生代农民工身份认同的测量采用的是由11个问题组成

的量表,经过因子分析,采用方差最大法旋转之后,得到3个因子,根据那11个问题在这3个因子上的负载情况,分别将这3个因子命名为"认同家乡""认同城市""认同迷茫"。

(4) 工作、生活经历

工作经历:对新生代农民工工作经历的测量与前面一致,采用的是两个变量,即他们在目前工作所在地的年限与总的打工年限。

生活经历:对新生代农民工生活经历的测量主要是询问他们或其家人在过去3年内的糟糕经历,这些经历包括得重病、因为天灾人祸而造成人身伤害或财产损失、下岗或丢掉工作、支付医疗费用有困难、因为学费问题而中途辍学、不得不借钱以应付生活基本开销、受到当地官员的不公平对待、受到上级主管的不公平对待、受到城里人的不公平对待。对每个人所经历的糟糕经历进行计数,作为测量其生活经历的指标。

(5) 地域:根据前面的分析结果,新生代农民工对整体社会不平等的认知和态度呈显著的城市差异,而为了模型的简洁性,按照经济发展水平、城市化水平等综合指标,将6个城市分为3类,一线城市(广州、上海)、二线城市(南京、郑州)、三线城市(厦门、常州),并将其设置成虚拟变量纳入模型。

三、模型及结果分析

由于公平观指数和不平等意识指数都有多个维度,为了模型的简洁性,本研究不再给出嵌套模型,而是给出各个指数的最终模型的结果,具体如下:

1. 新生代农民工的公平观指数的影响因素模型

由于公平观指数是取值在1~100之间的定距变量,因此建立了多元线性回归模型,将前述各组自变量纳入模型后形成的最终模型的结果如表3-36所示。

表3-36 新生代农民工的公平观指数的影响因素模型

	公平观指数1—基于结构因素的不公平	公平观指数2—对不公平的反应	公平观指数3—基于个人因素的不公平
(常量)	54.181(6.908)	46.417(7.437)	45.180(6.223)
个人特征			
性别(女=0)	−0.587(1.571)	−2.221(1.691)	−0.716(1.415)

续表

	公平观指数1—基于结构因素的不公平	公平观指数2—对不公平的反应	公平观指数3—基于个人因素的不公平
年龄(90后＝0)			
1980—1984	0.342(2.855)	−0.186(3.074)	0.877(2.572)
1985—1989	−0.296(1.972)	−0.041(2.124)	3.352(1.777)*
文化程度(大专及以上＝0)			
初中及以下	−4.801(2.287)**	0.711(2.462)	3.547(2.060)*
高中/职高/中专	−0.262(2.030)	−1.840(2.186)	−2.077(1.829)
婚姻状况(未婚＝0)	2.780(1.911)	−4.109(2.057)**	−1.751(1.721)
社会经济特征			
单位性质(外资＝0)			
国有	2.603(2.655)	0.923(2.858)	−0.612(2.392)
私营	2.176(2.358)	−0.053(2.539)	−1.787(2.124)
工作身份(自雇＝0)			
正式工	−1.043(2.811)	−1.712(3.027)	−2.383(2.533)
合同工	0.807(2.849)	−0.381(3.068)	−3.249(2.567)
派遣工	6.610(3.903)*	−2.938(4.203)	0.433(3.517)
临时工	−1.496(3.143)	−0.902(3.384)	−3.806(2.831)
工作职务(无职务＝0)			
基层管理者	2.080(1.984)	−0.063(2.136)	0.179(1.787)
中层管理者	−6.122(3.626)*	0.488(3.904)	−6.061(3.266)*
工作属性			
具有自主性和成长性的工作	−1.194(0.821)	1.358(0.883)	0.029(0.739)
有伤害性的工作	0.375(0.808)	−2.089(0.870)**	1.027(0.728)
枯燥乏味的工作	0.527(0.795)	−1.166(.856)	−0.388(0.717)
喜欢的工作	0.225(0.815)	−0.035(.878)	−1.239(.735)*
工作氛围			
工作氛围宽松	0.884(0.902)	−1.123(0.971)	0.113(0.812)
工作氛围紧张	−1.397(0.821)*	0.549(0.884)	−0.235(0.739)

续表

	公平观指数1—基于结构因素的不公平	公平观指数2—对不公平的反应	公平观指数3—基于个人因素的不公平
月收入（4 001元及以上＝0）			
2 000元及以下	−0.140(2.606)	−2.646(2.806)	−2.434(2.348)
2 001～3 000元	−0.928(2.336)	−3.452(2.515)	−1.780(2.105)
3 001～4 000元	−1.622(2.450)	0.578(2.638)	−3.408(2.207)
个人社交网络			
当地人关系网	−1.886(0.836)**	1.128(0.900)	0.607(0.753)
在群体活动中形成的关系网	−0.348(0.798)	0.289(0.859)	−1.898(0.719)***
老乡关系网	−0.407(0.814)	−0.982(0.877)	−0.611(0.733)
接受非官方信息的情况			
国外媒体	−0.055(0.753)	−0.020(0.811)	−0.623(0.679)
国内渠道	−2.419(0.829)***	0.222(0.893)	1.169(0.747)
国外渠道	−1.085(0.809)	0.266(0.871)	−0.425(0.729)
政治身份（非党员＝0）	0.648(2.396)	0.158(2.579)	−1.410(2.158)
主观变量			
社会经济地位认知	−0.435(0.434)	0.258(0.467)	0.299(0.391)
生活水平比较			
与同龄人相比	−0.902(1.573)	2.319(1.693)	−0.088(1.417)
与5年前的自己相比	−0.775(1.407)	0.939(1.515)	−2.491(1.267)**
与亲戚相比	−1.299(0.207)	0.924(1.106)	0.131(0.926)
与中学同学相比	2.178(1.166)*	1.897(1.255)	0.549(1.050)
与现在的同事相比	−1.228(1.146)	0.138(1.234)	0.249(1.032)
与家乡的邻居相比	2.907(1.065)***	−1.125(1.146)	−0.685(0.959)
与这个城市的城里人相比	−1.159(0.916)	−0.157(0.986)	1.281(0.825)
生活水平变化			

续表

	公平观指数1—基于结构因素的不公平	公平观指数2—对不公平的反应	公平观指数3—基于个人因素的不公平
过去5年与现在相比	−0.148(0.661)	0.356(0.711)	0.402(0.595)
未来5年的预期	0.041(0.767)	−0.743(0.826)	0.166(0.691)
收入公平感(合理—实际工资)	0.000(0.000)	0.000(0.000)	0.000(0.000)
身份认同			
认同家乡	−0.418(0.807)	2.304(0.868)***	−1.182(0.727)
认同城市	−0.016(0.874)	−1.341(0.941)	1.188(0.788)
认同迷茫	−0.517(0.828)	−0.099(0.892)	0.753(0.746)
工作、生活经历			
在当地的生活年限	0.291(0.203)	−0.104(0.218)	0.083(0.183)
总的打工年限	0.022(0.283)	0.312(0.305)	0.130(0.255)
生活经历	1.872(0.612)***	−1.003(0.659)	0.633(0.552)
地域(三线城市=0)			
一线城市	−2.291(1.988)	−0.753(2.140)	2.234(1.791)
二线城市	−2.750(1.801)	−3.771(1.939)*	2.730(1.622)*
R^2	0.148	0.093	0.129
调整的R^2	0.084	0.025	0.063
N	703	703	703

注：* $p<0.1$，** $p<0.05$，*** $p<0.01$，括号内数字为标准误。

表3-36的结果显示，新生代农民工的性别、工作单位性质、工作月收入、政治身份、对自身社会经济地位的主观认知、纵向比较的生活水平变化、收入公平感等变量几乎都对因变量没有显著影响，其他变量都有不同程度的显著影响，具体如下：

（1）个人特征

在个人特征中，新生代农民工的文化程度、婚姻状况都对因变量有显著影响，而年龄仅在0.1的显著性水平下对公平观指数3(基于个人因素的不公平)有影响，具体如下：

从年龄看，以"90后"群体为参照组，其他年龄段群体与参照组在公平观指数1(基于结构因素的不公平)和指数2(对不公平的反应)上都没有显著差异,而在公平观指数3上,1980—1984年出生的群体与参照组没有显著差异,1985—1989年出生的群体与参照组在0.1的显著性水平下有差异,其系数为正数,表明"90后"新生代农民工比1985—1989年出生的人更加赞同基于个人因素的不公平。

就文化程度而言,以大专及以上为参照组,其他学历群体与参照组在公平观指数2上均没有显著差异,在公平观指数1和指数3上,高中/职高/中专群体与参照组都没有显著差异,初中及以下群体与参照组有显著差异,但两个公平观指数模型中,该变量的作用方向相反,在公平观指数3的模型中,其系数为正数,表明初中及以下的新生代农民工比大专及以上群体更不赞同基于个人因素的不公平,而在公平观指数1的模型中,其系数为负数,表明初中及以下的新生代农民工比大专及以上群体更加赞同基于结构因素的不公平。

就婚姻状况而言,以未婚为参照组,已婚群体与参照组在公平观指数1和指数3的模型中均没有显著差异,但在公平观指数2的模型中有显著差异,其系数为负数,表明已婚的新生代农民工对社会公平的渴望不如未婚群体。

(2) 社会经济特征

在社会经济特征中,新生代农民工的工作身份、工作职务、工作属性、工作氛围、个人社交网络、接受非官方信息的情况等变量都对因变量有显著影响。

从工作身份看,以自雇为参照组,其他工作身份的新生代农民工与参照组在公平观指数2和指数3的模型中都没有显著差异,而在公平观指数1模型中,正式工、合同工、临时工与参照组均无显著差异,唯有派遣工在0.1的显著性水平下与参照组有显著差异,其系数为正数,表明派遣工比自雇的新生代农民工更加不赞同基于结构因素的不公平。

就工作职务而言,以无职务为参照组,其他群体与参照组在公平观指数2的模型中均无显著差异,在公平观指数1和指数3的模型中,基层管理者与参照组无显著差异,而中层管理者与参照组在0.1的显著性水平下有差异,且系数都为负数,表明中层管理者比无职务者对基于结构因素的不公平和基于个人因素的不公平都更加赞同。

从工作属性看,在公平观指数1的模型中,4个变量均没有显著影响,在公平观指数 2 的模型中,"具有自主性和成长性的工作""枯燥乏味的工作""喜欢的工作"对因变量均没有显著影响,唯有"有伤害性的工作"对因变量有显著影响,其系数为负数,表明新生代农民工所从事的工作越具有伤害性,他们对社会公平的渴望反而越弱。在公平观指数 3 的模型中,唯有"喜欢的工作"在 0.1 的显著性水平下对因变量有影响,其系数为负数,表明新生代农民工越喜欢其所从事的工作,他们就越赞同基于个人因素的不公平。

就工作氛围而言,在公平观指数 2 和指数 3 的模型中,测量工作氛围的 2 个变量对因变量都没有显著影响,而在公平观指数 1 的模型中,"工作氛围宽松"对因变量没有显著影响,而"工作氛围紧张"在 0.1 的显著性水平下对因变量有影响,其系数为负数,表明新生代农民工的工作氛围越紧张,他们就越赞同基于结构因素的不公平。

测量新生代农民工的社交网络有 3 个,在公平观指数 2 的模型中,3 个社交网络对因变量都没有显著影响,在公平观指数 1 的模型中,唯有"当地人关系网"对因变量有显著影响,其系数为负数,表明新生代农民工越较多或较好地拥有当地人关系网,他们就越赞同基于结构因素的不公平。在公平观指数 3 的模型中,唯有"在群体活动中形成的关系网"对因变量有显著影响,其系数也为负数,表明新生代农民工越较多或较好地拥有在群体活动中形成的关系网,就越赞同基于个人因素的不公平。

在新生代农民工接受非官方信息的情况方面,在公平观指数 2 和指数 3 中,3 个信息渠道对因变量都没有显著影响,在公平观指数 1 的模型中,唯有"国内渠道"对因变量都有显著影响,其系数为负数,表明新生代农民工越是通过国内渠道了解信息,就越赞同基于结构因素的不公平。

(3)主观变量

主观变量主要涉及新生代农民工对自身社会经济地位的主观认知和与各种参照系的比较,其中对因变量有显著影响的仅有 2 类:生活水平的多维度比较和身份认同。

从生活水平的多维度比较看,在公平观指数 2 中,所有维度的比较都对因变量没有显著影响,在公平观指数 1 的模型中,"与家乡的邻居相比"对因变量有显著影响,"与中学同学相比"在 0.1 的显著性水平下对因变量有影响,且系数都为正数,表明新生代农民工将其生活水平与家乡的邻居、中学同学进行比较时,其生活水平越高,就越不赞同基于结构因素的不公平。在公平观指数 3 的模型中,唯有"与 5 年前的自己相比"对因变量有显著影响,其系数为负数,表明新生代农民工与5年前的自己相比,其现在的生活水平越高,他们就越赞同基于个人因素的不公平。

测量新生代农民工身份认同的变量有3个,在公平观指数1和指数3的模型中,这3个变量对因变量都没有显著影响,而在公平观指数2的模型中,唯有"认同家乡"对因变量有显著影响,其系数为正数,这表明新生代农民工越是对家乡有归属感,对社会公平的渴望就越强烈。

(4) 工作、生活经历

在公平观指数2和指数3的模型中,新生代农民工的工作、生活经历对因变量都没有显著影响,而在公平观指数1的模型中,唯有"生活经历"对因变量有影响,其系数为正数,表明新生代农民工在工作、生活中的糟糕经历次数越多,他们就越不赞同基于结构因素的不公平。

(5) 地域

就地域而言,以三线城市为参照组,在公平观指数1的模型中,一线城市、二线城市与参照组均没有显著差异,在公平观指数2和指数3的模型中,一线城市与参照组都没有显著差异,而二线城市与参照组在0.1的显著性水平下有差异,但其系数在2个模型中的作用方向相反,在指数2的模型中,二线城市的系数为负数,表明身处二线城市的新生代农民工对社会公平的渴望不如三线城市的人强烈,而指数3的模型中,二线城市的系数为正数,表明身处二线城市的新生代农民工比三线城市的人更加不赞同基于个人因素的不公平。

2. 新生代农民工不平等意识指数的影响因素模型

同样,用上述各组自变量对5个不平等意识指数建立多元线性回归模型,其结果如表3-37所示。

表3-37的结果显示,新生代农民工的婚姻状况、政治身份、收入公平感等变量都对因变量没有显著影响,其他变量都有不同程度的显著影响,具体如下:

(1) 个人特征

在个人特征中,新生代农民工的年龄和文化程度都对因变量有显著影响,而性别在0.1的显著性水平下有影响,具体如下:

在性别中,以女性为参照组,男性和女性仅在不平等意识指数4的模型中有显著差异,且其显著性水平为0.1,系数为负数,表明男性比女性更加赞同绝对平均主义思想。

从年龄看,以"90后"群体为参照组,在不平等意识指数1、指数2、指数3和指数5的模型中,各年龄群体与参照组均无显著差异,在不平等意识指数4

表 3-37 新生代农民工的不平等意识指数的影响因素模型

	不平等意识指数1—机会公平	不平等意识指数2—基于能力的不平等	不平等意识指数3—公平的不平等	不平等意识指数4—绝对平均主义	不平等意识指数5—朴素的平等思想
（常量）	73.734(7.441)	41.466(6.117)	40.217(5.550)	57.548(5.904)	42.931(5.051)
个人特征					
性别（女=0）	-0.432(1.698)	-1.906(1.395)	0.281(1.266)	-2.618(1.347)*	0.640(1.152)
年龄（90后=0）					
1980—1984	-1.462(3.081)	-1.430(2.532)	1.760(2.298)	2.338(2.444)	-1.796(2.091)
1985—1989	1.359(2.126)	-0.663(1.705)	-0.146(1.586)	3.598(1.687)**	-1.680(1.443)
学历（大专及以上=0）					
初中及以下	-9.609(2.473)***	-0.012(1.748)	1.037(1.844)	-0.177(1.962)	-1.347(1.678)
高中/职高/中专	-6.132(2.198)***	1.032(1.807)	0.809(1.640)	-0.731(1.744)	-1.424(1.492)
婚姻状况（未婚=0）	-1.452(2.060)	1.845(1.693)	0.818(1.536)	-2.487(1.634)	-1.438(1.398)
社会经济特征					
单位性质（外资=0）					
国有	2.387(2.877)	4.063(2.365)*	-2.432(2.146)	0.332(2.283)	2.038(1.953)
私营	-1.350(2.544)	2.750(2.091)	-1.920(1.897)	0.207(2.018)	0.697(1.727)
工作身份（自雇=0）					
正式工	-2.850(3.025)	3.052(2.486)	2.919(2.256)	-3.265(2.400)	2.695(2.053)

第三章 新生代农民工的公平观

续表

	不平等意识指数1—机会公平	不平等意识指数2—基于能力的不平等	不平等意识指数3—公平的不平等	不平等意识指数4—绝对平均主义	不平等意识指数5—朴素的平等思想
合同工	-2.457(3.068)	3.667(2.522)	-0.132(2.288)	-4.182(2.434)*	0.695(2.083)
派遣工	2.570(4.214)	0.772(3.464)	1.614(3.143)	-4.665(3.344)	1.503(2.861)
临时工	-5.467(3.392)	-4.297(2.788)	1.103(2.529)	-2.508(2.691)	-0.705(2.302)
工作职务（无职务=0)					
基层管理者	2.870(2.148)	-1.730(1.766)	-1.673(1.602)	1.312(1.704)	-2.185(1.458)
中层管理者	3.273(3.863)	-1.629(3.175)	-5.881(2.881)**	-0.350(3.065)	-3.681(2.622)
工作属性					
具有自主性和成长性的工作	-1.504(0.885)*	-0.089(0.727)	0.207(0.660)	-0.189(0.702)	0.731(0.600)
有伤害性的工作	1.130(0.871)	0.434(0.716)	0.683(0.650)	-0.366(0.691)	-0.108(0.591)
枯燥乏味的工作	1.757(0.856)**	0.010(0.704)	-0.924(0.639)	-1.193(0.680)*	-0.659(0.581)
喜欢的工作	-1.483(0.880)*	0.136(0.723)	-0.540(0.656)	-0.641(0.698)	-0.155(0.597)
工作氛围					
工作氛围宽松	0.565(0.974)	-0.792(0.801)	-1.101(0.727)	0.840(0.773)	-0.266(0.661)
工作氛围紧张	0.431(0.885)	0.792(0.728)	0.154(0.660)	-0.023(0.703)	-1.737(0.601)***
月收入（4 001元及以上=0)					

续表

	不平等意识指数1—机会公平	不平等意识指数2—基于能力的不平等	不平等意识指数3—公平的不平等	不平等意识指数4—绝对平均主义	不平等意识指数5—朴素的平等思想
2 000元及以下	−5.058(2.806)*	2.819(2.306)	3.822(2.092)*	−3.361(2.226)	−1.811(1.904)
2 001~3 000元	−3.985(2.514)	2.259(2.066)	0.802(1.875)	−3.307(1.994)*	−0.484(1.706)
3 001~4 000元	−2.250(2.637)	−0.097(2.168)	0.544(1.967)	−0.270(2.093)	−1.754(1.790)
个人社交网络					
当地人关系网	−3.011(0.900)***	−0.441(0.740)	−0.236(0.671)	−0.686(0.714)	−0.011(0.611)
在群体活动中形成的关系网	−0.625(.862)	−0.099(0.709)	−0.501(0.643)	−0.448(0.684)	−0.046(0.585)
老乡关系网	1.666(0.876)*	0.409(0.720)	−0.824(0.654)	−0.749(0.695)	−0.355(0.595)
接受非官方信息的情况					
国外媒体	−1.717(0.816)**	0.334(0.671)	0.979(0.609)	−0.366(0.647)	−0.979(0.554)*
国内渠道	−0.894(0.895)	0.633(0.736)	2.191(0.668)***	−0.674(0.710)	−0.003(0.608)
国外渠道	−1.253(0.873)	−0.447(0.718)	−0.082(0.651)	0.943(0.693)	−0.719(0.593)
政治身份（非党员=0）	0.235(2.589)	2.755(2.128)	1.052(1.931)	−1.851(2.054)	−0.242(1.757)
主观变量					
社会经济地位认知	−1.412(0.470)***	0.347(0.386)	0.420(0.350)	0.217(0.373)	0.193(0.319)
生活水平比较					
与同龄人相比	−3.685(1.699)**	−1.772(3.197)	0.351(1.267)	−2.669(1.348)**	−1.545(1.153)

续表

	不平等意识指数1—机会公平	不平等意识指数2—基于能力的不平等	不平等意识指数3—公平的不平等	不平等意识指数4—绝对平均主义	不平等意识指数5—朴素对平等思想
与5年前的自己相比	-1.675(1.523)	1.302(1.252)	0.015(1.136)	1.056(1.208)	1.088(1.034)
与亲戚相比	0.188(1.109)	-0.864(0.911)	0.743(0.827)	-0.026(0.880)	0.497(0.753)
与中学同学相比	0.234(1.262)	0.717(1.037)	-0.933(0.941)	0.265(1.001)	-1.402(0.856)
与现在的同事相比	-1.169(1.242)	0.103(1.021)	1.715(0.926)*	-0.867(0.986)	1.454(0.843)*
与家乡的邻居相比	0.714(1.152)	-1.064(0.947)	-0.646(0.859)	-0.697(0.914)	-0.352(0.782)
与这个城市的城里人相比	-0.102(0.988)	1.667(0.812)**	2.474(0.737)***	1.478(0.784)*	-0.475(0.671)
生活水平变化					
过去5年与现在相比	-0.340(0.715)	-0.070(0.588)	-0.867(0.533)	0.065(0.567)	1.096(0.485)**
未来5年的预期	-0.296(0.832)	-0.611(0.684)	-1.191(0.620)*	-0.125(0.660)	-0.690(0.565)
收入公平感(合理-实际)	0.000(0.000)	0.000(0.000)	0.000(0.000)	0.000(0.000)	0.000(0.000)
身份认同					
认同家乡	-2.937(0.875)***	-1.148(0.719)	-1.337(0.653)**	1.442(0.694)**	-0.469(0.594)
认同城市	1.459(0.941)	-0.637(0.774)	-0.601(0.702)	-2.256(0.747)***	0.526(0.639)
认同迷茫	-0.403(0.893)	-0.027(0.734)	0.673(0.666)	-1.985(0.709)***	0.217(0.606)
工作、生活经历					

续表

	不平等意识指数1—机会公平	不平等意识指数2—基于能力的不平等	不平等意识指数3—公平的不平等	不平等意识指数4—绝对平均主义	不平等意识指数5—朴素的平等思想
在当地的生活年限	−0.228(0.218)	−0.103(0.180)	0.024(0.163)	−0.084(0.173)	0.198(0.148)
总的打工年限	0.512(0.305)*	0.135(0.251)	−0.390(0.228)*	0.125(0.242)	0.185(0.207)
生活经历	1.603(0.660)**	0.316(0.543)	0.658(0.492)	0.055(0.524)	−0.357(0.448)
地域(三线城市=0)					
一线城市	3.782(2.148)*	−1.139(1.766)	−1.818(1.602)	2.996(1.704)*	0.295(1.458)
二线城市	3.817(1.944)**	3.252(1.598)**	2.600(1.450)*	1.124(1.543)	−1.064(1.320)
R^2	0.215	0.086	0.200	0.111	0.091
调整后的 R^2	0.155	0.017	0.139	0.044	0.022
N	698	698	698	698	698

注：* $p<0.1$，** $p<0.05$，*** $p<0.01$，括号内数字为标准误。

的模型中,1980—1984年出生的群体与参照组没有显著差异,而1985—1989年出生的群体与参照组有显著差异,其系数为正数,表明1985—1989年出生的新生代农民工比"90后"群体更加不赞同绝对平均主义思想。

就文化程度而言,以大专及以上为参照组,在不平等意识指数2~4的3个模型中,其他学历群体与参照组均无显著差异,而在不平等意识指数1的模型中,其他学历群体与参照组都有显著差异,且其系数都为负数,表明初中及以下群体、高中/职高/中专群体都比大专及以上群体更赞同机会公平。

(2) 社会经济特征

在社会经济特征中,新生代农民工的工作身份、工作职务、工作属性、工作氛围、个人月收入、个人社交网络、接受非官方信息的情况等变量都对因变量有显著影响。

从工作身份看,以自雇为参照组,在不平等意识指数1、指数2、指数3和指数5的模型中,各种工作身份与参照组均无显著差异,在不平等意识指数4的模型中,唯有合同工与参照组在0.1的显著性水平下有差异,其系数为负数,表明合同工比自雇者更加赞同绝对平均主义思想。

在工作职务方面,以无职务为参照组,在不平等意识指数1、指数2、指数4和指数5的模型中,各职务群体与无职务者均无显著差异,在不平等意识指数3的模型中,基层管理者与参照组没有显著差异,中层管理者与参照组有显著差异,其系数为负数,表明基层管理者比无职务者更加赞同公平的不平等。

测量工作属性的有4个变量,在不平等意识指数2、指数3和指数5的模型中,4个变量对因变量都没有显著影响,在不平等意识指数4的模型中,唯有"枯燥乏味的工作"在0.1的显著性水平下对因变量有影响,其系数为负数,表明新生代农民工的工作越枯燥乏味,他们就越赞同绝对平均主义思想。而在不平等意识指数1的模型中,"具有自主性和成长性的工作"和"喜欢的工作"在0.1的显著性水平下对因变量有显著影响,且其系数都为负数,说明新生代农民工的工作越具有自主性和成长性或他们越喜欢其所从事的工作,则他们就越赞同机会公平,而"枯燥乏味的工作"对因变量有显著影响,其系数为正数,表明新生代农民工所从事的工作越枯燥乏味,就越不赞同机会公平。

测量工作氛围有2个变量,在不平等意识指数1~4的4个模型中,这2个变量对因变量都没有显著影响,而在指数5的模型中,"工作氛围宽松"对因变量没有显著影响,而"工作氛围紧张"对因变量有显著影响,其系数为负数,表明新生代农民工的工作氛围越紧张,就越赞同朴素的平等思想。

就个人月收入而言,以4 001元及以上群体为参照组,在不平等意识指数2和指数5的模型中,各收入群体与参照组均无显著差异,在指数1和指数3的模型中,都是2 000元及以下群体与参照组在0.1的显著性水平下有差异,但指数1模型中的系数为负数,表明2 000元及以下群体比4 001元及以上群体更加赞同机会公平,而指数3中的系数为正数,表明2 000元及以下群体比4 001元及以上群体更加不赞同公平的不平等,在指数4的模型中,唯有2 001~3 000元群体与参照组在0.1的显著性水平下有差异,其系数为负数,表明2 001~3 000元群体比4 001元及以上群体更加赞同绝对平均主义。

新生代农民工的社交网络有3个,在不平等意识指数2~5的4个模型中,3个变量都对因变量没有显著影响,而在指数1的模型中,"当地人关系网"对因变量有显著影响,其系数为负数,表明新生代农民工越较多或较好地拥有当地人关系网,他们就越赞同机会公平。而"老乡关系网"在0.1的显著性水平下对因变量有显著影响,其系数为正数,表明新生代农民工越较多或较好地拥有老乡关系网,就越不赞同机会公平。

在新生代农民工接受非官方信息的情况方面,在不平等意识指数2和指数4的模型中,3个变量都对因变量没有显著影响,而在指数1和指数5的模型中,都唯有"国外媒体"对因变量有显著影响,且其系数都为负数,表明新生代农民工越是通过国外媒体了解信息,他们就越赞同机会公平和朴素的平等思想。在指数3的模型中,唯有"国内渠道"对因变量有显著影响,其系数为正数,表明新生代农民工越是通过国内渠道了解信息,他们就越不赞同公平的不平等。

(3) 主观变量

主观变量主要涉及新生代农民工对自身社会经济地位的主观认知和与各种参照系的比较,其中对因变量有显著影响的仅有4类:对自身社会经济地位的主观认知、生活水平的多维度比较、纵向比较的生活水平变化和身份认同。

在对自身社会经济地位的认知方面,仅在不平等意识指数1的模型中有显著影响,其系数为负数,表明新生代农民工越认为自身的社会经济地位较高,他们就越认同机会公平。

在生活水平的多维度比较方面,在指数1的模型中,唯有"与同龄人比较"对因变量有显著影响,其系数为负数,表明新生代农民工将其生活水平与同龄人比较时,其生活水平越高,他们越赞同机会公平。在指数2的模型中,唯有"与这个城市的城里人相比"有显著影响,其系数为正数,表明新生代农民工将其生活水平与城市人相比时,其生活水平越高,他们就越不认同基于能力的不公平。在指数3的模型中,"与这个城市的城里人相比"有显著影响,其系数为正数,表明新生代农民工将其生活水平与城市人相比时,其生活水平越高,就越不认同公平的不平等,"与现在的同事相比"在0.1的显著性水平下有影响,其系数为正数,表明新生代农民工将其生活水平与现在的同事相比时,其生活水平越高,他们就越不认同公平的不平等。在指数4的模型中,"与同龄人比较"对因变量有显著影响,其系数为负数,表明新生代农民工将其生活水平与同龄人比较时,其生活水平越高,越赞同绝对平均主义思想,而"与这个城市的城里人相比"在0.1的显著性水平下有影响,其系数为正数,表明新生代农民工将其生活水平与城市人相比时,其生活水平越高,就越不认同绝对平均主义思想。在指数5的模型中,唯有"与现在的同事相比"在0.1的显著性水平下有影响,其系数为正数,表明新生代农民工将其生活水平与现在的同事相比时,其生活水平越高,他们就越不认同朴素的平等思想。

在生活水平的纵向比较方面,在指数1、指数2和指数4的模型中,生活水平的纵向比较对因变量都没有显著影响,在指数3的模型中,唯有"未来5年的预期"在0.1的显著性水平下有影响,其系数为负数,表明新生代农民工预期未来5年的生活水平越高,他们就越认同公平的不平等。在指数5的模型中,唯有"过去5年与现在相比"对因变量有显著影响,其系数为正数,表明新生代农民工过去5年的生活水平越高,他们就越不认同朴素的平等思想。

测量新生代农民工身份认同的变量有3个,在指数2和指数5的模型中,这3个变量对因变量均无显著影响,在指数1和指数3的模型中,都是唯有"认同家乡"对因变量有显著影响,且其系数都为负数,表明新生代农民工越是对家乡有归属感,他们就越认同机会公平和公平的不平等。而在指数4的模型中,3个变量对因变量都有显著影响,但"认同家乡"的系数为正数,表明新生代农民工越认同家乡,他们就越不赞同绝对平均主义思想,而"认同城市"和"认同迷茫"的系数为负数,表明新生代农民工越是认同城市或无法确定归属感,他们就越赞同绝对平均主义思想。

（4）工作、生活经历

在公平观指数 2、指数 4 和指数 5 的模型中,新生代农民工的工作、生活经历对因变量都没有显著影响,而在公平观指数 1 的模型中,"生活经历"对因变量有影响,其系数为正数,表明新生代农民工在工作、生活中所经历的糟糕经历次数越多,他们就越不认同机会公平,"总的打工年限"在 0.1 的显著性水平下有影响,其系数也为正数,表明新生代农民工的打工年限越长,他们就越不认同机会公平。在指数 3 的模型中,唯有"总的打工年限"在 0.1 的显著性水平下对因变量有影响,其系数为负数,表明新生代农民工的打工年限越长,他们就越认同公平的不平等。

（5）地域

就地域而言,以三线城市为参照组,在公平观指数 5 的模型中,一线城市、二线城市与参照组均没有显著差异,在公平观指数 2 和指数 3 的模型中,一线城市与参照组都没有显著差异,而二线城市与参照组有显著差异,且其系数都为正数,表明身处二线城市的新生代农民工比身处三线城市的人更加不认同基于能力的不平等和公平的不平等。在指数 1 的模型中,一线城市和二线城市与参照组都有显著差异,其系数都为正数,表明身处二线城市和一线城市的新生代农民工比三线城市的人更加不认同机会公平。在指数 4 的模型中,二线城市与参照组没有显著差异,而一线城市与参照组在 0.1 的显著性水平下有差异,其系数为正数,表明身处一线城市的新生代农民工比三线城市的人更加不认同绝对平均主义思想。

第四章

基于整体社会的不公平感

就新生代农民工对社会不平等的社会心态的测量而言,本课题将其操作化为两个维度,即整体的社会不平等和生活世界的不平等。

怀默霆(Martin K. Whyte)等人曾经就中国民众对社会不平等的态度进行过一系列研究,为了与他们的研究成果进行对话,本课题对整体的社会不平等的测量与怀默霆等人的完全一致,将整体社会的不平等分为四类:过度的不平等、有害的不平等、不公平的不平等和基于个人绩效的不平等。

第一节 基本状况

一、对不平等的认知

1. 过度的不平等(Excessive Inequality):对不平等程度的认知

对"过度的不平等"的测量主要侧重于对不平等程度的认知,即询问被访者对全国范围内的收入差距的判断,另外还询问了被访者对其所在的公司的收入差距、农村和城市的收入差距的判断,其答案选项依次为"太小""比较小""正好""比较大""太大""不好说"。调查结果如下:

表 4-1 关于不平等程度的认知

	太小（%）	比较小（%）	正好（%）	比较大（%）	太大（%）	不好说（%）	合计（%）
全国范围内的收入差距	3.7	7.6	8.7	39.2	28.2	12.6	100.0
所在公司的收入差距	2.2	14.5	20.2	36.1	10.7	16.3	100.0
农村和城市的收入差距	1.3	6.3	8.5	47.5	25.5	10.9	100.0

从表 4-1 可知,新生代农民工对不平等程度的认知呈现出一定的矛盾之处,例如,分别有 28.2% 和 25.5% 的人认为全国范围内的收入差距及城乡收入差距太大,但当他们对其所在公司的收入差距进行判断时,仅有 10.7% 的人认为其所在公司的收入差距太大。从总体而言,新生代农民工认为全国范围内收入差距较大和太大的比例之和为 67.4%,认为其所在公司收入差距较大和太大的比例之和为 46.8%,认为城乡收入差距较大和太大的比例之和为 73.0%。其中,全国范围的收入不平等比例比怀默霆 2004 年调查的比例（71.1%）略低。

2. 对不平等的预期

对不平等的预期反映的是当前不平等的一种延续趋势,本研究采用的方法是让被访者预测未来 5 年中国的穷人比例和富人比例的变化,其结果如图 4-1 所示。

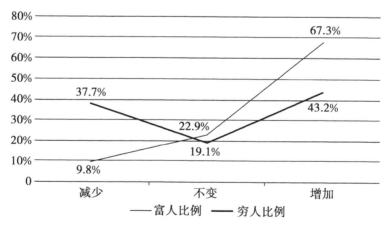

图 4-1 未来 5 年中国的穷人和富人比例变化预测图

从图 4-1 可以看出,虽然有 37.7% 的新生代农民工预期穷人比例会减少,但占主流的是,67.3% 的人预期富人比例会增加,同时有 43.2% 的人预期穷人比例也会增加,这反映出一种不平等的扩大趋势。

二、对不平等的态度

有害的不平等测量的是新生代农民工对不平等的态度,这是通过4个问题组成的一组量表来测量的,测量的是不平等的有害程度,这4个问题分别为"在过去5年中,富人变得更富,穷人变得更穷""社会中存在不平等,是因为有权有势的人会极力维护这种不平等""国内目前的贫富差距已经对社会安定构成了威胁""当前存在的不平等违背了社会主义的原则",其5个态度选项分别为"非常不同意""不太同意""中立""比较同意""非常同意",调查结果如表4-2所示。

表4-2 对不平等的态度

	非常不同意(%)	不太同意(%)	中立(%)	比较同意(%)	非常同意(%)	合计(%)
1. 在过去5年中,富人变得更富,穷人变得更穷	8.5	15.8	21.6	29.2	24.9	100.0
2. 社会中存在不平等,是因为有权有势的人会极力维护这种不平等	3.7	11.1	29.3	30.0	25.9	100.0
3. 国内目前的贫富差距已经对社会安定构成了威胁	3.0	12.5	36.3	30.0	18.2	100.0
4. 当前存在的不平等违背了社会主义的原则	2.8	12.6	38.0	26.9	19.6	100.0

从表4-2的结果看,有54.1%的新生代农民工认为"在过去的5年中,富人变得更富,穷人变得更穷",有55.9%的人认为"社会中存在不平等,是因为有权有势的人会极力维护这种不平等",有48.2%的人认为当下的不平等对社会安定有威胁,而认为不平等违反了社会主义原则的人则占了46.5%。从这个结果可以看出,超过一半的新生代农民工认为不平等是有害的,这种不平等不仅有助于产生和维持现有的不平等结构,而且会对社会安定构成威胁。

三、不平等的归因

1. 贫穷的原因

新生代农民工对于社会不平等的社会心态不仅涉及他们对不平等程度的认知以及他们对不平等的态度或评价,还涉及他们对贫富的归因,即哪些人是穷人,哪些人是富人,穷人为什么是穷人,而富人又是如何变成富人的。因此,用了一系列问题来测量新生代农民工对这些问题的看法,并进一步运用主成分分析法进行因子分析,并对因子负载矩阵采用方差最大法进行旋转之后,其结果如表4-3所示。

表4-3 一些人之所以成为穷人的原因

	从来不是(%)	几乎很少(%)	有时是(%)	经常是(%)	总是(%)	加权得分	排序	结构因素	个人因素
1. 没有能力和才干	5.3	14.4	44.4	26.0	10.0	3.213	5		0.762
2. 运气不好	7.9	23.9	52.9	12.2	3.1	2.787	8		0.412
3. 品行不良	6.5	19.4	37.3	24.9	11.9	3.163	6		0.802
4. 个人努力不够	4.3	7.3	36.7	36.9	14.8	3.506	1		0.772
5. 社会上存在偏见和歧视	5.6	17.2	44.7	23.8	8.8	3.133	7	0.682	
6. 机会不均等	3.6	13.0	41.0	29.7	12.8	3.354	3	0.830	
7. 经济体制不公平	4.6	14.6	42.1	26.9	11.7	3.262	4	0.877	
8. 收入分配不公平	4.2	13.1	39.2	29.8	13.7	3.357	2	0.859	

从表4-3来看,新生代农民工对一些人成为穷人的归因,社会结构的因素略偏重于个人因素。具体而言,个人努力不够被认为是一些人之所以成为穷人的最重要原因,排名第2至第4名的都是一些结构性因素,分别为收入分配不公平、机会不均等、经济体制不公平,由此可见,在贫困(变穷)的归因上,社会结构的因素比个人因素更加重要。

恰如上面所分析的那样,上述8个方面经因子分析后提取出2个因子,分别和结构因素及个人因素有关,这两个因子解释了原有的8个因素的59.81%的方差。而为了更加确切地比较结构因素和个人因素的作用,将这两个因子的值计算了出来,但由于因子值是一个均值为0、标准差为1的标准分变量,为了便于描述和解释,进一步将因子值转化为1~100之间的指数,因子值越高,指数的取值越高。转换之后,变穷归因的结构因素和个人因素这两个因素指数的描述性统计结果如表4-4所示。

表 4-4 变穷归因的两个因素指数的描述性统计指标

	均值	极小值	极大值
变穷结构因素指数	56.21	1	100
变穷个人因素指数	55.01	1	100

从变穷的结构因素和个人因素的因子指数看,结构因素指数的均值比个人因素指数的均值略高,这也从另一个角度说明,在变穷的归因上,结构因素比个人因素更加重要。

2. 致富的原因

本研究还调查了新生代农民工对致富的归因,并对致富原因的7个方面运用主成分分析法进行了因子分析,并对因子负载矩阵采用方差最大法进行旋转之后,其结果如表4-5所示。

表 4-5 一些人变为富人的原因

	描述性统计							因子负载矩阵	
	从来不是(%)	几乎很少(%)	有时是(%)	经常是(%)	总是(%)	加权得分	排序	个人因素	结构因素
1. 有能力和才干	4.6	10.9	31.2	35.7	17.7	3.51	4	0.849	
2. 运气好	4.0	16.0	51.9	21.0	7.1	3.11	6	0.560	
3. 不诚实	11.8	31.6	40.0	11.2	5.3	2.67	7		0.589
4. 工作勤奋	2.1	8.1	31.4	38.2	20.3	3.67	3	0.835	
5. 有门路	1.5	7.1	29.1	38.8	23.6	3.76	1		0.666
6. 起步时有更好的机会	1.8	7.2	32.3	37.7	21.0	3.69	2		0.664
7. 经济体制不公平	5.7	17.6	42.0	21.4	13.3	3.19	5		0.800

在一些人变富的归因上,结构性因素仍然是比较重要的因素,排序占据第1、第2的分别是有门路、起步时有更好的机会,排名第3、第4的原因分别是工作勤奋、有能力和才干。

"不公平的不平等"和"基于个人绩效的不平等"实质上是对不平等的归因,将那些导致不平等的结构性因素命名为"不公平的不平等",将那些导致不平等的个人因素命名为"基于个人绩效的不平等"。从上述新生代农民工对人们变穷和变富的归因看,外部因素比个人绩效因素更能解释不平等。

上述7个方面经过因子分析后提取出2个因子,这2个因子解释了原有的7个致富因素的58.15%的方差,根据各个因子上负载较大的各因素的含义,可以将这两个因子分别命名为致富归因的个人因素以及致富归因的结构因素,从因子的含义看,不诚实虽然属于个人品质,但该因素与结构因素的亲和性更高,这说明,结构因素有可能催生或维护个人的不诚实,并进而致富。

将这两个因子按上述方法转换成指数,这两个指数的描述性统计结果如表4-6所示。

表4-6 致富归因的两个因素指数的描述性统计指标

	均值	极小值	极大值
致富个人因素指数	56.60	1	100
致富结构因素指数	53.87	1	100

从致富的结构因素和个人因素的因子指数看,个人因素指数的均值比结构因素指数的均值高,这说明在致富的归因上,新生代农民工认为个人的能力和才干及工作勤奋比结构因素及个人不诚实更重要。

概而述之,新生代农民工不仅认为当前全国范围内的收入差距过大,而且有超过一半的人认为这种不平等是有害的,它不仅对社会安定构成威胁,而且有助于产生和维持现有的不平等结构,从而使得不平等在未来有进一步扩大的趋势。同时,在新生代农民工的认知中,他们认为当前的不平等更多是源于外部因素而非个人因素,因此,这是一种不公平的不平等。这从他们对不公平的观念中也能得到进一步验证,他们对由于外部因素(如有门路)造成的不平等尤为反感,对基于个人因素的不平等则较为宽容,并且主张机会向弱势群体倾斜。同时他们不认可由于职业不同而造成的社会地位不平等,渴望主张社会正义,并希望借此改变社会现状。

第二节 群体差异

一、对不平等程度认知的群体差异

新生代农民工对不平等程度的认知虽然有一个总体状况或趋势,但由于其年龄、性别、阅历、文化程度等差异,他们在这个问题上仍然可能存在差异性。

交互分类的结果显示,新生代农民工对不平等程度的认知确实存在群体差异,总体而言,他们对不平等的判断与其性别、政治身份(是否为共产党员)没有显著相关性,但与其年龄、文化程度、工作年限以及在工作所在地生活的年限有显著相关性,具体如下:

1. 对不平等程度的认知存在显著的年龄差异

在年龄方面,将新生代农民工按照年龄分为三类:1980—1984年生人、1985—1989年生人、"90后"。交互分类的结果显示,新生代农民工虽然对不平等程度的认知存在年龄差异,但在具体维度上的表现又各有不同,他们在对所在公司的收入差距的判断上没有年龄差异,在对城乡收入差距的判断方面在0.1的显著性水平下有显著差异,而他们在对全国范围的收入差距的判断方面在0.01的显著性水平下有显著差异,具体如表4-7所示。

表4-7 对不平等程度的认知在年龄上的差异性

	全国范围内的收入差距			所在公司的收入差距			城乡收入差距		
	1980—1984年	1985—1989年	90后	1980—1984年	1985—1989年	90后	1980—1984年	1985—1989年	90后
太小	0.8%	4.7%	4.3%	0.8%	2.7%	2.3%	1.2%	1.2%	1.6%
比较小	6.6%	5.7%	10.4%	14.1%	13.9%	15.5%	5.3%	6.0%	7.2%
正好	6.6%	6.2%	12.6%	17.4%	18.6%	23.6%	4.9%	8.0%	11.0%
比较大	42.4%	40.5%	36.0%	36.1%	38.9%	32.9%	45.3%	49.7%	46.2%
太大	29.6%	32.7%	22.1%	14.5%	9.8%	9.7%	30.0%	26.1%	22.2%
不好说	14.0%	10.1%	14.6%	17.0%	16.2%	16.0%	13.2%	9.0%	11.9%
	$\chi^2=43.28$ $df=10$ $sig=0.000$			$\chi^2=14.07$ $df=10$ $sig=0.17$			$\chi^2=16.49$ $df=10$ $sig=0.087$		

新生代农民工在对城乡收入差距的判断方面的年龄差异主要表现在"80后"与"90后"之间的差异,即"80后"的农民工认为城乡收入差距过大(比较大和太大)的比例明显高于"90后",反之,"90后"的农民工认为城乡收入差距过小(比较小和太小)的比例明显高于"80后";另一方面,所谓的"80后"和"85后"之间却没有显著差异。

新生代农民工在对全国范围的收入差距的判断方面所表现出的年龄差异与上面的类似,都是"90后"对收入差距的判断明显比"80后"乐观。

2. 对不平等程度的认知存在显著的文化程度差异

在文化程度方面,同样将新生代农民工分为三类:低学历(初中及以下)、中等学历(高中、中专、职高)、高学历(大专、本科)。而交互分类的结果显示，新生代农民工对不平等程度的认知存在文化程度差异，但同样的，在不同维度上的表现各不相同。其中，他们在对城乡收入差距的判断上没有显著的文化程度差异，对全国范围内的收入差距、所在公司的收入差距的判断都在0.05的显著性水平上有显著差异，具体如表4-8所示。

表4-8 对不平等程度的认知在文化程度上的差异性

	全国范围内的收入差距			所在公司的收入差距			城乡收入差距		
	低学历	中等学历	高学历	低学历	中等学历	高学历	低学历	中等学历	高学历
太小	5.6%	4.0%	1.7%	3.6%	1.9%	1.1%	1.9%	1.0%	1.1%
比较小	10.9%	7.9%	3.9%	16.5%	15.7%	11.1%	8.1%	6.4%	4.4%
正好	9.2%	9.4%	7.2%	21.5%	20.1%	19.2%	9.4%	8.9%	6.9%
比较大	36.5%	39.2%	41.9%	31.6%	35.6%	41.4%	43.6%	47.0%	51.9%
太大	22.0%	25.2%	38.3%	7.0%	11.7%	13.1%	23.9%	26.0%	26.7%
不好说	15.9%	14.4%	6.9%	19.8%	15.1%	14.2%	13.1%	10.6%	8.9%
	$\chi^2=54.58\ df=10\ \text{sig}=0.000$			$\chi^2=26.34\ df=10\ \text{sig}=0.003$			$\chi^2=12.89\ df=10\ \text{sig}=0.23$		

新生代农民工在对全国范围内收入差距判断的文化程度差异主要表现为：新生代农民工的学历越高，他们当中认为全国范围内的收入差距过大（比较大和太大）比例越大，反之亦然，即新生代农民工的学历越低，他们当中认为全国范围内的收入差距过小（比较小和太小）的比例越大。

新生代农民工对其所在公司收入差距的判断与文化程度也具有显著相关性，表现为新生代农民工的学历越高，他们当中认为所在公司收入差距过大（比较大和太大）的比例越大，而新生代农民工的学历越低，他们当中认为所在公司收入差距过小（比较小和太小）的比例越大。

3. 对不平等程度认知与其阅历显著相关

在新生代农民工的阅历方面主要采用了两个变量，其一是他们在本地（目前工作所在地）工作/生活的时间，其二是总的打工年限，这两个变量都分为三类：10年以上、5～10年、4年及以下。而交互分类的结果显示，新生代农民工的阅历对其不平等程度的认知的影响有限，他们在本地工作/生活的时间对不平等程度的认知没有显著影响；他们总的打工年限对全国范围内的收入差距、所在公司的收入差距的判断都没有显著影响，仅仅对城乡收入差距的认知有显著影响，具体如表4-9所示。

表 4-9 对不平等程度的认知在工作年限上的差异性

	10年以上	5~10年	4年及以下	总体
太小	1.40%	0.90%	1.70%	1.40%
比较小	5.00%	6.00%	7.10%	6.30%
正好	4.10%	8.10%	10.50%	8.40%
比较大	45.40%	46.40%	49.00%	47.40%
太大	33.50%	25.40%	22.10%	25.40%
不好说	10.60%	13.20%	9.60%	11.10%
	$\chi^2=21$	$df=10$	sig=0.021	

新生代农民工总的打工年限对不平等程度认知的影响表现为：他们在外打工的时间越长，他们当中认为城乡收入差距过大（比较大和太大）的比例越高。

4. 对不平等程度的认知与其工作所在城市显著相关

卡方检验的结果显示，新生代农民工对不平等程度的认知与其工作所在城市有显著差异，且他们对三个维度的不平等程度的认知都与其工作所在城市有显著差异，具体如表 4-10 所示。

表 4-10 对不平等程度的认知在其工作所在城市上的差异性

	地域	太小	比较小	正好	比较大	太大	不好说	卡方检验
全国范围内的收入差距	南京	5.0%	11.0%	14.0%	36.0%	20.0%	14.0%	
	上海	5.9%	7.4%	11.2%	40.4%	28.7%	6.4%	
	常州	1.5%	4.6%	7.6%	38.6%	36.5%	11.2%	$\chi^2=56.93$
	郑州	3.3%	5.2%	7.1%	38.1%	34.8%	11.4%	$df=25$
	厦门	3.4%	9.8%	7.8%	43.6%	20.6%	14.7%	sig=0.000
	广州	3.5%	7.4%	4.5%	38.6%	28.7%	17.3%	
	合计	3.7%	7.6%	8.7%	39.2%	28.2%	12.6%	
公司内的收入差距	南京	3.5%	14.0%	25.5%	33.0%	10.0%	14.0%	
	上海	0.5%	10.1%	20.2%	47.9%	14.9%	6.4%	
	常州	0.5%	12.7%	18.8%	33.5%	13.2%	21.3%	$\chi^2=80.63$
	郑州	2.4%	12.4%	14.8%	41.4%	13.3%	15.7%	$df=25$
	厦门	2.0%	22.5%	18.1%	33.3%	8.3%	15.7%	sig=0.000
	广州	4.0%	15.1%	24.1%	28.1%	4.5%	24.1%	
	合计	2.2%	14.5%	20.2%	36.1%	10.7%	16.3%	

续表

	地域	太小	比较小	正好	比较大	太大	不好说	卡方检验
农村和城市的收入差距	南京	1.0%	9.0%	13.5%	44.0%	18.5%	14.0%	$\chi^2=60.59$ $df=25$ $sig=0.000$
	上海		5.8%	15.3%	48.1%	25.9%	4.8%	
	常州	1.5%	6.6%	7.6%	46.0%	23.7%	14.6%	
	郑州	1.0%	6.2%	5.7%	50.0%	26.2%	11.0%	
	厦门	1.5%	7.8%	3.9%	49.0%	29.4%	8.3%	
	广州	3.0%	2.5%	5.4%	47.5%	29.2%	12.4%	
	合计	1.3%	6.3%	8.5%	47.5%	25.5%	10.9%	

就全国范围内的收入差距而言，在不同城市工作的新生代农民工对收入差距认知的具体差异为：在常州、郑州工作的新生代农民工认为全国范围内的收入差距过大的比例最高，其比例分别为 75.1% 和 72.9%；上海、广州、厦门处于第二梯队，工作于其中的新生代农民工认为全国收入差距过大的比例分别为 69.1%、67.3% 和 64.2%；在南京工作的新生代农民工认为差距过大的比例最小，为 56.0%。

就公司内的收入差距而言，在上海工作的新生代农民工认为收入差距过大的比例最高，为 62.8%，其次是郑州，比例为 54.7%，第三梯队为南京、常州和厦门，工作于其中的新生代农民工认为收入差距过大的比例分别为 43.0%、46.7% 和 41.6%；在广州工作的人认为收入差距过大的比例最小，为 32.6%。

就农村和城市的收入差距而言，有 4 个城市的新生代农民工认为收入差距过大的比例都超过 70%，其比例分别为：上海为 74%、郑州为 76.2%、厦门为 78.4%、广州为 76.7%，而工作在南京、常州的新生代农民工认为收入差距过大的比例分别为 62.5% 和 69.7%。

二、对不平等态度的群体差异

新生代农民工在对待不平等的态度上同样存在群体差异，交互分类的结果显示，他们对不平等的态度与其政治身份（是否为共产党员）没有显著相关性，但与其性别、年龄、文化程度、工作年限等都有显著相关性，具体如下：

1. 对不平等的态度存在显著的性别差异

就新生代农民工对不平等的态度而言，有 2 个维度在 0.05 的显著性水平上有显著的性别差异，有 2 个维度在 0.1 的显著性水平上有显著的性别差异，具体如表 4-11 所示。

表 4-11 对不平等的态度在性别上的差异性

	性别	非常不同意	不太同意	中立	比较同意	非常同意	卡方检验
1. 在过去 5 年中，富人变得更富，穷人变得更穷	男	7.7%	13.7%	21.9%	28.9%	27.8%	$\chi^2=9.499$ $df=6$ $sig=0.05$
	女	9.4%	18.0%	21.5%	29.8%	21.3%	
2. 社会中存在不平等，是因为有权有势的人会极力维护这种不平等	男	4.2%	9.9%	28.1%	28.7%	29.1%	$\chi^2=9.799$ $df=4$ $sig=0.044$
	女	3.1%	12.6%	30.6%	31.7%	22.0%	
3. 国内目前的贫富差距已经对社会安定构成了威胁	男	2.9%	12.2%	36.0%	27.8%	21.0%	$\chi^2=8.631$ $df=4$ $sig=0.071$
	女	3.0%	13.0%	36.7%	32.6%	14.8%	
4. 当前存在的不平等违背了社会主义的原则	男	2.6%	13.2%	35.6%	26.3%	22.3%	$\chi^2=8.181$ $df=4$ $sig=0.085$
	女	3.0%	12.1%	41.0%	27.6%	16.3%	

对于"在过去的 5 年中，富人变得更富，穷人变得更穷"这一观点，男性持同意态度（比较同意和非常同意）的比例（56.7%）明显高于女性（比例为 51.1%）；对于"社会中存在不平等，是因为有权有势的人会极力维护这种不平等"这一观点，男性持同意态度（比较同意和非常同意）的比例（57.8%）同样明显高于女性（比例为 53.7%）；对于"国内目前的贫富差距已经对社会安定构成了威胁"这一观点，男性持同意态度的比例（48.8%）略高于女性（比例为 47.4%）。对于"当前存在的不平等违背了社会主义的原则"这一观点，男性持同意态度的比例（48.6%）明显高于女性（43.9%）。由此可以看出，在对待不平等的态度上，男性农民工趋于激进，而女性农民工则相对保守。

2. 对不平等的态度存在显著的年龄差异

在测量不平等态度的 4 个维度上，新生代农民工都表现出了显著的年龄差异，对于"在过去的 5 年中，富人变得更富，穷人变得更穷"这一观点，持同意态度（比较同意和非常同意）的比例随年龄增长而递增，持不同意态度（非常不同意和不太同意）的比例则随年龄增长而递减；对于"社会中存在不平等，是因为有权有势的人会极力维护这种不平等"这一观点，持非常同意态度的比例随年龄增长而递增，持比较同意态度的比例在各年龄段上没有显著差异，而持不同意态度（非常不同意和不太同意）的比例则基本随着年龄增长而递减；对于"国内目前的贫富差距已经对社会安定构成了威胁"及"当前存在的不平等违背了社会主义的原则"这两个观点,在年龄差异性上呈现出的规律与前面类似,具体如表4-12所示。

表4-12 对不平等的态度在年龄上的差异性

	年龄段	非常不同意	不太同意	中立	比较同意	非常同意	卡方检验
1. 在过去5年中,富人变得更富,穷人变得更穷	1980—1984年	5.3%	12.7%	17.2%	34.8%	29.9%	$\chi^2=50.073$ $df=8$ sig=0.000
	1985—1989年	7.2%	13.4%	19.3%	32.5%	27.6%	
	90后	11.9%	20.4%	26.6%	22.4%	18.8%	
2. 社会中存在不平等,是因为有权有势的人会极力维护这种不平等	1980—1984年	3.7%	9.8%	24.2%	29.5%	32.8%	$\chi^2=23.896$ $df=8$ sig=0.002
	1985—1989年	3.5%	10.7%	26.9%	30.2%	28.7%	
	90后	4.0%	12.3%	34.9%	30.0%	18.8%	
3. 国内目前的贫富差距已经对社会安定构成了威胁	1980—1984年	1.6%	11.1%	34.4%	29.9%	23.0%	$\chi^2=31.991$ $df=8$ sig=0.000
	1985—1989年	4.1%	10.3%	32.4%	32.6%	20.7%	
	90后	2.5%	15.9%	42.1%	27.1%	12.5%	
4. 当前存在的不平等违背了社会主义的原则	1980—1984年	2.1%	10.7%	32.5%	29.2%	25.5%	$\chi^2=35.418$ $df=8$ sig=0.000
	1985—1989年	3.3%	13.1%	32.7%	28.5%	22.4%	
	90后	2.7%	13.2%	47.1%	23.8%	13.2%	

由此可见,在新生代农民工群体中,更加年轻的"90后"对不平等的态度更加宽容,"90后"农民工当中仅有四成左右的人对未来不平等趋势的预判不太乐观,他们对不平等的后果和危害的认识也远低于"80后"。

3. 对不平等的态度存在显著的文化程度差异

交互分类的结果显示,新生代农民工在关于不平等态度的4个维度上都呈现出显著的文化程度差异,具体如表4-13所示。

表 4-13 对不平等的态度在文化程度上的差异性

	文化程度	非常不同意	不太同意	中立	比较同意	非常同意	卡方检验
1. 在过去 5 年中,富人变得更富,穷人变得更穷	学历低	12.7%	18.3%	25.8%	23.3%	19.9%	$\chi^2=57.6$ $df=8$ $sig=0.00$
	学历中等	9.8%	17.5%	20.0%	30.8%	22.0%	
	学历高	2.8%	11.1%	19.1%	33.2%	33.8%	
2. 社会中存在不平等,是因为有权有势的人会极力维护这种不平等	学历低	4.4%	15.5%	31.0%	27.4%	21.6%	$\chi^2=28.7$ $df=8$ $sig=0.00$
	学历中等	4.2%	11.5%	29.6%	31.0%	23.8%	
	学历高	2.5%	6.4%	27.1%	30.7%	33.2%	
3. 国内目前的贫富差距已经对社会安定构成了威胁	学历低	3.0%	15.8%	38.2%	28.8%	14.1%	$\chi^2=31.4$ $df=8$ $sig=0.00$
	学历中等	2.7%	14.0%	39.4%	26.3%	17.7%	
	学历高	3.3%	7.5%	30.2%	36.0%	23.0%	
4. 当前存在的不平等违背了社会主义的原则	学历低	3.0%	13.9%	42.1%	23.5%	17.5%	$\chi^2=24$ $df=8$ $sig=0.00$
	学历中等	2.9%	15.2%	38.4%	25.3%	18.2%	
	学历高	2.5%	8.1%	33.1%	32.5%	23.9%	

对于"在过去的 5 年中,富人变得更富,穷人变得更穷"这一观点,持同意态度(比较同意和非常同意)的比例随学历的增长而递增,持不同意态度(非常不同意和不太同意)的比例则随学历的增长而递减;对于"社会中存在不平等,是因为有权有势的人会极力维护这种不平等"这一观点,持非常同意态度的比例随学历增长而递增,中等学历(高中、中专、职高)的人持比较同意态度的比例最高,而持不同意态度(非常不同意和不太同意)的比例则随着学历增长而递减;对于"国内目前的贫富差距已经对社会安定构成了威胁"这一观点,中等学历群体的态度最为保守,其次是低学历群体,最激进的仍然是高学历群体;对于"当前存在的不平等违背了社会主义的原则"这一观点,所呈现出来的总体规律仍然是持同意态度(比较同意和非常同意)的比例随学历的增长而递增,持不同意态度(非常不同意和不太同意)的比例则基本随学历的增长而递减。

由此可见,在新生代农民工群体中,学历越高,认同不平等的有害性的比例越高,其态度越激进,反之亦然。

4. 对不平等的态度与其阅历显著相关

在分析不平等态度的阅历差异性时,对于阅历仍然采用前述的两个变量,即他们在目前工作所在地的年限与总的打工年限。交互分类发现,这两个变量与不平等态度的关系并不一致,就总的打工年限而言,它与测量不平等态度的前3个维度有显著相关性,但与第4个维度没有显著相关性,而在目前城市的年限与前3个维度没有显著相关性,但与第4个维度有显著相关性,具体如表4-14和表4-15所示。

表4-14 对不平等的态度在打工年限上的差异性

	打工年限	非常不同意	不太同意	中立	比较同意	非常同意	卡方检验
1. 在过去5年中,富人变得更富,穷人变得更穷	10年以上	3.7%	13.2%	20.1%	33.8%	29.2%	$\chi^2=21.164$ $df=8$ sig=0.010
	5~10年	9.7%	13.9%	20.8%	29.1%	26.6%	
	4年及以下	9.9%	18.7%	22.8%	26.9%	21.7%	
2. 社会中存在不平等,是因为有权有势的人会极力维护这种不平等	10年以上	4.1%	11.0%	21.9%	32.4%	30.6%	$\chi^2=16.613$ $df=8$ sig=0.034
	5~10年	3.5%	11.3%	28.0%	28.5%	28.7%	
	4年及以下	3.7%	11.2%	33.6%	30.3%	21.1%	
3. 国内目前的贫富差距已经对社会安定构成了威胁	10年以上	2.3%	14.6%	29.7%	30.6%	22.8%	$\chi^2=19.841$ $df=8$ sig=0.011
	5~10年	3.7%	8.6%	39.4%	29.2%	19.2%	
	4年及以下	2.6%	15.3%	36.8%	29.9%	15.3%	
4. 当前存在的不平等违背了社会主义的原则	10年以上	1.4%	12.8%	33.5%	30.7%	21.6%	$\chi^2=8.413$ $df=8$ sig=0.397
	5~10年	3.2%	13.2%	36.8%	25.5%	21.3%	
	4年及以下	3.2%	12.2%	40.3%	27.2%	17.2%	

从表4-14可以看出,对于"在过去的5年中,富人变得更富,穷人变得更穷"这一观点,持同意态度(比较同意和非常同意)的比例随打工年限的增长而递增,持不同意态度(非常不同意和不太同意)的比例则随打工年限的增长而递减;对于"社会中存在不平等,是因为有权有势的人会极力维护这种不平等"这一观点,持非常同意态度的比例基本随打工年限的增长而递增,持不同意态度(非常不同意和不太同意)的比例则随着打工年限增长而变化的比例不大,而持中立态度的人随着打工年限的增长而减少;对于"国内目前的贫富差距已经对社会定安构成了威胁"这一观点,持同意态度(比例同意和非常同意)的比例基本随打工年限的增长而递增;对于"当前存在的不平等违背了社会主义的原则"这一观点,所呈现出来的总体规律仍然是持同意态度(比较同意和非常同意)的比例基本随打工年限的增长而递增。

表 4-15 对不平等的态度与当前城市居住年限的相关性

	居住年限	非常不同意	不太同意	中立	比较同意	非常同意	卡方检验
1. 在过去 5 年中,富人变得更富,穷人变得更穷	10 年以上	5.0%	15.1%	20.1%	32.7%	27.0%	$\chi^2=7.587$ $df=8$ $sig=0.475$
	5~10 年	8.0%	14.0%	22.0%	30.0%	26.0%	
	4 年及以下	9.8%	17.3%	21.6%	27.9%	23.4%	
2. 社会中存在不平等,是因为有权有势的人会极力维护这种不平等	10 年以上	1.3%	12.6%	23.3%	32.7%	30.2%	$\chi^2=12.028$ $df=8$ $sig=0.150$
	5~10 年	5.1%	9.1%	29.1%	29.4%	27.1%	
	4 年及以下	3.5%	11.8%	31.0%	30.1%	23.6%	
3. 国内目前的贫富差距已经对社会安定构成了威胁	10 年以上	0.6%	11.9%	37.7%	25.8%	23.9%	$\chi^2=13.758$ $df=8$ $sig=0.088$
	5~10 年	4.9%	11.1%	36.0%	31.4%	16.6%	
	4 年及以下	2.5%	13.3%	36.8%	30.2%	17.2%	
4. 当前存在的不平等违背了社会主义的原则	10 年以上	0.0%	12.7%	38.0%	22.8%	26.6%	$\chi^2=19.345$ $df=8$ $sig=0.013$
	5~10 年	4.3%	14.0%	33.7%	31.1%	16.9%	
	4 年及以下	2.6%	12.0%	40.1%	26.0%	19.4%	

从表 4-15 可以看出,在当前城市居住年限与前 2 个维度没有显著相关性,与"国内目前的贫富差距已经对社会安定构成了威胁"这一变量在 0.1 的显著性水平下有相关性,具体表现为持同意态度(比较同意和非常同意)的比例随打工年限的增长而递增,且在当前城市生活超过 10 年的新生代农民工"非常同意"该观点的比例明显高于其他新生代农民工。

在当前城市居住年限还与"当前存在的不平等违背了社会主义的原则"这一变量在 0.05 的显著性水平下有相关性,其具体表现为持同意态度(比较同意和非常同意)的比例随打工年限的增长而递增,而打工年限在 5~10 年的人持不同意态度的比例最高。

5. 对不平等的态度与其工作所在城市存在显著相关

卡方检验的结果显示,新生代农民工目前工作所在的城市与 1 个维度(在过去 5 年中,富人变得更富,穷人变得更穷)没有显著相关性,与另外 3 个维度有显著相关性。具体如表 4-16 所示。

表 4-16　对不平等的态度与其工作所在城市的相关性

	地域	非常不同意	不太同意	中立	比较同意	非常同意	卡方检验
1. 在过去5年中,富人变得更富,穷人变得更穷	南京	11.5%	20.0%	20.5%	26.5%	21.5%	$\chi^2=21.95$ $df=20$ sig=0.343
	上海	6.9%	12.7%	22.8%	31.7%	25.9%	
	常州	10.1%	14.6%	18.7%	28.8%	27.8%	
	郑州	7.5%	12.3%	21.2%	29.2%	29.7%	
	厦门	9.8%	19.6%	20.6%	28.4%	21.6%	
	广州	5.4%	15.8%	25.6%	30.5%	22.7%	
	合计	8.5%	15.8%	21.6%	29.2%	24.9%	
2. 社会中存在不平等,是因为有权有势的人会极力维护这种不平等	南京	6.0%	15.5%	30.5%	27.0%	21.0%	$\chi^2=36.47$ $df=20$ sig=0.014
	上海	1.6%	10.1%	31.9%	32.4%	23.9%	
	常州	1.5%	13.1%	25.3%	30.3%	29.8%	
	郑州	5.7%	6.1%	33.0%	24.1%	31.1%	
	厦门	3.9%	8.8%	26.5%	36.8%	24.0%	
	广州	3.4%	13.3%	28.6%	29.6%	25.1%	
	合计	3.7%	11.1%	29.3%	30.0%	25.9%	
3. 国内目前的贫富差距已经对社会安定构成了威胁	南京	3.5%	13.0%	38.0%	25.0%	20.5%	$\chi^2=33.65$ $df=20$ sig=0.029
	上海	3.2%	14.4%	32.4%	33.5%	16.5%	
	常州	2.5%	9.6%	30.8%	33.8%	23.2%	
	郑州	3.3%	9.4%	36.3%	33.0%	17.9%	
	厦门	2.9%	15.2%	31.4%	32.4%	18.1%	
	广州	2.5%	13.8%	48.8%	22.2%	12.8%	
	合计	3.0%	12.5%	36.3%	30.0%	18.2%	
4. 当前存在的不平等违背了社会主义的原则	南京	1.5%	16.0%	38.0%	24.0%	20.5%	$\chi^2=33.06$ $df=20$ sig=0.033
	上海	3.2%	14.4%	32.4%	31.9%	18.1%	
	常州	2.5%	9.6%	33.0%	29.4%	25.4%	
	郑州	4.2%	8.0%	36.3%	31.1%	20.3%	
	厦门	2.5%	15.2%	39.7%	24.5%	18.1%	
	广州	3.0%	12.9%	48.0%	20.8%	15.3%	
	合计	2.8%	12.6%	38.0%	26.9%	19.6%	

对于"社会中存在不平等,是因为有权有势的人会极力维护这种不平等"这一观点,持同意态度(比较同意和非常同意)比例最高的是常州和厦门,比例分别为60.1%和60.8%;处于第二梯队的是上海、郑州和广州,工作于其中的新生代农民工持同意态度的比例分别为56.3%、55.2%和54.7%;持同意态度比例最低也最保守的是南京,其比例为48.0%。

对于"国内目前的贫富差距已经对社会安定构成了威胁"这一观点,在常州工作的新生代农民工持同意态度的比例最高,为57.0%,广州的新生代农民工持同意态度的比例最低,为35.0%,南京、上海、郑州和厦门的态度居中,持同意态度的比例分别为45.5%、50.0%、50.9%和50.5%。

对于"当前存在的不平等违背了社会主义的原则"这一观点,在常州工作的新生代农民工持同意态度的比例仍然是最高,为54.8%,该城市与上海、郑州组成第一梯队,属于同意比例高的梯队,上海、郑州持同意态度的比例分别为50.0%和51.4%;南京、厦门处于第二梯队,持同意态度的比例分别为44.5%和42.6%;广州的新生代农民工持同意态度的比例仍然是最低,为36.1%。

所呈现出来的总体规律仍然是持同意态度(比较同意和非常同意)的比例随学历的增长而递增,持不同意态度(非常不同意和不太同意)的比例则随学历的增长而递减。

三、对不平等归因的群体差异

在不平等的归因上,变穷和致富都分别有结构因素和个人因素,上面已经用特定的方法将这些因素转换成了1~100的指数,因此,不平等归因的群体性差异比较主要是采用 t 检验、一元方差分析等方式来比较用不同维度分类的群体在各个指数上的均值差异。分析结果显示,新生代农民工在不平等的归因上有显著的年龄差异、性别差异、政治身份差异、文化程度差异及阅历差异,其结果如下:

1. 对不平等的归因存在显著的年龄差异

由于不平等归因的各个指数是连续的定距变量,因此,采用方差分析的方法比较各年龄段在不同指数上的差异性,具体如表4-17所示。

表 4-17　不同年龄段的不平等归因的方差分析

		总平方和	自由度(df)	均方差	F	显著性
变穷结构因素指数	组间	2 075.01	2	1 037.507	3.315	0.037
	组内	371 203.42	1 186	312.988		
	总数	373 278.43	1 188			
变穷个人因素指数	组间	262.57	2	131.284	0.436	0.647
	组内	357 399.54	1 186	301.349		
	总数	357 662.11	1 188			
致富个人因素指数	组间	5.81	2	2.905	0.010	0.990
	组内	331 740.51	1 188	279.243		
	总数	331 746.32	1 190			
致富结构因素指数	组间	3 794.85	2	1 897.423	7.523	0.001
	组内	299 617.57	1 188	252.203		
	总数	303 412.42	1 190			

从表 4-17 的方差分析结果看，新生代农民工在变穷原因及致富原因的个人指数上都没有显著的年龄差异（显著性水平都大于 0.05），而在结构指数上有显著的年龄差异（显著性水平都小于 0.05），其具体差异如表 4-18 所示。

表 4-18　各年龄段在不平等归因上的具体差异

因变量	(I) 年龄分段	(J) 年龄分段	均值差(I-J)	标准误	显著性
变穷结构因素指数	1980—1984	1985—1989	−0.191 38	1.382 71	1.000
		90 后	2.601 42	1.415 30	0.199
	1985—1989	1980—1984	0.191 38	1.382 71	1.000
		90 后	2.792 80*	1.152 51	0.047
	90 后	1980—1984	−2.601 42	1.415 30	0.199
		1985—1989	−2.792 80*	1.152 51	0.047

续表

因变量	（I）年龄分段	（J）年龄分段	均值差（I-J）	标准误	显著性
变穷个人因素指数	1980—1984	1985—1989	0.094 03	1.356 76	1.000
		90后	−0.906 55	1.388 73	1.000
	1985—1989	1980—1984	−0.094 03	1.356 76	1.000
		90后	−1.000 58	1.130 88	1.000
	90后	1980—1984	0.906 55	1.388 73	1.000
		1985—1989	1.000 58	1.130 88	1.000
致富个人因素指数	1980—1984	1985—1989	−0.145 07	1.308 89	1.000
		90后	−0.190 99	1.339 35	1.000
	1985—1989	1980—1984	0.145 07	1.308 89	1.000
		90后	−0.045 93	1.086 29	1.000
	90后	1980—1984	0.190 99	1.339 35	1.000
		1985—1989	0.045 93	1.086 29	1.000
致富结构因素指数	1980—1984	1985—1989	0.737 46	1.243 91	1.000
		90后	4.150 63*	1.272 85	0.003
	1985—1989	1980—1984	−0.737 46	1.243 91	1.000
		90后	3.413 17*	1.032 36	0.003
	90后	1980—1984	−4.150 63*	1.272 85	0.003
		1985—1989	−3.413 17*	1.032 36	0.003

* 均值差的显著性水平为 0.05。

  由于两个个人指数都没有显著的年龄差异，因此无须比较各年龄段的差异性。就结构指数而言，变穷的结构指数中，出生于 1985—1989 年这一年龄段的人指数均值最高，且主要是"90 后"与出生于 1985—1989 年龄段的人有显著差异性，表现为出生于 1985—1989 年龄段的人在变穷结构因素指数的均值比"90 后"的人高 2.79，而其他年龄段之间（即出生于 1980—1984 年与出生于 1985—1989 年之间、出生于 1980—1984 年与"90 后"之间）均没有显著差异。在致富的结构因素指数中，其表现的总体规律是年龄越大，致富原因的结构指数均值越高，而"80 后"的两个年龄段（即出生于 1980—1984 年与生出于 1985—1989 年）之间没有显著差异，但"80 后"的这两个年龄段与"90 后"都有显著差异，表现为"80 后"的新生代农民工在致富的结构指数上的平均值都显著高于"90 后"。

2. 对不平等的归因存在显著的性别差异

由于性别这个变量的取值为 2 类(男、女),所以采用独立样本 t 检验来比较不同性别的人在不平等归因上的差异,具体如表 4-19 所示。

表 4-19 不同性别的人在不平等归因上的差异

		方差方程的 Levene 检验		均值方程的 t 检验		
		F	sig	t	df	sig(双侧)
变穷结构因素指数	假设方差相等	0.607	0.436	−0.627	1 170	0.531
	假设方差不相等			−0.630	1 147.207	0.529
变穷个人因素指数	假设方差相等	1.176	0.278	0.708	1 170	0.479
	假设方差不相等			0.709	1 136.378	0.478
致富个人因素指数	假设方差相等	2.231	0.136	−2.318	1 174	0.021
	假设方差不相等			−2.323	1 142.433	0.020
致富结构因素指数	假设方差相等	0.739	0.390	1.491	1 174	0.136
	假设方差不相等			1.495	1 145.111	0.135

从表 4-19 可以看出,新生代农民工仅在致富原因的个人因素指数上有显著的性别差异,在其他 3 个指数上都没有性别差异,而在致富原因的个人因素指数上的具体性别差异如表 4-20 所示。

表 4-20 新生代农民工在不平等归因上的具体性别差异

	您的性别	样本量	均值	标准差	均值的标准误
变穷结构因素指数	男	641	55.807 2	18.122 82	0.715 81
	女	531	56.459 8	17.277 17	0.749 77
变穷个人因素指数	男	641	55.333 9	17.553 47	0.693 32
	女	531	54.609 8	17.261 91	0.749 10

续表

您的性别	样本量	均值	标准差	均值的标准误
致富个人因素指数 男	644	55.608 2	16.862 66	0.664 48
女	532	57.872 2	16.440 63	0.712 79
致富结构因素指数 男	644	54.511 4	16.268 89	0.641 08
女	532	53.111 2	15.744 92	0.682 63

从表 4-20 可以看出,在致富原因的个人因素指数上,女性的指数得分明显高于男性,其他指数的均值没有显著的性别差异。

3. 对不平等的归因存在显著的文化程度差异

方差分析的结果表明,新生代农民工在不平等的归因上存在显著的文化程度差异,即不同文化程度的人在不平等归因指数上的均值存在显著差异,具体表现为新生代农民工在变穷原因和致富原因上的个人因素指数上都没有显著差异(显著性水平大于 0.05),而在变穷原因和致富原因的结构因素指数上都存在显著差异(显著性水平小于 0.05),具体如表 4-21 所示。

表 4-21 不同文化程度的人在不平等归因上的方差分析

		平方和	df	均方	F	显著性
变穷结构因素指数	组间	3 099.737	2	1 549.869	4.962	0.007
	组内	370 141.433	1 185	312.356		
	总数	373 241.170	1 187			
变穷个人因素指数	组间	938.025	2	469.013	1.563	0.210
	组内	355 524.826	1 185	300.021		
	总数	356 462.851	1 187			
致富个人因素指数	组间	222.220	2	111.110	0.397	0.672
	组内	331 857.826	1 186	279.813		
	总数	332 080.046	1 188			
致富结构因素指数	组间	3 573.117	2	1 786.558	7.068	0.001
	组内	299 787.268	1 186	252.772		
	总数	303 360.385	1 188			

新生代农民工在不平等归因的结构指数上的差异如表4-22所示,从中可以看出,在变穷原因的结构因素指数上,总体的表现是随着学历的升高,结构指数的均值增大,初中及以下学历的群体与高中/中专的群体、高中/中专群体与大专及以上群体的指数均值都没有显著差异,而初中及以下这一群体与大专及以上这一群体有显著的均值差异,具体表现为大专及以上的新生代农民工在变穷结构指数的均值比初中及以下这一群体高约4.17。

新生代农民工在致富原因的结构因素指数上的文化程度差异与变穷原因的结构因素指数呈现的规律类似,也是随着文化程度的升高,其致富原因的结构因素指数均值越增大,具体表现为初中及以下群体与高中/职高/中专群体在致富原因的结构因素指数上没有显著差异,高中/职高/中专群体与大专及以上群体在0.1的显著性水平下存在显著的均值差异,初中及以下群体与大专及以上群体在0.05的显著性水平下存在显著的均值差异,即大专及以上的新生代农民工在致富结构因素指数的均值比初中及以下这一群体高约4.47。

表4-22 不同文化程度的群体在不平等归因上的具体差异

因变量	(I)学历分组	(J)学历分组	均值差（I-J）	标准误	显著性
变穷结构因素指数	初中及以下	高中/职高/中专	−1.991 12	1.238 52	0.325
		大专及以上	−4.165 58*	1.322 83	0.005
	高中/职高/中专	初中及以下	1.991 12	1.238 52	0.325
		大专及以上	−2.174 46	1.238 52	0.238
	大专及以上	初中及以下	4.165 58*	1.322 83	0.005
		高中/职高/中专	2.174 46	1.238 52	0.238
变穷个人因素指数	初中及以下	高中/职高/中专	−1.909 87	1.213 82	0.348
		大专及以上	−1.973 64	1.296 45	0.385
	高中/职高/中专	初中及以下	1.909 87	1.213 82	0.348
		大专及以上	−0.063 78	1.213 82	1.000
	大专及以上	初中及以下	1.973 64	1.296 45	0.385
		高中/职高/中专	0.063 78	1.213 82	1.000

续表

因变量	（I）学历分组	（J）学历分组	均值差（I-J）	标准误	显著性
致富个人因素指数	初中及以下	高中/职高/中专	0.934 50	1.170 76	1.000
		大专及以上	0.113 13	1.252 03	1.000
	高中/职高/中专	初中及以下	−0.934 50	1.170 76	1.000
		大专及以上	−0.821 38	1.172 63	1.000
	大专及以上	初中及以下	−0.113 13	1.252 03	1.000
		高中/职高/中专	0.821 38	1.172 63	1.000
致富结构因素指数	初中及以下	高中/职高/中专	−2.081 93	1.112 75	0.185
		大专及以上	−4.470 25*	1.190 00	0.001
	高中/职高/中专	初中及以下	2.081 93	1.112 75	0.185
		大专及以上	−2.388 32	1.114 53	0.097
	大专及以上	初中及以下	4.470 25*	1.190 00	0.001
		高中/职高/中专	2.388 32	1.114 53	0.097

* 均值差的显著性水平为 0.05。

4. 对不平等的归因与其政治身份有显著相关性

由于政治身份这个变量的取值为 2 类（是、不是），所以采用独立样本 t 检验来比较不同政治身份的人在不平等归因上的差异，具体如表 4-23 所示。

表 4-23　不同政治身份的人在不平等归因上的差异

		方差方程的 Levene 检验		均值方程的 t 检验		
		F	sig	t	df	sig（双侧）
变穷结构因素指数	假设方差相等	0.108	0.742	−0.460	1 156	0.646
	假设方差不相等			−0.459	182.524	0.646
变穷个人因素指数	假设方差相等	2.769	0.096	−2.904	1 156	0.004
	假设方差不相等			−3.030	187.904	0.003
致富个人因素指数	假设方差相等	0.353	0.553	−3.072	1 158	0.002
	假设方差不相等			−2.975	179.042	0.003
致富结构因素指数	假设方差相等	0.007	0.934	−1.392	1 158	0.164
	假设方差不相等			−1.348	179.062	0.179

从表4-23可以看出,新生代农民工在变穷及致富的结构因素指数上都没有显著的政治身份差异(显著性水平都大于0.05),而在个人因素指数上有显著的政治身份差异(显著性水平小于0.05),其差异具体如表4-24所示。

表4-24 新生代农民工在不平等归因上的政治身份差异

	您是共产党员吗?	N	均值	标准差	均值的标准误
变穷结构因素指数	是	142	55.607 4	17.814 83	1.494 99
	不是	1 016	56.340 5	17.784 65	0.557 95
变穷个人因素指数	是	142	51.126 3	16.441 02	1.379 70
	不是	1 016	55.622 0	17.390 11	0.545 58
致富个人因素指数	是	142	52.685 5	17.251 43	1.447 71
	不是	1 018	57.260 5	16.534 53	0.518 22
致富结构因素指数	是	142	52.103 5	16.557 95	1.389 51
	不是	1 018	54.093 5	15.873 74	0.497 51

从表4-24可以看到,在变穷个人因素指数上,非共产党员的指数得分明显高于共产党员;同样,在致富个人因素指数上,非共产党员的指数得分也明显高于共产党员。

5. 对不平等的归因与其阅历有显著相关性

在分析新生代农民工在不平等归因上的阅历差异时,对于阅历仍采用前述的两个变量,即他们在目前工作所在地的年限与总的打工年限。而方差分析的结果显示,新生代农民工对不平等的归因与在其当前城市居住年限没有明显相关性,故其结果不予显示,但他们对不平等的归因与其总的打工年限有显著相关性,具体如表4-25所示。

表4-25 对不平等的归因在总的打工年限上的差异性

		平方和	df	均方	F	显著性
变穷结构因素指数	组间	235.149	2	117.575	0.374	0.688
	组内	367 941.267	1 169	314.749		
	总数	368 176.416	1 171			

续表

		平方和	df	均方	F	显著性
变穷个人因数指数	组间	259.959	2	129.980	0.430	0.651
	组内	353 292.522	1 169	302.218		
	总数	353 552.482	1 171			
致富个人因数指数	组间	43.183	2	21.592	0.077	0.926
	组内	329 220.231	1 170	281.385		
	总数	329 263.415	1 172			
致富结构因数指数	组间	2 247.056	2	1 123.528	4.415	0.012
	组内	297 722.463	1 170	254.464		
	总数	299 969.519	1 172			

从表4-25可知,在不平等的归因上,新生代农民工仅在致富结构因素指数上存在显著差异,在其他3个因素指数上都没有显著差异,具体如表4-26所示。

表4-26 不同打工年限的新生代农民工在不平等归因上的具体差异

因变量	(I)打工年限分组	(J)打工年限分组	均值差(I-J)	标准误	显著性
变穷结构因素指数	10年以上	5～10年	0.255 42	1.474 56	1.000
		4年及以下	1.051 15	1.426 74	1.000
	5～10年	10年以上	−0.255 42	1.474 56	1.000
		4年及以下	0.795 73	1.155 64	1.000
	4年及以下	10年以上	−1.051 15	1.426 74	1.000
		5～10年	−0.795 73	1.155 64	1.000
变穷个人因素指数	10年以上	5～10年	−1.196 14	1.444 91	1.000
		4年及以下	−0.363 69	1.398 05	1.000
	5～10年	10年以上	1.196 14	1.444 91	1.000
		4年及以下	0.832 45	1.132 40	1.000
	4年及以下	10年以上	0.363 69	1.398 05	1.000
		5～10年	−0.832 45	1.132 40	1.000

续表

因变量	(I)打工年限分组	(J)打工年限分组	均值差(I-J)	标准误	显著性
致富个人因数指数	10年以上	5~10年	0.491 07	1.404 39	1.000
		4年及以下	0.501 19	1.358 23	1.000
	5~10年	10年以上	−0.491 07	1.404 39	1.000
		4年及以下	0.010 12	1.089 66	1.000
	4年及以下	10年以上	−0.501 19	1.358 23	1.000
		5~10年	−0.010 12	1.089 66	1.000
致富结构因数指数	10年以上	5~10年	0.485 69	1.335 52	1.000
		4年及以下	3.083 51*	1.291 63	0.051
	5~10年	10年以上	−0.485 69	1.335 52	1.000
		4年及以下	2.597 82*	1.036 22	0.037
	4年及以下	10年以上	−3.083 51*	1.291 63	0.051
		5~10年	−2.597 82*	1.036 22	0.037

* 均值差的显著性水平为0.05。

从表4-26可知，新生代农民工在致富结构因素指数上的阅历差异的总体规律为：随着打工年限的增加，新生代农民工在致富结构因素指数上的均值越高，而打工10年以上的群体与打工年限在5~10年的群体在致富结构因素指数上没有显著差异，打工年限在10年以上的群体与打工年限在4年及以下的群体在致富结构因素指数上存在显著的差异，前者的均值比后者高约3.08，而打工年限在5~10年的群体与打工年限在4年及以下的群体在致富结构因素指数上也存在显著的差异，前者的均值比后者高约2.60。

6. 对不平等的归因与其工作所在城市有显著相关性

方差分析的结果表明，新生代农民工在不平等的归因上与工作所在城市存在显著差异，即在不同城市工作的人在不平等归因指数上的均值存在显著差异，具体如表4-27所示。

表 4-27 对不平等的归因与其工作所在城市的差异性

		平方和	df	均方	F	显著性
变穷结构因素指数	组间	12 922.050	5	2 584.410	8.482	0.000
	组内	360 751.645	1 184	304.689		
	总数	373 673.695	1 189			
变穷个人因素指数	组间	3 454.728	5	690.946	2.305	0.043
	组内	354 851.624	1 184	299.706		
	总数	358 306.351	1 189			
致富个人因素指数	组间	9 953.057	5	1 990.611	7.309	0.000
	组内	322 988.967	1 186	272.335		
	总数	332 942.023	1 191			
致富结构因素指数	组间	5 852.819	5	1 170.564	4.663	0.000
	组内	297 737.356	1 186	251.043		
	总数	303 590.175	1 191			

在不同城市工作的新生代农民工在不平等归因的结构指数上的差异如表 4-28 所示,从中可以看出:

各城市的新生代农民工在变穷结构因素指数上的均值排序为:广州＜南京＜厦门＜上海＜常州＜郑州。其中,南京与常州、郑州在 0.05 的显著性水平下有显著的均值差异,南京与上海在 0.1 的显著性水平下有显著的均值差异;上海与广州在 0.01 的显著性水平下有显著的均值差异,上海与南京、厦门在 0.1 的显著性水平下有显著的均值差异;常州与南京、厦门、广州在 0.05 的显著性水平下有显著的均值差异,与其他城市均没有显著的均值差异;郑州同样与南京、厦门、广州在 0.05 的显著性水平下有显著的均值差异,与其他城市均没有显著的均值差异;厦门与上海在 0.1 的显著性水平下有显著的均值差异,与常州、郑州在 0.05 的显著性水平下有显著的均值差异;广州与上海、常州、郑州在 0.01 的显著性水平下有显著的均值差异,与其他城市都没有显著差异。

表 4-28　在不同城市工作的新生代农民工在不平等归因上的具体差异

因变量	（I）调查地点	（J）调查地点	均值差（I-J）	标准误	显著性
变穷结构因素指数	南京	上海	-4.870 72	1.773 17	0.092
		常州	-5.873 06*	1.752 17	0.012
		郑州	-5.890 56*	1.730 71	0.010
		厦门	-0.005 58	1.739 07	1.000
		广州	2.436 53	1.756 69	1.000
	上海	常州	-1.002 34	1.779 70	1.000
		郑州	-1.019 84	1.758 58	1.000
		厦门	4.865 14*	1.766 81	0.090
		广州	7.307 25*	1.784 15	0.001
	常州	郑州	-0.017 50	1.737 40	1.000
		厦门	5.867 47*	1.745 73	0.012
		广州	8.309 59*	1.763 28	0.000
	郑州	厦门	5.884 98*	1.724 20	0.010
		广州	8.327 09*	1.741 96	0.000
	厦门	广州	2.442 11	1.750 27	1.000
变穷个人因素指数	南京	上海	-1.064 32	1.758 61	1.000
		常州	-4.245 39	1.737 78	0.221
		郑州	0.950 89	1.716 50	1.000
		厦门	-1.625 56	1.724 79	1.000
		广州	-2.624 60	1.742 26	1.000
	上海	常州	-3.181 07	1.765 09	1.000
		郑州	2.015 21	1.744 14	1.000
		厦门	-0.561 24	1.752 30	1.000
		广州	-1.560 28	1.769 50	1.000
	常州	郑州	5.196 28*	1.723 14	0.039
		厦门	2.619 83	1.731 40	1.000
		广州	1.620 79	1.748 80	1.000

续表

因变量	（I）调查地点	（J）调查地点	均值差（I-J）	标准误	显著性
变穷个人因素指数	郑州	厦门	−2.576 45	1.710 04	1.000
		广州	−3.575 49	1.727 66	0.581
	厦门	广州	−0.999 04	1.735 90	1.000
致富个人因素指数	南京	上海	1.773 81	1.683 38	1.000
		常州	−3.871 15	1.656 53	0.294
		郑州	−4.186 81	1.632 39	0.157
		厦门	−5.548 22*	1.642 15	0.011
		广州	−6.325 75*	1.656 53	0.002
	上海	常州	−5.644 95*	1.689 52	0.013
		郑州	−5.960 61*	1.665 87	0.005
		厦门	−7.322 03*	1.675 43	0.000
		广州	−8.099 56*	1.689 52	0.000
	常州	郑州	−0.315 66	1.638 73	1.000
		厦门	−1.677 07	1.648 45	1.000
		广州	−2.454 60	1.662 77	1.000
	郑州	厦门	−1.361 41	1.624 20	1.000
		广州	−2.138 94	1.638 73	1.000
	厦门	广州	−0.777 53	1.648 45	1.000
致富结构因素指数	南京	上海	−3.801 73	1.616 23	0.282
		常州	−4.387 85	1.590 46	0.088
		郑州	−5.542 20*	1.567 28	0.006
		厦门	−0.026 91	1.576 65	1.000
		广州	−1.063 50	1.590 46	1.000
	上海	常州	−0.586 11	1.622 14	1.000
		郑州	−1.740 47	1.599 42	1.000
		厦门	3.774 83	1.608 60	0.287
		广州	2.738 23	1.622 14	1.000

续表

因变量	（I）调查地点	（J）调查地点	均值差（I-J）	标准误	显著性
致富结构因素指数	常州	郑州	－1.154 35	1.573 37	1.000
		厦门	4.360 94	1.582 70	0.089
		广州	3.324 35	1.596 45	0.563
	郑州	厦门	5.515 29*	1.559 41	0.006
		广州	4.478 70	1.573 37	0.067
	厦门	广州	－1.036 59	1.582 70	1.000

* 均值差的显著性水平为 0.05。

在变穷个人因素指数上，绝大多数城市都没有显著的均值差异，唯有常州和郑州在 0.05 的显著性水平下有显著的均值差异，其中常州的指数均值比郑州高 5.196。

各城市的新生代农民工在致富个人因素指数上的均值排序为：上海＜南京＜常州＜郑州＜厦门＜广州。其中，南京与厦门、广州在 0.05 的显著性水平下有显著的均值差异；上海与常州、郑州、厦门和广州在 0.05 的显著性水平下有显著的均值差异；常州与上海在 0.05 的显著性水平下有显著的均值差异；郑州与上海在 0.05 的显著性水平下有显著的均值差异；厦门与南京、上海在 0.05 的显著性水平下有显著的均值差异；广州同样与南京、上海在 0.05 的显著性水平下有显著的均值差异。

各城市的新生代农民工在致富结构指数上的均值排序为：南京＜厦门＜广州＜上海＜常州＜郑州。其中，南京与郑州有显著差异、与常州在 0.1 的显著性水平下有显著的均值差异；上海与其他各城市均无显著差异；常州与南京、厦门在 0.1 的显著性水平下有显著的均值差异；郑州与南京、厦门在 0.05 的显著性水平下有显著的均值差异，与广州在 0.1 的显著性水平下有显著的均值差异；厦门与常州在 0.1 的显著性水平下有显著的均值差异，与郑州在 0.05 的显著性水平下有显著的均值差异；广州与郑州在 0.1 的显著性水平下有显著的均值差异。

第三节 影 响 因 素

在分析新生代农民工对整体社会不平等的社会心态的群体差异的基础

上,结合第一章第三节"研究设计"部分的分析框架和研究假设,拟建立多元线性回归模型来全面揭示新生代农民工对整体社会不平等的社会心态的影响因素。

一、研究假设

第一章第三节"研究设计"部分的研究假设是基于本研究的分析框架提出的总体性的研究假设,而如果要用线性回归模型对研究假设进行验证,则需将上述研究假设进一步细化。综合而言,新生代农民工的社会经济特征、个人特征和一系列主观变量都会显著影响他们对整体社会不平等的认知和态度。在此基础上形成的综合的研究假设及其细化的研究假设如下:

研究假设2a:新生代农民工的社会经济特征(工作特征、收入状况、个人支持网络、接受非官方信息的程度等)显著影响新生代农民工对整体社会不平等的认知和态度。

研究假设2b:新生代农民工的个人特征(文化程度、性别、年龄、婚姻状况等)显著影响他们对整体社会不平等的认知和态度。

研究假设2c:新生代农民工对其社会经济地位的主观认知(主观阶层地位、不同参照群体比较、纵向比较、收入公平感等)显著影响他们对整体社会不平等的认知和态度。

研究假设2d:新生代农民工或其家人糟糕经历的次数将显著影响他们对整体社会不平等的认知和态度。

新生代农民工当时所在的城市在城市规模、经济发展水平、城市治理水平等各个方面都存在巨大差异,而一个城市的经济发展水平、城市治理水平等无疑会对身处其中的新生代农民工的社会心态产生影响。

二、变量测量

1. 因变量及其测量

如前所述,本研究将新生代农民工对整体社会不平等的认知和态度操作化为三大维度,即对不平等程度的认知、对不平等的态度、不平等的归因。其具体测量如下:

(1)对不平等程度的认知(过度的不平等)

本研究主要用新生代农民工对全国范围内的收入差距的判断来测量他们对不平等程度的认知,其答案选项依次为"太小""比较小""正好""比较大"

"太大""不好说",由于选项"不好说"无法判断其准确的认知和判断,因此,将该选项做缺省值处理,而将上述选项依次赋值为1分、2分、3分、4分和5分,分值越大,说明越不平等。

(2) 对不平等的态度(有害的不平等)

本研究用一组量表来测量新生代农民工对不平等的态度,该量表包括4个问题,分别为"在过去5年中,富人变得更富,穷人变得更穷""社会中存在不平等,是因为有权有势的人会极力维护这种不平等""国内目前的贫富差距已经对社会安定构成了威胁""当前存在的不平等违背了社会主义的原则",其5个态度选项分别为"非常不同意""不太同意""中立""比较同意""非常同意",将这5个选项分别赋值为1分、2分、3分、4分和5分,分值越大,说明越认为当前的不平等有害。计算这4个变量的简单算术平均数,形成一个新变量,以此作为"对不平等的态度"的指标,命名为有害的不平等。

(3) 对不平等的归因

本研究用了2组量表来测量新生代农民工对不平等的归因,即一些人成为穷人的原因、一些人成为富人的原因,对这两组量表进行因子分析之后,各形成了2个因子,将这些因子进行转换之后形成1~100之间的指数。其中,将成为穷人归因的指数命名为变穷归因的因素指数(分别为变穷结构因素指数和变穷个人因素指数),将成为富人归因的指数命名为致富归因的因素指数(致富结构因素指数和致富个人因素指数),而进一步地将变穷结构因素指数和致富结构因素指数合称为不公平的不平等,将变穷个人因素指数和致富个人因素指数合称为基于个人绩效的不平等。其具体算法和描述性统计结果如前所述。

2. 核心自变量及其测量

对自变量的选择和测量与前一章相同,此处不再赘述。

三、模型及结果分析

1. 对"过度的不平等"的认知和态度的影响因素模型

由于变量"过度的不平等"是一个定序变量,故采用Ologit模型来探索对其产生显著影响的因素,在模型运算过程中发现,地域对因变量没有显著影响,无论将哪个虚拟变量作为参照组,结果都是如此。因此,为了节省篇幅,纳入地域的模型未予呈现,各模型的结果如表4-29所示。

表 4-29　新生代农民工对"过度的不平等"的认知和态度的影响因素模型

	模型 1	模型 2	模型 3	模型 4
[dd81=1.00]	−3.341(0.208)***	−4.278(0.449)***	−5.155(0.711)***	−5.107(0.787)***
[dd81=2.00]	−2.142(0.168)***	−2.894(0.422)***	−3.702(0.692)***	−3.642(0.767)***
[dd81=3.00]	−1.431(0.157)***	−2.119(0.415)***	−2.931(0.687)***	−2.910(0.762)***
[dd81=4.00]	0.604(0.152)***	0.232(0.407)	−0.472(.677)	−0.427(0.752)
个人特征				
性别(女=0)	−0.082(0.118)	−0.111(0.148)	−0.224(0.158)	−0.223(0.172)
年龄(90后=0)				
1980—1984	0.417(0.192)**	0.309(0.191)	0.214(0.249)	0.198(0.313)
1985—1989	0.412(0.144)***	0.215(0.182)	0.090(0.191)	0.177(0.216)
文化程度(大专及以上=0)				
初中及以下	−0.723(0.155)***	−0.952(0.200)***	−1.021(0.213)***	−1.130(0.249)***
高中/职高/中专	−0.557(0.141)***	−0.849(0.180)***	−0.923(0.193)***	−1.036(0.223)***
婚姻状况(未婚=0)	0.119(0.142)	0.046(0.173)	0.065(0.181)	−0.008(0.205)
社会经济特征				
工作单位性质(外资=0)				
国有		−0.385(0.254)	−0.184(0.268)	−0.379(0.285)
私营		−0.096(0.232)	−0.042(0.245)	−0.216(0.255)
工作身份(自雇=0)				
正式工		0.084(0.278)	0.173(0.289)	0.145(0.309)
合同工		0.013(0.282)	0.110(0.294)	0.067(0.314)
派遣工		0.308(0.389)	0.275(0.406)	−0.015(0.431)
临时工		0.249(0.310)	0.384(0.325)	0.356(0.349)
工作职务(无职务=0)				
基层管理者		0.027(0.189)	0.099(0.200)	0.065(0.218)
中层管理者		0.206(0.324)	0.446(0.339)	0.769(0.390)**
工作属性				
具有自主性和成长性的工作		−0.174(0.079)**	−0.109(0.085)	−0.162(0.093)*

续表

	模型1	模型2	模型3	模型4
有伤害性的工作		−0.062(0.078)	−0.025(0.082)	0.034(0.090)
枯燥乏味的工作		0.209(0.077)***	0.097(0.083)	0.094(0.091)
喜欢的工作		0.052(0.078)	0.043(0.083)	0.027(0.089)
工作氛围				
工作氛围宽松		0.297(0.086)***	0.237(0.092)**	0.274(0.101)***
工作氛围紧张		−0.077(0.083)	−0.045(0.086)	−0.066(0.092)
个人月收入(4 001元及以上=0)				
2 000元及以下		−0.624(0.250)**	−0.777(0.264)***	−0.720(0.281)**
2 001～3 000元		−0.279(0.219)	−0.424(0.230)*	−0.273(0.249)
3 001～4 000元		−0.060(0.235)	−0.057(0.245)	0.069(0.265)
个人社交网络				
当地人关系网		−0.184(0.076)**	−0.086(0.087)	−0.075(0.094)
在群体活动中形成的关系网		0.119(0.076)	0.136(0.083)	0.177(0.090)**
老乡关系网		−0.004(0.074)	−0.011(0.085)	−0.102(0.092)
接受非官方信息的情况				
国外媒体		−0.103(0.073)	−0.095(0.077)	−0.078(0.083)
国内渠道		−0.425(0.075)***	−0.300(0.083)***	−0.237(0.090)***
国外渠道		−0.041(0.080)	0.009(0.085)	0.025(0.091)
政治身份(非党员=0)		0.195(0.219)	0.277(0.228)	0.248(0.260)
主观变量				
对当前社会经济地位的主观认知			−0.030(0.045)	−0.051(0.049)
生活水平比较				
与同龄人相比			−0.371(0.158)**	−0.502(0.173)***

续表

	模型 1	模型 2	模型 3	模型 4
与 5 年前的自己相比			−0.032(0.144)	0.087(0.156)
与亲戚相比			−0.051(0.105)	−0.001(0.114)
与中学同学相比			−0.174(0.118)	−0.207(0.127)
与现在的同事相比			−0.008(0.114)	−0.032(0.123)
与家乡的邻居相比			0.053(0.104)	0.046(0.115)
与这个城市的城里人相比			−0.288(0.092)***	−0.239(0.100)**
纵向比较的生活水平变化				
过去 5 年与现在相比			0.203(0.070)***	0.196(0.075)***
未来 5 年的预期			0.168(0.077)**	0.146(0.083)*
收入公平感(合理−实际工资)			0.000(0.000)	0.000(0.000)
身份认同				
认同家乡			−0.035(0.082)	−0.021(0.090)
认同城市			−0.126(0.087)	−0.172(0.096)*
认同迷茫			−0.043(0.087)	0.002(0.093)
工作、生活经历				
在当地的生活年限				0.029(0.022)
总的打工年限				0.016(0.032)
生活经历(糟糕经历的次数)				0.044(0.069)
伪决定系数(Cox and Snell)	0.046	0.191	0.243	0.254
伪决定系数(Nagelkerke)	0.049	0.206	0.262	0.274
伪决定系数(McFadden)	0.018	0.081	0.106	0.111
N	1 174	1 029	711	618

注：* $p<0.1$，** $p<0.05$，*** $p<0.01$，括号内数字为标准误。

根据表4-29的结果可知,新生代农民工的性别、婚姻状况、工作单位性质、工作身份、政治身份、对自身当前社会经济地位的主观认知、工作和生活经历等变量都对新生代农民工对"过度的不平等"的认知和态度没有显著影响,其他变量都有不同程度的显著影响。

(1) 个人特征

在个人特征中,新生代农民工的年龄和文化程度都对因变量有显著影响。

就年龄而言,以"90后"群体为参照组,"80后"群体对"过度的不平等"的认知和态度与"90后"群体都有显著性差异,其回归系数都为正,说明1980—1984年出生与1985—1989年出生的这两个群体对"过度的不平等"的评价和态度提高了较高序次结果的概率,降低了较低序次结果的概率,换言之,与"90后"群体相比,"80后"群体都认为"过度的不平等"程度更大。

就文化程度而言,以大专及以上为参照组,初中及以下群体、高中/职高/中专群体都与参照组有显著差异,其回归系数都为负数。这说明,与大专及以上学历的群体相比,这两个群体对"过度的不平等"的评价和态度提高了较低序次结果的概率,降低了较高序次结果的概率,换言之,与大专及以上群体相比,初中及以下群体、高中/职高/中专群体都认为"过度的不平等"的程度更低。

(2) 社会经济特征

在社会经济特征中,新生代农民工的工作职务、工作属性、工作氛围、个人月收入、个人社交网络、接受非官方信息的情况等变量皆对因变量有显著影响。

就工作职务而言,以无职务为参照组,基层管理者与参照组无显著差异,中层管理者与参照组有显著差异,其系数为正数。这表明,与无职务者相比,处于中层管理者位置的新生代农民工认为"过度的不平等"的程度更大。

就工作属性而言,"有伤害性的工作""喜欢的工作"都对因变量没有显著影响。在最终模型中,"具有自主性和成长性的工作"在0.1的显著性水平下有显著影响,其系数为负数,且该变量始终有显著影响,表明新生代农民工所从事工作的自主性和成长性越高,越认为"过度的不平等"程度更小,而"枯燥乏味的工作"仅在初始模型中有显著影响,其系数为正数,表明新生代农民工所从事的工作越枯燥乏味,越认为"过度的不平等"的程度更大。

工作氛围有2个变量,其中"工作氛围宽松"对因变量始终有显著影响,

"工作氛围紧张"始终对因变量没有显著影响。从系数看,这两个变量的正负号相反,而"工作氛围宽松"的系数为正数,表明新生代农民工所处的工作氛围越轻松,越认为"过度的不平等"程度更大。

就个人月收入而言,以个人月收入为4 001元及以上的群体为参照组,3 001~4 000元、2 001~3 000元的群体与参照组均无显著差异,个人月收入在2 000元及以下的群体与参照组有显著差异,其系数为负数。这表明,与个人月收入为4 001元及以上的群体相比,个人月收入为2 000元及以下的群体认为"过度的不平等"的程度更低。而整个虚拟变量的系数所呈现出来的规律是,新生代农民工的个人月收入越低,越认为"过度的不平等"的程度更低。

新生代农民工的个人社交网络有3个,"老乡关系网"始终无显著影响。在初始模型中,仅有"当地人关系网"对因变量有显著影响,在最终模型中,仅有"群体活动形成的关系网"有显著影响。从系数看,"当地人关系网"的系数为负数,表明新生代农民工越较好或较多地拥有当地人关系网,越认为"过度的不平等"的程度更低,而"在群体活动中形成的关系网"的系数为正数,表明新生代农民工越较好或较多地拥有在群体活动中形成的关系网,越认为"过度的不平等"的程度更高。

在新生代农民工接受非官方信息的情况方面,"国外媒体"和"国外渠道"对因变量无显著影响,仅有"国内渠道"对因变量始终有显著影响,且其系数为负数,表明新生代农民工越是经常通过国内渠道(国内旅游,与国内亲戚或朋友交流社会时事信息,从国内报刊、电视、广播中了解新闻)了解信息,越认为"过度的不平等"的程度更低。而值得注意的是,新生代农民工接受非官方信息的状况对因变量没有显著影响,这意味着虽然他们接受了非官方信息,但不会影响他们对"过度的不平等"程度的判断。

(3) 主观变量

主观变量主要涉及新生代农民工对自身社会经济地位的主观认知和与各种参照系的比较,其中新生代农民工对自身当前社会经济地位的主观认知,其生活水平与5年前的自己相比、与亲戚相比、与中学同学相比、与现在的同事相比、与家乡的邻居相比,收入公平感都对因变量没有显著影响,但其生活水平与同龄人相比、与当地城市的城里人相比,身份认同这三个变量对因变量有显著影响。

新生代农民工的生活水平与同龄人比较对因变量有显著影响,其系数为负数,且根据该自变量的重新赋值结果(1=比较低,2=差不多,3=比较高),表明新生代农民工将其生活水平与同龄人进行比较时,自我感觉生活水平越高,越觉得"过度的不平等"的程度更低。

新生代农民工的生活水平与当地城市的城里人比较对因变量有显著影响,其系数为负数,且根据该自变量的赋值结果(1=差很多,2=差一点,3=差不多,4=好一点,5=好很多),表明新生代农民工将其生活水平与当地城里人进行比较时,自我感觉生活水平越高,越觉得"过度的不平等"的程度更低。

测量新生代农民工身份认同状况的有3个变量,其中"认同家乡"和"认同迷茫"对因变量都没有显著影响,只有"认同城市"对因变量在0.1的显著性水平下有显著影响,其系数为负数,表明新生代农民工对城市的认同程度越高,越认为"过度的不平等"的程度更低。

就纵向比较而言,新生代农民工的生活水平"过去5年与现在相比""未来5年的预期"都对因变量有显著影响,且系数都为正数,前者表明新生代农民工过去5年的生活水平越高,越认为"过度的不平等"程度更高,过去5年的生活水平与现在相比反映的是新生代农民工的客观现实,他们越是在客观现实中获益,对"过度的不平等"的认知和态度就越乐观;后者表明新生代农民工越认为未来5年的预期生活水平越高,越认为"过度的不平等"的程度更低。

(4)工作、生活经历

从最终模型可以看出,新生代农民工的工作、生活经历对因变量都没有显著影响,无论是其总的打工年限、在当地城市的生活年限还是其在工作生活中的糟糕经历的次数都对"过度的不平等"的评价和态度没有显著影响。

2. 对"有害的不平等"的认知和态度的影响因素模型

鉴于"有害的不平等"是一个定距变量,因此采用多元线性回归模型来研究诸因素对其的影响,根据上述的核心自变量的几大模块来设置嵌套模型。同样,在诸模型中,地域这个变量对因变量没有显著影响,纳入地域的虚拟变量之后,调整的 R^2 没有任何改变。因此,为了节省篇幅,在最终模型中,没有纳入地域这个变量,各模型的结果如表4-30所示。

表 4-30 新生代农民工对"有害的不平等"的认知和态度的影响因素模型

	模型 1	模型 2	模型 3	模型 4
（常量）	3.60(0.086)***	3.643(0.176)	4.704(0.275)	4.460(0.285)
个人特征				
性别（女=0）	0.127(0.066)*	0.127(0.066)*	0.088(0.066)	0.095(0.065)
年龄（90 后=0）				
1980—1984	0.184(0.102)*	0.156(0.104)	0.061(0.102)	0.016(0.119)
1985—1989	0.154(0.080)*	0.121(0.080)	0.091(0.078)	0.063(0.082)
文化程度（大专及以上=0）				
初中及以下	−0.524(0.089)***	−0.563(0.089)***	−0.511(0.088)***	−0.520(0.095)***
高中/职高/中专	−0.354(0.083)***	−0.373(0.082)***	−0.376(0.082)***	−0.387(0.084)***
婚姻状况（未婚=0）	0.196(0.080)**	0.130(0.079)*	0.167(0.077)**	0.158(0.079)**
社会经济特征				
工作单位性质（外资=0）				
国有		−0.093(0.112)	−0.128(0.109)	−0.140(0.109)
私营		0.007(0.100)	−0.020(0.098)	−0.038(0.097)
工作身份（自雇=0）				
正式工		0.003(0.120)	0.018(0.117)	0.023(0.117)
合同工		0.026(0.122)	0.063(0.119)	0.060(0.119)
派遣工		0.231(0.167)	0.171(0.163)	0.166(0.162)
临时工		0.064(0.135)	0.097(0.132)	0.083(0.131)
工作职务（无职务=0）				
基层管理者		0.150(0.084)*	0.201(0.083)**	0.175(0.083)**
中层管理者		−0.038(0.152)	0.002(0.150)	−0.005(0.150)
工作属性				
具有自主性和成长性的工作		−0.045(0.035)	−0.026(0.034)	−0.028(0.034)
有伤害性的工作		0.010(0.034)	0.013(0.034)	0.012(0.033)
枯燥乏味的工作		0.137(0.033)***	0.110(0.033)***	0.106(0.033)***

续表

	模型 1	模型 2	模型 3	模型 4
喜欢的工作		0.036(0.034)	0.058(0.034)*	0.053(0.034)
工作氛围				
工作氛围宽松		0.020(0.038)	0.040(0.038)	0.044(0.038)
工作氛围紧张		0.056(0.035)	0.054(0.034)	0.052(0.034)
个人月收入（4 001 元及以上=0）				
2 000 元及以下		−0.075(0.110)	−0.105(0.108)	−0.112(0.107)
2 001～3 000 元		−0.014(0.098)	−0.056(0.096)	−0.029(0.096)
3 001～4 000 元		−0.051(0.104)	−0.065(0.102)	−0.064(0.102)
个人社交网络				
当地人关系网		−0.065(0.033)**	−0.038(0.035)	−0.035(0.035)
在群体活动中形成的关系网		0.011(0.033)	0.055(0.033)	0.052(0.033)
老乡关系网		0.078(0.033)**	0.074(0.034)**	0.076(0.034)**
接受非官方信息的情况				
国外媒体		−0.019(0.031)	−0.017(0.031)	−0.023(0.031)
国内渠道		−0.144(0.033)***	−0.140(0.035)***	−0.134(0.035)***
国外渠道		−0.044(0.034)	−0.024(0.034)	−0.032(0.034)
政治身份（非党员=0）		−0.082(0.102)	−0.081(0.100)	−0.100(0.100)
主观变量				
对当前社会经济地位的主观认知			−0.062(0.018)***	−0.059(0.018)***
生活水平比较				
与同龄人相比			−0.141(0.066)**	−0.134(0.066)**
与 5 年前的自己相比			−0.212(0.059)***	−0.204(0.059)***
与亲戚相比			0.074(0.043)*	0.080(0.043)*
与中学同学相比			−0.062(0.049)	−0.054(0.048)
与现在的同事相比			−0.096(0.048)**	−0.095(0.044)**

续表

	模型 1	模型 2	模型 3	模型 4
与家乡的邻居相比			0.101(0.044)**	0.103(0.038)**
与这个城市的城里人相比			−0.028(0.038)	−0.020(0.038)
纵向比较的生活水平变化				
过去 5 年与现在相比			−0.029(0.028)	−0.029(0.028)
未来 5 年的预期			0.019(0.032)	0.025(0.032)
收入公平感(合理—实际工资)			0.000(0.000)	0.000(0.000)
身份认同				
认同家乡			−0.061(0.033)*	−0.061(0.033)*
认同城市			−0.012(0.036)	−0.016(0.036)
认同迷茫			0.018(0.035)	0.010(0.034)
工作、生活经历				
在当地的生活年限				0.012(0.008)
总的打工年限				−0.001(0.012)
生活经历(糟糕经历的次数)				0.071(0.026)***
R^2	0.064	0.166	0.241	0.280
调整后的 R^2	0.059	0.135	0.218	0.226
N	1 176	850	801	703

注：* $p<0.1$，** $p<0.05$，*** $p<0.01$，括号内数字为标准误。

根据表 4-30 的结果可知，新生代农民工的工作单位性质、工作身份、工作氛围、个人月收入、收入公平感、政治身份、纵向比较的生活水平变化等变量都对因变量没有显著影响，而新生代农民工的性别、年龄在初始模型中有显著影响，在最终模型中没有显著影响，其他变量都有不同程度的显著影响，具体如下：

(1) 个人特征

在个人特征中，性别、年龄都是在初始模型中有影响，且都是在 0.1 的显著性水平下有显著影响，而文化程度和婚姻状况对因变量有显著影响。

从性别来看,其系数为正数,参照组为女性,说明男性新生代农民工认为"有害的不平等"程度更高,而年龄是以"90后"群体为参照组,其他2个变量的系数为正数,表明"80后"群体比"90后"群体认为不平等更加有害。

就文化程度而言,以大专及以上为参照组,初中及以下群体、高中/职高/中专群体都与参照组有显著差异,其回归系数都为负数,这表明,与大专及以上群体相比,初中及以下群体、高中/职高/中专群体都认为不平等的有害程度较低。

婚姻状况以未婚为参照组,其系数为正数,表明新生代农民工中的已婚群体比未婚群体认为不平等更加有害。

(2) 社会经济特征

在社会经济特征中,新生代农民工的工作职务、工作属性、个人社交网络、接受非官方信息的情况等变量皆对因变量有显著影响。

就工作职务而言,以无职务为参照组,中层管理者与参照组无显著差异,基层管理者与参照组有显著差异,且其系数为正数,这表明,与无职务者相比,处于基层管理者位置的新生代农民工认为不平等更加有害。

就工作属性而言,"具有自主性和成长性的工作""有伤害性的工作""喜欢的工作"都对因变量没有显著影响,而"枯燥乏味的工作"对因变量有显著影响,其系数为正数,表明新生代农民工从事的工作越枯燥乏味,越认为不平等更加有害。

新生代农民工的个人社交网络有3个。"在群体活动中形成的关系网"始终无显著影响。"当地人关系网"仅在初始模型中对因变量有显著影响,其系数为负数,表明新生代农民工越较多或较好地拥有当地人关系网,越认为不平等的有害程度较低。而"老乡关系网"在各个模型中始终有显著影响,其系数为正数,表明新生代农民工越较多或较好地拥有老乡关系网,越认为不平等更加有害。

在新生代农民工接受非官方信息的情况方面,"国外媒体"和"国外渠道"对因变量始终没有显著影响,仅"国内渠道"对因变量始终有显著影响,且其系数为负数,表明新生代农民工越是经常通过国内渠道(国内旅游,与国内亲戚或朋友交流社会时事信息,从国内报刊、电视、广播中了解新闻)了解信息,越认为不平等的有害程度较低。

(3) 主观变量

主观变量主要涉及新生代农民工对自身社会经济地位的主观认知和生活水平与各种参照系的比较,其中新生代农民工将其生活水平"与中学同学相比""与这个城市的城里人相比"对因变量没有显著影响,其他主观变量都有程度不同的显著影响。

新生代农民工对自身当前社会经济地位的主观认知对因变量有显著影响,其系数为负数,表明新生代农民工所主观认知和判断的当前社会经济地位越高,越认为不平等的有害程度更低。

新生代农民工将其生活水平"与同龄人相比""与5年前的自己相比""与现在的同事相比"都对因变量有显著影响,且系数都为负数,表明新生代农民工在这3个维度上的比较中,自我认知和判断的生活水平越高,越认为不平等的有害程度更低。

新生代农民工将其生活水平与"家乡的邻居相比"对因变量有显著影响,"与亲戚相比"在0.1的显著性水平下对因变量有显著影响,而这两个变量的系数为正数,表明新生代农民工在这2个维度上的比较中,自我认知和判断的生活水平越高,越认为不平等更加有害。

测量新生代农民工身份认同状况的有3个变量,其中"认同城市"和"认同迷茫"对因变量都没有显著影响,只有"认同家乡"对因变量在0.1的显著性水平下有显著影响,其系数为负数,表明新生代农民工对家乡的认同程度越高,越认为不平等的有害程度更低。

(4) 工作、生活经历

在最终模型中,新生代农民工的工作经历(总的打工年限、在当地城市的生活年限)对因变量没有显著影响,而他们在工作生活中的糟糕经历的次数对因变量有显著影响,其系数为正数,表明新生代农民工在工作生活中的糟糕经历越多,越认为不平等有害。

3. 对"不公平的不平等"的认知和态度的影响因素模型

不公平的不平等是对不平等进行归因的一个维度,所谓"不公平的不平等"是指基于社会结构因素而导致的不平等,在本研究中,不公平的不平等又包含2个小的维度,即变穷的结构性因素和致富的结构性因素,其影响因素模型分别如下:

1) 对变穷结构性因素的认知和态度的影响因素模型

将上述各组自变量纳入模型时发现,地域对因变量没有显著影响,加入地域这个变量之后,调整的 R^2 没有任何提高,仍然是0.143。因此,为了节省篇幅,纳入地域的模型未予呈现,而纳入其他各组自变量形成的嵌套模型如表4-31所示。

表4-31 新生代农民工对变穷的结构性因素的认知和态度的影响因素模型

	模型1	模型2	模型3	模型4
(常量)	57.393(1.801)	60.077(3.718)	76.088(5.925)	69.639(6.092)
个人特征				
性别(女=0)	−0.900(1.377)	−1.391(1.400)	−2.005(1.412)	−1.783(1.402)
年龄(90后=0)				
1980—1984	−0.240(2.132)	0.271(2.184)	−0.939(2.202)	−0.411(2.553)
1985—1989	0.792(1.678)	0.249(1.676)	−0.167(1.685)	−0.427(1.757)
文化程度(大专及以上=0)				
初中及以下	−5.840(1.855)***	−6.996(1.870)***	−6.300(1.892)***	−6.029(20.27)***
高中/职高/中专	−1.868(1.732)	−1.763(1.736)	−1.711(1.756)	−1.859(1.807)
婚姻状况(未婚=0)	4.376(1.670)***	3.109(1.653)*	3.739(1.661)**	3.900(1.687)**
社会经济特征				
工作单位性质(外资=0)				
国有		−0.640(2.371)	−1.332(2.365)	−1.098(2.351)
私营		0.538(2.119)	−0.155(2.109)	−0.259(2.090)
工作身份(自雇=0)				
正式工		−1.469(2.525)	−1.479(2.517)	−1.393(2.488)
合同工		−1.647(2.576)	−1.294(2.572)	−1.655(2.545)
派遣工		2.177(3.523)	1.085(3.525)	1.051(3.485)
临时工		−1.826(2.849)	−1.510(2.837)	−2.036(2.806)
工作职务(无职务=0)				
基层管理者		1.263(1.770)	1.926(1.775)	1.565(1.772)
中层管理者		6.873(3.201)**	8.134(3.232)**	8.572(3.203)***
工作属性				
具自主性和成长性的工作		−1.879(0.738)**	−1.604(0.742)**	−1.711(0.734)**
有伤害性的工作		1.667(0.714)**	1.538(0.725)**	1.596(0.718)**
枯燥乏味的工作		1.957(0.702)***	1.733(0.715)**	1.636(0.707)**

续表

	模型1	模型2	模型3	模型4
喜欢的工作		−0.208(0.721)	0.131(0.726)	0.093(0.722)
工作氛围				
工作氛围宽松		−1.150(0.802)	−0.647(0.814)	−0.470(0.807)
工作氛围紧张		2.255(0.738)***	2.215(0.743)***	2.085(0.736)***
月收入(4 001元及以上=0)				
2 000元及以下		−0.228(2.310)	−0.968(2.324)	−1.201(2.302)
2 001~3 000元		−2.215(2.060)	−3.250(2.076)	−2.452(2.063)
3 001~4 000元		−3.637(2.188)*	−4.446(2.200)**	−4.381(2.175)**
个人社交网络				
当地人关系网		−2.141(0.069 2)***	−1.805(0.754)**	−1.657(0.748)**
在群体活动中形成的关系网		−0.409(0.696)	0.260(0.720)	0.190(0.712)
老乡关系网		−0.143(0.688)	−0.101(0.733)	−0.010(0.725)
接受非官方信息的情况				
国外媒体		−0.153(0.660)	−0.077(0.671)	−0.297(0.666)
国内渠道		−1.981(0.703)***	−2.232(0.746)***	−2.005(0.741)***
国外渠道		−1.006(0.718)	−0.553(0.728)	−0.711(0.722)
政治身份(非党员=0)		0.517(2.152)	0.073(2.152)	−0.379(2.138)
主观变量				
社会经济地位的主观认知			−0.794(0.389)**	−0.672(0.386)*
生活水平比较				
与同龄人相比			−0.683(1.427)	−0.431(1.412)
与5年前的自己相比			−2.642(1.264)**	−2.342(1.254)*
与亲戚相比			0.787(0.927)	0.802(0.920)
与中学同学相比			−0.681(1.048)	−0.598(1.038)
与现在的同事相比			−1.462(1.032)	−1.406(1.021)

续表

	模型1	模型2	模型3	模型4
与家乡的邻居相比			0.139(0.952)	0.182(0.946)
与这个城市的城里人相比			0.161(0.826)	0.354(0.819)
纵向比较的生活水平变化				
过去5年与现在相比			−0.696(0.597)	−0.635(0.591)
未来5年的预期			0.462(0.692)	0.651(0.687)
收入公平感（合理—实际工资）			0.000(0.000)	0.000(0.000)
身份认同				
认同家乡			−2.072(0.719)***	−2.245(0.715)***
认同城市			−0.214(0.780)	−0.071(0.777)
认同迷茫			0.734(0.745)	0.520(0.738)
工作、生活经历				
在当地的生活年限				−0.100(0.180)
总的打工年限				−0.067(0.253)
生活经历（糟糕经历的次数）				2.324(0.546)***
R^2	0.019	0.114	0.152	0.201
调整后的R^2	0.014	0.082	0.102	0.143
N	1164	845	798	700

注：* $p<0.1$，** $p<0.05$，*** $p<0.01$，括号内数字为标准误。

表4-31的结果显示，新生代农民工的性别、年龄、工作单位性质、工作身份、政治身份、收入公平感、纵向比较的生活水平变化等变量都对因变量没有显著影响，其他变量都有不同程度的显著影响，具体如下：

（1）个人特征

在个人特征中，性别、年龄对因变量都没有显著影响，而文化程度和婚姻状况对因变量有显著影响。

就文化程度而言，以大专及以上为参照组，初中及以下群体与参照组有显著差异，其回归系数都为负数，这表明，与大专及以上群体相比，初中及以下群体在变穷的结构性因素上的指数得分更低,即初中及以下群体更加不认同变穷原因中的结构性因素。另外,高中/职高/中专群体与参照组没有显著差异。

婚姻状况以未婚为参照组,其系数为负数,表明新生代农民工中的已婚群体比未婚群体更加认同变穷原因中的结构性因素。

(2) 社会经济特征

在社会经济特征中,新生代农民工的工作职务、工作属性、个人月收入、个人社交网络、接受非官方信息的情况等变量都对因变量有显著影响。

就工作职务而言,以无职务群体为参照组,基层管理者与参照组无显著差异,中层管理者与参照组有显著差异,且其系数为正数,这表明,与无职务群体相比,处于中层管理者位置的新生代农民工更加认同变穷原因中的结构性因素。

在工作属性的4个变量中,"喜欢的工作"对因变量没有显著影响,"具有自主性和成长性的工作"对因变量有显著影响,其系数为负数,表明新生代农民工的工作越具有自主性和成长性,他们越不认同变穷原因中的结构性因素,而"有伤害性的工作""枯燥乏味的工作"也对因变量有显著影响,但其系数为正数,表明新生代农民工从事的工作越有伤害性、越枯燥乏味,就越认同变穷原因中的结构性因素。

在工作氛围的2个变量中,"工作氛围宽松"对因变量没有显著影响,而"工作氛围紧张"对因变量有显著影响,其系数为正数,表明新生代农民工的工作氛围越紧张,就越认同变穷原因中的结构性因素。

就个人月收入而言,以4 001元及以上群体为参照组,2 000元及以下群体、2 001~3 000元群体都与参照组没有显著差异,仅有3 001~4 000元群体与参照组有显著差异,且其系数为负数,表明个人月收入在4 001元及以上的新生代农民工比3 001~4 000元的群体更加认同变穷原因中的结构性因素。

新生代农民工的个人社交网络有3个,"在群体活动中形成的关系网""老乡关系网"对因变量都没有显著影响,"当地人关系网"对因变量有显著影响,且其系数为负数,表明新生代农民工越较多或较好地拥有当地人关系网,就越不认同变穷原因中的结构性因素。

在新生代农民工接受非官方信息的情况方面,"国外媒体"和"国外渠道"对因变量始终没有显著影响,仅"国内渠道"对因变量始终有显著影响,且其系数为负数,表明新生代农民工越是经常通过国内渠道(国内旅游,与国内亲戚或朋友交流社会时事信息,从国内报刊、电视、广播中了解新闻)了解信息,越不认同变穷原因中的结构性因素。

(3) 主观变量

主观变量主要涉及新生代农民工对自身社会经济地位的主观认知和与各种参照系的比较,其中对因变量有显著影响的仅有3个:对自身社会经济地位的主观认知、将生活水平与5年前的自己相比、身份认同。

新生代农民工对自身当前社会经济地位的主观认知对因变量有显著影响,其系数为负数,表明新生代农民工所主观认知和判断的当前社会经济地位越高,越不认同变穷原因中的结构性因素。

新生代农民工将其生活水平"与5年前的自己相比"对因变量有显著影响,且系数为负数,表明新生代农民工将其生活水平与5年前的自己相比时,目前的生活水平越高,越不认同变穷原因中的结构性因素。

测量新生代农民工身份认同状况的有3个变量,其中"认同城市"和"认同迷茫"对因变量都没有显著影响,只有"认同家乡"对因变量有显著影响,其系数为负数,表明新生代农民工对家乡的认同程度越高,越不认同变穷原因中的结构性因素。

(4) 工作、生活经历

在最终模型中,新生代农民工的工作经历(总的打工年限、在当地城市的生活年限)对因变量没有显著影响,而他们在工作生活中的糟糕经历的次数对因变量有显著影响,其系数为正数,表明新生代农民工在工作、生活中的糟糕经历越多,越认同变穷原因中的结构性因素。

2) 对致富结构性因素的认知和态度的影响因素模型

同样,在用各组自变量建立嵌套模型时发现,地域这个变量没有显著影响,加入地域这个变量之后,调整的 R^2 没有任何提高,仍然是 0.151。因此,纳入地域的模型未予呈现,具体如表 4-32 所示。

表 4-32 新生代农民工对致富的结构性因素的认知和态度的影响因素模型

	模型1	模型2	模型3	模型4
(常量)	52.854(1.629)	56.188(3.385)	75.100(5.311)	70.623(5.494)
个人特征				
性别(女=0)	1.877(1.246)	1.072(1.279)	0.405(1.268)	0.371(1.266)
年龄(90后=0)				
1980—1984	0.934(1.931)	1.320(1.992)	−0.341(1.975)	−2.076(2.294)

续表

	模型1	模型2	模型3	模型4
1985—1989	1.046(1.516)	0.352(1.531)	−0.611(1.513)	−1.623(1.586)
文化程度(大专及以上=0)				
初中及以下	−4.877(1.680)***	−6.405(1.710)***	−5.317(1.701)***	−6.331(1.832)***
高中/职高/中专	−3.039(1.565)*	−4.112(1.585)**	−4.030(1.577)**	−4.847(1.632)***
婚姻状况(未婚=0)	4.206(1.511)***	2.597(1.509)*	3.409(1.490)**	2.905(1.522)*
社会经济特征				
工作单位性质(外资=0)				
国有		0.508(2.157)	0.159(2.115)	0.325(2.113)
私营		0.915(1.932)	0.128(1.889)	−0.027(1.884)
工作身份(自雇=0)				
正式工		−2.208(2.307)	−2.478(2.261)	−2.424(2.248)
合同工		−2.074(2.354)	−1.688(2.309)	−1.774(2.299)
派遣工		1.638(3.222)	0.566(3.167)	0.705(3.151)
临时工		−4.640(2.602)*	−4.111(2.547)	−4.391(2.534)*
工作职务(无职务=0)				
基层管理者		1.560(1.624)	2.473(1.600)	1.915(1.606)
中层管理者		1.785(2.922)	2.582(2.901)	2.720(2.892)
工作属性				
具有自主性、成长性的工作		−1.124(0.678)*	−0.823(0.670)	−0.875(0.666)
有伤害性的工作		1.750(0.649)***	1.898(0.648)***	1.889(0.645)***
枯燥乏味的工作		1.923(0.640)***	1.612(0.641)**	1.572(0.638)**
喜欢的工作		−0.121(0.661)	0.179(0.654)	0.026(0.655)
工作氛围				
工作氛围宽松		−0.095(0.736)	0.361(0.734)	0.510(0.732)
工作氛围紧张		1.772(0.671)***	1.667(0.664)**	1.555(0.661)**

续表

	模型1	模型2	模型3	模型4
月收入(4 001元及以上=0)				
2 000元及以下		−1.506(2.102)	−1.826(2.079)	−1.784(2.072)
2 001~3 000元		−0.011(1.875)	−0.489(1.859)	0.162(1.858)
3 001~4 000元		−0.708(1.994)	−0.803(1.971)	−0.873(1.961)
个人社交网络				
当地人关系网		−1.269(0.631)**	−0.833(0.676)	−0.679(0.675)
在群体活动中形成的关系网		−2.102(0.638)***	−1.656(0.649)**	−1.718(0.646)***
老乡关系网		0.099(0.626)	0.447(0.657)	0.449(0.654)
接受非官方信息的情况				
国外媒体		0.111(0.608)	0.453(0.608)	0.282(0.607)
国内渠道		−1.280(0.642)**	−1.232(0.669)*	−1.022(0.669)
国外渠道		0.058(0.655)	0.667(0.653)	0.541(0.651)
政治身份(非党员=0)		−0.781(1.956)	−1.013(1.925)	−1.071(1.924)
主观变量				
社会经济地位的主观认知			−0.477(0.350)	−0.439(0.349)
生活水平比较				
与同龄人相比			−0.690(1.279)	−0.484(1.273)
与5年前的自己相比			−3.102(1.139)***	−2.812(1.137)**
与亲戚相比			0.231(0.831)	0.367(0.830)
与中学同学相比			−0.552(0.943)	−0.460(0.939)
与现在的同事相比			−1.986(0.927)**	−1.993(0.922)**
与家乡的邻居相比			0.106(0.857)	0.004(0.857)
与这个城市的城里人相比			−0.910(0.742)	−0.731(0.740)
纵向比较的生活水平变化				

续表

	模型1	模型2	模型3	模型4
过去5年与现在相比			0.049(0.535)	0.088(0.533)
未来5年的预期			0.144(0.620)	0.200(0.620)
收入公平感（合理—实际工资）			0.000 418(0.000)***	0.000 379(0.000)**
身份认同				
认同家乡			−2.548(0.644)***	−2.662(0.645)***
认同城市			0.389(0.700)	0.393(0.701)
认同迷茫			0.007(0.670)	−0.136(0.688)
工作、生活经历				
在当地的生活年限				−0.026(0.163)
总的打工年限				0.307(0.227)
生活经历（糟糕经历的次数）				1.455(0.493)***
R^2	0.027	0.112	0.170	0.211
调整后的R^2	0.022	0.079	0.141	0.151
N	1 167	847	798	701

注：* $p<0.1$，** $p<0.05$，*** $p<0.01$，括号内数字为标准误。

表4-32的结果显示，新生代农民工的性别、年龄、工作单位性质、工作职务、个人月收入、政治身份、收入公平感、对自身社会经济地位的主观认知、纵向比较的生活水平变化等变量都对因变量没有显著影响，其他变量都有不同程度的显著影响，具体如下：

(1) 个人特征

在个人特征中，性别、年龄对因变量都没有显著影响，而文化程度和婚姻状况对因变量有显著影响。

就文化程度而言，以大专及以上为参照组，初中及以下群体、高中/职高/中专群体与参照组都有显著差异，其回归系数都为负数，这表明，与大专及以上群体相比，初中及以下群体、高中/职高/中专群体都更加不认同致富原因中的结构性因素。

婚姻状况以未婚为参照组，其系数为正数，表明新生代农民工中的已婚群体比未婚群体更加认同致富原因中的结构性因素。

（2）社会经济特征

在社会经济特征中，新生代农民工的工作身份、工作属性、工作氛围、个人社交网络、接受非官方信息的情况等变量都对因变量有显著影响。

就工作身份而言，以自雇群体为参照组，正式工、合同工与派遣工都与参照组无显著差异，唯有临时工与参照组在0.1的显著性水平下有显著差异，且其系数为负数，这表明，与自雇的新生代农民工相比，属于临时工身份的新生代农民工更加不认同致富原因中的结构性因素。

在工作属性的4个变量中，"喜欢的工作"对因变量没有显著影响，仅在初始模型中，"具有自主性和成长性的工作"在0.1的显著性水平下对因变量有显著影响，其系数为负数，表明新生代农民工的工作越具有自主性和成长性，他们越不认同致富原因中的结构性因素，而"有伤害性的工作""枯燥乏味的工作"始终对因变量都有显著影响，其系数为正数，表明新生代农民工从事的工作越有伤害性、越枯燥乏味，就越认同致富原因中的结构性因素。

在工作氛围的2个变量中，"工作氛围宽松"对因变量没有显著影响，而"工作氛围紧张"对因变量有显著影响，其系数为正数，表明新生代农民工的工作氛围越紧张，就越认同致富原因中的结构性因素。

新生代农民工的3个社交网络中，"老乡关系网"对因变量没有显著影响。在初始模型中，"当地人关系网"对因变量有显著影响，其系数为负数，表明新生代农民工越较多或较好地拥有当地人关系网，就越不认同致富原因中的结构性因素，而"在群体活动中形成的关系网"始终对因变量有显著影响，其系数也为负数，表明新生代农民工越较多或较好地拥有在群体活动中形成的关系网，就越不认同致富原因中的结构性因素。

在新生代农民工接受非官方信息的情况方面，"国外媒体"和"国外渠道"对因变量始终没有显著影响，仅有"国内渠道"对因变量始终有显著影响，且其系数为负数，表明新生代农民工越是经常通过国内渠道（国内旅游，与国内亲戚或朋友交流社会时事信息，从国内报刊、电视、广播中了解新闻）了解信息，就越不认同致富原因中的结构性因素。

（3）主观变量

主观变量主要涉及新生代农民工对自身社会经济地位的主观认知和与各种参照系的比较，其中对因变量有显著影响的主要有生活水平的比较、收入公平感和身份认同。

在生活水平比较的诸多维度中,新生代农民工将其生活水平"与同龄人相比""与亲戚相比""与中学同学相比""与家乡的邻居相比""与这个城市的城里人相比"都对因变量没有显著影响,而将其生活水平"与5年前的自己相比""与现在的同事相比"对因变量有显著影响,且系数都为负数,表明新生代农民工将其生活水平与5年前的自己相比、与现在的同事相比时,其目前或自身的生活水平越高,越不认同致富原因中的结构性因素。

非常难得的是,新生代农民工的收入公平感对因变量有显著影响,其系数为正数,表明新生代的合理工资收入与实际收入的差距越大,越认同致富原因中的结构性因素。

测量新生代农民工身份认同状况的3个变量中,"认同城市"和"认同迷茫"对因变量都没有显著影响,只有"认同家乡"对因变量有显著影响,其系数为负数,表明新生代农民工对家乡的认同程度越高,越不认同致富原因中的结构性因素。

(4) 工作、生活经历

在最终模型中,新生代农民工的工作经历(总的打工年限、在当地城市的生活年限)对因变量没有显著影响,而他们在工作生活中的糟糕经历的次数对因变量有显著影响,其系数为正数,表明新生代农民工在其工作、生活中的糟糕经历越多,越认同致富原因中的结构性因素。

4. 对"基于个人绩效的不平等"的认知和态度的影响因素模型

"基于个人绩效的不平等"是对不平等的归因的另一个维度,所谓"基于个人绩效的不平等"是指基于个人因素而导致的不平等,在本研究中,基于个人绩效的不平等又包含2个小的维度,即变穷的个人因素和致富的个人因素,其影响因素模型分别如下:

1) 对变穷个人因素的认知和态度的影响因素模型

用各组自变量建立嵌套模型时发现,加入地域这个变量之后,调整的 R^2 只有些微提高,仅从0.072提高到0.073,且代表地域的两个虚拟变量都不显著。因此,纳入地域的模型未予呈现,具体如表4-33所示。

表4-33 新生代农民工对变穷原因的个人因素的认知和态度的影响因素模型

	模型1	模型2	模型3	模型4
(常量)	53.903(1.767)	62.069(3.694)	57.395(5.935)	54.722(6.150)
个人特征				

续表

	模型1	模型2	模型3	模型4
性别(女=0)	1.317(1.351)	3.021(1.391)**	3.162(1.414)**	3.244(1.415)**
年龄(90后=0)				
1980—1984	1.088(2.092)	0.617(2.170)	0.459(2.206)	−1.032(2.577)
1985—1989	−0.275(1.646)	0.120(1.666)	−0.085(1.688)	−0.591(1.774)
文化程度(大专及以上=0)				
初中及以下	−0.648(1.820)	−1.548(1.858)	−1.809(1.895)	−2.024(2.046)
高中/职高/中专	1.298(1.699)	0.829(1.725)	0.867(1.758)	0.832(1.825)
婚姻状况(未婚=0)	−1.765(1.638)	−1.896(1.643)	−2.008(1.664)	−2.281(1.703)
社会经济特征				
工作单位性质(外资=0)				
国有		−5.066(2.356)**	−4.336(2.369)*	−4.938(2.373)**
私营		−1.384(2.105)	−1.384(2.112)	−1.871(2.110)
工作身份(自雇=0)				
正式工		−4.547(2.509)*	−4.280(2.522)*	−4.188(2.512)*
合同工		−6.532(2.560)**	−6.739(2.576)***	−6.546(2.569)**
派遣工		−7.900(3.501)**	−7.837(3.530)**	−8.003(3.518)**
临时工		−4.133(2.831)	−4.036(2.842)	−4.097(2.833)
工作职务(无职务=0)				
基层管理者		−0.886(1.759)	−0.552(1.778)	−1.055(1.789)
中层管理者		−1.474(3.181)	−1.468(3.237)	−2.062(3.233)
工作属性				
具有自主性和成长性的工作		−1.170(0.733)	−1.105(0.743)	−1.081(0.741)
有伤害性的工作		−1.451(0.710)**	−1.002(0.727)	−1.081(0.725)
枯燥乏味的工作		−0.448(0.697)	−0.640(0.716)	−0.685(0.714)
喜欢的工作		1.504(0.716)**	1.171(0.727)	1.098(0.729)
工作氛围				

续表

	模型1	模型2	模型3	模型4
工作氛围宽松		0.905(0.797)	0.771(0.815)	0.743(0.814)
工作氛围紧张		2.001(0.734)***	1.849(0.745)**	1.884(0.743)**
月收入(4 001元及以上＝0)				
2 000元及以下		−1.380(2.295)	−1.653(2.328)	−1.761(2.324)
2 001～3 000元		−1.251(2.047)	−1.028(2.079)	−0.833(2.083)
3 001～4 000元		−0.415(2.174)	−0.483(2.203)	−0.450(2.195)
个人社交网络				
当地人关系网		−0.057(0.688)	0.236(0.755)	0.188(0.755)
在群体活动中形成的关系网		1.367(0.692)**	1.181(0.722)	1.143(0.719)
老乡关系网		−1.603(0.684)**	−1.657(0.734)**	−1.661(0.732)**
接受非官方信息的情况				
国外媒体		−1.289(0.656)**	−1.236(0.672)*	−1.225(0.673)*
国内渠道		−1.504(0.698)**	−1.025(0.747)	−1.044(0.748)
国外渠道		−0.448(0.713)	−0.502(0.729)	−0.632(0.728)
政治身份(非党员＝0)		−4.964(2.139)**	−4.596(2.155)**	−4.906(2.158)**
主观变量				
社会经济地位的主观认知			0.383(0.389)	0.394(0.390)
生活水平比较				
与同龄人相比			−0.828(1.429)	−0.833(1.425)
与5年前的自己相比			−0.447(1.266)	−0.440(1.266)
与亲戚相比			−0.605(0.929)	−0.473(0.929)
与中学同学相比			1.091(1.050)	1.275(1.048)
与现在的同事相比			−1.179(1.034)	−1.184(1.030)
与家乡的邻居相比			−0.991(0.953)	−0.921(0.955)

续表

	模型1	模型2	模型3	模型4
与这个城市的城里人相比			0.338(0.828)	0.429(0.827)
纵向比较的生活水平变化				
过去5年与现在相比			1.107(0.598)*	1.035(0.597)*
未来5年的预期			1.587(0.693)**	1.656(0.693)**
收入公平感(合理—实际工资)			0.000(000)	0.000(000)
身份认同				
认同家乡			0.419(0.721)	0.576(0.722)
认同城市			−0.260(0.782)	−0.490(0.784)
认同迷茫			0.223(0.746)	0.138(0.745)
工作、生活经历				
在当地的生活年限				0.491(0.182)***
总的打工年限				−0.078(0.255)
生活经历(糟糕经历的次数)				0.419(0.551)
R^2	0.005	0.078	0.107	0.134
调整后的R^2	0	0.044	0.055	0.072
N	1 164	845	798	700

注：* $p<0.1$，** $p<0.05$，*** $p<0.01$，括号内数字为标准误。

表4-33的结果显示，新生代农民工的年龄、文化程度、婚姻状况、工作职务、个人月收入、对自身社会经济地位的主观认知、生活水平的多维度比较、收入公平感、身份认同等变量都对因变量没有显著影响，其他变量都有不同程度的显著影响，具体如下：

（1）个人特征

在个人特征中，唯有性别对因变量有显著影响，其系数为正数，这表明以女性群体为参照组，男性新生代农民工更加认同变穷原因的个人因素。

（2）社会经济特征

在社会经济特征中，新生代农民工的工作单位性质、工作身份、工作属性、工作氛围、个人社交网络、接受非官方信息的情况、政治身份等变量都对因变量有显著影响。

从新生代农民工所在单位的单位性质看，以外资为参照组，私营企业与参照组没有显著差异，国有单位与参照组有显著差异，且其系数为负数，这表明身处国有单位的新生代农民工比外资企业的新生代农民工更加不认同变穷原因中的个人因素。

就工作身份而言，以自雇群体为参照组，临时工与参照组没有显著差异，正式工与参照组在 0.1 的显著性水平下有显著差异，且其系数为负数，表明正式工比自雇群体更加不认同变穷原因中的个人因素；合同工、派遣工都与参照组有显著差异，其系数也都为负数，表明合同工和派遣工也比自雇者更加不认同变穷原因中的个人因素。

在工作属性的 4 个变量中，"具有自主性和成长性的工作""枯燥乏味的工作"对因变量没有显著影响，"喜欢的工作"和"有伤害性的工作"都是在初始模型中对因变量有显著影响，但"有伤害性的工作"的系数为负数，表明新生代农民工从事的工作越有伤害性，就越不认同变穷原因中的个人因素，而"喜欢的工作"的系数为正数，表明新生代农民工越喜欢自己的工作，就越认同变穷原因中的个人因素。

在工作氛围的 2 个变量中，"工作氛围宽松"对因变量没有显著影响，而"工作氛围紧张"对因变量有显著影响，且其系数为正数，表明新生代农民工的工作氛围越紧张，就越认同变穷原因中的个人因素。

新生代农民工的 3 个社交网络中，"当地人关系网"对因变量没有显著影响，"在群体活动中形成的关系网"仅在初始模型中对因变量有显著影响，其系数为正数，表明新生代农民工越较多或较好地拥有在群体活动中形成的关系网，就越认同变穷原因中的个人因素，而"老乡关系网"始终对因变量有显著影响，其系数为负数，表明新生代农民工越较多或较好地拥有老乡关系网，就越不认同变穷原因中的个人因素。

在新生代农民工接受非官方信息的情况方面，"国外渠道"对因变量始终没有显著影响，"国内渠道"仅在初始模型中对因变量有显著影响，"国外媒体"在初始模型有对因变量有显著影响，而在最终模型中，该变量在 0.1 的显著性水平下有显著影响，这两个变量的系数都为负数，表明新生代农民工越是经常通过国外媒体和国内渠道（国内旅游，与国内亲戚或朋友交流社会时事信息，从国内报刊、电视、广播中了解新闻）了解信息，就越不认同变穷原因中的个人因素。

新生代农民工的政治身份对因变量有显著影响,其系数为负数,且参照组为非党员,这表明党员比非党员更加不认同变穷原因中的个人因素。

（3）主观变量

在主观变量中,仅有纵向比较的生活水平变化对因变量有显著影响,其中"过去5年与现在相比"在0.1的显著性水平下对因变量有显著影响,其系数为正数,表明新生代农民工5年前的生活水平越高,越认同变穷原因中的个人因素。而"未来5年的预期"对因变量始终有显著影响,其系数也为正数,表明新生代农民工对未来5年的生活水平越有好的预期,就越认同变穷原因中的个人因素。

（4）工作、生活经历

在最终模型中,新生代农民工的生活经历（糟糕经历的次数）对因变量没有显著影响,而在工作经历中,总的打工年限也对因变量没有显著影响,但他们在当地城市的生活年限对因变量有显著影响,其系数为正数,表明新生代农民工在当地城市生活的年限越长,越认同变穷原因中的个人因素。

2）对致富个人因素的认知和态度的影响因素模型

以新生代农民工对致富原因的个人因素为因变量所建立的多元线性回归嵌套模型如表4-34所示。

表4-34的结果显示,新生代农民工的年龄、文化程度、婚姻状况、对自身社会经济地位的主观认知、收入公平感等变量对因变量都没有显著影响,个人月收入、政治身份这两个变量都是在初始模型中对因变量有显著影响,其他变量都有不同程度的显著影响,具体如下：

（1）个人特征

在个人特征中,唯有性别在初始模型中对因变量有显著影响,以女性为参照组,其系数为负数,说明男性新生代农民工比女性更不认同致富原因中的个人因素。

（2）社会经济特征

在社会经济特征中,新生代农民工的工作单位性质、工作身份、工作职务、工作属性、工作氛围、个人月收入、个人社交网络、接受非官方信息的情况等变量都对因变量有显著影响。

就工作单位的性质而言,以外资企业为参照组,国有企业和私营企业的新生代农民工与参照组都有显著差异,且系数都为负数,这表明国有企业和

表4-34 新生代农民工对致富原因的个人因素的认知和态度的影响因素模型

	模型1	模型2	模型3	模型4	模型5
(常量)	57.761(1.716)	63.456(3.385)	54.958(5.342)	53.540(5.555)	53.734(5.615)
个人特征					
性别(女=0)	-3.434(1.312)***	-1.624(1.279)	-1.353(1.275)	-1.214(1.281)	-1.148(1.279)
年龄(90后=0)					
1980—1984	1.427(2.033)	0.615(1.992)	0.877(1.986)	0.895(2.319)	0.543(2.321)
1985—1989	0.875(1.597)	1.266(1.531)	1.255(1.522)	1.333(1.604)	1.021(1.604)
文化程度(大专及以上=0)					
初中及以下	1.959(1.769)	3.280(1.710)*	1.997(1.711)	2.409(1.853)	1.918(1.857)
高中/职高/中专	-0.627(1.648)	0.315(1.585)	-0.854(1.586)	-0.522(1.650)	-0.821(1.649)
婚姻状况(未婚=0)	-0.982(1.591)	-0.089(1.509)	-0.542(1.498)	-0.431(1.539)	0.069(1.553)
社会经济特征					
工作单位性质(外资=0)					
国有		-7.940(2.158)***	-6.755(2.127)***	-7.146(2.137)***	-7.790(2.162)***
私营		-4.176(1.932)**	-3.462(1.900)*	-3.728(1.905)*	-4.451(1.919)**
工作身份(自雇=0)					
正式工		1.531(2.307)	1.907(2.274)	1.962(2.273)	1.460(2.284)
合同工		-0.883(2.355)	-0.850(2.323)	-0.786(2.324)	-0.733(2.319)

续表

	模型 1	模型 2	模型 3	模型 4	模型 5
派遣工		−7.147(3.222)**	−6.494(3.186)**	−6.643(3.186)**	−6.901(3.190)**
临时工		1.460(2.602)	1.348(2.562)	1.294(2.563)	1.184(2.554)
工作职务（无职务＝0）					
基层管理者		−3.684(1.624)**	−3.115(1.609)*	−3.263(1.624)**	−3.349(1.619)**
中层管理者		1.795(2.922)	2.196(2.918)	1.867(2.924)	1.639(2.915)
工作属性					
具有自主性和成长性的工作		0.262(0.679)	0.237(0.674)	0.245(0.674)	0.209(0.672)
有伤害性的工作		−1.366(0.649)**	−0.773(0.652)	−0.803(0.652)	−0.648(0.657)
枯燥乏味的工作		1.050(0.640)	0.641(0.645)	0.605(0.645)	0.589(0.646)
喜欢的工作		0.817(0.611)	0.452(0.657)	0.472(0.662)	0.638(0.666)
工作氛围					
工作氛围宽松		2.310(0.736)***	1.718(0.738)**	1.672(0.740)**	1.674(0.737)**
工作氛围紧张		−0.938(0.671)	−0.643(0.668)	−0.610(0.668)	−0.715(0.668)
月收入（4 001 元及以上＝0）					
2 000 元及以下		−1.124(2.102)	−0.223(2.091)	−0.375(2.095)	0.524(2.117)
2 001～3 000 元		−3.736(1.876)**	−2.322(1.869)	−2.274(1.879)	−1.470(1.899)
3 001～4 000 元		−2.794(1.994)	−1.903(1.982)	−1.823(1.983)	−1.259(1.988)
个人社交网络					

续表

	模型 1	模型 2	模型 3	模型 4	模型 5
当地人关系网		0.227(0.631)	0.501(0.680)	0.443(0.682)	0.512(0.680)
在群体活动中形成的关系网		2.036(0.638)***	1.843(0.653)***	1.831(0.653)***	1.758(0.651)***
老乡关系网		−0.140(0.626)	−0.113(0.660)	−0.094(0.661)	−0.231(0.663)
接受非官方信息的情况					
国外媒体		−1.432(0.608)**	−1.315(0.611)**	−1.283(0.613)**	−1.302(0.617)**
国内渠道		−3.209(0.642)***	−2.048(0.672)***	−2.096(0.676)***	−2.128(0.674)***
国外渠道		0.802(0.655)	0.737(0.656)	0.666(0.658)	0.537(0.658)
政治身份(非党员=0)		−3.406(1.956)*	−2.880(1.936)	−3.182(1.946)	−2.821(1.948)
主观变量					
社会经济地位的主观认知			0.019(0.352)	0.043(0.353)	−0.035(0.353)
生活水平比较					
与同龄人相比			−0.327(1.286)	−0.356(1.287)	−0.469(1.284)
与5年前的自己相比			1.542(1.146)	1.491(1.149)	1.373(1.148)
与亲戚相比			−0.162(0.836)	−0.137(0.839)	−0.156(0.836)
与中学同学相比			0.319(0.949)	0.418(0.950)	0.628(0.951)
与现在的同事相比			−0.356(0.933)	−0.342(0.933)	−0.171(0.932)
与家乡邻居相比			0.803(0.862)	0.912(0.867)	0.678(0.868)
与这个城市的城里人相比			−2.472(0.747)***	−2.450(0.749)***	−2.451(0.746)***

续表

	模型 1	模型 2	模型 3	模型 4	模型 5
纵向比较的生活水平变化					
过去 5 年与现在比			0.024(0.539)	−0.021(0.539)	0.052(0.538)
未来 5 年的预期			1.756(0.624)***	1.824(0.626)***	1.863(0.625)***
收入公平感(合理−实际工资)			0.000(000)	0.000(000)	0.000(000)
身份认同					
认同家乡			1.243(0.648)*	1.352(0.652)**	1.568(0.655)**
认同城市			−0.646(0.704)	−0.760(0.709)	−0.570(0.711)
认同迷茫			−1.256(0.674)*	−1.302(0.675)*	−1.454(0.676)**
工作、生活经历					
在当地的生活年限				0.304(0.165)*	0.270(0.165)
总的打工年限				−0.216(0.230)	−0.168(0.230)
生活经历(糟糕经历次数)				0.230(0.498)	0.135(0.498)
地域(三线城市＝0)					
一线城市					2.999(1.616)*
二线城市					−1.382(1.465)
R^2	0.006	0.179	0.244	0.256	0.256
调整后的 R^2	0	0.149	0.200	0.202	0.208
N	1167	847	798	701	701

注：* $p<0.1$，** $p<0.05$，*** $p<0.01$，括号内数字为标准误。

私营企业的新生代农民工都比外资企业的新生代农民工更加不认同致富原因中的个人因素。

就工作身份而言,以自雇群体为参照组,正式工、合同工与临时工都与参照组无显著差异,唯有派遣工与参照组有显著差异,且其系数为负数,这表明,与自雇的新生代农民工相比,属于派遣工身份的新生代农民工更加不认同致富原因中的个人因素。

在工作职务中,以无职务群体为参照组,中层管理者与参照组无显著差异,而基层管理者与参照组有显著差异,且其系数为负数,表明处于基层管理者位置的新生代农民工比无职务群体更加不认同致富原因中的个人因素。

在工作属性的4个变量中,"具有自主性和成长性的工作""枯燥乏味的工作""喜欢的工作"都对因变量没有显著影响,唯有"有伤害性的工作"在初始模型中对因变量有显著影响,且其系数为负数,表明新生代农民工从事的工作越有伤害性,就越不认同致富原因中的个人因素。

在工作氛围的2个变量中,"工作氛围紧张"对因变量没有显著影响,而"工作氛围宽松"对因变量有显著影响,且其系数为正数,表明新生代农民工的工作氛围越宽松,就越认同致富原因中的个人因素。

就新生代农民工的个人月收入而言,以4 001元及以上群体为参照组,仅有2 001~3 000元群体在初始模型中与参照组有显著影响,且其系数为负数,表明个人月收入在2 001~3 000元的群体比4 001元及以上群体更加不认同致富原因中的个人因素。

新生代农民工的3个社交网络中,"当地人关系网"和"老乡关系网"对因变量都没有显著影响。唯有"在群体活动中形成的关系网"始终对因变量有显著影响,其系数为正数,表明新生代农民工越较多或较好地拥有在群体活动中形成的关系网,就越认同致富原因中的个人因素。

在新生代农民工接受非官方信息的情况方面,"国外渠道"对因变量没有显著影响,"国内渠道"和"国外媒体"对因变量都有显著影响,且其系数都为负数,表明新生代农民工越是经常通过国内渠道(国内旅游,与国内亲戚或朋友交流社会时事信息,从国内报刊、电视、广播中了解新闻)或国外媒体了解信息,就越不认同致富原因中的个人因素。

(3)主观变量

主观变量主要涉及新生代农民工对自身社会经济地位的主观认知和与各种参照系的比较,其中对因变量有显著影响的主要有生活水平的多维度比较、纵向比较的生活水平变化、收入公平感和身份认同。

在生活水平比较的诸多维度中,唯有新生代农民工将其生活水平"与这个城市的城里人相比"对因变量有显著影响,其他维度的比较均无显著影响,而将其生活水平"与这个城市的城里人相比"的系数为负数,表明新生代农民工将其生活水平与所在城市的城里人相比时,其自身的生活水平越高,越不认同致富原因中的个人因素。

在纵向比较的生活水平变化中,"过去5年与现在相比"对因变量没有显著影响,"未来5年的预期"对因变量有显著影响,其系数为正数,表明新生代农民工预期未来5年的生活水平越高,越认同致富原因中的个人因素。

在测量新生代农民工身份认同状况的3个变量中,"认同城市"对因变量没有显著影响,"认同家乡"和"认同迷茫"对因变量都有显著影响,其中"认同家乡"的系数为正数,表明新生代农民工对家乡的认同程度越高,越认同致富原因中的个人因素,而"认同迷茫"的系数为负数,表明新生代农民工越是无法确定其家乡或城市的归属感,越不认同致富原因中的个人因素。

(4) 工作、生活经历

在工作、生活经历变量中,唯有"在当地的生活年限"在0.1的显著性水平下对因变量有显著影响,且只在纳入该变量的初始模型中有影响,在最终模型中没有影响,而该变量的系数为正数,表明新生代农民工在当地城市生活的年限越长,越认同致富原因中的个人因素。

(5) 地域

在地域变量中,以三线城市为参照组,二线城市与参照物没有显著差异,一线城市与参照组在0.1的显著性水平下有显著差异,其系数为正数,表明身处一线城市的新生代农民工比身处三线城市的新生代农民工更加认同致富原因中的个人因素。

第五章

基于生存境遇的不公平感

与他们对整体不平等的认知和判断相比,新生代农民工对其生活世界的不平等有着更深切的体验和感受。根据新生代农民工的工作、生活特点,将其生活世界的领域界定为就业机会、劳动报酬、住房、医疗、教育机会等 5 个方面,而新生代农民工对生活世界的不平等的社会心态则包括他们在这些方面的遭遇和体验、对这些方面不平等的严重程度的判断、接受程度、公平感等几个方面。

第一节 生活世界的不平等

一、生活世界的不平等遭遇

调查结果显示,新生代农民工在这 5 个方面有不平等遭遇或体验的状况都普遍存在,在就业机会方面,有 16.8% 的人经常有不平等遭遇或体验,33.5% 的人有时有这种遭遇,这两者比例之和高达 50.3%。在劳动报酬方面,有 15.2% 的人经常有不平等遭遇或体验,有 36.2% 的人有时有这种遭遇,两者比例之和为 51.4%。在住房状况方面,有 14.5% 的人经常有不平等遭遇或体验,有 28.5% 的人有时有这种遭遇,两者比例之和为 43.0%。在医疗状况方面,有 16.7% 的人经常有不平等遭遇或体验,有 27.7% 的人有时有这种遭遇,两者比例之和为 44.4%。在教育机会方面,有 15.6% 的人经常有不平等体验或遭遇,27.8%的人有时有这种遭遇,两者比例之和为43.4%。由此可见,新生代农民工遭遇不平等状况最多的是劳动报酬,其次是就业机会,此后依次是医疗、教育机会和住房。具体如表5-1所示。

表5-1 新生代农民工遭遇不平等的情况

	经常有	有时有	偶尔有	从来没有过
1. 就业机会	16.8%	33.5%	34.2%	15.5%
2. 劳动报酬	15.2%	36.2%	33.4%	15.2%
3. 住房状况	14.5%	28.5%	31.5%	25.5%
4. 医疗状况	16.7%	27.7%	33.7%	21.9%
5. 教育机会	15.6%	27.8%	32.5%	24.1%

二、生活中的重大挫折或苦难遭遇

除了在实际生活中遭遇的不平等事件之外,新生代农民工在其生活中遭遇的重要挫折或苦难也会影响他们对不平等的社会心态,而在过去的3年,新生代农民工在生活中遭遇重大挫折或苦难的情况如图5-1所示。

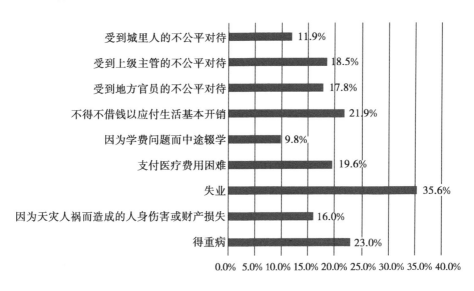

图5-1 在生活中的重大挫折或苦难遭遇

图5-1结果显示,新生代农民工在过去3年遇到最多的挫折是失业,有35.6%的人有过失业的经历,而第二梯队的挫折包括得重病(23.0%)、不得

不借钱以应付生活基本开销(21.9%)、支付医疗费用困难(19.6%),第三梯队的挫折有受到上级主管的不公平对待(18.5%)、受到地方官员的不公平对待(17.8%),另外,有11.9%的人曾经受到城里人的不公平对待,有9.8%的人因为学费问题而中途辍学。

而从遭受挫折或苦难的种类看,在新生代农民工中也存在较大差异,仅有26.7%的人从未遭遇过上述挫折或苦难,有41.9%的人遭遇过1种挫折,有25.8%的人遭遇过2～3种挫折,遭遇4种及以上挫折的农民工也有5.6%,具体如图5-2所示。

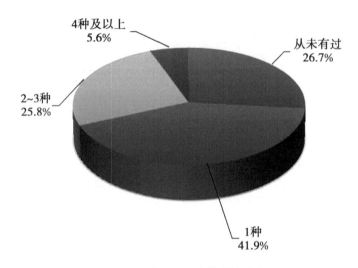

图5-2 遭遇挫折或苦难的种类

由此可见,在过去3年,新生代农民工在生活和工作的诸多领域都遭遇了挫折和不平等对待,且有超过三成的人遭遇了2种以上的挫折和困难,这充分说明新生代农民工的生活境遇堪忧。

三、各领域不平等的严重程度

上面是新生代农民工在其实际生活和工作中对不平等的遭遇或体验,那么他们对这些方面所存在的不平等的严重程度是如何认知呢?其结果如图5-3所示。

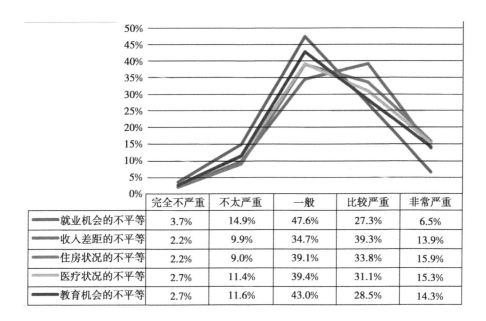

图 5-3 各领域不平等的严重程度

从图 5-3 可以看出,新生代农民工认为最严重的是收入差距不平等,有 53.2% 的人认为收入差距的不平等比较严重或非常严重,有 49.7% 的人认为住房状况的不平等比较严重或非常严重,分别有 46.4% 和 42.8% 的人认为医疗状况的不平等及教育机会的不平等比较严重或非常严重,就业机会不平等的严重程度最低,仅有 33.8% 的人认为是严重的。

四、对各领域的不公平感

新生代农民工对 5 个领域的不公平感与他们对这些方面不平等状况严重程度的判断基本一致,收入差距、住房状况和医疗状况是位列前 3 位的不公平感最为强烈的方面,其中 52.2% 的人认为收入差距比较不公平或非常不公平,有 46.8% 的人认为住房状况不公平,有 43.8% 的人认为医疗状况不公平,而分别有 39.0% 和 37.9% 的人认为就业机会和教育机会不公平,具体如图 5-4 所示。

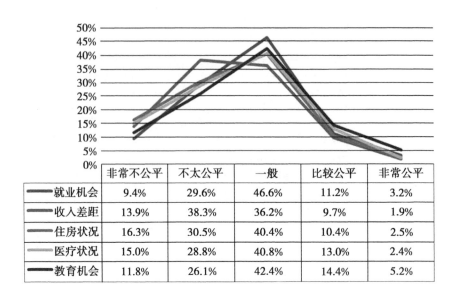

图 5-4 各领域的不公平感

五、对各领域不平等的接受程度

调查结果显示,新生代农民工对 5 个领域不平等程度的判断、不公平感与他们对这些方面不平等的接受程度存在不一致的地方,这主要表现为两点:第一,收入差距是不平等程度最大,也是不公平感最强烈的,但新生代农民工对收入差距不平等的接受比例(15.0%)却是最高的;第二,新生代农民工对就业机会不平等的接受比例(12.5%)和不接受比例(45.5%)跟其他方面相比都是最低的。

另外,他们对住房状况的不平等、医疗状况的不平等、教育机会的不平等的接受比例大致相当(都在 13% 到 14% 之间),具体见图 5-5。

概而述之,新生代农民工的生活、工作境遇堪忧,有超过七成的人遭遇过失业、生重病、生活困难等挫折,有超过五成的人在就业机会、劳动报酬方面遭遇过不平等,而在住房、医疗和教育机会方面遭遇过不平等的均超过四成。5 个方面的不平等按严重程度排序为收入差距不平等、住房状况的不平等、医疗状况的不平等、教育机会的不平等和就业机会不平等。这些不平等而言,位列前三的不公平的不平等分别为:收入差距、住房状况和医疗状况。而他们不能接受的不平等依次为:医疗状况的不平等、教育机会的不平等、收入差距的不平等、住房状况的不平等和就业机会的不平等。

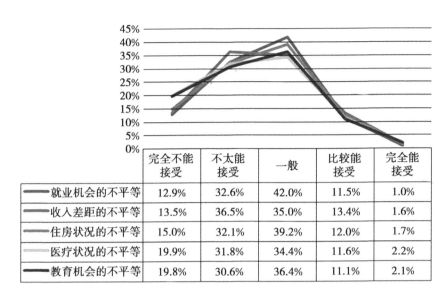

图 5-5　对各领域不平等的接受程度

六、歧视指数(不平等遭遇的来源)

既然新生代农民工在其工作、生活中遭遇了比较严重的不平等,那么,他们遭遇不平等的原因或来源究竟是什么呢？表 5-2 是新生代农民工自述的他们遭遇不公平对待的原因及其频率。由于新生代农民工遭遇不公平对待的原因众多,为了描述的方便和简洁,对这 8 个方面进行因子分析,共提取了 2 个因子,这两个因子解释了原有的 8 个因素的 67.72% 的信息,进一步将因子负载矩阵采用方差最大法进行旋转,但因子负载矩阵经旋转之后,仍然有两个因素(性别、省份)在两个公因子上有双重负载,将这两个因素去掉之后,重新做因子分析,其旋转后的因子负载矩阵如表 5-2 所示。

表 5-2　新生代农民工遭遇不公平对待的原因

	描述性统计					因子负载矩阵	
	总是	经常	有时	几乎很少	从来没有	自身劣势	民族与信仰
1. 农村户口	5.3%	10.0%	30.0%	31.6%	23.1%	0.638	
2. 性别	1.8%	6.2%	25.6%	35.9%	30.5%	—	—
3. 年龄	2.4%	8.2%	32.2%	33.1%	24.1%	0.710	
4. 形象土气	2.3%	9.3%	29.0%	33.5%	25.9%	0.776	

续表

	描述性统计					因子负载矩阵	
	总是	经常	有时	几乎很少	从来没有	自身劣势	民族与信仰
5. 文化程度低	5.8%	19.3%	35.6%	23.8%	15.6%	0.846	
6. 您来自的省份	2.4%	5.8%	22.2%	38.3%	31.3%	—	—
7. 民族	1.2%	3.5%	12.3%	34.3%	48.7%		0.883
8. 宗教信仰	1.5%	3.0%	10.8%	30.2%	54.5%		0.914

因子分析从6个因素中提取出2个因子,这两个因子解释了原有的6个因素的72.02%的信息,结合表5-2的描述性信息,可以看出新生代农民工遭遇不公平对待的原因如下:

因子1包含4个因素,包括农村户口、年龄、形象土气、文化程度低,这些因素恰好比较完整地勾勒出新生代农民工的形象,这些因素也恰好是新生代农民工遭遇不公平待遇的最主要原因。其中,排首位的原因是"文化程度低",他们当中有5.8%的人"总是"因为文化程度低而受到不公平对待,有19.3%的人"经常"因为文化程度低而受到不公平对待,这两者之和为25.1%,换言之,有超过1/4的新生代农民工因为文化程度低而经常受到不公平对待,同时,还有35.6%的人"有时"因为文化程度低受到不公平对待,前三项的和高达60.7%。排第二位的原因是"农村户口",他们当中有5.3%的人"总是"因为农村户口而受到不公平对待,有10.0%的人"经常"因为农村户口而受到不公平对待,这两者之和为15.3%,同时,还有30%的人"有时"会因为农村户口而受到不公平对待,而农村户口和文化程度低恰恰是新生代农民工的本质特征和基本特点,因此,可以说,新生代农民工的固有身份就是他们遭遇不公平对待的根源。就年龄而言,有2.4%的人"总是"因为年龄而受到不公平对待,有8.2%的人"经常"因为年龄而受到不公平对待,这两者之和为10.6%,另有32.2%的人"有时"因为年龄而受到不公平对待;就形象而言,有2.3%的人"总是"因为形象土气而受到不公平对待,有9.3%的人"经常"因为形象土气而受到不公平对待,两者之和为11.6%,另有29.0%的人"有时"会因为形象土气而受到不公平对待。

因子2包含2个因素,即民族和宗教信仰。其中,有1.2%的人"总是"因为民族而受到不公平对待,3.5%的人"经常"因为民族而受到不公平对待,两者之和为4.7%,另有12.3%的人"有时"会因为民族而受到不公平对待。就宗教信仰而言,有 1.5% 的人"总是"因为宗教信仰而受到不公平对待,有 3.0% 的人"经常"因为宗教信仰而受到不公平待遇,两者之和为 4.5%,另有 10.8% 的人"有时"因为宗教信仰而受到不公平待遇。

另外有 2 个没有参与因子分析的因素,即性别和他们所来自的省份,从统计分析的角度看,是因为他们在两个因子上都有较高的负载,即存在双重负载的情况,从现实角度解释,是因为这两个因素虽然可能是歧视或不公平待遇的原因,但他们和新生代农民工的身份无关,而是和传统的性别歧视以及社会上存在的某些地域歧视相关。就性别而言,有 1.8% 的人"总是"因为性别而受到不公平待遇,有 6.2% 的人"经常"因为性别而受到不公平对待,两者之和为 8.0%,另有 25.6% 的人"有时"因为性别而受到不公平对待。就新生代农民工所来自的省份而言,有 2.4% 的人"总是"因为其所来自的省份而受到不公平对待,有 5.8% 的人"经常"因为其所来自的省份而受到不公平对待,两者之和为 8.2%,另有 22.2% 的人"有时"因为其所来自的省份而受到不公平对待。

综而述之,新生代农民工在其工作和生活中所遭遇的种种不公平主要有三类原因:第一类是由宗教信仰和民族遭遇的不公平对待,也是程度最轻的一种歧视;第二类是性别和省份,这是社会中通行的歧视,这类因素对新生代农民工的影响比第一类严重,但深受其害的人皆不足 10%;第三类是和新生代农民工的身份密切相关的因素,也是他们遭遇不公平对待的最重要的原因。因此,新生代农民工所遭遇的种种不公平对待主要与其身份相关,是针对新生代农民工这个群体的特有的歧视。

第二节　群　体　差　异

一、不平等遭遇的群体差异

新生代农民工在生活世界的不平等遭遇或体验虽然普遍存在,但由于其年龄、性别、文化程度、政治身份、阅历、工作所在城市等的不同,新生代农民工的不平等遭遇或体验在其内部仍然可能存在差异性。

交互分类的结果显示,新生代农民工在生活世界的不平等遭遇确实存在群体差异性,总体而言,他们在生活世界的不平等遭遇与其政治身份(是否为共产党员)无显著相关,但与其性别、年龄、文化程度、阅历、工作所在城市等

有显著相关性,具体如下:

1. 生活世界不平等遭遇的性别差异

交互分类及其卡方检验显示,在新生代农民工生活世界的 5 个维度中,有 3 个维度(就业机会、劳动报酬、教育机会)的不平等遭遇与其性别没有显著相关性,仅有 2 个维度(住房状况、医疗状况)的不平等遭遇有显著相关性,具体如表 5-3 所示。

表 5-3 新生代农民工在生活世界的不平等遭遇的性别差异性

	性别	经常有	有时有	偶尔有	从来没有过	卡方检验
1. 就业机会	男	16.4%	33.7%	34.2%	15.6%	$\chi^2=0.281$
	女	17.3%	32.5%	34.5%	15.8%	$df=3$
	合计	16.8%	33.2%	34.3%	15.7%	sig=0.964
2. 劳动报酬	男	16.1%	34.4%	34.6%	14.9%	$\chi^2=1.992$
	女	14.3%	37.7%	32.5%	15.6%	$df=3$
	合计	15.3%	35.9%	33.6%	15.2%	sig=0.574
3. 住房状况	男	16.4%	29.9%	31.0%	22.6%	$\chi^2=9.182$
	女	12.8%	26.6%	31.0%	29.6%	$df=3$
	合计	14.8%	28.4%	31.0%	25.8%	sig=0.027
4. 医疗状况	男	17.0%	29.4%	35.1%	18.5%	$\chi^2=9.718$
	女	16.1%	25.6%	32.3%	26.0%	$df=3$
	合计	16.6%	27.7%	33.8%	21.9%	sig=0.021
5. 教育机会	男	15.5%	28.3%	34.0%	22.3%	$\chi^2=3.116$
	女	15.5%	27.2%	30.9%	26.4%	$df=3$
	合计	15.5%	27.8%	32.6%	24.2%	sig=0.374

从表 5-3 可以看出,新生代农民工在住房状况方面的不平等遭遇与其性别有显著相关性(sig=0.027<0.05),具体表现为,男性在住房状况方面有(经常有+有时有)不平等遭遇的比例(46.3%)明显高于女性(39.4%);而他们在医疗状况方面的不平等遭遇也与性别有显著相关性(sig=0.021<0.05),具体也是表现为男性在医疗方面有(经常有+有时有)不平等遭遇的比例(46.4%)明显高于女性(41.7%)。总而言之,男性在住房状况、医疗状况方面的不平等遭遇或体验比女性更为严重。

2. 生活世界不平等遭遇的年龄差异

交互分类的结果显示,新生代农民工在其生活世界的不平等遭遇与其年龄确实有显著相关性,仅有1个维度(劳动报酬)的不平等遭遇与年龄无显著相关性,他们在其他维度的不平等遭遇都与年龄有显著相关性,具体如表5-4所示。

表5-4 新生代农民工在生活世界的不平等遭遇的年龄差异性

	年龄	经常有	有时有	偶尔有	从来没有过	卡方检验
1. 就业机会	1980—1984	12.8%	35.0%	38.7%	13.6%	$\chi^2=12.177$ $df=6$ sig=0.058
	1985—1989	20.1%	33.5%	30.0%	16.4%	
	90后	15.2%	32.5%	36.5%	15.7%	
	合计	16.8%	33.4%	34.2%	15.6%	
2. 劳动报酬	1980—1984	15.7%	37.2%	33.5%	13.6%	$\chi^2=7.183$ $df=6$ sig=0.304
	1985—1989	17.5%	36.1%	31.2%	15.2%	
	90后	12.1%	35.7%	36.1%	16.1%	
	合计	15.2%	36.1%	33.5%	15.2%	
3. 住房状况	1980—1984	14.8%	33.6%	28.7%	23.0%	$\chi^2=24.07$ $df=6$ sig=0.001
	1985—1989	19.1%	27.3%	29.3%	24.2%	
	90后	9.2%	27.5%	34.5%	28.8%	
	合计	14.6%	28.7%	31.1%	25.7%	
4. 医疗状况	1980—1984	18.9%	25.4%	37.3%	18.4%	$\chi^2=25.666$ $df=6$ sig=0.000
	1985—1989	21.1%	27.7%	31.6%	19.7%	
	90后	10.5%	28.9%	34.1%	26.5%	
	合计	16.7%	27.7%	33.7%	21.9%	
5. 教育机会	1980—1984	16.5%	31.8%	28.1%	23.6%	$\chi^2=17.675$ $df=6$ sig=0.007
	1985—1989	19.3%	26.1%	31.2%	23.4%	
	90后	10.8%	27.4%	36.5%	25.3%	
	合计	15.6%	27.7%	32.6%	24.1%	

从表5-4来看,新生代农民工在就业机会方面的不平等遭遇与其年龄在0.1的显著性水平下显著相关(sig=0.058<0.1),具体表现为1985—1989年出生的新生代农民工群体在就业机会方面有(经常有+有时有)不平等遭遇的比例(53.6%)明显高于1980—1984年出生的新生代农民工群体

(47.8%)和"90后"(47.7%),而后两个群体有不平等遭遇或体验的比例大致相当。

在住房状况方面,新生代农民工的不平等遭遇与其年龄有显著相关性(sig=0.001<0.05),具体表现为"90后"有不平等遭遇或体验的比例(36.7%)明显低于"80后"(包括1980—1984年出生、1985—1989年出生的两个群体),而"80后"的两个群体在这方面的不平等遭遇没有显著差异。

在医疗方面,新生代农民工的不平等遭遇与年龄段有显著相关性(sig=0.000<0.05),具体表现为1980—1984年出生群体、1985—1989年出生群体、"90后"均有显著差异,其中1985—1989年出生的群体有不平等遭遇的比例最高(48.8%),其次是1980—1984年出生的群体(有不平等遭遇的比例为44.3%),而有不平等遭遇的比例最小的是"90后",比例为36.7%。

在教育机会方面,新生代农民工的不平等遭遇与年龄段有显著相关性(sig=0.007<0.05),其规律为新生代农民工的年龄越大,他们在教育机会方面遭遇不平等的比例越大。

3. 生活世界不平等遭遇的文化程度差异

交互分类及卡方检验的结果显示,新生代农民工在生活世界的不平等遭遇与文化程度基本上没有显著相关性,仅有1个维度(住房状况)与学历在0.1的显著性水平上相关(sig=0.071<0.1),其呈现的规律为,随着学历的增高,新生代农民工在住房状况方面有不平等遭遇的比例越高,其原因可能在于随着学历的增高,他们对住房状况的期望以及比较的参照群体发生变化。具体如表5-5所示。

表5-5 新生代农民工在生活世界的不平等遭遇的文化程度差异性

	学历	经常有	有时有	偶尔有	从来没有过	卡方检验
1. 就业机会	初中及以下	17.7%	32.7%	36.3%	13.3%	$\chi^2=3.467$ $df=6$ $sig=0.748$
	高中/职高/中专	16.3%	33.0%	34.4%	16.3%	
	大专及以上	16.7%	34.7%	31.7%	16.9%	
	合计	16.8%	33.4%	34.2%	15.6%	

续表

	学历	经常有	有时有	偶尔有	从来没有过	卡方检验
2. 劳动报酬	初中及以下	14.7%	38.2%	32.7%	14.4%	$\chi^2=1.269$ $df=6$ $sig=0.973$
	高中/职高/中专	15.5%	35.6%	33.1%	15.9%	
	大专及以上	15.3%	35.0%	34.7%	15.0%	
	合计	15.2%	36.2%	33.4%	15.2%	
3. 住房状况	初中及以下	13.6%	26.2%	32.9%	27.3%	$\chi^2=11.614$ $df=6$ $sig=0.071$
	高中/职高/中专	13.2%	30.3%	28.2%	28.4%	
	大专及以上	17.2%	28.8%	33.5%	20.5%	
	合计	14.5%	28.6%	31.2%	25.7%	
4. 医疗状况	初中及以下	17.2%	28.6%	31.4%	22.8%	$\chi^2=4.762$ $df=6$ $sig=0.575$
	高中/职高/中专	16.0%	25.4%	35.0%	23.5%	
	大专及以上	17.2%	29.4%	34.6%	18.8%	
	合计	16.7%	27.6%	33.8%	21.9%	
5. 教育机会	初中及以下	16.7%	27.2%	33.9%	22.2%	$\chi^2=2.707$ $df=6$ $sig=0.845$
	高中/职高/中专	14.6%	27.9%	31.3%	26.3%	
	大专及以上	15.9%	28.1%	32.9%	23.1%	
	合计	15.6%	27.8%	32.5%	24.1%	

4. 生活世界不平等遭遇的阅历差异

交互分类的结果显示,新生代农民工在生活世界的不平等遭遇与其阅历有显著相关性,不仅与总的打工年限有显著相关性,也与他们在工作所在城市生活的年限有显著相关性,具体如下:

(1) 生活世界不平等遭遇在总的打工年限上的差异性

交互分类及卡方检验的结果显示,新生代农民工在就业机会、住房状况、教育机会这三个方面的不平等遭遇与其总的打工年限没有显著相关性,他们在医疗方面的不平等遭遇与总的打工年限在0.1的显著性水平下相关(sig=0.053<0.1),而他们在劳动报酬方面的不平等遭遇与其总的打工年限在0.05的显著性水平下显著相关(sig=0.037<0.05),具体如表5-6所示。

表 5-6 新生代农民工在生活世界的不平等遭遇在总的打工年限方面的差异性

	总的打工年限	经常有	有时有	偶尔有	从来没有过	卡方检验
1. 就业机会	10 年以上	17.8%	31.5%	38.8%	11.9%	$\chi^2=7.127$ $df=6$ sig=0.309
	5~10 年	17.0%	35.3%	30.5%	17.2%	
	4 年及以下	16.4%	32.3%	35.5%	15.7%	
	合计	16.9%	33.3%	34.3%	15.5%	
2. 劳动报酬	10 年以上	19.2%	39.3%	29.2%	12.3%	$\chi^2=13.376$ $df=6$ sig=0.037
	5~10 年	14.9%	35.0%	31.2%	18.9%	
	4 年及以下	13.6%	35.5%	37.0%	13.8%	
	合计	15.1%	36.0%	33.5%	15.4%	
3. 住房状况	10 年以上	15.5%	31.1%	29.2%	24.2%	$\chi^2=5.731$ $df=6$ sig=0.454
	5~10 年	16.8%	27.5%	29.6%	26.1%	
	4 年及以下	12.2%	28.8%	33.0%	26.0%	
	合计	14.5%	28.8%	31.0%	25.7%	
4. 医疗状况	10 年以上	21.0%	29.2%	32.0%	17.8%	$\chi^2=12.438$ $df=6$ sig=0.053
	5~10 年	18.3%	24.1%	34.1%	23.4%	
	4 年及以下	13.3%	29.7%	34.2%	22.8%	
	合计	16.5%	27.6%	33.8%	22.1%	
5. 教育机会	10 年以上	21.1%	28.4%	31.2%	19.3%	$\chi^2=9.285$ $df=6$ sig=0.158
	5~10 年	14.0%	27.9%	31.6%	26.5%	
	4 年及以下	14.2%	27.5%	33.5%	24.9%	
	合计	15.4%	27.8%	32.4%	24.4%	

在住房状况方面,新生代的不平等遭遇与总的打工年限的关系所呈现的规律是,随着他们总的打工年限的增加,他们有不平等遭遇或体验的比例越高。其中,打工年限在 10 年以上的群体中,有 46.6% 的人有不平等遭遇,打工年限在 5~10 年的群体中,44.3% 的人有不平等遭遇,打工年限在 4 年及以下的群体中,有 41.0% 的人有不平等遭遇。

在劳动报酬方面,新生代农民工的不平等遭遇和总的打工年限的显著相关主要表现为,打工年限在 10 年以上的群体有不平等遭遇的比例(58.5%)明显高于打工年限在 10 年及以下的群体(比例都在 49.0%~50.0% 之间)。

(2) 生活世界的不平等遭遇与其在当前工作所在城市年限的相关性

交互分类的结果显示,新生代农民工在生活世界的不平等遭遇与其在当前工作所在城市的生活年限有显著相关,但仅仅是医疗方面的不平等遭遇与后者有显著相关性(sig=0.033<0.05),其他4个方面的不平等遭遇与其在当前工作所在城市的生活年限均无显著相关性,具体如表5-7所示。

表5-7 新生代农民工在生活世界的不平等遭遇与其在当前工作城市生活年限的相关性

	在当前城市生活年限	经常有	有时有	偶尔有	从来没有过	卡方检验
1. 就业机会	10年以上	17.1%	31.6%	36.7%	14.6%	$\chi^2=1.54$ $df=6$ sig=0.957
	5~10年	17.5%	32.8%	32.5%	17.2%	
	4年及以下	16.8%	33.7%	34.2%	15.3%	
	合计	17.1%	33.1%	34.0%	15.8%	
2. 劳动报酬	10年以上	17.1%	38.6%	30.4%	13.9%	$\chi^2=7.24$ $df=6$ sig=0.299
	5~10年	16.1%	35.7%	29.7%	18.4%	
	4年及以下	14.4%	36.0%	35.7%	13.9%	
	合计	15.3%	36.3%	33.2%	15.3%	
3. 住房状况	10年以上	13.9%	33.5%	30.4%	22.2%	$\chi^2=7.99$ $df=6$ sig=0.239
	5~10年	17.5%	28.7%	28.2%	25.6%	
	4年及以下	12.4%	28.1%	32.4%	27.0%	
	合计	14.2%	29.0%	30.9%	25.9%	
4. 医疗状况	10年以上	18.4%	32.3%	31.0%	18.4%	$\chi^2=13.68$ $df=6$ sig=0.033
	5~10年	21.2%	25.2%	32.1%	21.5%	
	4年及以下	13.3%	28.2%	34.8%	23.7%	
	合计	16.4%	27.8%	33.4%	22.3%	
5. 教育机会	10年以上	20.4%	28.7%	33.8%	17.2%	$\chi^2=9.14$ $df=6$ sig=0.166
	5~10年	14.4%	30.5%	30.2%	25.0%	
	4年及以下	14.5%	26.5%	32.9%	26.0%	
	合计	15.3%	28.0%	32.2%	24.5%	

从表5-7可知,在医疗方面,新生代农民工的不平等遭遇与其在当前工作所在城市生活年限的相关性表现为:他们在当前工作城市生活的时间越长,他们在医疗状况方面有不平等遭遇和体验的比例越高。其中,在当前城

市生活 10 年以上的人有不平等遭遇的比例为 50.7%,在当前城市生活 5~10 年的人有不平等遭遇的比例为 46.4%,在当前城市生活 4 年及以下的人有不平等遭遇的比例为 41.5%。

5. 生活世界不平等遭遇的地域差异

在不同的地区或城市,为新生代农民工提供的就业机会、公共配套、设施和服务等都有比较大的差异。因此,在不同地域工作的新生代农民工在其生活世界中的不平等遭遇可能也会有明显的差别,而交互分类的结果也证明了这一点。相关数据显示,新生代农民工在就业机会、劳动报酬、住房状况、医疗状况、教育机会等各个方面的不平等遭遇都有显著的地域差异性,具体如表 5-8 所示。

表 5-8 新生代农民工在生活世界的不平等遭遇的地域差异性

	地域	经常有	有时有	偶尔有	从来没有过	卡方检验
1. 就业机会	南京	16.5%	36.5%	32.5%	14.5%	$\chi^2=36.82$ $df=15$ $sig=0.001$
	上海	17.0%	41.5%	33.5%	8.0%	
	常州	11.7%	29.9%	39.6%	18.8%	
	郑州	20.4%	31.8%	34.6%	13.3%	
	厦门	18.1%	36.3%	31.9%	13.7%	
	广州	16.7%	25.6%	33.0%	24.6%	
	合计	16.8%	33.5%	34.2%	15.5%	
2. 劳动报酬	南京	16.0%	33.5%	33.0%	17.5%	$\chi^2=36.39$ $df=15$ $sig=0.002$
	上海	13.3%	45.7%	31.4%	9.6%	
	常州	13.2%	38.1%	38.6%	10.2%	
	郑州	18.6%	34.8%	34.3%	12.4%	
	厦门	17.2%	35.8%	30.9%	16.2%	
	广州	12.3%	30.0%	32.5%	25.1%	
	合计	15.1%	36.2%	33.4%	15.2%	
3. 住房状况	南京	10.5%	32.0%	29.0%	28.5%	$\chi^2=44.698$ $df=15$ $sig=0.000$
	上海	17.0%	33.5%	36.7%	12.8%	
	常州	13.1%	28.3%	34.8%	23.7%	
	郑州	21.6%	27.9%	26.4%	24.0%	
	厦门	14.7%	26.5%	31.4%	27.5%	
	广州	10.3%	24.1%	29.1%	36.5%	
	合计	14.6%	28.6%	31.1%	25.6%	

续表

	地域	经常有	有时有	偶尔有	从来没有过	卡方检验
4. 医疗状况	南京	13.5%	30.0%	32.5%	24.0%	$\chi^2=27.04$ $df=15$ $sig=0.028$
	上海	19.7%	35.1%	34.0%	11.2%	
	常州	12.6%	27.8%	33.8%	25.8%	
	郑州	19.9%	24.2%	35.5%	20.4%	
	厦门	15.7%	23.5%	35.3%	25.5%	
	广州	18.7%	26.1%	31.0%	24.1%	
	合计	16.7%	27.7%	33.7%	21.9%	
5. 教育机会	南京	16.5%	25.5%	31.5%	26.5%	$\chi^2=24.27$ $df=6$ $sig=0.061$
	上海	15.0%	33.7%	33.7%	17.6%	
	常州	9.6%	30.5%	35.5%	24.4%	
	郑州	19.0%	23.7%	36.0%	21.3%	
	厦门	20.1%	27.0%	27.0%	26.0%	
	广州	12.8%	27.1%	31.5%	28.6%	
	合计	15.6%	27.8%	32.5%	24.1%	

从表5-8的数据看，新生代农民工在其生活世界各个方面的不平等遭遇与地域的相关性主要表现如下：

在就业机会方面，有不平等遭遇比例最高的是上海，比例为58.5%，处于中间梯队的是厦门、南京和郑州，他们遭遇不平等的比例分别为54.4%、53.0%、52.2%，而境遇最好的是常州和广州，他们在就业机会方面有不平等遭遇的比例分别为41.6%和42.3%。

在劳动报酬方面，新生代农民工有不平等遭遇比例最高的依然是上海，比例为59.0%，其次是郑州、厦门和常州，他们有不平等遭遇的比例为53.4%、53.0%和51.3%，有不平等遭遇比例最低的是广州，为42.3%。

在住房状况方面，新生代农民工有不平等遭遇比例最高的是上海和郑州，比例分别为50.5%和49.5%，处于中间梯队的是南京、常州、厦门，他们有不平等遭遇的比例分别为42.5%、41.4%和41.2%，有不平等遭遇的比例最低的是广州，为34.4%。

在医疗状况方面，新生代农民工有不平等遭遇比例最高的依然是上海，比例为54.8%，处于中间梯队的是南京、郑州、广州，比例分别为43.5%、

44.1%和44.8%,有不平等遭遇的比例最低的是常州和厦门,比例分别为40.4%和39.2%。

在教育机会方面,新生代农民工有不平等遭遇比例最高的是上海和厦门,比例分别为48.7%和47.1%,其他城市的新生代农民工有不平等遭遇的比例相当,都在40%左右。

综而述之,从地域角度看,广州、常州是最适合新生代农民工工作和生活的城市,他们在其中所受到的不平等遭遇的比例最小,其次是南京、郑州、厦门等二线城市,他们在那里所受到的不平等遭遇的比例居中,而上海是新生代农民工受到不平等遭遇比例最高的城市,无论是就业机会、劳动报酬,还是住房状况、医疗状况,乃至教育机会,几乎都有超过一半的新生代农民工自述有不平等遭遇或体验。

二、生活中重大挫折或苦难遭遇的群体差异

由于新生代农民工在生活中所遭遇的重大挫折或苦难是一个多选题,所以,笔者将他们每个人可能遭遇的挫折或苦难进行累计,以他们所遭遇的重大挫折或苦难遭遇的数量作为因变量,通过比较新生代农民工内部各类群体所遭遇的挫折或苦难的均值来分析其群体性差异。

t 检验的结果显示,新生代农民工生活中所遭遇的重大挫折或苦难数量并无显著的性别差异和政治身份(是否为共产党员)差异,而一元方差分析的结果显示,他们所遭遇的重大挫折或苦难的数量与其年龄、文化程度、在工作所在城市生活年限、地域等都无显著相关性,但与其总的打工年限在0.1的显著性水平下有显著相关(F 检验的 sig=0.078),其不同打工年限下的挫折或苦难数量的均值差异如表5-9所示。

表5-9 不同打工年限的新生代农民工在挫折或苦难数量上的具体差异

(I) 总的打工年限分组	(J) 总的打工年限分组	均值差 (I-J)	标准误	显著性
10年以上	5~10年	0.159 42	0.106 47	0.404
	4年及以下	0.233 69	0.103 33	0.072
5~10年	10年以上	−0.159 42	0.106 47	0.404
	4年及以下	0.074 27	0.084 19	1.000
4年及以下	10年以上	−0.233 69	0.103 33	0.072
	5~10年	−0.074 27	0.084 19	1.000

从表 5-9 可以看出，总打工年限在 10 年以上的新生代农民工所遭遇的挫折和苦难的数量均值明显高于打工年限在 4 年及以下的人（均值高 0.233 69，sig＝0.072），而其他群体之间的挫折或苦难数量的均值则没有显著差异。

三、各领域不平等严重程度的群体差异

交互分类及其卡方检验的结果显示，新生代农民工对各领域不平等的判断和性别、政治身份（是否为共产党员）无关，但和年龄、文化程度、阅历、目前工作所在地等有显著相关性，具体如下：

1. 对各领域不平等严重程度判断的年龄差异

统计结果显示，新生代农民工对就业机会不平等的严重程度的判断与年龄没有显著相关性，对教育机会不平等的严重程度的判断和年龄在 0.1 的显著性水平下相关，对收入差距、住房、医疗等领域不平等严重程度的判断与年龄在 0.05 的显著性水平下相关，具体如表 5-10 所示。

表 5-10 新生代农民工对各领域不平等严重程度的判断在年龄上的差异性

	年龄段	完全不严重	不太严重	一般	比较严重	非常严重	卡方检验
1. 就业机会	1980—1984	2.0%	13.9%	48.0%	28.3%	7.8%	$\chi^2=11.82$ $df=8$ sig=0.160
	1985—1989	3.5%	16.0%	44.1%	29.6%	6.8%	
	90 后	4.9%	14.1%	51.6%	24.2%	5.2%	
	合计	3.7%	14.9%	47.6%	27.3%	6.4%	
2. 收入差距	1980—1984	1.6%	5.8%	36.2%	42.0%	14.4%	$\chi^2=26.68$ $df=8$ sig=0.001
	1985—1989	2.3%	9.4%	30.3%	40.6%	17.4%	
	90 后	2.2%	12.8%	39.1%	36.5%	9.4%	
	合计	2.2%	9.9%	34.8%	39.4%	13.8%	
3. 住房状况	1980—1984	2.1%	7.8%	35.0%	38.7%	16.5%	$\chi^2=25.63$ $df=8$ sig=0.001
	1985—1989	1.6%	8.6%	35.3%	34.9%	19.7%	
	90 后	2.9%	10.1%	45.9%	29.8%	11.4%	
	合计	2.2%	9.0%	39.2%	33.7%	16.0%	

续表

	年龄段	完全不严重	不太严重	一般	比较严重	非常严重	卡方检验
4. 医疗状况	1980—1984	3.7%	13.2%	37.0%	31.3%	14.8%	$\chi^2=25.97$ $df=8$ $sig=0.001$
	1985—1989	2.7%	9.6%	34.8%	33.6%	19.3%	
	90后	2.2%	12.6%	46.2%	28.3%	10.8%	
	合计	2.7%	11.4%	39.5%	31.1%	15.2%	
5. 教育机会	1980—1984	2.9%	8.6%	40.3%	32.5%	15.6%	$\chi^2=13.55$ $df=8$ $sig=0.094$
	1985—1989	2.0%	10.9%	43.4%	27.3%	16.4%	
	90后	3.4%	13.9%	44.2%	27.6%	11.0%	
	合计	2.7%	11.6%	43.0%	28.5%	14.2%	

从表5-10可知，新生代农民工对收入差距不平等的严重程度的判断与年龄的相关性具体表现为，"80后"群体认为严重（比较严重＋非常严重）的比例远远高于"90后"群体的比例（45.9%），而"80后"的两类群体之间认为严重的比例则相差不大，其中1980—1984年出生的群体认为严重的比例为56.4%，1985—1989年出生的群体认为严重的比例为58%。

在住房状况的不平等方面，新生代农民工的判断与年龄的相关性表现为：随着年龄的增长，他们认为严重的比例越高，其中1980—1984年出生的群体认为严重的比例为55.2%，1985—1989年出生的群体认为严重的比例为54.6%，"90后"群体认为严重的比例为41.2%，而且，"80后"群体认为严重的比例都远远高于"90后"群体。

在医疗状况的不平等方面，新生代农民工的判断与年龄的相关性表现为：1985—1989年出生的群体认为严重的比例最高，为52.9%，1980—1984年出生的群体认为严重的比例次之，为46.1%，"90后"群体认为严重的比例最少，为39.1%。

在教育机会的不平等方面，新生代农民工的判断与年龄的相关性表现为：随着年龄的增长，认为严重的比例越高，其中1980—1984年出生的群体认为严重的比例为48.1%，1984—1989年出生的群体认为严重的比例为43.7%，"90后"群体认为严重的比例为38.6%，明显低于"80后"群体。

2. 对各领域不平等严重程度判断的文化程度差异

交互分类和卡方检验的结果显示，新生代农民工对医疗状况、教育机会这两个领域不平等严重程度的判断没有显著的文化程度差异，但在就业机会、收入差距、住房状况这三个领域不平等严重程度的判断有显著的文化程度差异。具体如表5-11所示。

表5-11 新生代农民工对各领域不平等严重程度的判断在文化程度上的差异性

	文化程度	完全不严重	不太严重	一般	比较严重	非常严重	卡方检验
1. 就业机会	初中及以下	4.7%	18.6%	47.2%	24.4%	5.0%	$\chi^2=22.80$ $df=8$ sig=0.004
	高中/职高/中专	4.2%	14.4%	50.6%	25.2%	5.6%	
	大专及以上	2.2%	11.9%	43.8%	33.0%	9.1%	
	合计	3.7%	14.9%	47.5%	27.3%	6.5%	
2. 收入差距	初中及以下	2.5%	10.0%	42.4%	31.9%	13.3%	$\chi^2=22.58$ $df=8$ sig=0.004
	高中/职高/中专	2.5%	9.6%	34.2%	40.8%	12.9%	
	大专及以上	1.4%	10.3%	27.6%	44.8%	15.9%	
	合计	2.2%	9.9%	34.7%	39.3%	13.9%	
3. 住房状况	初中及以下	2.5%	11.6%	42.7%	32.1%	11.1%	$\chi^2=18.67$ $df=8$ sig=0.017
	高中/职高/中专	2.5%	8.1%	38.1%	35.2%	16.0%	
	大专及以上	1.4%	7.5%	36.7%	33.6%	20.8%	
	合计	2.2%	9.0%	39.1%	33.8%	16.0%	
4. 医疗状况	初中及以下	4.4%	13.6%	40.0%	28.9%	13.1%	$\chi^2=12.34$ $df=8$ sig=0.136
	高中/职高/中专	2.7%	10.2%	39.5%	31.7%	15.9%	
	大专及以上	1.1%	10.8%	38.6%	32.5%	16.9%	
	合计	2.8%	11.4%	39.4%	31.1%	15.3%	
5. 教育机会	初中及以下	3.6%	12.2%	42.5%	28.9%	12.8%	$\chi^2=3.92$ $df=8$ sig=0.865
	高中/职高/中专	2.7%	10.9%	43.0%	28.2%	15.2%	
	大专及以上	1.7%	11.9%	43.1%	28.6%	14.7%	
	合计	2.7%	11.6%	42.9%	28.5%	14.3%	

从表5-11可知,新生代农民工对就业机会不平等严重程度的判断与文化程度的相关性表现为:大专及以上群体认为严重的比例(42.1%)明显高于其他两类低学历群体,而另外的两类低学历群体之间认为严重的比例没有明显差别,其中初中及以下群体认为严重的比例为29.4%,高中/职高/中专群体认为严重的比例为30.8%。

在收入差距的不平等方面,新生代农民工的判断与文化程度的相关性表现为:随着文化程度的增高,他们当中认为严重的比例越高,其中初中及以下群体认为严重的比例为45.2%,高中/职高/中专群体认为严重的比例为53.7%,大专及以上群体认为严重的比例为60.7%。

在住房状况的不平等方面,新生代农民工的判断与文化程度的相关性表现为:随着文化程度的增高,他们当中认为严重的比例越高,其中初中及以下群体认为严重的比例为43.2%,高中/职高/中专群体认为严重的比例为51.2%,大专及以上群体认为严重的比例为54.4%。

3. 对各领域不平等严重程度判断的阅历差异

交互分类及卡方检验的结果显示,新生代农民工对各领域不平等严重程度的判断与其在当前工作城市的生活年限没有显著相关性,但与其总的打工年限有显著相关性,而进一步的分析显示,新生代农民工对就业机会、收入差距不平等严重程度的判断与其总的打工年限没有显著相关性,而他们对住房状况、医疗状况、教育机会不平等严重程度的判断与其总的打工年限有显著相关性(sig皆小于0.05),具体如表5-12所示。

表5-12 新生代农民工对各领域不平等严重程度的判断在总的打工年限上的差异性

	总的打工年限	完全不严重	不太严重	一般	比较严重	非常严重	卡方检验
1. 就业机会	10年以上	2.7%	14.2%	45.2%	30.6%	7.3%	$\chi^2=7.44$ $df=8$ $sig=0.490$
	5～10年	3.0%	15.7%	50.5%	24.1%	6.7%	
	4年及以下	4.7%	14.0%	46.6%	28.7%	6.0%	
	合计	3.7%	14.7%	47.8%	27.3%	6.5%	
2. 收入差距	10年以上	2.8%	6.4%	32.6%	41.7%	16.5%	$\chi^2=12.20$ $df=8$ $sig=0.142$
	5～10年	2.1%	9.5%	32.4%	40.0%	16.0%	
	4年及以下	1.9%	11.8%	36.9%	38.0%	11.4%	
	合计	2.1%	10.0%	34.5%	39.4%	14.0%	
3. 住房状况	10年以上	2.8%	6.4%	31.2%	43.6%	16.1%	$\chi^2=17.89$ $df=8$ $sig=0.022$
	5～10年	1.9%	9.0%	38.7%	32.4%	18.1%	
	4年及以下	1.9%	10.3%	42.4%	31.0%	14.4%	
	合计	2.0%	9.1%	39.0%	33.8%	16.0%	

续表

	总的打工年限	完全不严重	不太严重	一般	比较严重	非常严重	卡方检验
4. 医疗状况	10年以上	3.7%	10.1%	31.2%	37.2%	17.9%	$\chi^2=17.45$ $df=8$ $sig=0.026$
	5~10年	3.2%	11.3%	40.0%	28.0%	17.4%	
	4年及以下	1.7%	12.0%	42.3%	31.5%	12.5%	
	合计	2.6%	11.4%	39.4%	31.3%	15.3%	
5. 教育机会	10年以上	3.2%	5.5%	36.2%	35.8%	19.3%	$\chi^2=27.83$ $df=8$ $sig=0.001$
	5~10年	2.5%	11.3%	46.1%	24.5%	15.5%	
	4年及以下	2.2%	14.2%	43.8%	28.3%	11.4%	
	合计	2.5%	11.6%	43.2%	28.3%	14.4%	

从表5-12可以看出,新生代农民工对住房不平等严重程度的判断与总的打工年限的相关性表现为,随着他们总的打工年限的增加,他们认为该领域不平等严重的比例越来越高。其中,打工年限在4年及以下的群体认为严重的比例为45.4%,打工年限在5~10年的群体认为严重的比例在50.5%,打工年限在10年以上的群体认为严重的比例为59.7%。

在医疗不平等方面,新生代农民工对其严重程度的判断与其总的打工年限有显著相关,其表现出来的规律与前面类似,即随着他们总的打工年限的增加,他们认为该领域不平等严重的比例越来越高。其中,打工年限在4年及以下的群体认为严重的比例为44.0%,打工年限在5~10年的群体认为严重的比例在45.4%,打工年限在10年以上的群体认为严重的比例为55.1%。

在教育机会不平等方面,新生代农民工对其严重程度的判断也与其打工年限显著相关,具体表现为,打工年限在10年以上的群体认为严重的比例(55.1%)明显高于打工年限在10年以下的群体(比例为40.0%左右),而打工年限在5~10年的群体与4年及以下的群体在这一问题上没有显著差别。

4. 对各领域不平等严重程度判断与其工作所在城市的相关性

统计结果显示,新生代农民工对各领域不平等严重程度的判断与其当前工作所在城市有显著相关性,且5个维度都有显著相关性,具体如表5-13所示。

表 5-13 新生代农民工对各领域不平等严重程度的判断的地域差异性

	地域	完全不严重	不太严重	一般	比较严重	非常严重	卡方检验
1. 就业机会	南京	6.0%	11.0%	56.0%	23.0%	4.0%	$\chi^2=65.76$ $df=20$ sig=0.000
	上海	4.2%	18.5%	31.2%	39.7%	6.3%	
	常州	0.5%	11.1%	55.6%	25.8%	7.1%	
	郑州	4.3%	13.3%	41.9%	30.0%	10.5%	
	厦门	2.5%	17.6%	45.6%	27.5%	6.9%	
	广州	4.9%	17.7%	54.7%	18.7%	3.9%	
	合计	3.7%	14.9%	47.6%	27.3%	6.5%	
2. 收入差距	南京	4.0%	12.5%	41.0%	32.0%	10.5%	$\chi^2=42.07$ $df=20$ sig=0.003
	上海	2.6%	12.2%	32.8%	35.4%	16.9%	
	常州	0.0%	6.1%	32.0%	50.8%	11.2%	
	郑州	1.9%	8.6%	32.9%	38.1%	18.6%	
	厦门	1.5%	7.4%	34.3%	40.2%	16.7%	
	广州	3.0%	12.8%	35.5%	39.4%	9.4%	
	合计	2.2%	9.9%	34.7%	39.3%	13.9%	
3. 住房状况	南京	1.5%	12.0%	43.5%	30.0%	13.0%	$\chi^2=40.58$ $df=20$ sig=0.004
	上海	2.6%	11.1%	34.4%	33.9%	18.0%	
	常州	0.0%	5.6%	43.1%	34.0%	17.3%	
	郑州	2.4%	6.2%	34.1%	34.1%	23.2%	
	厦门	1.5%	10.8%	37.7%	35.8%	14.2%	
	广州	4.9%	8.4%	41.9%	35.0%	9.9%	
	合计	2.2%	9.0%	39.1%	33.8%	15.9%	
4. 医疗状况	南京	3.0%	14.0%	46.0%	25.5%	11.5%	$\chi^2=30.52$ $df=20$ sig=0.062
	上海	2.6%	14.3%	28.0%	38.1%	16.9%	
	常州	0.5%	9.6%	39.6%	35.0%	15.2%	
	郑州	2.4%	9.1%	39.7%	30.1%	18.7%	
	厦门	3.9%	10.8%	41.2%	27.5%	16.7%	
	广州	3.9%	10.8%	41.4%	31.0%	12.8%	
	合计	2.7%	11.4%	39.4%	31.1%	15.3%	

续表

	地域	完全不严重	不太严重	一般	比较严重	非常严重	卡方检验
5. 教育机会	南京	3.0%	15.0%	48.0%	22.0%	12.0%	$\chi^2=36.55$ $df=20$ $sig=0.013$
	上海	3.2%	15.3%	29.6%	33.9%	18.0%	
	常州	1.0%	9.1%	46.7%	28.9%	14.2%	
	郑州	4.3%	6.2%	45.5%	27.8%	16.3%	
	厦门	2.5%	13.2%	44.6%	26.0%	13.7%	
	广州	2.0%	10.8%	42.9%	32.5%	11.8%	
	合计	2.7%	11.6%	43.0%	28.5%	14.3%	

从表5-13的数据看,新生代农民工对各领域不平等严重程度的判断与地域的相关性主要表现如下:

在就业机会不平等方面,新生代农民工对严重程度的判断可大致分为三个梯队:第一梯队是不平等最严重的城市,有上海和郑州,生活于其中的新生代农民工认为不平等严重的比例分别为46.0%和40.5%;第二梯队是不平等较为严重的城市,有厦门和常州,生活于其中的新生代农民工认为不平等严重的比例分别为34.4%和32.9%;第三梯队是不平等程度最轻的城市,有南京和广州,生活于其中的新生代农民工认为不平等严重的比例分别为27.0%和22.6%。

在收入差距的不平等方面,新生代农民工对不平等严重程度的判断也大致分为三个梯队:第一梯队是不平等最严重的城市,为常州,生活于其中的新生代农民工认为不平等严重的比例高达62.0%;第二梯队是不平等比较严重的城市,包括上海、郑州、厦门,生活于其中的新生代农民工认为不平等严重的比例分别为52.3%、56.7%和56.9%;第三梯队是不平等程度最轻的城市,包括南京和广州,生活于其中的新生代农民工认为不平等严重的比例分别为42.5%和48.8%。

在住房状况的不平等方面,新生代农民工对不平等严重程度的判断大致分为两个梯队:第一梯队是不平等较为严重的城市,包括上海、常州、郑州和厦门,生活于其中的新生代农民工认为不平等严重的比例分别为51.9%、51.3%、57.3%和50.0%;第二梯队是不平等不太严重的城市,包括南京和广州,生活于其中的新生代农民工认为不平等严重的比例分别为43.0%和44.9%。

在医疗状况的不平等方面,新生代农民工的判断与地域在0.1的显著性水平下相关($sig=0.062$),具体表现为:上海、常州的不平等程度最严重,比例分别为55.0%和50.2%,郑州、厦门、广州的不平等程度较为严重,其比例分别为48.8%、44.2%和43.8%,而南京的不平等程度最低,生活于其中的新生代农民工认为不平等严重的比例仅有37%,明显低于其他城市。

在教育机会的不平等方面,上海的不平等程度最为严重,比例为51.9%,南京的不平等程度最轻,比例为34.0%,其他城市的不平等程度处于中间层次,其中常州的比例为43.1%,郑州的比例为44.1%,广州的比例为44.3%,厦门的比例为39.7%。

四、对各领域不公平感的群体差异

交互分类和卡方检验的结果表明,新生代农民工对各领域的不公平感与其政治身份(是否为共产党员)没有显著相关性,但与其性别、年龄、文化程度、阅历、目前工作所在城市等都有显著相关性,具体如下:

1. 对各领域不公平感的性别差异

统计结果显示,新生代农民工在就业机会、收入差距、教育机会这几个方面的不公平感与性别无显著相关性,但他们在住房、医疗领域的不公平感有显著的性别差异(sig<0.05),具体如表5-14所示。

表5-14 新生代农民工对各领域不公平感的性别差异性

	性别	非常不公平	不太公平	一般	比较公平	非常公平	卡方检验
1. 就业机会	男	9.3%	29.8%	45.6%	11.9%	3.4%	$\chi^2=0.848$ $df=4$ $sig=0.932$
	女	9.3%	28.9%	48.0%	10.7%	3.1%	
	合计	9.3%	29.4%	46.7%	11.4%	3.3%	
2. 收入差距	男	14.5%	37.6%	34.9%	11.1%	1.9%	$\chi^2=4.05$ $df=4$ $sig=0.400$
	女	12.6%	39.6%	37.6%	8.3%	1.9%	
	合计	13.6%	38.5%	36.1%	9.9%	1.9%	
3. 住房状况	男	17.3%	33.2%	37.7%	9.6%	2.2%	$\chi^2=9.77$ $df=4$ $sig=0.045$
	女	14.8%	26.7%	44.0%	11.7%	2.8%	
	合计	16.2%	30.3%	40.6%	10.5%	2.4%	
4. 医疗状况	男	16.7%	30.1%	40.3%	10.7%	2.2%	$\chi^2=11.13$ $df=4$ $sig=0.025$
	女	12.4%	27.3%	41.7%	16.0%	2.6%	
	合计	14.8%	28.8%	41.0%	13.1%	2.4%	

续表

	性别	非常不公平	不太公平	一般	比较公平	非常公平	卡方检验
5. 教育机会	男	12.2%	27.9%	40.6%	14.2%	5.1%	$\chi^2=3.13$ $df=4$ sig=0.536
	女	10.8%	24.4%	44.7%	14.9%	5.2%	
	合计	11.6%	26.3%	42.4%	14.5%	5.2%	

从表5-14可以看出,在住房领域,新生代农民工不公平感的性别差异主要表现在男性对此感到不公平(非常不公平+不太公平)的比例(50.5%)明显高于女性(比例为41.5%),他们在医疗领域的不公平感也表现出相似的规律,即男性感到不公平的比例(46.8%)明显高于女性(39.7%)。

2. 对各领域不公平感的年龄差异

卡方检验的结果显示,新生代农民工对就业机会的不公平感与年龄段无显著相关性,而他们对其他领域的不公平感均与年龄有显著相关性,具体如下:

表5-15　新生代农民工对各领域不公平感的年龄差异性

	年龄段	非常不公平	不太公平	一般	比较公平	非常公平	卡方检验
1. 就业机会	1980—1984	9.4%	29.1%	49.2%	10.2%	2.0%	$\chi^2=12.99$ $df=8$ sig=0.112
	1985—1989	9.6%	31.8%	41.7%	12.3%	4.7%	
	90后	9.2%	27.3%	50.8%	10.5%	2.2%	
	合计	9.4%	29.6%	46.6%	11.2%	3.2%	
2. 收入差距	1980—1984	16.4%	37.7%	34.4%	10.2%	1.2%	$\chi^2=16.21$ $df=8$ sig=0.039
	1985—1989	15.8%	40.9%	32.0%	9.0%	2.3%	
	90后	10.5%	35.6%	41.8%	10.3%	1.8%	
	合计	14.0%	38.3%	36.1%	9.7%	1.9%	
3. 住房状况	1980—1984	20.2%	28.8%	42.0%	8.2%	0.8%	$\chi^2=29.85$ $df=8$ sig=0.000
	1985—1989	18.5%	34.3%	34.7%	9.4%	3.1%	
	90后	11.6%	26.8%	46.1%	12.8%	2.7%	
	合计	16.3%	30.4%	40.4%	10.4%	2.5%	

续表

	年龄段	非常不公平	不太公平	一般	比较公平	非常公平	卡方检验
4. 医疗状况	1980—1984	18.9%	27.6%	37.9%	14.0%	1.6%	$\chi^2=31.79$ $df=8$ $sig=0.000$
	1985—1989	17.0%	33.5%	34.9%	12.3%	2.3%	
	90后	10.5%	23.9%	49.2%	13.4%	2.9%	
	合计	15.0%	28.8%	40.8%	13.1%	2.4%	
5. 教育机会	1980—1984	16.3%	28.8%	39.6%	11.6%	3.7%	$\chi^2=20.41$ $df=8$ $sig=0.009$
	1985—1989	12.9%	27.9%	40.5%	13.6%	5.1%	
	90后	8.1%	22.8%	46.1%	16.8%	6.3%	
	合计	11.8%	26.2%	42.4%	14.4%	5.3%	

从表5-15的结果看,在新生代农民工对收入差距的不公平感方面,1985—1989年出生的群体感到不公平的比例最高,为56.7%,1980—1984年出生的群体的不公平感次之,比例为54.1%。而"90后"出生的群体的不公平感最低,比例为46.1%,从比较的角度看,"80后"群体对收入差距感到不公平的比例明显高于"90后"群体。

在对住房的不公平感方面,仍然是1985—1989年出生的群体的不公平感最高,他们当中感到不公平的比例为52.8%,1980—1984年出生的群体的不公平感次之,比例为49.0%,而"90后"群体的不公平感最低,比例为38.4%。从总体看,同样表现出"80后"群体的不公平感明显高于"90后"群体的状态。

在对医疗状况的不公平感方面,同样是1985—1989年出生的群体的不公平感最高,他们当中感到不公平的比例为50.5%,1980—1984年出生的群体次之,他们感到不公平的比例为46.5%,"90后"群体的不公平感最低,比例为34.4%,从中可以看出,这三个群体对医疗状况的不公平感都有非常明显的差别。

在教育机会的不公平感方面,新生代农民工在年龄上表现出来的规律是:随着年龄的增加,他们当中感到不公平的比例越高,其中1980—1984年出生的群体感到不公平的比例为45.1%,1985—1989年出生的群体感到不公平的比例为40.8%,"90后"群体感到不公平的比例为30.9%。其原因可能在于,"80后"群体对教育机会不公平感的产生源于其子女教育机会和同龄的城市孩子的比较而产生的被剥夺感。

3. 对各领域不公平感的文化程度差异

统计结果显示,新生代农民工对医疗状况、教育机会的不公平感与文化程度无显著相关性,但他们对就业机会、收入差距、住房状况的不公平感与文化程度有显著相关性,具体如下:

表 5-16 新生代农民工对各领域不公平感的文化程度差异性

	文化程度	非常不公平	不太公平	一般	比较公平	非常公平	卡方检验
1. 就业机会	初中及以下	9.1%	26.3%	50.4%	11.1%	3.0%	$\chi^2=20.35$ $df=8$ sig=0.009
	高中/职高/中专	8.1%	30.4%	48.5%	8.5%	4.4%	
	大专及以上	11.4%	31.6%	40.2%	15.0%	1.9%	
	合计	9.4%	29.5%	46.6%	11.2%	3.2%	
2. 收入差距	初中及以下	13.3%	34.1%	40.2%	11.1%	1.4%	$\chi^2=17.67$ $df=8$ sig=0.024
	高中/职高/中专	11.9%	38.3%	38.5%	9.0%	2.3%	
	大专及以上	17.5%	42.4%	28.8%	9.4%	1.9%	
	合计	14.0%	38.3%	36.1%	9.7%	1.9%	
3. 住房状况	初中及以下	12.5%	26.6%	45.4%	13.3%	2.2%	$\chi^2=19.71$ $df=8$ sig=0.012
	高中/职高/中专	16.7%	30.8%	39.8%	9.4%	3.3%	
	大专及以上	19.4%	34.2%	35.8%	8.9%	1.7%	
	合计	16.2%	30.6%	40.3%	10.4%	2.5%	
4. 医疗状况	初中及以下	13.0%	27.4%	42.1%	15.5%	1.9%	$\chi^2=9.34$ $df=8$ sig=0.315
	高中/职高/中专	14.4%	28.8%	41.7%	11.9%	3.3%	
	大专及以上	17.8%	30.0%	38.3%	12.2%	1.7%	
	合计	15.0%	28.7%	40.8%	13.1%	2.4%	
5. 教育机会	初中及以下	10.2%	23.0%	44.3%	16.1%	6.4%	$\chi^2=9.46$ $df=8$ sig=0.305
	高中/职高/中专	11.0%	27.7%	41.7%	14.0%	5.6%	
	大专及以上	14.6%	27.2%	41.2%	13.6%	3.6%	
	合计	11.9%	26.1%	42.3%	14.4%	5.3%	

从表 5-16 可以看出,新生代农民工对就业机会的不公平感与文化程度的相关性体现在:随着文化程度的提高,他们当中感到不公平的比例越高,其中初中及以下群体感到不公平的比例为 35.4%,高中/职高/中专群体的比例为 38.5%,大专及以上群体的比例为 43.0%。

在对收入差距的不公平感方面,新生代农民工在文化程度上表现出来的规律是:随着文化程度的提高,他们当中感到不公平的比例越高。其中,初中及以下群体感到不公平的比例为47.4%,高中/职高/中专群体的比例为50.2%,大专及以上群体的比例为59.9%。

在对住房状况方面,新生代农民工的不公平感与文化程度的相关性所表现出来的规律是:随着文化程度的提高,他们的不公平感越高。其中,初中及以下群体感到不公平的比例为39.1%,高中/职高/中专群体的比例为47.5%,大专及以上群体的比例为53.6%。

4. 对各领域不公平感与其阅历的相关性

交互分类和卡方检验的结果显示,新生代农民工对各领域的不公平感与其在当前城市生活年限及总的打工年限都有显著相关性,具体如下:

(1) 对各领域不公平感与其在当前城市生活年限的相关性

卡方检验的结果表明,新生代农民工对就业机会、收入差距、住房状况的不公平感与其在当前城市的生活年限无显著相关,而他们对医疗状况、教育机会的不公平感与其在当前城市的生活年限在0.1的显著性水平下相关,具体如下表所示。

表5-17 新生代农民工对各领域不公平感与其在当前工作城市生活年限的相关性

	在当前城市生活年限	非常不公平	不太公平	一般	比较公平	非常公平	卡方检验
1. 就业机会	10年以上	9.5%	26.6%	50.6%	11.4%	1.9%	$\chi^2=10.28$ $df=8$ $sig=0.246$
	5~10年	8.3%	28.0%	46.6%	11.7%	5.4%	
	4年及以下	9.6%	30.9%	45.9%	11.2%	2.3%	
	合计	9.2%	29.5%	46.8%	11.4%	3.2%	
2. 收入差距	10年以上	15.8%	38.0%	36.1%	9.5%	0.6%	$\chi^2=7.38$ $df=8$ $sig=0.496$
	5~10年	15.7%	40.3%	32.3%	10.0%	1.7%	
	4年及以下	12.3%	37.5%	38.0%	9.8%	2.5%	
	合计	13.8%	38.4%	36.0%	9.8%	2.0%	
3. 住房状况	10年以上	17.8%	31.8%	38.2%	10.8%	1.3%	$\chi^2=5.30$ $df=8$ $sig=0.725$
	5~10年	18.0%	30.0%	40.0%	8.9%	3.1%	
	4年及以下	14.5%	29.9%	42.0%	11.0%	2.6%	
	合计	16.0%	30.2%	40.9%	10.3%	2.6%	

续表

	在当前城市生活年限	非常不公平	不太公平	一般	比较公平	非常公平	卡方检验
4. 医疗状况	10年以上	17.8%	27.4%	43.3%	9.6%	1.9%	χ^2=14.92 df=8 sig=0.061
	5~10年	17.7%	32.3%	36.0%	11.1%	2.9%	
	4年及以下	12.6%	27.1%	43.0%	14.9%	2.5%	
	合计	14.8%	28.7%	40.9%	13.0%	2.5%	
5. 教育机会	10年以上	16.0%	28.8%	39.1%	14.1%	1.9%	χ^2=14.58 df=8 sig=0.068
	5~10年	12.1%	29.0%	40.8%	13.8%	4.3%	
	4年及以下	10.3%	23.7%	44.4%	14.9%	6.7%	
	合计	11.6%	26.0%	42.6%	14.4%	5.4%	

从表 5-17 可以看出,新生代农民工对医疗状况的不公平感与其在当前城市生活年限的相关性表现在:在当前城市生活 5~10 年的群体感到不公平的比例最高,为 50.0%,在当前城市生活 10 年以上的群体不公平感次之,比例为 45.2%,在当前城市生活 4 年及以下的群体的不公平感最低,比例为 39.7%。

在教育机会方面,新生代农民工的不公平感与其在当前城市生活年限的相关性表现为:在当前城市生活的年限越长,他们当中感到不公平的比例越高。其中,在当前城市生活 10 年以上的群体感到不公平的比例最高,为 44.8%,生活 5~10 年的群体的不公平感次之,比例为 41.1%,生活 4 年及以下的群体的不公平感最低,比例为 34.0%。

(2)对各领域不公平感与其总的打工年限的相关性

卡方检验的结果显示,新生代农民工对收入差距的不公平感与其总的打工年限无显著相关性,他们对住房状况的不公平感与其打工年限在 0.1 的显著性水平下相关,他们对就业机会、医疗状况、教育机会的不公平感与其总的打工年限在 0.05 的显著性水平下相关,具体如表 5-18 所示。

表 5-18 新生代农民工对各领域不公平感与其总的打工年限的相关性

	总的打工年限	非常不公平	不太公平	一般	比较公平	非常公平	卡方检验
1. 就业机会	10年以上	8.7%	35.2%	44.3%	11.0%	0.9%	χ^2=22.14 df=8 sig=0.005
	5~10年	9.0%	27.5%	46.5%	10.6%	6.3%	
	4年及以下	9.5%	29.5%	47.3%	11.8%	1.9%	
	合计	9.2%	29.8%	46.5%	11.2%	3.3%	

续表

	总的打工年限	非常不公平	不太公平	一般	比较公平	非常公平	卡方检验
2. 收入差距	10 年以上	16.0%	39.3%	34.7%	8.2%	1.8%	$\chi^2=4.99$ $df=8$ $sig=0.759$
	5～10 年	14.4%	40.3%	33.6%	9.7%	2.1%	
	4 年及以下	12.5%	36.6%	38.7%	10.3%	1.9%	
	合计	13.8%	38.4%	36.1%	9.7%	1.9%	
3. 住房状况	10 年以上	19.3%	33.9%	37.6%	8.7%	0.5%	$\chi^2=15.41$ $df=8$ $sig=0.052$
	5～10 年	17.6%	28.7%	40.7%	9.0%	3.9%	
	4 年及以下	13.8%	30.5%	41.5%	12.0%	2.2%	
	合计	16.2%	30.5%	40.5%	10.3%	2.5%	
4. 医疗状况	10 年以上	20.6%	28.9%	38.1%	11.9%	0.5%	$\chi^2=23.10$ $df=8$ $sig=0.003$
	5～10 年	16.2%	31.3%	36.8%	12.3%	3.5%	
	4 年及以下	11.4%	26.4%	45.2%	14.6%	2.4%	
	合计	14.9%	28.6%	40.8%	13.2%	2.4%	
5. 教育机会	10 年以上	18.0%	29.0%	40.6%	9.7%	2.8%	$\chi^2=20.65$ $df=8$ $sig=0.008$
	5～10 年	11.6%	25.3%	40.5%	16.3%	6.3%	
	4 年及以下	9.2%	25.2%	45.0%	15.0%	5.6%	
	合计	11.7%	26.0%	42.6%	14.5%	5.3%	

从表 5-18 的结果看，新生代农民工对就业机会的不公平感与其总的打工年限的相关性表现为：打工年限在 10 年以上的人不公平感最高，他们当中感到不公平的比例为 43.9%，打工年限在 4 年及以下的群体的不公平感次之，比例为 39.0%，打工年限为 5～10 年的群体的不公平感最低，比例为 36.5%。

在住房状况方面，新生代农民工的不公平感与其总的打工年限的相关性所表现出来的规律是：打工年限越长，他们当中感到不公平的比例越高。其中，打工年限在 10 年以上的群体感到不公平的比例为 53.2%，打工年限为 5～10 年的群体感到不公平的比例为 46.3%，打工年限在 4 年及以下的群体感到不公平的比例为 44.3%。

在医疗状况方面，新生代农民工的不公平感与其总的打工年限的相关性表现出类似的规律，即打工年限越长，他们当中感到不公平的比例越高。其中,打工年限在10年以上的群体感到不公平的比例为49.5%,打工年限为5～10年的群体感到不公平的比例为47.5%,打工年限在4年及以下的群体感到不公平的比例为37.8%,可以看出,打工年限在5年及以上的群体的不公平感明显高于打工年限在4年及以下的群体。

在教育机会方面,新生代农民工的不公平感与其总的打工年限的相关性表现出类似的规律,即打工年限越长,他们当中感到不公平的比例越高。其中,打工年限在10年以上的群体感到不公平的比例为47%,打工年限为5～10年的群体感到不公平的比例为36.9%,打工年限在4年及以下的群体感到不公平的比例为34.4%。在这方面,分界线是打工年限10年以上的群体与10年以下的群体,前者感到不公平的比例远远高于后者。

5. 对各领域不公平感与其工作所在城市的相关性

卡方检验的结果显示,新生代农民工在各个领域的不公平感与其当前工作所在的城市都有显著相关性,具体如表5-19所示。

表5-19 新生代农民工对各领域不公平感的地域差异性

	地域	非常不公平	不太公平	一般	比较公平	非常公平	卡方检验
1. 就业机会	南京	11.5%	26.0%	51.0%	7.5%	4.0%	$\chi^2=68.37$ $df=20$ $sig=0.000$
	上海	12.7%	44.4%	31.2%	10.1%	1.6%	
	常州	8.6%	23.7%	58.1%	7.6%	2.0%	
	郑州	12.3%	32.2%	42.7%	9.0%	3.8%	
	厦门	6.4%	27.5%	47.1%	15.7%	3.4%	
	广州	4.9%	24.6%	48.8%	17.2%	4.4%	
	合计	9.4%	29.6%	46.6%	11.2%	3.2%	
2. 收入差距	南京	11.0%	34.0%	42.0%	11.0%	2.0%	$\chi^2=52.08$ $df=20$ $sig=0.000$
	上海	22.2%	37.6%	28.6%	11.6%		
	常州	12.6%	39.9%	40.4%	4.5%	2.5%	
	郑州	18.5%	42.2%	28.9%	7.1%	3.3%	
	厦门	10.8%	39.7%	38.7%	8.8%	2.0%	
	广州	8.9%	36.0%	38.4%	15.3%	1.5%	
	合计	13.9%	38.3%	36.2%	9.7%	1.9%	

续表

	地域	非常不公平	不太公平	一般	比较公平	非常公平	卡方检验
3. 住房状况	南京	11.0%	27.5%	45.5%	11.5%	4.5%	$\chi^2=45.75$ $df=20$ $sig=0.001$
	上海	21.7%	34.9%	31.7%	11.6%		
	常州	13.7%	28.4%	46.2%	9.1%	2.5%	
	郑州	24.2%	32.7%	33.6%	6.6%	2.8%	
	厦门	12.7%	28.9%	46.6%	9.8%	2.0%	
	广州	14.3%	30.5%	38.4%	13.8%	3.0%	
	合计	16.3%	30.5%	40.4%	10.4%	2.5%	
4. 医疗状况	南京	10.5%	23.0%	47.0%	16.0%	3.5%	$\chi^2=46.80$ $df=20$ $sig=0.001$
	上海	20.6%	33.3%	30.2%	15.9%		
	常州	14.7%	25.4%	46.2%	10.7%	3.0%	
	郑州	17.5%	31.3%	37.0%	10.9%	3.3%	
	厦门	11.8%	23.5%	46.1%	15.2%	3.4%	
	广州	14.8%	36.5%	37.9%	9.9%	1.0%	
	合计	15.0%	28.8%	40.8%	13.0%	2.4%	
5. 教育机会	南京	8.5%	21.0%	45.0%	18.5%	7.0%	$\chi^2=44.85$ $df=20$ $sig=0.001$
	上海	16.0%	33.0%	30.3%	16.5%	4.3%	
	常州	11.2%	24.0%	47.4%	13.8%	3.6%	
	郑州	13.8%	31.9%	40.0%	9.0%	5.2%	
	厦门	10.8%	19.6%	49.0%	12.3%	8.3%	
	广州	10.8%	27.6%	41.9%	16.7%	3.0%	
	合计	11.8%	26.1%	42.4%	14.4%	5.2%	

从表5-19可以看出,在就业机会方面,新生代农民工的不公平感与其工作所在城市的相关性表现为:工作在上海的人感到不公平感的比例最高,为57.1%,其次是郑州,在此工作的人感到不公平的比例为44.5%,第三梯队是南京、常州、厦门,人们感到不公平的比例分别为37.5%、32.3%和33.9%,不公平感最低的是广州,比例为29.5%。

在收入差距方面,新生代农民工的不公平感在地域上可以分为三个梯队:第一梯队是不公平感最高的城市,包括上海和郑州,人们感到不公平的比例分别为59.8%和60.7%;第二梯队是不公平感较高的城市,包括常州和厦门,人们感到不公平的比例分别为52.5%和50.5%;第三梯队的不公平感较低,包括南京和广州,人们感到不公平的比例分别为45.0%和44.9%。

在住房状况方面,新生代农民工感到不公平的比例在50%以上的有2个城市,即上海和郑州,比例分别为56.6%和56.9%;人们感到不公平的比例在40%~50%之间的有3个城市,包括常州、厦门和广州,其比例分别为42.1%、41.6%和44.8%;工作在南京的新生代农民工的不公平感最低,感到不公平的比例为38.5%。

在医疗状况方面,新生代农民工感到不公平的比例在50%以上的有2个城市,即上海和广州,比例分别为53.9%和51.3%;人们感到不公平的比例在40%~50%之间的有2个城市,包括常州和郑州,其比例分别为40.1%和48.8%;工作在南京、厦门的新生代农民工的不公平感最低,感到不公平的比例分别为33.5%和35.3%。

在教育机会方面,新生代农民工感到不公平的比例在40%以上的有2个城市,即上海和郑州,其比例分别为49.0%和45.7%;第二梯队是不公平感较高的城市,即常州和广州,其比例分别为35.2%和38.4%;第三梯队是不公平感最低的城市,包括南京和厦门,工作于其中的新生代农民工感到不公平的比例分别为29.5%和30.4%。

五、对各领域不平等的接受程度的群体差异

统计分析结果显示,新生代农民工对各领域不平等的接受程度与其性别、政治身份(是否为共产党员)没有显著相关性,与其年龄、文化程度、阅历、工作所在城市等有显著相关性,具体如下:

1. 对各领域不平等的接受程度与年龄的相关性

卡方检验的结果显示,新生代农民工对就业机会不平等、收入差距不平等、教育机会不平等的接受程度与年龄没有显著相关性,他们对住房状况不平等的接受程度与年龄在0.1的显著性水平下相关,对医疗状况不平等的接受程度与年龄在0.05的显著性水平下相关,具体如表5-20所示。

表 5－20 新生代农民工对各领域不公平的接受程度在年龄上的差异性

	年龄	完全不能接受	不太能接受	一般	比较能接受	完全能接受	卡方检验
1. 就业机会	1980—1984	13.2%	27.6%	46.1%	12.3%	0.8%	$\chi^2=11.68$ $df=8$ $sig=0.166$
	1985—1989	14.6%	32.4%	41.1%	10.3%	1.6%	
	90后	10.5%	35.6%	40.9%	12.5%	0.4%	
	合计	12.8%	32.6%	42.1%	11.6%	1.0%	
2. 收入差距	1980—1984	11.9%	36.6%	37.0%	13.2%	1.2%	$\chi^2=10.34$ $df=8$ $sig=0.242$
	1985—1989	16.2%	37.8%	31.4%	12.7%	1.9%	
	90后	11.2%	34.9%	38.3%	14.3%	1.3%	
	合计	13.5%	36.5%	35.1%	13.4%	1.6%	
3. 住房状况	1980—1984	15.2%	35.0%	37.0%	11.5%	1.2%	$\chi^2=14.224$ $df=8$ $sig=0.076$
	1985—1989	17.8%	32.6%	37.5%	10.0%	2.1%	
	90后	11.6%	30.0%	42.3%	14.5%	1.6%	
	合计	15.0%	32.1%	39.2%	12.0%	1.7%	
4. 医疗状况	1980—1984	18.1%	36.6%	35.4%	8.2%	1.6%	$\chi^2=16.15$ $df=8$ $sig=0.040$
	1985—1989	22.4%	33.1%	31.2%	10.9%	2.3%	
	90后	17.9%	27.7%	37.6%	14.3%	2.5%	
	合计	19.9%	31.8%	34.4%	11.6%	2.2%	
5. 教育机会	1980—1984	17.3%	32.5%	40.3%	7.8%	2.1%	$\chi^2=12.76$ $df=8$ $sig=0.120$
	1985—1989	21.7%	32.8%	32.6%	10.9%	2.0%	
	90后	18.8%	27.1%	38.7%	13.2%	2.2%	
	合计	19.7%	30.6%	36.4%	11.1%	2.1%	

表 5-20 的结果显示,新生代农民工对住房状况不平等的接受程度与年龄的相关性表现在:"90 后"群体对住房不平等的接受程度迥异于"80 后"群体,其中"90 后"群体中不能接受的比例为 41.6%,"80 后"群体中不能接受的比例都在 50%以上,而"80 后"群体中,1980—1984 年出生与 1985—1989 年出生的群体不能接受的比例相差不大,前者为 50.2%,后者为 50.4%。

在医疗状况的不平等方面,新生代农民工的接受程度与年龄的相关性表现为:"90 后"群体对不平等的接受程度更高,他们当中不能接受的比例为 45.6%,而"80 后"群体中不能接受的比例都在 55%左右,其中 1980—1984

年出生的群体中不能接受的比例为54.7%,1985—1989年出生的群体中不能接受的比例为55.5%。

2. 对各领域不平等的接受程度与文化程度的相关性

分析结果显示,新生代农民工对就业机会不平等、收入差距不平等及教育机会不平等的接受程度与其文化程度没有显著相关性,而他们对住房状况不平等、医疗状况不平等的接受程度与文化程度有显著相关性,具体如表5-21所示。

表5-21 新生代农民工对各领域不公平的接受程度在文化程度上的差异性

	文化程度	完全不能接受	不太能接受	一般	比较能接受	完全能接受	卡方检验
1. 就业机会	初中及以下	13.6%	33.0%	40.2%	12.7%	0.6%	$\chi^2=5.97$ $df=8$ $sig=0.650$
	高中/职高/中专	12.1%	34.4%	41.9%	10.8%	0.8%	
	大专及以上	13.3%	29.4%	44.4%	11.1%	1.7%	
	合计	12.9%	32.5%	42.1%	11.5%	1.0%	
2. 收入差距	初中及以下	10.8%	36.6%	34.1%	17.2%	1.4%	$\chi^2=13.08$ $df=8$ $sig=0.109$
	高中/职高/中专	16.5%	36.9%	33.3%	11.9%	1.5%	
	大专及以上	12.2%	35.8%	38.3%	11.7%	1.9%	
	合计	13.5%	36.5%	35.1%	13.4%	1.6%	
3. 住房状况	初中及以下	10.8%	28.5%	44.0%	14.4%	2.2%	$\chi^2=21.13$ $df=8$ $sig=0.007$
	高中/职高/中专	17.9%	31.5%	36.3%	12.9%	1.5%	
	大专及以上	15.6%	36.8%	37.6%	8.4%	1.7%	
	合计	15.1%	32.2%	39.0%	12.0%	1.8%	
4. 医疗状况	初中及以下	16.9%	28.5%	35.7%	15.2%	3.6%	$\chi^2=19.40$ $df=8$ $sig=0.013$
	高中/职高/中专	22.5%	32.5%	31.7%	11.5%	1.9%	
	大专及以上	19.7%	34.2%	36.7%	8.1%	1.4%	
	合计	20.0%	31.8%	34.4%	11.6%	2.2%	
5. 教育机会	初中及以下	16.9%	29.1%	38.0%	13.3%	2.8%	$\chi^2=8.16$ $df=8$ $sig=0.418$
	高中/职高/中专	21.1%	30.3%	35.3%	11.3%	2.1%	
	大专及以上	21.1%	32.5%	36.1%	8.9%	1.4%	
	合计	19.8%	30.6%	36.3%	11.2%	2.1%	

从表 5-21 可知,新生代农民工对住房状况不平等的接受程度与其文化程度成负相关,即他们的文化程度越高,对住房状况不平等的接受程度越低,其中初中及以下的群体中不接受的比例为 39.3%,高中/职高/中专群体中不接受的比例为 49.4%,大专及以上群体中不接受的比例为 52.4%。

在医疗状况不平等方面,初中及以下群体对该领域不平等的接受程度明显高于另外两个群体,在这三个群体中,高中/职高/中专群体不接受的比例最高,大专及以上群体次之,初中及以下群体中不接受的比例最低。其中,初中及以下群体中不接受的比例为 45.4%,高中/职高/中专群体中不接受的比例为 55.0%,大专及以上群体中不接受的比例为 53.9%。

3. 对各领域不平等的接受程度与其阅历的相关性

新生代农民工对各领域不平等的接受程度与其阅历的两个方面(在当前工作城市的生活年限和总的打工年限)都有显著相关性,具体如下:

(1) 新生代农民工对各领域不平等的接受程度与其在当前工作城市生活年限的相关性

统计结果显示,新生代农民工对就业机会不平等的接受程度与其在当前工作城市的生活年限在 0.1 的显著性水平下相关,他们对其他领域不平等的接受程度与该变量没有显著相关性,具体如表 5-22 所示。

表 5-22 新生代农民工对各领域不平等的接受程度与
其在当前工作城市生活年限的相关性

	在当前城市生活年限	完全不能接受	不太能接受	一般	比较能接受	完全能接受	卡方检验
1. 就业机会	10 年以上	10.8%	26.1%	45.2%	17.8%	0.1%	$\chi^2=15.31$ $df=8$ $sig=0.053$
	5~10 年	14.9%	29.7%	43.7%	10.6%	1.1%	
	4 年及以下	12.4%	35.7%	40.0%	10.9%	1.1%	
	合计	12.9%	32.6%	41.8%	11.7%	0.9%	
2. 收入差距	10 年以上	10.8%	35.0%	34.4%	19.1%	0.6%	$\chi^2=6.68$ $df=8$ $sig=0.561$
	5~10 年	14.9%	36.0%	35.4%	12.3%	1.4%	
	4 年及以下	13.6%	36.9%	35.1%	12.7%	1.7%	
	合计	13.6%	36.4%	35.1%	13.4%	1.5%	

续表

	在当前城市生活年限	完全不能接受	不太能接受	一般	比较能接受	完全能接受	卡方检验
3. 住房状况	10年以上	14.6%	38.9%	31.2%	14.6%	0.6%	$\chi^2=9.09$ $df=8$ $sig=0.334$
	5~10年	15.5%	31.2%	41.3%	10.6%	1.4%	
	4年及以下	14.7%	30.6%	40.6%	12.1%	2.0%	
	合计	14.9%	31.9%	39.5%	12.0%	1.6%	
4. 医疗状况	10年以上	15.9%	40.1%	31.8%	11.5%	0.6%	$\chi^2=10.82$ $df=8$ $sig=0.212$
	5~10年	20.6%	32.9%	33.7%	10.9%	2.0%	
	4年及以下	20.5%	28.6%	36.0%	12.1%	2.8%	
	合计	19.9%	31.5%	34.7%	11.6%	2.2%	
5. 教育机会	10年以上	14.7%	32.7%	39.1%	12.2%	1.3%	$\chi^2=9.72$ $df=8$ $sig=0.285$
	5~10年	20.9%	33.4%	35.4%	9.1%	1.1%	
	4年及以下	20.2%	28.5%	36.9%	11.6%	2.8%	
	合计	19.7%	30.5%	36.8%	11.0%	2.1%	

表5-22的结果显示，新生代农民工对就业机会不平等的接受程度与其在当前工作城市的生活年限的相关性表现为：他们在当前工作城市的生活年限越长，对就业机会不平等的接受程度越高。其中，在当前工作城市生活年限在10年以上的群体中不接受的比例为36.9%，生活年限在5~10年的群体中不接受的比例为44.6%，生活年限在4年及以下的群体中不接受的比例为48.1%。

（2）新生代农民工对各领域不平等的接受程度与总的打工年限的相关性

卡方检验的结果显示，新生代农民工对就业机会不平等、收入差距不平等和教育机会不平等的接受程度与其总的打工年限没有显著相关性，而他们对住房状况不平等、医疗状况不平等的接受程度与其总的打工年限有显著相关性，具体如表5-23所示。

表 5-23 新生代农民工对各领域不平等的接受程度与其总的打工年限的相关性

	总的打工年限	完全不能接受	不太能接受	一般	比较能接受	完全能接受	卡方检验
1. 就业机会	10 年以上	11.9%	30.3%	44.5%	12.8%	0.5%	$\chi^2=9.25$ $df=8$ $sig=0.322$
	5~10 年	14.4%	30.6%	42.1%	11.1%	1.9%	
	4 年及以下	12.0%	35.5%	40.6%	11.4%	0.6%	
	合计	12.8%	32.7%	41.9%	11.6%	1.0%	
2. 收入差距	10 年以上	11.9%	39.9%	32.1%	14.7%	1.4%	$\chi^2=11.30$ $df=8$ $sig=0.186$
	5~10 年	16.4%	33.8%	34.5%	12.7%	2.5%	
	4 年及以下	11.8%	37.2%	36.6%	13.5%	0.9%	
	合计	13.5%	36.5%	35.0%	13.4%	1.6%	
3. 住房状况	10 年以上	16.5%	35.8%	34.9%	11.9%	0.9%	$\chi^2=17.86$ $df=8$ $sig=0.022$
	5~10 年	17.2%	28.8%	40.6%	10.2%	3.2%	
	4 年及以下	12.5%	33.1%	40.4%	13.1%	0.9%	
	合计	14.9%	32.0%	39.4%	11.8%	1.8%	
4. 医疗状况	10 年以上	17.9%	39.0%	33.5%	8.3%	1.4%	$\chi^2=18.59$ $df=8$ $sig=0.017$
	5~10 年	22.9%	29.2%	32.4%	11.8%	3.7%	
	4 年及以下	18.1%	30.5%	37.0%	12.9%	1.5%	
	合计	19.8%	31.6%	34.7%	11.6%	2.3%	
5. 教育机会	10 年以上	17.1%	35.5%	38.2%	7.8%	1.4%	$\chi^2=9.99$ $df=8$ $sig=0.266$
	5~10 年	22.2%	28.7%	34.0%	13.0%	2.1%	
	4 年及以下	18.9%	29.9%	37.8%	11.0%	2.4%	
	合计	19.8%	30.5%	36.5%	11.1%	2.1%	

从表 5-23 可以看出,新生代农民工对住房状况不平等的接受程度与其总的打工年限的相关性表现为:总的打工年限越长,他们对住房状况不平等的接受程度越低,而分界点是 10 年,即总的打工年限在 10 年以上的群体对就业机会不平等的接受程度明显低于工作年限在 10 年及以下的群体。其中,工作年限在 10 年以上的群体中不接受的比例为 52.3%,打工年限在 5~10 年的群体中不接受的比例为 46.0%,打工年限在 4 年及以下的群体中不接受的比例为 45.6%,后两个群体(即打工年限在 10 年以下的群体)的不接

受的比例没有明显差别。

在医疗状况的不平等方面,新生代农民工的接受程度与其总的打工年限呈现出类似的规律性,即总的打工年限越长,他们对医疗状况不平等的接受程度越低。其中,打工年限在 10 年以上的群体中不接受的比例为 56.9%,打工年限在 5~10 年的群体中不接受的比例为 52.1%,打工年限在 4 年及以下的群体中不接受的比例为 48.6%,这三个群体不接受的比例都有明显差别。

4. 对各领域不平等的接受程度与其工作所在城市的相关性

卡方检验的结果表明,新生代农民工对收入差距不平等的接受程度与其工作所在城市没有显著相关性,他们对住房状况不平等、医疗状况不平等的接受程度与其工作所在城市在 0.1 的显著性水平下有显著相关性,而他们对就业机会不平等、教育机会不平等的接受程度在 0.05 的显著性水平下相关,具体如表 5-24 所示。

表 5-24 新生代农民工对各领域不平等的接受程度与其工作所在城市的相关性

	地域	完全不能接受	不太能接受	一般	比较能接受	完全能接受	卡方检验
1. 就业机会	南京	12.0%	32.0%	41.5%	13.0%	1.5%	$\chi^2=32.57$ $df=20$ $sig=0.038$
	上海	14.8%	39.2%	31.7%	13.2%	1.1%	
	常州	12.7%	32.5%	43.7%	10.2%	1.0%	
	郑州	11.4%	26.5%	54.5%	6.6%	0.9%	
	厦门	14.2%	37.3%	36.8%	10.8%	1.0%	
	广州	12.3%	28.6%	42.9%	15.8%	0.5%	
	合计	12.9%	32.6%	42.0%	11.5%	1.0%	
2. 收入差距	南京	10.5%	33.5%	36.0%	18.0%	2.0%	$\chi^2=21.7$ $df=20$ $sig=0.357$
	上海	16.4%	39.2%	29.1%	14.3%	1.1%	
	常州	13.2%	34.5%	38.1%	13.2%	1.0%	
	郑州	13.3%	37.9%	37.9%	8.5%	2.4%	
	厦门	16.7%	39.2%	29.9%	13.2%	1.0%	
	广州	10.8%	35.0%	38.9%	13.3%	2.0%	
	合计	13.5%	36.5%	35.0%	13.4%	1.6%	

续表

地域		完全不能接受	不太能接受	一般	比较能接受	完全能接受	卡方检验
3. 住房状况	南京	12.0%	28.5%	43.0%	14.0%	2.5%	$\chi^2=31.00$ $df=20$ $sig=0.055$
	上海	19.6%	32.8%	28.6%	17.5%	1.6%	
	常州	13.8%	29.6%	45.9%	8.7%	2.0%	
	郑州	18.5%	35.1%	37.9%	7.1%	1.4%	
	厦门	11.8%	35.3%	39.7%	11.8%	1.5%	
	广州	14.8%	31.0%	39.4%	13.3%	1.5%	
	合计	15.0%	32.1%	39.2%	12.0%	1.7%	
4. 医疗状况	南京	14.5%	26.0%	41.5%	13.0%	5.0%	$\chi^2=28.52$ $df=20$ $sig=0.098$
	上海	23.8%	36.0%	27.5%	11.6%	1.1%	
	常州	20.3%	32.0%	37.6%	8.1%	2.0%	
	郑州	20.9%	32.2%	35.5%	10.0%	1.4%	
	厦门	22.1%	31.4%	31.4%	13.2%	2.0%	
	广州	18.2%	33.5%	32.5%	13.8%	2.0%	
	合计	19.9%	31.8%	34.4%	11.6%	2.2%	
5. 教育机会	南京	14.5%	27.5%	38.5%	15.5%	4.0%	$\chi^2=36.35$ $df=20$ $sig=0.014$
	上海	22.8%	37.0%	26.5%	12.7%	1.1%	
	常州	19.8%	34.5%	37.1%	6.6%	2.0%	
	郑州	20.9%	30.8%	38.9%	8.5%	0.9%	
	厦门	23.5%	25.5%	38.7%	9.3%	2.9%	
	广州	17.3%	28.7%	38.1%	14.4%	1.5%	
	合计	19.8%	30.6%	36.4%	11.1%	2.1%	

表5-24的数据表明，新生代农民工对各领域不平等的接受程度与其工作所在城市的相关性如下：

在就业机会不平等方面，新生代农民工的接受程度与其工作所在城市有显著相关性，具体表现为：工作在上海的群体的接受程度最低，不接受的比例为54.0%，南京、常州、广州大致相当，工作于其中的新生代农民工对就业机会不平等不接受的比例分别为44.0%、45.2%、40.9%，而工作在郑州的新生代农民工对就业机会不平等的接受程度最高，不接受的比例为37.9%。

在住房状况不平等方面,新生代农民工的接受程度与其工作所在城市的相关性表现为:上海、郑州是第一梯队,新生代农民工对住房状况不平等的接受程度最低,不接受的比例分别为52.4%和53.6%,厦门、广州是第二梯队,人们对住房状况不平等的接受程度居中,不接受的比例分别为47.1%和45.8%,南京、常州是第三梯队,人们对住房状况不平等的接受程度最高,其不接受的比例分别为40.5%和43.4%。

在医疗状况不平等方面,上海依然是第一梯队,人们的接受程度最低,不接受的比例为59.8%,常州、郑州、厦门、广州为第二梯队,人们对医疗状况不平等的接受程度居中,在这四个城市工作的新生代农民工群体中,不接受的比例分别为52.3%、53.1%、53.5%和51.7%。而工作在南京的新生代农民工对医疗状况不平等的接受程度最高,不接受的比例为40.5%,明显低于其他城市。

在教育机会不平等方面,新生代农民工对其不接受的比例高于50%的有3个城市,即上海、常州、郑州,其不接受的比例分别为59.8%、54.3%和51.7%,而新生代农民工对教育机会不平等的不接受比例在40%~50%之间的是南京、厦门、广州3个城市,其中工作于南京的新生代农民工不接受的比例为42%,厦门为49%,广州为46%。

六、歧视指数的群体差异

如前所述,新生代农民工的不平等遭遇的来源有三类:第一类是宗教和民族,他们受这两个因素的影响较小;第二类是性别和其所来自的省份,这是社会中普遍存在的歧视,非农民工所特有的歧视;第三类是和新生代农民工的身份密切相关的各种因素,也是他们遭遇不公平对待的最主要、最重要的因素。因此,此处主要分析第三类不平等遭遇的来源的群体差异性,即基于新生代农民工身份的歧视是否存在群体差异性。

为了分析的方便,笔者将上述各因素进行因子分析,将生成的公因子另存为变量,并将该因子按照上文的方法转换成1~100之间的指数,将之命名为新生代农民工身份歧视指数。根据调查问卷中对各选项的赋值方式(总是=1、经常=2、有时=3、几乎很少=4、从来没有=5),转换成的指数数值越高,说明其受到不公平对待的程度越低。

在将不平等遭遇的来源转换为指数之后,采用t检验、一元方差分析等方式来比较新生代农民工内部各群体在该指数上的均值差异。

统计结果显示，新生代农民工歧视指数与其年龄、政治身份（是否为共产党员）没有显著相关，但与其性别、文化程度、阅历、工作所在城市有显著相关，具体如下：

1. 新生代农民工歧视指数的性别差异

由于性别这个变量的取值为2类（男、女），而不平等遭遇的来源已经被转换为连续的定距变量，因此，采用独立样本t检验来比较不同性别的人在农民工身份歧视指数上的差异性，具体数据如表5-25所示。

表5-25 不同性别的新生代农民工在不平等遭遇来源上的差异

		方差方程的 Levene 检验		均值方程的t检验		
		F	sig	t	df	sig（双侧）
不平等来源指数—农民工身份	假设方差相等	0.900	0.343	-1.713	1 175	0.087
	假设方差不相等			-1.709	1 124.02	0.088

从表5-25可以看出，新生代农民工不平等遭遇的来源与其性别在0.1的显著性水平下有显著相关性，其具体差异如表5-26所示。

表5-26 新生代农民工在不平等遭遇来源上的性别差异

	您的性别	N	均值	标准差	均值的标准误
不平等来源指数—农民工身份	男	644	61.707 5	18.268 87	0.719 89
	女	533	63.560 1	18.703 23	0.810 13

从表5-26可以看出，在不平等遭遇来源为农民工身份的指数中，女性的均值高于男性，而如前所述，歧视指数数值越高，说明其受到不公平对待的程度越低，这意味着，女性比男性更少因为其新生代农民工的身份而受到不平等对待。

2. 新生代农民工歧视指数的文化程度差异

由于文化程度属多分类变量，因此采用一元方差分析来比较不同文化程度的人在新生代农民工身份歧视指数上的差异性，方差分析的结果如表5-27所示。

表 5-27　农民工身份歧视指数在其文化程度上的差异性

	平方和	自由度(df)	均方差	F	显著性(sig)
组间	5 558.029	2	2 779.015	8.194	0.000
组内	402 583.618	1 187	339.161		
总数	408 141.647	1 189			

从表 5-27 可以看出，F 检验的 sig 为 0.000，说明不同文化程度的新生代农民工在农民工身份歧视指数的均值上存在显著差异，其具体的差异如表 5-28 所示。

表 5-28　新生代农民工歧视指数在文化程度上的具体差异

（I）学历分组	（J）学历分组	均值差（I-J）	标准误	显著性
初中及以下	高中/职高/中专	−0.339 25	1.290 22	1.000
	大专及以上	−4.905 11*	1.382 31	0.001
高中/职高/中专	初中及以下	0.339 25	1.290 22	1.000
	大专及以上	−4.565 86*	1.288 13	0.001
大专及以上	初中及以下	4.905 11*	1.382 31	0.001
	高中/职高/中专	4.565 86*	1.288 13	0.001

* 均值差的显著性水平为 0.05。

从表 5-28 可以看出，新生代农民工歧视指数在文化程度上所表现出来的总体规律是：文化程度越高，其指数均值越高，意味着该群体因其新生代农民工身份而受到不平等对待的可能性越小。具体而言，初中及以下群体的指数均值比高中/职高/中专群体的指数均值略低，但两个群体没有显著差别，而大专及以上群体与前两个群体在新生代农民工歧视指数上都有显著差异，表现为大专及以上群体的指数均值比初中及以下群体高约 4.91，比高中/职高/中专群体高约 4.57，这说明大专及以上群体比其他两个群体更少地因为其新生代农民工的身份而受到不公平对待，而初中及以下群体与高中/职高/中专群体在新生代农民工歧视指数上的差别不明显。

3. 新生代农民工歧视指数的阅历差异

就新生代农民工的阅历而言，他们总的打工年限对新生代农民工歧视指数没有显著影响，但他们在工作所在城市的年限对其有显著影响，其方差分析的结果具体如表 5-29 所示。

表 5-29　农民工身份歧视指数与其在工作所在城市生活年限的相关性

	平方和	自由度(df)	均方差	F	显著性(sig)
组间	1 917.031	2	958.516	2.818	0.060
组内	390 800.157	1 149	340.122		
总数	392 717.188	1 151			

从表 5-29 可以看出，方差分析的 F 检验的 sig 为 0.060，说明新生代农民工的农民工身份歧视指数与其在当前工作城市的生活年限在 0.1 的显著性水平下有显著相关性，具体的差异如表 5-30 所示。

表 5-30　新生代农民工歧视指数在其工作所在城市的生活年限上的具体差异

(I) 在本地生活年限	(J) 在本地生活年限	均值差 (I-J)	标准误	显著性
10 年以上	5～10 年	2.105 61	1.775 46	0.708
	4 年及以下	−0.806 62	1.640 01	1.000
5～10 年	10 年以上	−2.105 61	1.775 46	0.708
	4 年及以下	−2.912 23	1.228 46	0.054
4 年及以下	10 年以上	0.806 62	1.640 01	1.000
	5～10 年	2.912 23	1.228 46	0.054

从表 5-30 的数据可知，新生代农民工歧视指数与其在当前城市生活年限的关系呈现出一种比较有趣的状况，即生活年限在 5～10 年的人的歧视指数的均值最低，且明显低于生活年限在 4 年及以下的群体的歧视指数均值，而其他群体之间的歧视指数的均值皆没有显著差别。这意味着，生活年限在 5～10 年之间的群体因为其新生代农民工身份而受到不公平对待的程度最严重，且该群体因其新生代农民工身份而受到不平等对待的情况明显比生活年限在 4 年及以下群体严重，而他们与生活年限在 10 年以上的群体没有显著差别，且生活年限在 4 年及以下的群体与生活年限在 10 年以上的群体也没有显著差别。

这种状况，恰恰说明新生代农民工的城市融入是需要时间的，他们在融入工作所在城市的过程中，要熬过一个瓶颈期(5～10 年)，之后他们因其新生代农民工身份而受到不公平对待的程度会有所减轻。

4. 新生代农民工歧视指数与其工作所在城市的相关性

同样用一元方差分析来分析新生代农民工歧视指数与其工作所在城市

的相关性,其结果如表 5-31 所示。

表 5-31 农民工身份歧视指数与其工作所在城市的相关性

	平方和	df	均方	F	显著性
组间	11 636.693	5	2 327.339	6.952	0.000
组内	397 378.069	1 187	334.775		
总数	409 014.762	1 192			

从表 5-31 可以看出,新生代农民工歧视指数与其工作所在城市存在显著相关,换言之,新生代农民工歧视指数因其工作所在城市的不同而存在显著差异,具体差异如表 5-32 所示。

表 5-32 新生代农民工歧视指数在其工作所在城市的具体差异

(I)调查地点	(J)调查地点	均值差(I-J)	标准误	显著性
南京	上海	4.564 48	1.869 04	0.221
	常州	-5.192 63	1.836 64	0.072
	郑州	-0.781 44	1.807 77	1.000
	厦门	-0.646 02	1.822 91	1.000
	广州	-4.370 91	1.831 98	0.258
上海	常州	-9.757 1*	1.875 85	0.000
	郑州	-5.345 92	1.847 59	0.058
	厦门	-5.210 49	1.862 41	0.078
	广州	-8.935 39*	1.871 29	0.000
常州	郑州	4.411 19	1.814 81	0.228
	厦门	4.546 61	1.829 89	0.197
	广州	0.821 71	1.838 93	1.000
郑州	厦门	0.135 42	1.800 92	1.000
	广州	-3.589 47	1.810 1	0.714
厦门	广州	-3.724 89	1.825 22	0.622

* 均值差的显著性水平为 0.05。

从表 5-32 的数据分析可知,新生代农民工所工作的各个城市在新生代农民工歧视指数上的差异如下:

上海的新生代农民工歧视指数最低,它与其他城市的差异最大,具体表现为：上海的歧视指数均值比南京低约4.56，但差异没有显著性；上海歧视指数均值与郑州、厦门在0.1的显著性水平下有显著差异，其中上海的歧视指数均值比郑州低约5.35、比厦门低约5.21；上海歧视指数均值与常州、广州在0.05的显著性水平下有显著差异，其中上海的歧视指数均值比常州低约9.76，比广州低约8.94。

南京的歧视指数均值与常州在0.1的显著性水平下有显著差异，该城市的歧视指数均值比常州小约5.19，而南京与其他城市都没有显著差别。

常州的歧视指数均值与郑州、厦门、广州没有显著差异，与南京、上海的歧视指数均值有显著差异，具体的差异如前所述。

郑州、厦门、广州的歧视指数均值都与上海有显著差异，具体差异如前所述，而这些城市的歧视指数均值与其他城市均没有显著差异。

综而述之，各城市的歧视指数均值的排序为：上海＜南京＜厦门＜郑州＜广州＜常州，而指数数值越高，说明其受到不公平对待的程度越低，这说明各城市对新生代农民工的包容度排序如下：上海＜南京＜厦门＜郑州＜广州＜常州。

第三节 影响因素

在分析新生代农民工对生活世界的不平等的社会心态的群体差异的基础上，结合第一章"研究设计"部分的分析框架和研究假设，拟建立多元线性回归模型来全面揭示新生代农民工对其生活世界不平等及其不公平感的影响因素。

一、研究假设

根据第一章"第三节 研究设计"中所提出的分析框架和总体性的研究假设，得到的关于新生代农民工对其生活世界的不平等的认知和态度的研究假设如下：

研究假设3a：新生代农民工的社会经济特征（工作特征、收入状况、个人支持网络、接受非官方信息的程度等）显著影响他们对生活世界的不平等的认知和态度。

研究假设3b：新生代农民工的个人特征（文化程度、性别、年龄、婚姻状况等）显著影响他们对生活世界的不平等的认知和态度。

研究假设3c：新生代农民工对其社会经济地位的主观认知（主观阶层地位、不同参照群体比较、纵向比较、收入公平感等）显著影响他们对生活世界的不平等的认知和态度。

研究假设3d：新生代农民工或其家人糟糕经历的次数将显著影响他们对生活世界的不平等的认知和态度。

二、变量测量

1. 因变量及其测量

该部分的因变量分为两大部分：第一部分是生活世界的不平等；第二部分是新生代农民工歧视指数，具体如下：

（1）生活世界的不平等

如前所述，本课题将新生代农民工生活世界的领域界定为就业机会、劳动报酬、住房状况、医疗状况、教育机会等5个方面，而新生代农民工对生活世界的不平等的社会心态则包括他们在这些方面的遭遇和体验、对这些方面不平等的严重程度的判断、接受程度、公平感等几个方面。

在这几个方面的不平等遭遇或体验方面，选项包括"经常有""有时有""偶尔有""从来没有"，将其分别赋值为4分、3分、2分、1分；在对这几个方面的公平程度判断方面，选项有"非常不公平""不太公平""一般""比较公平""非常公平"，并将其分别赋值为5分、4分、3分、2分和1分；在对这几个领域不平等的严重程度判断方面，选项分别为"非常严重""比较严重""一般""不太严重""完全不严重"，并将其分别赋值为5分、4分、3分、2分和1分；在对这几个领域不平等的接受程度方面，选项分别为"完全不能接受""不太能接受""一般""比较能接受""完全能接受"，并将其分别赋值为5分、4分、3分、2分和1分。

因此，本课题将生活世界的不平等界定为就业机会不平等、劳动报酬不平等、住房状况不平等、医疗状况不平等和教育机会不平等这5个维度，而每个维度构成一个因变量，各因变量都是由上述的不平等遭遇或体验、不公平程度、不平等的严重程度和对不平等的接受程度这4个变量求算术平均数构成的，计算出的因变量，其取值越大，说明该维度的不平等程度越严重，且新生代农民工对该领域不平等的接受程度也越低。

（2）新生代农民工歧视指数

根据前面的分析，新生代农民工歧视指数是新生代农民工不平等遭遇的来源之一,主要指和新生代农民工的身份密切相关的各类因素导致他们遭遇不平等,因此,本研究的新生代农民工歧视指数特指基于新生代农民工身份的歧视(包括农村户口、年龄、形象土气、文化程度低),前文已经通过运算,将之转换为1~100之间的指数,命名为新生代农民工身份歧视指数,根据调查问卷中对各选项的赋值方式(总是=1、经常=2、有时=3、几乎很少=4、从来没有=5),转换成的指数数值越高,说明其受到不公平对待的程度越低。

2. 自变量及其测量

对自变量的选择和测量与前一章一样,此处不再赘述。

三、模型及结果分析

1. 新生代农民工对就业机会不平等的认知和态度的影响因素模型

因为因变量是定距变量,因此用上述几组自变量建立多元线性回归的嵌套模型,具体如表5-33所示。

表5-33的结果显示,新生代农民工的年龄、婚姻状况、工作单位性质、工作身份、工作职务、政治身份、纵向比较的生活水平变化、收入公平感等变量都对因变量没有显著影响,其他变量都有不同程度的显著影响,具体如下:

(1) 个人特征

在个人特征中,性别对因变量有显著影响,而文化程度在0.1的显著性水平下对因变量有显著影响。

就性别而言,以女性为参照组,其系数为负数,这表明在新生代农民工群体中,女性比男性体验到更多的就业机会不平等,并认为就业机会的不平等更加严重,也更加不能接受就业机会的不平等。

就文化程度而言,以大专及以上为参照组,高中/职高/中专群体与参照组没有显著差异,初中及以下群体与参照组在0.1的显著性水平下有显著差异,其回归系数为负数,这表明,与大专及以上群体相比,初中及以下群体认为就业机会的不平等程度较轻,也更能接受就业机会的不平等。

(2) 社会经济特征

在社会经济特征中,新生代农民工的工作属性、工作氛围、个人月收入、个人社交网络、接受非官方信息的情况等变量都对因变量有显著影响。

从工作属性看,"具有自主性和成长性的工作""有伤害性的工作"对因变

表 5-33 对就业机会不平等的认知与态度的影响因素模型

	模型 1	模型 2	模型 3	模型 4	模型 5
(常量)	3.199(0.056)	3.249(0.115)	3.450(0.183)	3.212(0.187)	3.163(0.089)
个人特征					
性别(女=0)	-0.076(0.042)*	-0.073(0.043)*	-0.084(0.044)*	-0.082(0.043)*	-0.087(0.043)**
年龄(90后=0)					
1980—1984	-0.033(0.066)	0.025(0.068)	-0.002(0.068)	-0.021(0.078)	-0.025(0.078)
1985—1989	0.051(0.052)	0.057(0.052)	0.041(0.052)	0.013(0.054)	0.013(0.054)
文化程度(大专及以上=0)					
初中及以下	-0.075(0.057)	-0.094(0.058)	-0.088(0.059)	-0.110(0.062)*	-0.106(0.063)*
高中/职高/中专	-0.054(0.053)	-0.041(0.054)	-0.048(0.054)	-0.075(0.056)	-0.074(0.056)
婚姻状况(未婚=0)	0.067(0.051)	0.040(0.051)	0.059(0.051)	0.052(0.052)	0.054(0.052)
社会经济特征					
单位性质(外资=0)					
国有		0.019(0.073)	0.015(0.073)	0.030(0.072)	0.023(0.073)
私营		-0.009(0.066)	-0.003(0.065)	-0.005(0.064)	0.004(0.065)
工作身份(自雇=0)					
正式工		0.009(0.079)	0.014(0.078)	0.016(0.076)	0.033(0.077)
合同工		-0.022(0.080)	-0.007(0.080)	-0.018(0.078)	-0.013(0.078)

续表

	模型1	模型2	模型3	模型4	模型5
派遣工	0.073(0.109)		0.066(0.109)	0.070(0.107)	0.086(0.107)
临时工	-0.048(0.089)		-0.037(0.088)	-0.056(0.086)	-0.054(0.086)
工作职务（无职务=0）					
基层管理者	-0.015(0.055)		-0.004(0.055)	-0.020(0.055)	-0.018(0.055)
中层管理者	-0.138(0.099)		-0.115(0.100)	-0.095(0.098)	-0.092(0.098)
工作属性					
具有自主性和成长性的工作	0.010(0.023)		0.013(0.023)	0.009(0.022)	0.011(0.022)
有伤害性的工作	0.013(0.022)		0.009(0.022)	0.010(0.022)	0.004(0.022)
枯燥乏味的工作	0.058(0.022)***		0.043(0.022)*	0.040(0.022)*	0.036(0.022)*
喜欢的工作	-0.039(0.022)*		-0.026(0.022)	-0.030(0.022)	-0.029(0.022)
工作氛围					
工作氛围宽松	-0.038(0.025)		-0.024(0.025)	-0.016(0.025)	-0.015(0.025)
工作氛围紧张	0.063(0.023)***		0.070(0.023)***	0.064(0.022)***	0.066(0.022)***
月收入(4 001元及以上=0)					
2 000元及以下	-0.008(0.072)		-0.003(0.072)	-0.006(0.070)	-0.019(0.071)
2 001~3 000元	-0.030(0.064)		-0.043(0.064)	-0.009(0.063)	-0.021(0.064)
3 001~4 000元	-0.194(0.068)***		-0.200(0.068)***	-0.202(0.067)***	-0.207(0.067)***
个人社交网络					
当地人关系网	-0.058(0.021)***		-0.041(0.023)*	-0.033(0.023)	-0.034(0.023)

续表

	模型1	模型2	模型3	模型4	模型5
在群体活动中形成的关系网		-0.001(0.022)	0.026(0.022)	0.023(0.022)	0.024(0.022)
老乡关系网		0.008(0.021)	0.000(0.023)	0.003(0.022)	0.007(0.022)
接受非官方信息的情况					
国外媒体		-0.009(0.020)	0.002(0.021)	-0.008(0.020)	-0.013(0.021)
国内渠道		-0.056(0.022)**	-0.036(0.023)	-0.025(0.023)	-0.024(0.023)
国外渠道		-0.044(0.022)**	-0.028(0.022)	-0.034(0.022)	-0.032(0.022)
政治身份（非党员=0）		0.075(0.067)	0.081(0.066)	0.073(0.065)	0.062(0.066)
主观变量					
社会经济地位认知			-0.039(0.012)***	-0.036(0.012)***	-0.035(0.012)***
生活水平比较					
与同龄人相比			-0.100(0.044)**	-0.088(0.032)**	-0.087(0.043)**
与5年前的自己相比			0.020(0.039)	0.034(0.038)	0.039(0.039)
与亲戚相比			0.035(0.029)	0.037(0.028)	0.037(0.028)
与中学同学相比			-0.015(0.032)	-0.012(0.032)	-0.013(0.032)
与现在的同事相比			0.035(0.032)	0.036(0.031)	0.036(0.031)
与家乡的邻居相比			0.008(0.029)	0.006(0.029)	0.008(0.029)
与这个城市的城里人相比			-0.061(0.026)**	-0.052(0.025)**	-0.052(0.025)**
纵向比较生活水平变化					
过去5年与现在相比			-0.005(0.018)	-0.002(0.018)	-0.003(0.018)

续表

	模型 1	模型 2	模型 3	模型 4	模型 5
未来 5 年的预期			0.008(0.021)	0.014(0.021)	0.012(0.021)
收入公平感(合理－实际工资)			0.000(0.000)	0.000(0.000)	0.000(0.000)
身份认同					
认同家乡			−0.057(0.022)**	−0.066(0.022)***	−0.067(0.022)***
认同城市			−0.020(0.024)	−0.015(0.024)	−0.018(0.024)
认同迷茫			0.031(0.023)	0.022(0.023)	0.025(0.023)
工作、生活经历					
在当地的生活年限				−0.008(0.006)	−0.008(0.006)
总的打工年限				0.007(0.008)	0.008(0.008)
生活经历(糟糕经历次数)				0.088(0.017)***	0.089(0.017)***
地域(三线城市＝0)					
一线城市					0.022(0.054)
二线城市					0.085(0.049)*
R^2	0.008	0.120	0.152		0.202
调整后的 R^2	0.003	0.088	0.103	0.141	0.142
N	1 174	850	801		703

注：* $p<0.1$，** $p<0.05$，*** $p<0.01$，括号内数字为标准误。

量没有显著影响,"喜欢的工作"仅在初始模型中对因变量有显著影响,且显著性水平为0.1,其系数为负数,表明新生代农民工对自己所从事的工作越喜欢,越认为就业机会的不平等程度较轻,也越能接受就业机会的不平等;"枯燥乏味的工作"在初始模型中对因变量有显著影响,在最终模型中,是在0.1的显著性水平下对因变量有显著影响,其系数为正数,表明新生代农民工从事的工作越枯燥乏味,就越认为就业机会的不平等程度严重,也越不能接受就业机会的不平等。

在工作氛围的2个变量中,"工作氛围宽松"对因变量没有显著影响,而"工作氛围紧张"对因变量有显著影响,其系数为正数,表明新生代农民工的工作氛围越紧张,就越认为就业机会的不平等程度严重,也越不能接受就业机会的不平等。

就个人月收入而言,以4001元及以上群体为参照组,2000元及以下群体、2001~3000元群体都与参照组没有显著差异,仅有3001~4000元群体与参照组有显著差异,其系数为负数,表明个人月收入在3001~4000元的群体比4001元及以上的新生代农民工更加认为就业机会的不平等程度较轻,从整个虚拟变量的系数看,呈现出来的规律是:个人月收入在4000元及以下的新生代农民工当中,其收入越高,越认为就业机会的不平等程度较轻,也越能接受就业机会的不平等。

新生代农民工的个人社交网络有3个,"在群体活动中形成的关系网""老乡关系网"对因变量都没有显著影响。"当地人关系网"在初始模型中对因变量有显著影响,其系数为负数,表明新生代农民工越较多或较好地拥有当地人关系网,就越认为就业机会的不平等程度较轻,也越能接受就业机会的不平等。

在新生代农民工接受非官方信息的情况方面,"国外媒体"对因变量没有显著影响,"国内渠道"和"国外渠道"都是在初始模型中对因变量有显著影响,且其系数都为负数,表明新生代农民工越是经常通过国内渠道(国内旅游,与国内亲戚或朋友交流社会时事信息,从国内报刊、电视、广播中了解新闻)和国外渠道(到国外旅游、与国外的亲戚朋友交流时事信息等)了解信息,就越认为就业机会的不平等程度较轻,也越能接受就业机会的不平等。

(3)主观变量

主观变量主要涉及新生代农民工对自身社会经济地位的主观认知和与各种参照系的比较,其中对因变量有显著影响的仅有4个:对自身社会经济地位的主观认知、将生活水平与同龄人相比、将生活水平与当地城市的城里人相比和身份认同。

新生代农民工对自身当前社会经济地位的主观认知对因变量有显著影响，其系数为负数，表明新生代农民工所主观认知和判断的当前社会经济地位越高，就越认为就业机会的不平等程度较轻，也越能接受就业机会的不平等。

在生活水平的比较中，新生代农民工将其生活水平"与5年前的自己相比""与亲戚相比""与中学同学相比""与现在的同事相比""与家乡的邻居相比"都对因变量没有显著影响，唯有"与同龄人相比"和"与这个城市的城里人相比"对因变量有显著影响，且其系数都为负数，表明新生代农民工将其生活水平与同龄人、与当地城市的城里人相比时，其生活水平越高，就越少体验过就业机会的不平等，越认为就业机会的不平等程度越低，也越能接受就业机会的不平等。

测量新生代农民工身份认同状况的有3个变量，其中"认同城市"和"认同迷茫"对因变量都没有显著影响，只有"认同家乡"对因变量有显著影响，其系数为负数，表明新生代农民工对家乡的认同程度越高，就越认为就业机会的不平等程度较轻，也越能接受就业机会的不平等。

（4）工作、生活经历

新生代农民工的工作经历（总的打工年限、在当地城市的生活年限）对因变量没有显著影响，而他们在工作、生活中的糟糕经历的次数对因变量有显著影响，其系数为正数，表明新生代农民工在工作、生活中的糟糕经历越多，越体验到更多的就业机会不平等，也越认为就业机会的不平等程度严重，也越不能接受就业机会的不平等。

（5）地域

模型中纳入地域变量之后，虽然调整的 R^2 增长较小，但仍有变量是显著的，以三线城市为参照组，一线城市与参照组没有显著差异，而二线城市与参照组在0.1的显著性水平下有显著差异，其系数为正数，表明在二线城市工作的新生代农民工比在三线城市工作的农民工体验到更多的就业机会的不平等，也认为就业机会的不平等程度更加严重，也越不能接受就业机会的不平等。

2. 新生代农民工对劳动报酬不平等的认知和态度的影响因素模型

同样，在建立多元线性回归的嵌套模型时发现，纳入地域这个变量之后，其调整的 R^2 没有增长，因为纳入地域一组虚拟变量的模型未予呈现，具体如表5-34所示。

表5-34 新生代农民工对劳动报酬不平等的认知与态度的影响因素模型

	模型1	模型2	模型3	模型4
(常量)	3.245(0.061)	3.324(0.126)	3.704(0.198)	3.488(0.204)
个人特征				
性别(女=0)	-0.071(0.047)	-0.062(0.047)	-0.093(0.047)**	-0.088(0.047)*
年龄(90后=0)				
1980—1984	0.027(0.072)	0.044(0.074)	0.020(0.074)	0.014(0.085)
1985—1989	0.159(0.057)***	0.140(0.057)**	0.135(0.056)**	0.116(0.059)**
文化程度(大专及以上=0)				
初中及以下	-0.098(0.063)	-0.121(0.064)*	-0.114(0.064)*	-0.119(0.068)
高中/职高/中专	0.000(0.059)	0.011(0.059)	0.009(0.059)	-0.005(0.061)
婚姻状况(未婚=0)	0.149(0.057)***	0.118(0.056)**	0.126(0.056)**	0.125(0.056)**
社会经济特征				
单位性质(外资=0)				
国有		0.017(0.056)	0.012(0.079)	0.019(0.078)
私营		-0.040(0.072)	-0.030(0.071)	-0.035(0.070)
工作身份(自雇=0)				
正式工		-0.025(0.086)	-0.031(0.084)	-0.028(0.08)
合同工		-0.038(0.087)	-0.028(0.086)	-0.037(0.085)
派遣工		0.095(0.119)	0.060(0.117)	0.060(0.116)
临时工		-0.104(0.097)	-0.103(0.095)	-0.119(0.094)
工作职务(无职务=0)				
基层管理者		0.007(0.060)	0.032(0.060)	0.018(0.059)
中层管理者		-0.036(0.108)	0.021(0.108)	0.033(0.107)
工作属性				
具有自主性和成长性的工作		-0.045(0.025)*	-0.041(0.025)	-0.044(0.025)*
有伤害性的工作		0.012(0.024)	0.013(0.024)	0.014(0.024)
枯燥乏味的工作		0.076(0.024)***	0.056(0.024)**	0.053(0.024)**

续表

	模型 1	模型 2	模型 3	模型 4
喜欢的工作		−0.010(0.024)	−0.002(0.024)	−0.005(0.024)
工作氛围				
工作氛围宽松		−0.029(0.027)	−0.017(0.027)	−0.011(0.027)
工作氛围紧张		0.068(0.025)***	0.071(0.025)***	0.067(0.024)***
月收入(4 001元及以上=0)				
2 000元及以下		0.012(0.078)	−0.004(0.077)	−0.010(0.077)
2 001～3 000元		−0.042(0.070)	−0.059(0.069)	−0.031(0.069)
3 001～4 000元		−0.114(0.074)	−0.135(0.073)*	−0.135(0.073)*
个人社交网络				
当地人关系网		−0.087(0.023)***	−0.076(0.025)***	−0.070(0.025)***
在群体活动中形成的关系网		0.002(0.024)	0.032(0.024)	0.029(0.024)
老乡关系网		0.033(0.023)	0.017(0.024)	0.019(0.024)
接受非官方信息的情况				
国外媒体		−0.007(0.022)	0.003(0.022)	−0.005(0.022)
国内渠道		−0.086(0.024)***	−0.061(0.025)**	−0.053(0.025)**
国外渠道		−0.006(0.024)	0.018(0.024)	0.013(0.024)
政治身份(非党员=0)		0.076(0.073)	0.096(0.072)	0.083(0.071)
主观变量				
社会经济地位认知			−0.054(0.013)***	−0.051(0.013)***
生活水平比较				
与同龄人相比			−0.076(0.048)	−0.066(0.047)
与5年前的自己相比			0.037(0.042)	0.047(0.042)
与亲戚相比			0.016(0.031)	0.017(0.031)
与中学同学相比			−0.048(0.035)	−0.044(0.035)

续表

	模型1	模型2	模型3	模型4
与现在的同事相比			−0.011(0.035)	−0.010(0.034)
与家乡的邻居相比			0.042(0.032)	0.043(0.032)
与这个城市的城里人相比			−0.079(0.028)***	−0.072(0.027)***
纵向比较的生活水平变化				
过去5年与现在相比			−0.008(0.020)	−0.007(0.020)
未来5年的预期			0.020(0.023)	0.026(0.023)
收入公平感（合理—实际工资）			0.000(0.000)	0.000(0.000)
身份认同				
认同家乡			−0.031(0.024)	−0.036(0.024)
认同城市			0.006(0.026)	0.008(0.026)
认同迷茫			0.053(0.025)**	0.046(0.025)*
工作、生活经历				
在当地的生活年限				−0.002(0.006)
总的打工年限				0.001(0.008)
生活经历（糟糕经历次数）				0.076(0.018)***
R^2	0.022	0.147	0.200	0.235
调整后的R^2	0.017	0.116	0.153	0.180
N	1 172	848	799	702

注：* $p<0.1$，** $p<0.05$，*** $p<0.01$，括号内数字为标准误。

表5-34的结果显示，新生代农民工的工作单位性质、工作身份、工作职务、政治身份、纵向比较的生活水平变化、收入公平感等变量都对因变量没有显著影响，其他变量都有不同程度的显著影响，具体如下：

（1）个人特征

在个人特征中，新生代农民工的性别、年龄、文化程度和婚姻状况都对因变量有显著影响，文化程度是在0.1的显著性水平下对因变量有显著影响。

就性别而言,以女性为参照组,系数为负数,这表明在新生代农民工群体中,女性比男性更多地体验到劳动报酬的不平等,并认为劳动报酬的不平等更加严重,更加不公平,也更加不能接受。

从年龄看,以"90后"群体为参照组,1980—1984年出生的群体与参照组没有显著差异,而1985—1989年出生的群体与参照组有显著差异,其系数为正数,表明1985—1989年出生的新生代农民工比"90后"出生的人体验到更多的劳动报酬不平等,认为劳动报酬的不平等更加严重,更加不公平,也更加不能接受。

就文化程度而言,以大专及以上为参照组,高中/职高/中专群体与参照组没有显著差异,初中及以下群体与参照组在0.1的显著性水平下有显著差异,其回归系数为负数,这表明与大专及以上群体相比,初中及以下群体更少地体验到劳动报酬的不平等,认为劳动报酬的不平等程度较轻,也更能接受劳动报酬的不平等。

在婚姻状况上,以未婚群体为参照组,其系数为正数,表明已婚的新生代农民工群体比未婚者体验到更多的劳动报酬不平等,认为劳动报酬的不平等程度更严重,更不公平,也更加不能接受劳动报酬的不平等。

(2) 社会经济特征

在社会经济特征中,新生代农民工的工作属性、工作氛围、个人月收入、个人社交网络、接受非官方信息的情况等变量都对因变量有显著影响。

从工作属性看,"喜欢的工作""有伤害性的工作"都对因变量没有显著影响,"具有自主性和成长性的工作"在0.1的显著性水平下对因变量有显著影响,其系数为负数,表明新生代农民工从事的工作越具有自主性和成长性,就越少体验到劳动报酬的不平等,越认为劳动报酬的不平等程度更轻。而"枯燥乏味的工作"对因变量有显著影响,其系数为正数,表明新生代农民工从事的工作越枯燥乏味,就越多地体验过劳动报酬的不平等,越认为劳动报酬的不平等程度严重,也越不能接受就业机会的不平等。

在工作氛围的2个变量中,"工作氛围宽松"对因变量没有显著影响,而"工作氛围紧张"对因变量有显著影响,其系数为正数,表明新生代农民工的工作氛围越紧张,就越多地体验到劳动报酬的不平等,就越认为劳动报酬的不平等程度严重,也越不能接受就业机会的不平等。

就个人月收入而言,以4 001元及以上群体为参照组,2 000元及以下群体、2 001~3 000元群体都与参照组没有显著差异,仅有3 001~4 000元群体在0.1的显著性水平下与参照组有显著差异,其系数为负数,表明个人月收入在3 001~4 000元的群体比4 001元及以上的新生代农民工更认为劳动报酬的不平等程度较轻,也更能接受劳动报酬的不平等。

在新生代农民工的3个社交网络中,"在群体活动中形成的关系网""老乡关系网"对因变量都没有显著影响。唯有"当地人关系网"对因变量有显著影响,其系数为负数,表明新生代农民工越较多或较好地拥有当地人关系网,就越少地体验过劳动报酬的不平等,越认为劳动报酬的不平等程度较轻,也就越能接受劳动报酬的不平等。

在新生代农民工接受非官方信息的情况方面,"国外媒体""国外渠道"对因变量都没有显著影响,唯有"国内渠道"对因变量有显著影响,且其系数都为负数,表明新生代农民工越是经常通过国内渠道(国内旅游,与国内亲戚或朋友交流社会时事信息,从国内报刊、电视、广播中了解新闻)了解信息,就越认为劳动报酬的不平等程度较轻,也越能接受劳动报酬的不平等。

(3) 主观变量

主观变量主要涉及新生代农民工对自身社会经济地位的主观认知和与各种参照系的比较,其中对因变量有显著影响的仅有3个:对自身社会经济地位的主观认知、将生活水平与当地城市的城里人相比和身份认同。

新生代农民工对自身当前社会经济地位的主观认知对因变量有显著影响,其系数为负数,表明新生代农民工所主观认知和判断的当前社会经济地位越高,就越少体验过劳动报酬的不平等,越认为劳动报酬的不平等程度较轻,也越能接受劳动报酬的不平等。

在生活水平的比较中,唯有"与这个城市的城里人相比"对因变量有显著影响,其系数为负数,表明新生代农民工将其生活水平与当地城市的城里人相比时,其生活水平越高,就越少体验过劳动报酬的不平等,越觉得劳动报酬的不平等程度较轻,也越能接受劳动报酬的不平等。

测量新生代农民工身份认同状况的有3个变量,其中"认同城市"和"认同家乡"都对因变量没有显著影响,只有"认同迷茫"对因变量有显著影响,其系数为正数,表明新生代农民工越对家乡和城市没有归属感,就越多地体验过劳动报酬的不平等,越认为劳动报酬的不平等程度较高,也越不能接受劳动报酬的不平等。

(4) 工作、生活经历

新生代农民工总的打工年限、在当地城市的生活年限都对因变量没有显著影响,而他们在工作、生活中的糟糕经历的次数对因变量则有显著影响,其系数为正数,表明新生代农民工在其工作、生活中的糟糕经历的次数越多,就越多地体验过劳动报酬不平等,也越认为劳动报酬的不平等程度严重,也越不能接受劳动报酬的不平等。

3. 新生代农民工对住房状况不平等的认知和态度的影响因素模型

在建立多元线性回归的嵌套模型时发现,纳入地域这个变量之后,其调整的 R^2 没有增长,因为纳入地域一组虚拟变量的模型未予呈现,具体如表 5-35 所示。

表 5-35 的结果显示,新生代农民工的性别、工作单位性质、工作职务、工作属性、政治身份、纵向比较的生活水平变化、收入公平感等变量都对因变量没有显著影响,其他变量都有不同程度的显著影响,具体如下:

(1) 个人特征

在个人特征中,年龄、文化程度和婚姻状况都对因变量有显著影响,具体如下:

就年龄而言,以"90后"群体为参照组,1980—1984 年出生的群体与参照组没有显著差异,而 1985—1989 年出生的群体与参照组有显著差异,其系数为正数,表明 1985—1989 年出生的新生代农民工比"90后"群体更多地体验过住房状况的不平等,认为住房状况的不平等程度更加严重,也更加不能接受住房状况的不平等。

就文化程度而言,以大专及以上为参照组,高中/职高/中专群体与参照组基本没有显著差异,初中及以下群体与参照组有显著差异,其回归系数为负数,这表明,与大专及以上群体相比,初中及以下群体认为住房状况的不平等程度较轻,也更能接受住房状况的不平等。

在婚姻状况方面,以未婚群体为参照组,系数为正数,表明已婚的新生代农民工比未婚者更多地体验到住房状况的不平等,认为住房状况的不平等程度更加严重,也更加不能接受住房状况的不平等。

(2) 社会经济特征

在社会经济特征中,新生代农民工的工作身份、工作氛围、个人月收入、个人社交网络、接受非官方信息的情况等变量都对因变量有显著影响。

从工作身份看,以自雇群体为参照组,正式工、合同工、临时工与参照组都没有显著差异,派遣工与参照组有显著差异,其系数为正数,说明派遣工比自雇群体更多地体验到住房状况的不平等,认为住房状况的不平等程度更加严重,也更不能接受住房状况的不平等。

表 5-35 新生代农民工对住房状况不平等的认知与态度的影响因素模型

	模型 1	模型 2	模型 3	模型 4	模型 5
(常量)	3.151(0.067)	3.131(0.139)	3.601(0.219)	3.369(0.226)	3.298(0.229)
个人特征					
性别(女=0)	0.049(0.051)	0.020(0.052)	-0.003(0.052)	0.000(0.052)	-0.007(0.052)
年龄(90后=0)					
1980—1984	0.071(0.079)	0.074(0.082)	0.027(0.081)	0.012(0.094)	0.005(0.094)
1985—1989	0.187(0.062)***	0.155(0.063)**	0.133(0.062)**	0.108(0.065)*	0.108(0.065)*
文化程度(大专及以上=0)					
初中及以下	-0.226(0.069)***	-0.237(0.070)***	-0.198(0.070)***	-0.213(0.075)***	-0.209(0.076)***
高中/职高/中专	-0.109(0.064)*	-0.099(0.065)	-0.079(0.065)	-0.101(0.067)	-0.099(0.067)
婚姻状况(未婚=0)	0.174(0.062)***	0.123(0.062)**	0.144(0.062)**	0.140(0.063)**	0.144(0.063)**
社会经济特征					
单位性质(外资=0)					
国有		0.064(0.089)	0.063(0.087)	0.073(0.087)	0.061(0.088)
私营		0.083(0.079)	0.084(0.078)	0.080(0.077)	0.090(0.078)
工作身份(自雇=0)					
正式工		-0.018(0.095)	-0.031(0.093)	-0.028(0.092)	-0.005(0.093)
合同工		0.057(0.097)	0.061(0.095)	0.052(0.094)	0.059(0.094)

续表

	模型 1	模型 2	模型 3	模型 4	模型 5
派遣工		0.259(0.132)**	0.203(0.131)	0.205(0.129)	0.230(0.130)*
临时工		0.068(0.107)	0.076(0.105)	0.058(0.104)	0.060(0.104)
工作职务（无职务＝0）					
基层管理者		0.071(0.067)	0.091(0.066)	0.075(0.066)	0.076(0.066)
中层管理者		0.047(0.120)	0.083(0.120)	0.098(0.119)	0.102(0.119)
工作属性					
具有自主性和成长性的工作		−0.022(0.028)	−0.017(0.027)	−0.020(0.027)	−0.018(0.027)
有伤害性的工作		0.019(0.027)	0.027(0.027)	0.028(0.026)	0.021(0.027)
枯燥乏味的工作		0.043(0.026)	0.025(0.026)	0.021(0.026)	0.016(0.026)
喜欢的工作		−0.007(0.027)	−0.002(0.027)	−0.005(0.027)	−0.003(0.027)
工作氛围					
工作氛围宽松		−0.021(0.030)	−0.010(0.030)	−0.004(0.030)	−0.003(0.030)
工作氛围紧张		0.051(0.028)*	0.050(0.027)*	0.045(0.027)*	0.048(0.027)*
月收入（4 001 元及以上＝0）					
2 000 元及以下		−0.112(0.086)	−0.136(0.086)	−0.140(0.085)*	−0.155(0.086)*
2 001～3 000 元		−0.080(0.077)	−0.096(0.077)	−0.064(0.076)	−0.079(0.077)
3 001～4 000 元		−0.135(0.082)*	−0.147(0.081)*	−0.148(0.080)*	−0.153(0.081)*
个人社交网络					

续表

	模型1	模型2	模型3	模型4	模型5
当地人关系网		-0.084(0.026)***	-0.079(0.028)***	-0.072(0.028)***	-0.075(0.028)***
在群体活动中形成的关系网		-0.039(0.026)	-0.008(0.027)	-0.010(0.026)	-0.010(0.026)
老乡关系网		0.030(0.026)	0.016(0.027)	0.018(0.027)	0.024(0.027)
接受非官方信息的情况					
国外媒体		-0.016(0.025)	-0.004(0.025)	-0.013(0.025)	-0.019(0.025)
国内渠道		-0.090(0.026)***	-0.062(0.028)**	-0.053(0.028)*	-0.051(0.028)*
国外渠道		-0.038(0.027)	-0.015(0.027)	-0.021(0.027)	-0.018(0.027)
政治身份(非党员=0)		0.118(0.080)	0.148(0.079)*	0.137(0.079)*	0.123(0.079)
主观变量					
社会经济地位认知			-0.0440(0.014)***	-0.041(0.014)***	-0.041(0.014)***
生活水平比较					
与同龄人相比			-0.127(0.053)**	-0.116(0.052)**	-0.115(0.115)**
与5年前的自己相比			0.023(0.047)	0.035(0.046)	0.042(0.047)
与亲戚相比			0.065(0.034)*	0.066(0.034)*	0.067(0.034)*
与中学同学相比			-0.051(0.039)	-0.048(0.038)	-0.049(0.039)
与现在的同事相比			-0.078(0.038)**	-0.077(0.038)**	-0.076(0.038)**
与家乡的邻居相比			0.057(0.035)	0.055(0.035)	0.058(0.035)*
与这个城市的城里人相比			-0.071(0.031)**	-0.063(0.030)**	-0.064(0.030)**

续表

	模型1	模型2	模型3	模型4	模型5
纵向比较的生活水平变化					
过去5年与现在相比		0.011(0.022)	0.014(0.022)	0.012(0.012)	
未来5年的预期			0.000(0.026)	0.006(0.025)	0.004(0.025)
收入公平感(合理-实际工资)			0.000(0.000)	0.000(0.000)	0.000(0.000)
身份认同					
认同家乡			−0.027(0.027)	−0.035(0.026)	−0.036(0.027)
认同城市			0.030(0.029)	0.034(0.029)	0.029(0.029)
认同迷茫			0.053(0.028)*	0.045(0.027)	0.048(0.027)*
工作、生活经历					
在当地的生活年限				−0.004(0.007)	−0.004(0.007)
总的打工年限				0.005(0.009)	0.005(0.009)
生活经历(糟糕经历次数)				0.083(0.020)***	0.084(0.020)***
地域(三线城市=0)					
一线城市					0.042(0.066)
二线城市					0.118(0.060)**
R^2	0.045	0.133	0.186	0.222	0.227
调整后的 R^2	0.040	0.101	0.138	0.166	0.169
N	1 172	848	799	702	702

注：* $p<0.1$，** $p<0.05$，*** $p<0.01$。括号内数字为标准误。

在工作氛围的 2 个变量中,"工作氛围宽松"对因变量没有显著影响,而"工作氛围紧张"在 0.1 的显著性水平下对因变量有显著影响,其系数为正数,表明新生代农民工的工作氛围越紧张,就越多地体验过住房状况的不平等,越认为住房状况的不平等程度严重,更不公平,也越不能接受住房状况的不平等。

就个人月收入而言,以 4 001 元及以上群体为参照组,2 001~3 000 元群体与参照组没有显著差异,2 000 元及以下群体和 3 001~4 000 元群体都是在 0.1 的显著性水平下与参照组有显著差异,其系数都为负数,表明个人月收入在 2 000 元及以下群体、3 001~4 000 元的群体都比 4 001 元及以上的新生代农民工认为住房状况的不平等程度较轻,也更能接受住房状况的不平等。

在新生代农民工的 3 个社交网络中,"在群体活动中形成的关系网""老乡关系网"对因变量都没有显著影响。"当地人关系网"对因变量有显著影响,其系数为负数,表明新生代农民工越较多或越较好地拥有当地人关系网,就越认为住房状况的不平等程度较轻,也越能接受住房状况的不平等。

在新生代农民工接受非官方信息的情况方面,"国外媒体"和"国外渠道"都对因变量没有显著影响,唯有"国内渠道"对因变量有显著影响,其系数为负数,表明新生代农民工越是经常通过国内渠道(国内旅游,与国内亲戚或朋友交流社会时事信息,从国内报刊、电视、广播中了解新闻)了解信息,就越认为住房状况的不平等程度较轻,也越能接受住房状况的不平等。

(3) 主观变量

主观变量主要涉及新生代农民工对自身社会经济地位的主观认知和与各种参照系的比较,其中对自身社会经济地位的主观认知、生活水平的多维度比较和身份认同都对因变量有显著影响。

新生代农民工对自身当前社会经济地位的主观认知对因变量有显著影响,其系数为负数,表明新生代农民工所主观认知和判断的当前社会经济地位越高,就越少地体验过住房状况的不平等,越认为住房状况的不平等程度较轻,也越能接受住房状况的不平等。

在生活水平的比较中,新生代农民工将其生活水平"与 5 年前的自己相比""与中学同学相比"都对因变量没有显著影响,"与亲戚相比""与家乡的邻居相比"在 0.1 的显著性水平下对因变量有显著影响,其系数都为正数,表明新生代农民工与亲戚、家乡的邻居相比生活水平越高,就越多地体验过住房状况的不平等,越认为住房状况的不平等程度严重,也越不能接受住房状况的不平等,而"与同龄人相比""与现在的同事相比""与这个城市的城里人相比"都对因变量有显著影响,但其系数都为负数,表明新生代农民工将其生活水平与同龄人、现在的同事、当地城市的城里人相比时,其生活水平越高,就越少地体验过住房状况的不平等,越认为住房状况的不平等程度低,也越能接受住房状况的不平等。

测量新生代农民工身份认同状况有 3 个变量,其中"认同城市"和"认同家乡"对因变量都没有显著影响,只有"认同迷茫"在 0.1 的显著性水平下对因变量有显著影响,其系数为正数,表明新生代农民工越是对家乡和城市的归属感不确定,就越多地体验过住房状况的不平等,越认为住房状况的不平等更加严重,更不公平,也越不能接受住房状况的不平等。

(4) 工作、生活经历

新生代农民工总的打工年限、在当地城市的生活年限都对因变量没有显著影响,而他们在工作、生活中的糟糕经历的次数对因变量有显著影响,其系数为正数,表明新生代农民工在工作、生活中的糟糕经历越多,就越体验到更多的住房状况不平等,也越认为住房状况的不平等程度严重,更不公平,也越不能接受住房状况的不平等。

(5) 地域

以三线城市为参照组,一线城市与参照组没有显著差异,而二线城市与参照组有显著差异,其系数为正数,表明在二线城市工作的新生代农民工比在三线城市工作的农民工体验到更多的住房状况的不平等,越认为住房状况的不平等程度更加严重,更不公平,也越不能接受住房状况的不平等。

4. 新生代农民工对医疗不平等的认知和态度的影响因素模型

用上述几组自变量建立多元线性回归的嵌套模型,具体如表 5-36 所示。

表 5-36 的结果显示,新生代农民工的性别、婚姻状况、工作身份、工作氛围、政治身份、收入公平感、身份认同等变量都对因变量没有显著影响,其他变量都对因变量有不同程度的显著影响,具体如下:

(1) 个人特征

在个人特征中,年龄、文化程度都对因变量有显著影响,具体如下:

就年龄而言,以"90 后"群体为参照组,1980—1984 年出生的群体与参照组没有显著差异,而 1985—1989 年出生的群体与参照组有显著差异,且系数

表 5-36 新生代农民工对医疗不平等的认知与态度的影响因素模型

	模型 1	模型 2	模型 3	模型 4	模型 5
(常量)	3.105(0.069)	3.042(0.142)	3.236(0.230)	2.901(0.234)	2.813(0.237)
个人特征					
性别(女=0)	0.072(0.053)	0.045(0.054)	0.028(0.055)	0.027(0.054)	0.019(0.054)
年龄(90后=0)					
1980—1984	0.032(0.082)	0.010(0.085)	-0.004(0.085)	-0.131(0.098)	-0.146(0.098)
1985—1989	0.207(0.064)***	0.190(0.065)***	0.183(0.065)***	0.112(0.068)*	0.106(0.068)
文化程度(大专及以上=0)					
初中及以下	-0.142(0.071)**	-0.158(0.073)**	-0.133(0.074)*	-0.200(0.078)**	-0.204(0.079)**
高中/职高/中专	-0.035(0.067)	-0.022(0.067)	-0.009(0.068)	-0.063(0.070)	-0.066(0.070)
婚姻状况(未婚=0)	0.086(0.064)	0.033(0.064)	0.049(0.064)	0.015(0.065)	0.029(0.066)
社会经济特征					
单位性质(外资=0)					
国有		0.157(0.091)*	0.165(0.091)*	0.165(0.090)*	0.139(0.091)
私营		0.157(0.082)*	0.152(0.082)*	0.134(0.080)*	0.136(0.081)*
工作身份(自雇=0)					
正式工		-0.015(0.098)	-0.030(0.098)	-0.025(0.096)	-0.003(0.096)
合同工		0.074(0.100)	0.063(0.100)	0.062(0.098)	0.072(0.098)
派遣工		0.176(0.136)	0.141(0.136)	0.146(0.134)	0.173(0.134)

续表

	模型 1	模型 2	模型 3	模型 4	模型 5
临时工		0.113(0.110)	0.122(0.110)	0.102(0.108)	0.102(0.108)
工作职务(无职务=0)					
基层管理者		0.168(0.069)**	0.176(0.069)**	0.136(0.068)**	0.137(0.068)**
中层管理者		0.044(0.124)	0.061(0.125)	0.061(0.123)	0.063(0.123)
工作属性					
具有自主性和成长性的工作		−0.053(0.029)*	−0.046(0.029)	−0.049(0.028)*	−0.047(0.028)*
有伤害性的工作		0.024(0.028)	0.022(0.028)	0.021(0.027)	0.013(0.028)
枯燥乏味的工作		0.043(0.027)	0.034(0.028)	0.031(0.027)	0.025(0.027)
喜欢的工作		−0.002(0.028)	0.001(0.028)	−0.010(0.028)	−0.004(0.028)
工作氛围					
工作氛围宽松		0.006(0.031)	0.013(0.032)	0.021(0.031)	0.023(0.031)
工作氛围紧张		0.034(0.028)	0.039(0.029)	0.033(0.028)	0.035(0.028)
月收入(4 001元及以上=0)					
2 000元及以下		−0.091(0.089)	−0.095(0.090)	−0.094(0.088)	−0.099(0.089)
2 001~3 000元		−0.145(0.080)*	−0.156(0.080)*	−0.109(0.079)	−0.116(0.080)
3 001~4 000元		−0.184(0.085)**	−0.193(0.085)**	−0.197(0.083)**	−0.194(0.084)**
个人社交网络					
当地人关系网		−0.0950(0.027)***	−0.077(0.029)***	−0.068(0.029)**	−0.070(0.029)**

续表

	模型 1	模型 2	模型 3	模型 4	模型 5
在群体活动中形成的关系网		-0.006(0.027)	0.017(0.028)	0.013(0.027)	0.012(0.027)
老乡关系网		0.018(0.027)	0.005(0.028)	0.005(0.028)	0.011(0.028)
接受非官方信息的情况					
国外媒体		-0.031(0.026)	-0.029(0.026)	-0.041(0.026)	-0.049(0.026)*
国内渠道		-0.107(0.027)***	-0.086(0.029)***	-0.073(0.029)**	-0.071(0.028)**
国外渠道		-0.029(0.028)	-0.011(0.028)	-0.021(0.028)	-0.020(0.028)
政治身份(非党员=0)		-0.030(0.083)	-0.008(0.083)	-0.019(0.082)	-0.030(0.082)
主观变量					
社会经济地位认知			-0.042(0.015)***	-0.039(0.015)***	-0.040(0.015)***
生活水平比较					
与同龄人相比			-0.017(0.055)	-0.002(0.054)	-0.003(0.054)
与5年前的自己相比			0.005(0.049)	0.022(0.048)	0.030(0.048)
与亲戚相比			0.096(0.036)***	0.105(0.035)***	0.105(0.035)***
与中学同学相比			-0.055(0.041)	-0.046(0.040)	-0.043(0.040)
与现在的同事相比			-0.029(0.040)	-0.029(0.039)	-0.025(0.039)
与家乡的邻居相比			0.001(0.037)	-0.004(0.036)	-0.004(0.037)
与这个城市的城里人相比			-0.045(0.032)	-0.032(0.032)	-0.033(0.031)
纵向比较的生活水平变化					

续表

	模型 1	模型 2	模型 3	模型 4	模型 5
过去5年与现在相比			0.041(0.023)*	0.042(0.023)*	0.042(0.023)*
未来5年的预期			−0.027(0.027)	−0.021(0.026)	−0.023(0.026)
收入公平感(合理−实际工资)			0.000(0.000)	0.000(0.000)	0.000(0.000)
身份认同					
认同家乡			−0.031(0.028)	−0.036(0.027)	−0.034(0.028)
认同城市			−0.021(0.030)	−0.024(0.030)	−0.027(0.030)
认同迷茫			0.030(0.029)	0.019(0.028)	0.020(0.028)
工作、生活经历					
在当地的生活年限				0.006(0.007)	0.006(0.007)
总的打工年限				0.017(0.010)*	0.018(0.010)*
生活经历(糟糕经历次数)				0.103(0.021)***	0.103(0.021)***
地域(三线城市=0)					
一线城市					0.104(0.068)
二线城市					0.130(0.062)**
R^2	0.029	0.128	0.164	0.205	0.211
调整后的 R^2	0.024	0.096	0.115	0.148	0.152
N	1 173	849	800	703	703

注：* $p<0.1$，** $p<0.05$，*** $p<0.01$，括号内数字为标准误。

为正数,这表明在新生代农民工群体中,1985—1989年出生的群体比"90后"群体经历了更多的医疗状况不平等,并认为医疗状况的不平等程度更加严重,更不公平,也更加不能接受。

就文化程度而言,以大专及以上为参照组,高中/职高/中专群体与参照组没有显著差异,初中及以下群体与参照组有显著差异,其回归系数为负数,这表明,与大专及以上群体相比,初中及以下群体体验到了更多的医疗状况的不平等,认为医疗状况的不平等程度更加严重,更不公平,也更不能接受医疗状况的不平等。

(2) 社会经济特征

在社会经济特征中,新生代农民工的工作单位性质、工作职务、工作属性、个人月收入、个人社交网络、接受非官方信息的情况等变量都对因变量有显著影响。

从工作单位性质看,以外资企业为参照组,国有企业和私营企业都是在0.1的显著性水平下与参照组有显著差异,且其系数都是正数,这表明身处国有企业和私营企业的新生代农民工比身处外资企业的人体验到了更多的医疗状况的不平等,认为医疗状况的不平等更加严重,也更不能接受医疗状况的不平等。

就工作职务而言,以无职务者为参照组,中层管理者与参照组没有显著差异,基层管理者与参照组有显著差异,其系数为正数,这说明身处基层管理者位置的新生代农民工比无职务者体验到了更多的医疗状况的不平等,认为医疗状况的不平等更加严重,也更不能接受医疗状况的不平等。

从工作属性看,"枯燥乏味的工作""有伤害性的工作""喜欢的工作"对因变量都没有显著影响,唯有"具有自主性和成长性的工作"对因变量有显著影响,且显著性水平为0.1,其系数为负数,表明新生代农民工所从事的工作越具有自主性和成长性,其越认为医疗状况的不平等程度较轻,也越能接受医疗状况的不平等。

就个人月收入而言,以4 001元及以上群体为参照组,2 000元及以下群体与参照组没有显著差异,2 001~3 000元群体在过渡模型中与参照组有显著差异,且其显著性水平为0.1,系数为负数,而个人月收入在3 001~4 000元的群体与参照组有显著差异,其系数也为负数,这说明个人月收入在2 001~3 000元和3 001~4 000元的群体比4 001元及以上的群体认为医疗状况的不平等程度更轻,也更能接受医疗状况的不平等。

在新生代农民工的3个社交网络中,"在群体活动中形成的关系网""老乡关系网"对因变量都没有显著影响。"当地人关系网"对因变量有显著影响,其系数为负数,表明新生代农民工越较多或较好地拥有当地人关系网,就越少地体验过医疗状况的不平等,认为医疗状况的不平等程度较轻,也越能接受医疗状况的不平等。

在新生代农民工接受非官方信息的情况方面,"国外媒体"和"国外渠道"对因变量都没有显著影响,唯有"国内渠道"对因变量有显著影响,且其系数为负数,表明新生代农民工越是经常通过国内渠道(国内旅游、与国内亲戚或朋友交流社会时事信息,从国内报刊、电视、广播中了解新闻)了解信息,就越认为医疗状况的不平等程度较轻,也越能接受医疗状况的不平等。

(3)主观变量

主观变量主要涉及新生代农民工对自身社会经济地位的主观认知和与各种参照系的比较,其中对因变量有显著影响的仅有3个:对自身社会经济地位的主观认知、将生活水平与亲戚相比和纵向比较的生活水平变化。

新生代农民工对自身当前社会经济地位的主观认知对因变量有显著影响,其系数为负数,表明新生代农民工所主观认知和判断的当前社会经济地位越高,就越少地体验过医疗状况的不平等,越认为医疗状况的不平等程度较轻,也越能接受医疗状况的不平等。

在生活水平比较的诸多维度中,唯有新生代农民工将其生活水平"与亲戚相比"对因变量有显著影响,其系数为正数,表明新生代农民工将其生活水平与亲戚相比时,其生活水平越高,就越多地体验过医疗状况的不平等,越认为医疗状况不平等程度更加严重,也越不能接受医疗状况的不平等。其他维度的比较对因变量都没有显著影响。

就纵向比较的生活水平变化,"未来5年的预期"对因变量没有显著影响,"过去5年与现在相比"在0.1的显著性水平下对因变量有显著影响,其系数为正数,表明过去5年的生活水平越高的新生代农民工越多地体验过医疗状况的不平等,越认为医疗状况的不平等状况更加严重,更不公平,也更加不能接受医疗状况的不平等。

(4)工作、生活经历

新生代农民工在当地的生活年限对因变量没有显著影响,"总的打工年限"在0.1的显著性水平下对因变量有显著影响,而他们在工作、生活中的糟糕经历的次数对因变量有显著影响,且其系数都为正数,表明新生代农民工总的打工年限越长、在工作和生活中的糟糕经历越多,就越体验过更多的医疗状况不平等,越认为医疗状况的不平等程度严重,也越不能接受医疗状况的不平等。

(5) 地域

以三线城市为参照组,一线城市与参照组没有显著差异,而二线城市与参照组有显著差异,其系数为正数,表明在二线城市工作的新生代农民工比在三线城市工作的新生代农民工体验到更多的医疗状况的不平等,越认为医疗状况的不平等程度更加严重,更不公平,也越不能接受医疗状况的不平等。

5. 新生代农民工对教育机会不平等的认知和态度的影响因素模型

在建立多元线性回归的嵌套模型时发现,纳入地域这个变量之后,其调整的 R^2 没有任何变化,因而纳入地域一组虚拟变量的模型未予呈现,具体如表 5-37 所示。

表 5-37 新生代农民工对教育机会不平等的认知与态度的影响因素模型

	模型1	模型2	模型3	模型4
(常量)	3.070(0.068)	3.034(0.141)	3.473(0.222)	3.153(0.227)
个人特征				
性别(女=0)	0.004(0.052)	−0.054(0.053)	−0.081(0.053)	−0.080(0.052)
年龄(90后=0)				
1980—1984	0.095(0.081)	0.058(0.083)	0.044(0.083)	−0.059(0.095)
1985—1989	0.138(0.063)**	0.109(0.064)*	0.113(0.063)*	0.054(0.066)
文化程度(大专及以上=0)				
初中及以下	−0.079(0.071)	−0.090(0.071)	−0.084(0.071)	−0.133(0.076)*
高中/职高/中专	−0.011(0.066)	−0.014(0.066)	−0.016(0.066)	−0.057(0.068)
婚姻状况(未婚=0)	0.095(0.063)	0.018(0.063)	0.013(0.062)	−0.013(0.063)
社会经济特征				
单位性质(外资=0)				
国有		0.172(0.090)*	0.171(0.088)*	0.167(0.087)*
私营		0.165(0.080)**	0.163(0.079)**	0.145(0.078)*
工作身份(自雇=0)				
正式工		−0.127(0.096)	−0.156(0.095)	−0.150(0.093)

续表

	模型1	模型2	模型3	模型4
合同工		0.025(0.098)	−0.010(0.097)	−0.012(0.095)
派遣工		0.186(0.133)	0.117(0.132)	0.119(0.130)
临时工		0.040(0.108)	0.031(0.107)	0.012(0.105)
工作职务(无职务＝0)				
基层管理者		0.199(0.068)***	0.223(0.067)***	0.187(0.066)***
中层管理者		0.188(0.122)	0.245(0.121)**	0.243(0.120)**
工作属性				
具有自主性和成长性的工作		−0.036(0.028)	−0.026(0.028)	−0.029(0.027)
有伤害性的工作		0.061(0.027)**	0.058(0.027)**	0.056(0.027)**
枯燥乏味的工作		0.092(0.027)***	0.072(0.027)***	0.068(0.026)**
喜欢的工作		−0.005(0.027)	−0.001(0.027)	−0.011(0.027)
工作氛围				
工作氛围宽松		0.011(0.030)	0.018(0.031)	0.025(0.030)
工作氛围紧张		−0.001(0.028)	0.000(0.028)	−0.005(0.027)
月收入(4001元及以上＝0)				
2000元及以下		−0.081(0.087)	−0.109(0.087)	−0.112(0.086)
2001~3000元		−0.099(0.078)	−0.117(0.078)	−0.075(0.077)
3001~4000元		−0.066(0.083)	−0.087(0.082)	−0.089(0.081)
个人社交网络				
当地人关系网		−0.093(0.026)***	−0.070(0.028)**	−0.063(0.028)**
在群体活动中形成的关系网		−0.007(0.026)	0.016(0.027)	0.012(0.027)
老乡关系网		0.043(0.026)	0.010(0.027)	0.010(0.027)
接受非官方信息的情况				
国外媒体		−0.026(0.025)	−0.027(0.025)	−0.038(0.025)
国内渠道		−0.059(0.027)**	−0.039(0.028)	−0.028(0.028)
国外渠道		−0.024(0.027)	0.002(0.027)	−0.008(0.027)
政治身份(非党员＝0)		0.047(0.081)	0.062(0.081)	0.047(0.080)

续表

	模型1	模型2	模型3	模型4
主观变量				
社会经济地位认知			−0.052(0.015)***	−0.049(0.014)***
生活水平比较				
与同龄人相比			0.020(0.053)	0.033(0.053)
与5年前的自己相比			−0.035(0.047)	−0.020(0.047)
与亲戚相比			0.092(0.035)***	0.100(0.034)***
与中学同学相比			−0.019(0.039)	−0.010(0.039)
与现在的同事相比			−0.056(0.039)	−0.056(0.038)
与家乡的邻居相比			−0.040(0.036)	−0.042(0.035)
与这个城市的城里人相比			−0.057(0.031)*	−0.045(0.031)
纵向比较的生活水平变化				
过去5年与现在相比			0.024(0.022)	0.025(0.022)
未来5年的预期			−0.011(0.026)	−0.004(0.026)
收入公平感(合理−实际工资)			0.000(0.000)	0.000(0.000)
身份认同				
认同家乡			0.018(0.027)	0.015(0.027)
认同城市			−0.020(0.029)	−0.024(0.029)
认同迷茫			0.080(0.028)***	0.069(0.028)**
工作、生活经历				
在当地的生活年限				0.009(0.007)
总的打工年限				0.011(0.009)
生活经历(糟糕经历次数)				0.097(0.021)***
R^2	0.020	0.121	0.175	0.219
调整后的 R^2	0.015	0.088	0.126	0.161
N	1 168	846	797	702

注：* $p<0.1$，** $p<0.05$，*** $p<0.01$，括号内数字为标准误。

表 5-37 的结果显示,新生代农民工的性别、文化程度、婚姻状况、工作身份、工作氛围、个人月收入、政治身份、纵向比较的生活水平变化、收入公平感等变量都对因变量没有显著影响,其他变量都有不同程度的显著影响,具体如下:

(1) 个人特征

在个人特征中,唯有年龄对因变量有显著影响,以"90后"群体为参照组,1980—1984 年出生的群体与参照组没有显著差异,而在过渡模型中,1985—1989 年出生的群体与参照组有显著差异,其系数为正数,表明 1985—1989 年出生的新生代农民工比"90后"群体体验到更多的教育机会不平等,认为教育机会的不平等更加严重,更加不公平,也更加不能接受教育机会的不平等。

(2) 社会经济特征

在社会经济特征中,新生代农民工的工作单位性质、工作职务、工作属性、个人社交网络、接受非官方信息的情况等变量都对因变量有显著影响。

就工作单位性质而言,以外资企业为参照组,国有企业和私营企业与参照组都有显著影响,其系数都为正数,表明身处国有企业和私营企业的新生代农民工比身处外资企业的人体验到了更多的教育机会的不平等,认为教育机会不平等的程度更加严重,更加不公平,也更不能接受教育机会的不平等。

从工作职务看,以无职务者为参照组,基层管理者与中层管理者都与参照组有显著差异,且系数都为正数,表明身处基层管理者和中层管理者位置的新生代农民工比无职务者体验到了更多的教育机会的不平等,认为教育机会的不平等程度更加严重,更不公平,也更不能接受教育机会的不平等。

从工作属性看,"具有自主性和成长性的工作""喜欢的工作"都对因变量没有显著影响,而"有伤害性的工作"和"枯燥乏味的工作"都对因变量有显著影响,其系数都为正数,表明新生代农民工从事的工作越具有伤害性或者越枯燥乏味,就越多地体验过教育机会的不平等,越认为教育机会的不平等程度严重,也越不能接受教育机会的不平等。

在新生代农民工的 3 个社交网络中,"在群体活动中形成的关系网""老乡关系网"对因变量都没有显著影响;唯有"当地人关系网"对因变量有显著影响,其系数为负数,表明新生代农民工越较多或较好地拥有当地人关系网,就越少地体验过教育机会的不平等,也越认为教育机会的不平等程度较轻,也越能接受教育机会的不平等。

在新生代农民工接受非官方信息的情况方面,"国外媒体""国外渠道"对因变量都没有显著影响,唯有"国内渠道"在初始模型中对因变量有显著影响,且其系数为负数,表明新生代农民工越是经常通过国内渠道(国内旅游,与国内亲戚或朋友交流社会时事信息,从国内报刊、电视、广播中了解新闻)了解信息,就越认为教育机会的不平等程度较轻,也越能接受教育机会的不平等。

(3) 主观变量

主观变量主要涉及新生代农民工对自身社会经济地位的主观认知和与各种参照系的比较,其中对因变量有显著影响的仅有4个:对自身社会经济地位的主观认知,将生活水平与亲戚相比、与当地城市的城里人相比和身份认同。

新生代农民工对自身当前社会经济地位的主观认知对因变量有显著影响,其系数为负数,表明新生代农民工所主观认知和判断的当前社会经济地位越高,就越少体验过教育机会的不平等,越认为教育机会的不平等程度较轻,也越能接受教育机会的不平等。

在生活水平比较的诸多维度中,唯有"与亲戚相比"在所有模型中对因变量有显著影响,其系数为正数,表明新生代农民工与亲戚相比时,其生活水平越高,就越多地体验过教育机会的不平等,越认为教育机会的不平等程度更加严重,更加不公平,也越不能接受教育机会的不平等。另外,在初始模型中,"与这个城市的城里人相比"在0.1的显著性水平下对因变量有显著影响,其系数为负数,表明新生代农民工将其生活水平与当地城市的城里人相比时,其生活水平越高,就越少体验过教育机会的不平等,越觉得教育机会的不平等程度较轻,也越能接受教育机会的不平等。

在测量新生代农民工身份认同的3个变量中,"认同城市"和"认同家乡"对因变量都没有显著影响,只有"认同迷茫"对因变量有显著影响,其系数为正数,表明新生代农民工越对家乡和城市都没有归属感,就越多地体验过了教育机会的不平等,越认为教育机会的不平等程度较高,也越不能接受教育机会的不平等。

(4) 工作、生活经历

新生代农民工总的打工年限、在当地城市的生活年限都对因变量没有显著影响,而他们在工作、生活中的糟糕经历的次数对因变量有显著影响,其系数为正数,表明新生代农民工在工作、生活中的糟糕经历越多,越体验过更多的教育机会的不平等,也越认为教育机会的不平等程度更加严重,更加不公平,也越不能接受教育机会的不平等。

6. 新生代农民工歧视指数的影响因素模型

该模型的因变量是新生代农民工歧视指数,根据调查问卷中对各选项的赋值方式(总是=1、经常=2、有时=3、几乎很少=4、从来没有=5),转换成的指数数值越高,说明其受到不公平对待的程度越低。同样地,在建立多元线性回归的嵌套模型时发现,纳入地域这个变量之后,其调整的 R^2 没有任何变化,因而纳入地域一组虚拟变量的模型未予呈现,具体如表 5-38 所示。

表 5-38 新生代农民工歧视指数的影响因素模型

	模型 1	模型 2	模型 3	模型 4
(常量)	67.493(1.833)	73.993(3.705)	70.858(5.882)	78.340(6.010)
个人特征				
性别(女=0)	−2.450(1.402)*	−1.663(1.398)	−1.149(1.397)	−1.536(1.379)
年龄(90后=0)				
1980—1984	−2.866(2.170)	−4.866(2.183)**	−4.046(2.178)*	−5.622(2.503)**
1985—1989	−2.321(1.707)	−2.783(1.679)*	−2.313(1.672)	−2.567(1.734)
文化程度(大专及以上=0)				
初中及以下	−5.210(1.892)***	−2.621(1.878)	−2.736(1.882)	−4.082(2.010)**
高中/职高/中专	−4.091(1.761)**	−3.220(1.737)*	−2.937(1.738)*	−3.459(1.780)*
婚姻状况(未婚=0)	−1.481(1.700)	−0.946(1.656)	−1.097(1.646)	−1.692(1.664)
社会经济特征				
单位性质(外资=0)				
国有		−0.828(2.369)	−0.267(2.343)	−0.001(2.315)
私营		−2.961(2.125)	−2.674(2.094)	−2.273(2.065)
工作身份(自雇=0)				
正式工		−2.003(2.528)	−2.319(2.494)	−2.459(2.452)
合同工		−0.085(2.581)	−1.017(2.549)	−0.703(2.508)
派遣工		−7.038(3.513)**	−7.356(3.479)**	−7.065(3.423)**
临时工		−2.236(2.852)	−3.009(2.811)	−2.416(2.766)
工作职务(无职务=0)				

续表

	模型1	模型2	模型3	模型4
基层管理者		0.768(1.771)	−0.013(1.757)	0.336(1.746)
中层管理者		−0.907(3.203)	−2.108(3.201)	−2.336(3.155)
工作属性				
具有自主性和成长性的工作		−0.294(0.738)	−0.417(0.734)	−0.292(0.722)
有伤害性的工作		−1.309(0.711)*	−1.162(0.714)	−1.203(0.703)*
枯燥乏味的工作		−1.198(0.702)*	−0.669(0.708)	−0.510(0.697)
喜欢的工作		1.446(0.720)**	1.188(0.717)*	1.138(0.711)
工作氛围				
工作氛围宽松		2.674(0.804)***	1.996(0.807)**	1.888(0.796)**
工作氛围紧张		−2.623(0.734)***	−2.494(0.732)***	−2.407(0.721)***
月收入(4 001元及以上=0)				
2 000元及以下		−4.925(2.310)**	−4.888(2.299)**	−4.436(2.264)*
2 001～3 000元		−5.707(2.053)***	−5.929(2.049)***	−6.676(20.26)***
3 001～4 000元		−3.579(2.183)	−3.049(2.172)	−3.208(2.136)
个人社交网络				
当地人关系网		0.773(0.690)	0.023(0.744)	−0.052(0.735)
在群体活动中形成的关系网		1.073(0.697)	0.224(0.714)	0.300(0.702)
老乡关系网		−1.425(0.688)**	−0.883(0.725)	−1.005(0.713)
接受非官方信息的情况				
国外媒体		−1.059(0.661)	−1.416(0.665)**	−1.209(0.657)*
国内渠道		−0.252(0.703)	−0.403(0.738)	−0.546(0.730)
国外渠道		1.870(0.722)**	1.287(0.725)*	1.470(0.715)**
政治身份(非党员=0)		2.815(2.161)	2.952(2.141)	3.682(2.115)*
主观变量				
社会经济地位认知			0.375(0.385)	0.219(0.380)
生活水平比较				
与同龄人相比			0.044(1.406)	−0.202(1.384)
与5年前的自己相比			0.150(1.252)	−0.032(1.236)

续表

	模型 1	模型 2	模型 3	模型 4
与亲戚相比			0.120(0.917)	0.144(0.906)
与中学同学相比			0.556(1.038)	0.379(1.023)
与现在的同事相比			0.691(1.023)	0.591(1.006)
与家乡的邻居相比			−1.699(0.943)*	−1.909(0.932)**
与这个城市的城里人相比			2.187(0.821)***	2.009(0.810)**
纵向比较的生活水平变化				
过去 5 年与现在相比			0.544(0.591)	0.532(0.581)
未来 5 年的预期			−1.018(0.686)	−1.274(0.677)*
收入公平感(合理—实际工资)			0.000(0.000)	0.000(0.000)
身份认同				
认同家乡			2.689(0.713)***	2.753(0.705)***
认同城市			0.742(0.774)	0.613(0.767)
认同迷茫			−2.829(0.737)***	−2.599(0.727)***
工作、生活经历				
在当地的生活年限				−0.141(0.178)
总的打工年限				0.433(0.249)*
生活经历(糟糕经历次数)				−2.596(0.541)***
R^2	0.019	0.165	0.204	0.252
调整后的 R^2	0.014	0.134	0.168	0.196
N	1 168	848	801	702

注：* $p<0.1$，** $p<0.05$，*** $p<0.01$，括号内数字为标准误。

表 5-38 的结果显示，新生代农民工的性别、婚姻状况、工作单位性质、工作职务、对自身社会经济地位的主观认知、纵向比较的生活水平变化、收入公平感等变量都对因变量没有显著影响，其他变量都有不同程度的显著影响，具体如下：

(1) 个人特征

在个人特征中，新生代农民工的年龄和文化程度都对因变量有显著影

响,具体如下:

从年龄看,以"90后"群体为参照组,1985—1989年出生的群体与参照组没有显著差异,而1980—1984年出生的群体与参照组有显著差异,其系数为负数,表明1980—1984年出生的新生代农民工比"90后"群体受到歧视或不公平对待的程度更高。

就文化程度而言,以大专及以上为参照组,初中及以下群体与参照组有显著差异,高中/职高/中专群体在0.1的显著性水平下与参照组有显著差异,且其回归系数都为负数,这表明,与大专及以上群体相比,初中及以下、高中/职高/中专群体受到歧视或不公平对待的程度更高。

(2) 社会经济特征

在社会经济特征中,新生代农民工的工作身份、工作属性、工作氛围、个人月收入、个人社交网络、接受非官方信息的情况等变量都对因变量有显著影响。

从工作身份看,以自雇为参照组,正式工、合同工与临时工都与参照组没有显著差异,派遣工与参照组有显著差异,其系数为负数,说明属于派遣工身份的新生代农民工比自雇者受到歧视或不公平对待的程度更高。

从工作属性看,"具有自主性和成长性的工作"对因变量没有显著影响,"有伤害性的工作"在0.1的显著性水平下对因变量有显著影响,其系数为负数,表明新生代农民工从事的工作越有伤害性,其受到歧视或不公平对待的程度越高。而"喜欢的工作"是在过渡模型中对因变量有显著影响,其系数为正数,表明新生代农民工越喜欢其所从事的工作,他们受到歧视或不公平对待的程度就越低。

测量工作氛围的2个变量都对因变量有显著影响,其中"工作氛围宽松"的系数为正数,表明新生代农民工的工作氛围越宽松,他们受到歧视或不公平对待的程度就越低,而"工作氛围紧张"的系数为负数,表明新生代农民工的工作氛围越紧张,其受到歧视或不公平对待的程度越高。

就个人月收入而言,以4 001元及以上群体为参照组,个人月收入在3 001~4 000元的群体与参照组没有显著差异,而个人月收入2 000元及以下群体和2 001~3 000元群体都与参照组有显著差异,且其系数都为负数,表明个人月收入在2 000元及以下的群体和2 001~3 000元的群体都比4 001元及以上的人受到歧视或不公平对待的程度要高。

在新生代农民工的3个社交网络中,"当地人关系网"和"在群体活动中形成的关系网"都对因变量都没有显著影响。唯有"老乡关系网"对因变量有显著影响,且只在初始模型中有显著影响,其系数为负数,表明新生代农民工越较多或较好地拥有老乡关系网,其受到歧视或不公平对待的程度就越高。

在新生代农民工接受非官方信息的情况方面,"国内渠道"对因变量没有显著影响,而"国外媒体"和"国外渠道"对因变量都有显著影响,但"国外媒体"的系数为负数,而"国外渠道"的系数为正数,这表明新生代农民工越是通过国外媒体了解信息,其受到歧视或不公平对待的程度就越高,而他们越是通过其他国外渠道(到国外旅游、与在国外的亲戚朋友交流)了解信息,其所受到歧视和不公平对待的程度越低。

(3) 主观变量

主观变量主要涉及新生代农民工对自身社会经济地位的主观认知和与各种参照系的比较,其中对因变量有显著影响的仅有3个:将生活水平与家乡的邻居相比、与当地城市的城里人相比和身份认同。

在生活水平比较的诸多维度中,仅有2个维度对因变量有显著影响,其中"与家乡的邻居相比"的系数为负数,而"与这个城市的城里人相比"的系数为正数,这表明当新生代农民工将其生活水平与家乡的邻居进行比较时,其生活水平越高,其所受到歧视和不公平对待的程度越高,而与当地城市的城里人相比时,其生活水平越高,其所受到歧视和不公平对待的程度越低。

在测量新生代农民工身份认同的3个变量中,其中"认同城市"对因变量没有显著影响,"认同家乡"和"认同迷茫"都对因变量有显著影响,但"认同家乡"的系数为正数,而"认同迷茫"的系数为负数,这表明新生代农民工越是对家乡有归属感,其所受到歧视和不公平对待的程度越低,而新生代农民工越对家乡和城市都没有归属感,其所受到的歧视和不公平对待的程度越高。

(4) 工作、生活经历

新生代农民工总的打工年限,在工作、生活中的糟糕经历的次数对因变量都有显著影响,其中糟糕经历的次数的系数为负数,表明新生代农民工在工作、生活中的糟糕经历次数越多,其所受到歧视和不公平对待的程度越高。"总的打工年限"系数为正数,说明总的打工年限越长,新生代农民工受到歧视和不公平对待的程度越低。

第六章

社会结构、参照群体与不公平感[1]

本课题在运用课题组的调查数据深入探索了新生代农民工对社会不平等的社会心态及其影响因素之后,拟采用CGSS数据从另一个层面来研究新生代农民工的不公平感及其影响因素,以期用不同数据来源的结果对新生代农民工的不公平感及其影响因素进行验证。

第一节 理论与研究假设

一、社会结构(不平等)与不公平感

不公平感作为社会心态或社会意识的一部分是对社会现实的反映或折射,而对于不公平感的来源有两种理论解释,即结构决定论和社会比较理论,结构决定论认为人们在社会结构中的位置决定他们的不公平感,处于社会优势地位的人或中上阶层的成员,更倾向于认为社会现实是较为公平或合理的,而处于劣势地位的人或下层阶层的成员更倾向于认为社会现实是不公平的或不合理的[2-3]。美国心理学家约翰·斯塔希·亚当斯(John Stacey

---

[1] 本文的主体部分已发表于《青年研究》2015年第1期。
[2] 李春玲. 各阶层的社会不公平感比较分析[J]. 湖南社会科学,2006(1):71-76.
[3] Robinson R V, Bell W. Equality, Success, and Social Justice in England and the United States[J]. American Sociological Review,1978,43(2):125-143.

Adams)提出的公平理论又被称为社会比较理论,他认为,人是社会性的人,进行社会比较是人的天性,追求公平是人的基本要求,而人们的不公平感正是来自这种社会比较。根据这种社会比较理论,人们的不公平感不是来自其具体的结构性地位,而是来自他与别人的比较[1-2],换言之,人们是通过与参照群体的比较来产生相应的不公平感的,这种比较既可能是纵向的自身比较,也可能是横向的与周围人的比较[3]。有学者运用经验数据对这两种理论解释进行了检验,他们的研究发现基本上否定了结构决定论而支持了社会比较理论(他们称之为局部比较论),他们发现,对于中国城市居民而言,并非人们的经济地位越高就越认为自己的收入所得是公平的,而无论是与自己过去的生活经历相比,还是与周围的其他人比较,人们对自身当前的社会经济状况给予的评价越高,都越认为自己的收入所得是公平的[4]。

用结构决定论的观点看,农民工在社会经济地位上处于农民和城市居民之间,因此,他们的不公平感也应该处于这两个群体之间,由此提出以下假设:

假设4a:农民工的不公平感弱于农民,但比城市居民强烈。

二、新生代农民工的不公平感

根据社会比较理论,客观的社会不平等是否会引起人们的不公平感取决于人们对参照群体的选择,这就是相对剥夺理论的实质,本文拟以隧道理论(属于相对剥夺理论的一种)来进一步分析新生代农民工的不公平感。

赫西曼的隧道理论认为:假设我驾车行驶在封闭的隧道里,隧道是两道的、向同一方向行驶的道路,相互之间禁止越线,我在左道上,前方车道双道都堵塞,大家都不能行驶,虽然沮丧,但也只好等着。这时,我看到右道车辆开始行驶,于是,我认为有希望了,然而,如果期望受阻,即右道的车辆不断地前进,但左道始终不能前进,这时我就会感到很愤怒、感到不公正,甚至会采

---

[1] 刘欣. 相对剥夺地位与阶层认知[J]. 社会学研究,2002(1):81-90.

[2] Kreidl M. Perceptions of Poverty and Wealth in Western and Post-Communist Countries[J]. Social Justice Research, 2000, 13(2):151-176.

[3] 怀默霆. 中国民众如何看待当前的社会不平等[J]. 社会学研究,2009,24(1):96-120,244.

[4] 马磊,刘欣. 中国城市居民的分配公平感研究[J]. 社会学研究,2010,25(5):31-49,243.

取违规行为,试图跨过禁止跨越的双线,进入右道[1]。如果用隧道理论来分析新生代农民工的不公平感,则可以认为,他们对社会不平等的感知程度取决于他们在哪个"隧道"。已有的研究发现,老一代农民工走的基本是"农村隧道",他们的价值取向是生存理性,其参照群体是在家乡的农民[2][3];新生代农民工则不然,他们基本走的是"城市隧道",他们中有的人在城市长大,有的人虽然生长于农村,但几乎没有农耕经验,他们的生活方式和价值取向与城市的年轻人趋同[4][5],因此新生代农民工的参照群体是他们所处城市的城市居民,但由于户籍限制等原因,他们的待遇与其所处城市的城市居民完全不同,他们在城市的医疗、住房、养老、就业保障等各个方面都没有均等化地享有机会,因此,他们的相对剥夺感会更加强烈,从而使他们的不公平感增强,由此提出如下研究假设:

假设4b1:新生代农民工的不公平感比农民、老一代农民工更为强烈。

假设4b2:是新生代农民工而不是农民工整体的不公平感比城市居民更为强烈。

假设4b3:新生代农民工的家庭经济状况在农村的相对地位对其不公平感没有显著影响。

假设4b4:新生代农民工对其在社会等级中的主观认知越高,其不公平感越弱。

其中假设4a和假设4b1是分别从社会比较理论和结构决定论演绎出来的具有竞争性的假设,用以进一步验证这两种理论的解释力。

同样地,如果用结构决定论来解释新生代农民工的不公平感,则可以提出如下假设:

假设4c1:新生代农民工的受教育程度越高,其不公平感越弱。

假设4c2:新生代农民工的收入水平越高,其不公平感越弱。

假设4b3:新生代农民工的职业状况越好,其不公平感越弱。

---

[1] 李强.社会学的"剥夺"理论与我国农民工问题[J].学术界,2004(4):7-22.

[2] 李培林,李炜.农民工在中国转型中的经济地位和社会态度[J].社会学研究,2007(3):1-17,242.

[3] 李培林,田丰.中国新生代农民工:社会态度和行为选择[J].社会,2011,31(3):1-23.

[4] 田丰.改革开放的孩子们:中国"70后"和"80后"青年的公平感和民主意识研究[J].青年研究,2009(6):1-10,92.

[5] 王正中."民工荒"现象与新生代农民工的理性选择[J].理论学刊,2006(9):75-76.

第二节 数据、变量与方法

一、数据与变量

本文的数据来自"2010年中国综合社会调查"(CGSS2010)[1],为了保证比较的一致性和可比性,从CGSS2010数据库中筛选出三大群体,即城市居民群体、农民群体和农民工群体,并进一步将农民工群体分为老一代农民工群体和新生代农民工群体。其中,对城市居民的界定为非农业户口且目前从事非农工作的人;对农民群体的界定为农业户口,工作属性包括目前为务农(曾经可能有过非农工作)、目前没有工作且只务过农或从未工作过的人;对农民工群体的界定为农业户口、目前从事非农工作的人;新生代农民工则是指出生于20世纪80年代以后(含出生于1980年)、农业户口、目前从事非农工作的人。经过筛选,得到农民样本3928个,城市居民2653个,农民工样本1651个,而在农民工样本中,包含老一代农民工样本1222个,新生代农民工样本429个。

1. 因变量及其操作化:不公平感的测量

CGSS2010居民问卷中对不公平感的测量有2个问题。第一个问题是:"总的来说,您认为当今的社会是不是公平的?"备选项为:"1—完全不公平,2—比较不公平,3—居中,4—比较公平,5—完全公平。"第二个问题是:"考虑到您的教育背景、工作能力、自理等各方面因素,您认为自己目前的收入是否公平?"备选项是:"1—不公平,2—不太公平,3—一般,4—比较公平,5—公平。"第一个问题是被访者对于整体的社会不平等状况的评价和主观判断,可以称之为社会层次的不公平感,而第二个问题是被访者对于自己收入不平等状况的判断和主观评价,由于收入不公平感是个人层次的不公平感的最重要也是最主要的方面,因此就用这个问题来测量个人层次的不公平感。

2. 核心自变量及其操作化

核心自变量主要分为两大类,即社会结构变量和社会比较变量。

社会结构变量:社会结构变量主要包括文化程度、收入状况、职业状况

---

[1] 关于该数据的抽样方案及基本情况,均可通过数据提供方的网站(网址为 https://nsrc.ruc.edu.cn)查询得到。

(职业类别、工作单位类型以及所在企业的单位性质)。

文化程度：将文化程度变为若干虚拟变量，包括小学及以下、初中、高中（含中专和技校）、大专、本科及以上。

收入状况：收入指标包括两个，一个是被访者在 2009 年的全年总收入，另一个是被访者在 2009 年的全年职业总收入，但由于全年总收入和全年职业收入有非常强的相关性（相关系数为 0.978），因此只将其中的一个变量（全年职业总收入）纳入了模型。另外，在初步的模型分析中，是将收入取自然对数并将其平方项和立方项都放入了模型，但这些自变量都没有显著影响，而根据收入的描述性统计结果，全年职业总收入的离散程度非常高，其均值为 2.26 万元，而最高收入达到 80 万元，最低收入为 0 元，因此，将收入进行分类，变成 4 个虚拟变量纳入模型，这 4 个虚拟变量的类别分别为低收入（0～10 000 元）、中低收入（10 001～20 000 元）、中等收入（20 001～30 000 元）和高收入（30 000 元以上），之所以将 2009 年的全年职业总收入在 30 000 元以上界定为高收入，是因为新生代城市居民在 2009 年的全年职业总收入的均值为 3 万元。

职业状况：职业状况包括 3 个方面，即职业类别[重编码为 4 个虚拟变量，即个体户/老板、受雇于他人（有固定雇主）、在自己家企业工作、零工/散工]、工作单位类型（重编码为 3 个虚拟变量，即党政机关/事业单位、企业、无单位/自雇/自办企业）和企业性质。对于在企业工作的被访者，将其所工作的企业的性质进一步重编码为 3 个虚拟变量，即国有/集体企业、私营企业和外资企业。

社会比较变量：社会比较变量主要包括两个方面，即家庭经济状况在当地的相对地位和被访者对其在社会等级中的相对位置的主观认知。

家庭经济状况在当地的相对地位：在 CGSS2010 居民问卷中有这样一个问题："您家的家庭经济状况在当地属于哪一档？"备选项为："1—远低于平均水平，2—低于平均水平，3—平均水平，4—高于平均水平，5—远高于平均水平。"在问卷中对"当地"没有明确的界定，无法确切地知道在新生代农民工的心里，"当地"究竟是指他们当时生活、工作的城市，还是指他们所出生、成长的农村老家，从该变量的描述性统计结果看，远低于平均水平的占 3.2%，低于平均水平的占 28.7%，处于平均水平的占 57.8%，高于平均水平的占 10%，远高于平均水平的占 0.2%，且由于户籍的限制所造成的人们的思维习惯，因此笔者斗胆认为新生代农民工将"当地"理解为他们出来前所在的农村,因此,本文用这个问题来测量农民工的家庭经济状况在农村的相对位置,这个变量是本文的核心自变量,用于考察新生代农民工是否不再以农村作为参照系。

被访者对其在社会等级中的相对位置的主观认知。在居民问卷中有这样的3个问题:"在我们的社会里,有些群体居于顶层,有些群体则处于底层,如果用10分代表顶层,用1分代表底层,则您认为自己目前在哪个等级上?""您认为您10年前在哪个等级上?""您认为您10年后在哪个等级上?"本文就以这3个变量作为新生代农民工在社会等级中的相对位置的主观认知。就第3个变量而言,新生代农民工对其10年后在社会等级中的位置的认定与其当前的不公平感看似没有因果关系,但正如隧道理论所揭示的那样,这个变量恰恰代表了他们的一种预期或期望,当他们的期望受阻时,他们也会有不公平感,因此,将这个变量也纳入了模型中。

控制变量及其操作化:根据以往的研究传统,在模型中还纳入了一些控制变量,包括受访者的年龄、性别(虚拟变量,以女性为参照组)等。

由于本文研究的重点是新生代农民工的不公平感,因此,给出该群体在上述各变量上的描述性统计结果,如表6-1所示。

表6-1 主要变量的描述性统计(新生代农民工群体)

变量	样本量	最小值	最大值	均值	标准差
社会层次的不公平感	429	1	5	2.8	1.02
个人层次的不公平感	426	1	5	2.88	1.22
家庭经济状况在当地的相对地位	429	1	5	2.75	0.68
主观认知:在社会等级中的位置——现在	429	1	10	4.11	1.6
主观认知:在社会等级中的位置——10年前	427	1	10	3.14	1.86
主观认知:在社会等级中的位置——10年后	421	1	10	6.1	1.95
性别	429	0	1	0.55	0.5
年龄	429	18	30	24.78	3.46
小学及以下	429	0	1	0.11	0.32
初中	429	0	1	0.51	0.5
高中	429	0	1	0.24	0.43

续表

变量	样本量	最小值	最大值	均值	标准差
大专	429	0	1	0.1	0.3
本科及以上	429	0	1	0.03	0.17
2009年个人全年总收入	380	0	800 000	23 456.36	52 248.94
2009年个人全年职业收入	374	0	800 000	22 622.25	51 320.2
低收入（10 000元以下）	374	0	1	0.37	0.48
中低收入（10 001~20 000元）	374	0	1	0.36	0.48
中等收入（20 001~30 000元）	374	0	1	0.14	0.35
高收入（30 000元以上）	374	0	1	0.12	0.33
自雇、小老板、企业家	415	0	1	0.22	0.42
受雇于他人	415	0	1	0.61	0.49
零工、散工	415	0	1	0.14	0.34
在自己家的企业工作	415	0	1	0.02	0.15
党政机关、事业单位	426	0	1	0.04	0.18
企业	426	0	1	0.48	0.50
无单位/自雇/自办等	426	0	1	0.49	0.50
国有或集体	345	0	1	0.12	0.32
私营/民营	345	0	1	0.85	0.36
外资/港澳台资	345	0	1	0.03	0.17

二、统计模型与分析策略

本文的分析分为两个部分：第一部分是通过对几个群体的不公平感的比较研究，揭示新生代农民工不公平感的基本状况；第二部分是进一步剖析新生代农民工不公平感的影响因素，深入探索其不公平感的原因。

第二节 数据分析

一、各个群体的不公平感

一元方差分析的结果显示，无论是社会层次的不公平感还是个人层次的不公平感,在3个群体(农民、农民工和城市居民)中都存在显著差异,具体如表6-2所示。

表6-2 不公平感在3个群体间的一元方差分析

		总方差	df	均方差	F	sig
社会层次的不公平感	组间方差	250.331	2	125.165	104.949	0.000
	组内方差	9 814.115	8 229	1.193		
	总方差	10 064.446	8 231			
个人层次的不公平感(个人收入的不公平感)	组间方差	51.116	2	25.558	13.219	0.000
	组内方差	15 909.752	8 229	1.933		
	总方差	15 960.868	8 231			

多重比较(bonferroni multiple comparison)的结果显示,农民、农民工、城市居民这3个群体的不公平感两两都存在显著差异,具体如表6-3所示。根据变量的备选项的赋值情况可以知道,各变量均值的得分越高,说明公平程度越高,而不公平感越低。表6-3的数据显示,就社会层次的不公平感而言,农民工的均值高于城市居民低于农民,且均值差都有统计显著性,这说明农民工在社会层面的不公平感高于农民,但低于城市居民;就个人层次的不公平感(个人收入的不公平感)而言,农民工的均值均高于城市居民和农民,且均值差都具有统计显著性,这意味着农民工在个人层面上的不公平感均低于城市居民和农民,而城市居民和农民在个人层次的不公平感则没有显著差异。

表6-3 3个群体不公平感均值的多重比较

因变量	(I)	(J)	均值差(I-J)	标准误	显著性
社会层次的不公平感	农民工	城市居民	0.120*	0.034	0.001
		农民	−0.265*	0.032	0.000
	城市居民	农民工	−0.120*	0.034	0.001
		农民	−0.385*	0.027	0.000
	农民	农民工	0.265*	0.032	0.000
		城市居民	0.385*	0.027	0.000

续表

因变量	(I)	(J)	均值差（I-J）	标准误	显著性
个人层次的不公平感（个人收入的不公平感）	农民工	城市居民	0.215*	0.044	0.000
		农民	0.178*	0.041	0.000
	城市居民	农民工	−0.215*	0.044	0.000
		农民	−0.037	0.035	0.862
	农民	农民工	−0.178*	0.041	0.000
		城市居民	0.037	0.035	0.862

* 均值差的显著性水平为 0.05。

这样的结果表明各个群体的不公平感呈现出比较复杂的关系,就社会层次的不公平感而言,3 个群体呈现出的关系为城市居民＞农民工＞农民,且 3 个群体的不公平感的差距都有统计显著性,这表明该结果没有验证由结构决定论演绎出的两个假设,更有甚者,数据呈现的结果恰好与假设 4a 相反;就个人层面的不公平感而言,3 个群体呈现出的关系为城市居民＞农民＞农民工,其中农民工对收入的不公平感与城市居民、农民的差距具有统计显著性,而城市居民和农民对收入的不公平感的差距并没有统计显著性,这表明该结果仅部分地证实了假设 4a,也说明结构决定论在这个问题上的解释力较弱。

有意思的是,无论在社会层次还是在个人层次,农民工的不公平感都显著低于城市居民,这无论是用结构决定论还是用社会比较理论似乎都无法解释,一个最可能的原因是,农民工群体本身已经产生了分化,新生代农民工和老一代农民工的不公平感可能存在巨大差异。为此,笔者进行了进一步的一元方差分析,两个 F 检验的结果都显示,这 4 个群体在两个层次的不公平感上都存在显著差异,而多重比较的结果如表 6-4 所示。

表 6-4 4 个群体不公平感均值的多重比较

因变量	(I)	(J)	均值差（I-J）	标准误	显著性
社会层次的不公平感	新生代农民工	老一代农民工	−0.179*	0.061	0.021
		城市居民	−0.013	0.057	1.000
		农民	−0.398*	0.056	0.000

续表

因变量	（I）	（J）	均值差（I-J）	标准误	显著性
社会层次的不公平感	老一代农民工	新生代农民工	0.179*	0.061	0.021
		城市居民	0.166*	0.038	0.000
		农民	-0.218*	0.036	0.000
	城市居民	新生代农民工	0.013	0.057	1.000
		老一代农民工	-0.166*	0.038	0.000
		农民	-0.385*	0.027	0.000
	农民	新生代农民工	0.398*	0.056	0.000
		老一代农民工	0.218*	0.036	0.000
		城市居民	0.385*	0.027	0.000
个人层次的不公平感（个人收入的不公平感）	新生代农民工	老一代农民工	-0.144	0.078	0.390
		城市居民	0.108	0.072	0.810
		农民	0.071	0.071	1.000
	老一代农民工	新生代农民工	0.144	0.078	0.390
		城市居民	0.252*	0.048	0.000
		农民	0.215*	0.046	0.000
	城市居民	新生代农民工	-0.108	0.072	0.810
		老一代农民工	-0.252*	0.048	0.000
		农民	-0.037	0.035	1.000
	农民	新生代农民工	-0.071	0.071	1.000
		老一代农民工	-0.215*	0.046	0.000
		城市居民	0.037	0.035	1.000

* 均值差的显著性水平为0.05。

从表6-4可以看出，在社会层次上，各个群体的不公平感排序为：新生代农民工＞城市居民＞老一代农民工＞农民。其中，新生代农民工的不公平感与老一代农民工和农民的差异有显著性，但与城市居民的差异没有显著性，这个结果证实了研究假设4b1，但没有证实假设4b2；在个人层次上，各个群体的不公平感排序为：城市居民＞农民＞新生代农民工＞老一代农民工，其中，新生代农民工的不公平感和老一代农民工、城市居民及农民都没有显著差异，这个结果没有证实假设4b1和4b2。

从上述结果看,社会比较理论能很好地解释社会层面的不公平感的比较,而结构决定论能够部分地解释收入不公平感的比较,同时,这个结果也进一步证实农民工群体确实已经分化为两个截然不同的群体,即老一代农民工和新生代农民工,这也验证了李培林对农民工的历史逻辑界定。就不公平感而言,新生代农民工和老一代农民工的不公平感存在巨大差异,农民和老一代农民工是不公平感最弱的两个群体,而新生代农民工的不公平感则和城市居民不相上下。

二、不公平感的影响因素

在对新生代农民工群体的不公平感与其他群体进行比较之后,笔者将进一步剖析新生代农民工不公平感的影响因素,由于表示测量不公平感的两个因变量都是采用了5分制的定序变量,因此采用有序变量logit模型(ordered logit model)来进行分析,将各个自变量和控制变量纳入模型后得到的结果如表6-5所示。

1. 社会层次的不公平感模型

在社会层次的不公平感模型中,社会结构变量和社会比较变量都有显著影响。在社会结构变量中,仅有收入的影响是显著的,并且纳入模型的几个虚拟变量的系数都大于0,这表明,与高收入(年职业收入在3万元以上)的新生代农民工相比,中等收入及以下的群体选择较低等级(不公平)的可能性较低,从而增加了选择较高等级(公平)的可能性,这意味着,在控制其他因素的情况下,年总收入在3万元以下的新生代农民工反而比年收入在3万元以上的人的社会层次的不公平感更低。

在社会比较变量中,也仅有一个变量(新生代农民工的家庭经济状况在当地的相对地位)有显著影响,由于新生代农民工绝大多数都没有在城里买房安家,因此,这个变量可以认为是其家庭经济状况在农村的相对地位,该变量的系数$b>0$,这表明新生代农民工的家庭经济状况越好,其选择较低等级(不公平)的可能性会越低,从而增加选择较高等级(公平)的可能性。具体而言,该变量的系数$b=0.453$,而$exp(-b)=exp(-0.453)=0.636$,这意味着新生代农民工的家庭经济状况每提升一个档次,其选择某个类别的累积概率$(y \leqslant j)$将降低36.4%,从而增加其选择较高等级(公平)的可能性,换言之,新生代农民工的家庭经济地位越高,其社会层次的不公平感越弱。

2. 个人层次的不公平感模型

个人层次的不公平感在本研究中主要是指收入不公平感,在模型中,结构变量和社会比较变量同样都有显著影响。在结构变量中,仅有职业类别的影响是显著的,和参照组(零工/散工)相比,个体户/老板和在自己家的企业工作这两个类别的系数都大于0,这说明这两个群体选择较低等级(不公平)的可能性较低,而选择较高等级(公平)的可能性较高;受雇于他人(有固定雇主)的人和参照组没有显著差别,这意味着受雇于他人(无论有没有固定雇主)的新生代农民工比自雇(个体户/老板和那些在自己家企业工作的人都可以看作是自雇)的人的收入不公平感更强烈。

对收入不公平感有显著影响的社会比较变量有2个,即家庭经济状况在当地的相对地位、个人10年后在社会等级中的位置。这两个变量的系数都大于0,这表明,新生代农民工的家庭经济状况在当地的等级越高,其收入不公平感越弱;而主观认知的个人10年后在社会等级中的位置越高,其收入不公平感越弱。

综上所述,从社会比较理论的视角看,假设4b3并没有得到证实,但这并不意味着社会比较理论没有解释力,仅仅证明了农村仍然是新生代农民工的参照系,他们的家庭经济地位在当地(农村)的相对地位仍然对其不公平感有显著影响,在某种程度上,他们仍有意无意地将自己与其家乡的农民置身于同一个"隧道";而另一方面,新生代农民工对自己过去和现在的社会等级中的主观认知对他们的不公平感都没有显著影响,但他们对自己10年后在社会等级中的主观认知会对其个人层次的不公平感有显著影响,表现为他们预期自己10年后的社会地位等级越高,其不公平感越弱,因此只能说部分地证实了假设4b4。

从结构决定论的视角看,新生代农民工的收入对其社会层次的不公平感有显著影响,表现为高收入(年职业收入3万元以上)的新生代农民工的社会层次的不公平感反而更为强烈,这和假设4c2恰恰相反。一个可能的解释是,高收入的农民工群体可能在社会生活的各个层面有更多的平等化需求,因此也遭遇了更多的不平等,因此,其不公平感反而更高。另一方面,收入对新生代农民工的收入不公平感并没有显著影响,有显著影响的反而是职业类别,总体表现为受雇于他人者比自雇者有更强烈的收入不公平感,这恰恰说明了新生代农民工在其打工过程中受到了比较严重的盘剥。

受教育程度对新生代农民工的不公平感没有显著影响,因此假设4c1没有得到证实,可能的原因在于受其户籍和低学历(他们的学历都在高中/职高/中专以下)的影响,新生代农民工在城市的工作和生活中,文化程度的提高并没有为他们带来任何优势或利益。

表6-5 新生代农民工不公平感的影响因素模型

	因变量：社会层次的不公平感			因变量：个人层次(收入)的不公平感		
	模型1	模型2	模型3	模型1	模型2	模型3
控制变量						
性别(男性=1)	0.014(0.175)	-0.089(0.224)	0.058(0.231)	-0.061(0.174)	-0.176(0.226)	-0.006(0.233)
年龄	-0.059(0.026)*	-0.051(0.033)	-0.043(0.034)	-0.034(0.026)	-0.046(0.034)	-0.024(0.035)
社会结构变量						
文化程度(以小学为参照组)						
初中		0.046(0.400)	-0.184(0.415)		-0.412(0.396)	-0.682(0.430)
高中		-0.099(0.435)	-0.400(0.461)		-0.329(0.433)	-0.867(0.474)
大专		0.134(0.487)	-0.148(0.508)		-0.025(0.493)	-0.574(0.526)
本科及以上		0.291(0.813)	0.171(0.829)		0.187(0.805)	-0.179(0.819)
收入水平[以高收入(年职业收入）3万元以上)为参照]						
低收入(10 000元及以下)		0.565(0.395)	0.852(0.416)*		-0.427(0.398)	0.014(0.418)
中低收入(10 001~20 000元)		0.630(0.389)	0.972(0.412)*		0.045(0.392)	0.602(0.416)
中等收入(20 001~30 000元)		0.943(0.433)*	1.196(0.447)**		-0.040(0.432)	0.305(0.445)
职业类别(以零工、散工为参照组)						
个体户/老板		-0.290(0.486)	-0.394(0.491)		1.324(0.491)**	1.098(0.498)*

续表

	因变量：社会层次的不公平感			因变量：个人层次（收入）的不公平感		
	模型1	模型2	模型3	模型1	模型2	模型3
受雇于他人（有固定雇主）		0.089(0.407)	0.099(0.409)		0.181(0.402)	0.124(0.405)
在自己家的企业工作		0.224(0.803)	−0.019(0.808)		2.579(0.877)**	2.248(0.890)*
工作单位类型（以企业为参照组）						
党政机关、事业单位		1.270(0.817)	1.473(0.849)		−0.565(0.848)	0.087(0.853)
无单位/自雇/自办公司		0.473(0.288)	0.557(0.294)		−0.043(0.287)	0.052(0.295)
所在企业的单位性质（以国有/集体企业为参照组）						
私营企业		0.633(0.386)	0.678(0.390)		0.125(0.392)	0.261(0.394)
外资企业		0.520(0.760)	0.568(0.765)		−0.310(0.714)	−0.197(0.741)
社会比较变量						
家庭经济状况的相对地位			0.453(0.189)*			0.797(0.190)***
主观认知：在社会等级中的位置						
现在			−0.107(0.105)			0.043(0.104)
10年前			0.021(0.072)			−0.090(0.076)
10年后			0.066(0.081)			0.203(0.079)*
cut1	−3.682(0.667)***	−2.187(1.182)	−0.582(1.373)	−2.515(0.661)***	−2.960(1.212)*	1.002(1.419)

续表

	因变量：社会层次的不公平感			因变量：个人层次（收入）的不公平感		
	模型 1	模型 2	模型 3	模型 1	模型 2	模型 3
cut2	−1.766(0.648)**	−0.176(1.176)	1.496(1.376)	−1.462(0.652)*	−1.770(1.202)	2.265(1.419)
cut3	−0.566(0.644)	1.109(1.176)	2.793(1.383)*	0.057(0.649)	−0.090(1.198)	4.077(1.433)**
cut4	2.305(0.705)**	3.733(1.219)**	5.428(1.426)***	1.073(0.655)	0.865(1.204)	5.112(1.446)***
N	429	294	288	426	292	286
伪决定系数（pseudo R^2）	0.004	0.021	0.031	0.001	0.035	0.077

注：* $p<0.1$，** $p<0.05$，*** $p<0.01$。括号内数字为标准误。

第四节 总结与讨论

本书利用"2010年中国综合社会调查"（CGSS2010）的资料对新生代农民工的不公平感进行了分析，不仅对新生代农民工的不公平感与其他群体（农民、老一代农民工和城市居民）进行了比较，而且揭示了这个群体不公平感的特征及其影响因素，并借此对解释不公平感的"结构决定论"和"社会比较理论"进行了检验，结果发现"结构决定论"和"社会比较理论"对新生代农民工的不公平感都有相当的解释力，但呈现出一些出人意料的结果。

1. 社会结构变量是新生代农民工不公平感的重要影响因素

在不公平感的各群体比较中，结构决定论能够部分地解释收入不公平感的比较结果，而在不公平感影响因素的两个模型中，各有1个结构性变量对因变量有显著影响。其中，收入对社会层次的不公平感有显著影响，而职业类别对个人层次的不公平感（收入不公平感）有显著影响。就新生代农民工的收入不公平感而言，其收入反而没有显著影响，而是职业类别有显著影响，表现为受雇于他人（无论有没有固定雇主）的新生代农民工比自雇者的收入不公平感更为强烈。由此可见，新生代农民工遭受雇主剥削是其收入不公平感的主要原因，并且无论在何种类型的单位，无论在何种性质的企业，也无关乎客观收入的多少，他们都体验到了明显的收入不公平感，这基本反映了"打工"的新生代农民工的一个现实境遇和整体心态。就社会层次的不公平感而言，收入是对其有显著影响的唯一社会结构变量，表现为高收入（年总收入在3万元以上）的新生代农民工的不公平感明显高于中等收入、中低收入和低收入的新生代农民工，这虽然验证了"人们在社会结构中的位置决定他们的不公平感"这一观点，但和传统的认知（认为处于优势地位的人更倾向于认为社会现实是较为公平或合理的）恰恰相反，在新生代农民工群体中，恰恰是高收入者的不公平感更为强烈。对此，笔者的解释是，新生代农民工这个群体本身在城市中就是弱势群体，他们虽然工作、生活于城市中，但并没有均等的权利享有各项城市公共资源和公共服务，而对于高收入的新生代农民工而言，他们对各项城市公共资源和公共服务（如住房、子女教育、医疗、本人甚至父母养老等）有更高的需求，也经历和体验到了更多的不公平，从而产生了更强烈的不公平感。

2. 社会比较变量对新生代农民工的不公平感同样有重要影响

在不公平感的各群体比较中，社会比较理论能很好地解释社会层面的不公平感的比较,而在不公平感影响因素的两个模型中,家庭经济状况在当地的相对地位都对因变量有显著影响,并且都表现为新生代农民工的家庭经济状况在当地的等级越高,其不公平感越弱,这既验证了"社会比较理论",也这说明农村可能仍然是新生代农民工的一个参照系。

但另一方面,新生代农民工对自己在社会等级中的位置的主观认知对其不公平感绝大部分没有显著影响的原因可能有2个:一个原因可能是新生代农民工由于文化程度、信息渠道等的限制,他们对于自己在整个社会等级中的位置没有一个准确的认知,如果将问卷中问题的得分按社会等级分为上、中、下三个等级,则在新生代农民工群体中,认为自己目前处于下层(打分为1~3分的群体)的比例为33.8%,认为自己处于中层(打分为4~6分)的比例为61.8%,认为自己处于上层(打分为7~10分)的比例为4.4%,这个主观认知的结果显然和新生代农民工在整个社会等级中的客观位置有相当大的差距;另一个原因可能是新生代农民工对于参照群体的选择更多可能是周边的人或者其他更具有现实可比性的群体(和他们一起工作和生活的工友、他们租住地周边的人群),而他们将自己置于整个社会结构中进行比较的意识可能还不够强烈。

因此,可以清楚地看到社会结构因素对新生代农民工不公平感的作用机制,但对新生代农民工的参照群体的选择和影响仍有待于深入研究。而研究结果显示其参照系可能不是单一的农村或城市那么简单,他们可能生活在城市和农村这"双重隧道"之中,而且也可以猜想,即使他们以城市为参照系,他们当中不同的人所选择的参照群体可能也是不同的,有的人以城市居民为参照群体,有的人则选择那些与他们处于相同境遇的工友或朋友为参照群体,但"农村"和"城市"这两个参照系的影响力大小和作用机制究竟如何?城市中的不同参照群体是否真的都有显著影响、有着怎样的影响?这些都是值得关注并进一步探究的问题。

第七章

不公平感对信任的影响机制

转型期的中国社会已经是一个高度分化的社会,除了各个维度的水平分化,更有以阶层划分为标志的垂直分化,在 2000 年之后,作为垂直分化(不平等)指标的基尼系数已经超过警戒线 0.4,因此,促进各群体的社会整合、维护社会秩序就成为必须面对的时代课题,而已有的研究发现,社会信任是加强社会团结、推进社会融合的主要因素,如西美尔认为信任是"社会中最重要的综合力量之一"。他说:"离开了人们之间的一般性信任,社会自身将变成一盘散沙,因为几乎很少有什么关系不是建立在对他人确切的认知之上。如果信任不能像理性证据或个人经验那样强或更强,则很少有什么关系能够持续下来。"[1]而巴伯也认为,信任是维持社会秩序、进行社会控制的一种手段或机制,并且是一种重要的机制[2]。

普特南(Putnam)认为,信任在一个阶层划分严重的社会中难以建立[3],西方学者的实证研究结果也表明,成功者(更高的收入、更好的教育、更为健

---

[1] 西美尔. 货币哲学[M]. 陈戎女,耿开君,文聘元,译. 北京:华夏出版社,2002.
[2] 翟学伟,薛天山. 社会信任:理论及其应用[M]. 北京:中国人民大学出版社,2014.
[3] Putnam R D. Bowling Alone: America's Declining Social Capital [J]. Journal of Democracy, 1995, 6(1): 65-78.

康的身体,等等)能够比失败者表现出更多的社会信任[1-3],而在中国当前的社会分化所形成的社会诸群体中,弱势群体的信任就显得更为弥足珍贵,也更值得研究。从中国目前社会分层的结构看,处于社会最底层的群体除了农民之外,还有一个不容忽视的群体,就是农民工,因此本文试图描述农民工群体的信任状况,并进一步分析农民工的社会公平感对其信任体系的影响,以探求促进社会整合的可行途径。

第一节 理论和研究假设

一、社会信任和政府信任:孰因孰果

中国传统社会的信任是一种建立在血缘共同体基础上的、难以普遍化的特殊信任,但正如有些学者所指出的那样,信任与社会结构、制度的变迁转型存在着显著的相关性[4],而中国社会的变迁和转型同样对原有的人际信任产生了强烈冲击[5],中国人原有的信任模式发生了变化,基于血缘关系的特殊信任虽然仍然重要,但基于某种观念或信仰的普遍信任对促进社会整合尤为重要,所以,本文所指的社会信任主要是指普遍信任。

从信任的指向对象来看,还可将信任分为社会信任(水平信任)和政府信任(垂直信任),这两种指向的信任对当今中国社会的整合都是必不可少的,但这二者之间究竟是怎样的关系,不同学者的研究结论却大相径庭。有些学者认为政府信任和社会信任是属于不同范畴的信任,具有不同的起源,两者

---

[1] Orren G. Fall from Grace: The Public's Loss of Faith in Government[M]//Nye J S, et al. Why People Don't Trust Government. Cambridge: Harvard University Press, 1997.

[2] Newton K. Social and Political Trust in Established Democracies[M]. Oxford: Oxford University Press, 1999: 169-187.

[3] Newton K. Trust, Social Capital, Civil Society, and Democracy[J]. International Political Science Review, 2001, 22(2): 201-214.

[4] Luhmann N. Trust and Power[M]. Chichester: John Wiley & Sons Ltd., 1979.

[5] 彭泗清,杨中芳.中国人人际信任的初步探讨[C].台北:第一届华人心理学家学术研讨会,1995.

之间没有关系或联系微弱[1-4],但有些学者却认为政府信任和社会信任之间存在密切的关系,但在二者的因果关系上又存在分歧,有些人认为二者是对称的相关关系[5],另有些学者认为社会信任是影响政府信任的重要变量,良好的社会信任有助于促进政府信任,而社会信任的缺失也会造成政府信任的下降[6-9],但有些学者则认为政府信任是社会信任的影响变量[10-17],例如,

[1] Newton K. Trust, Social Capital, Civil Society, and Democracy[J]. International Political Science Review,2001(2):201-214.

[2] Kaase M. Interpersonal Trust, Political Trust and Non-institutionalised Political Participation in Western Europe[J]. West European Politics, 1999, 22(3):1-21.

[3] Kim J Y. "Bowling Together" Isn't a Cure-All: The Relationship between Social Capital and Political Trust in South Korea[J]. International Political Science Review, 2005, 26(2):193-213.

[4] Delhey J, Newton K. Who Trusts?: The origins of Social Trust in Seven Societies [J]. European Societies, 2003, 5(2):93-137.

[5] Brehm J, Rahn W. Individual-Level Evidence for the Causes and Consequences of Social Capital[J]. American Journal of Political Science,1997, 41(3):999.

[6] Lane R E. Political Life: Why People Get Involved in Politics[M]. Glencoe: Free Press, 1959.

[7] Keele L. Social Capital and the Dynamics of Trust in Government[J]. American Journal of Political Science, 2007, 51(2):241-254.

[8] Bäck M, Kestilä E. Social Capital and Political Trust in Finland: An Individual-level Assessment[J]. Scandinavian Political Studies, 2009,32(2):171-194.

[9] 胡荣,胡康,温莹莹.社会资本、政府绩效与城市居民对政府的信任[J].社会学研究,2011,25(1):96-117,244.

[10] Scholz J T, Pinney N. Duty, Fear, and Tax Compliance: The Heuristic Basis of Citizenship Behavior[J]. American Journal of Political Science, 1995,39(2):490-512.

[11] Levi M. Social and Unsocial Capital: A Review Essay of Robert Putnam's Making Democracy Work[J]. Politics & Society, 1996, 24(1):45-55.

[12] Braithwaite V, Levi M. Trust and Governance:[M]// Trust and Governance. Russell Sage Foundation, 1998:517-519.

[13] Stolle D. Clubs and Congregations: The Benefits of Joining An Association[J]. Trust in Society, 2001(2):374-392.

[14] Rothstein B. Social Capital, Economic Growth and Quality of Government: The Causal Mechanism[J]. New Political Economy, 2003, 8(1):49-71.

[15] Kumlin S, Rothstein B. Making and Breaking Social Capital: The Impact of Welfare-State Institutions[J]. Comparative Political Studies, 2005, 38(4):339-365.

[16] Rothstein B, Stolle D. The State and Social Capital: An Institutional Theory of Generalized Trust[J]. Comparative Politics, 2008, 40(4):441-459.

[17] Rothstein B, Uslaner E M. All for All: Equality, Corruption, and Social Trust[J]. World Politics, 2005, 58(1):41-72.

罗斯坦(Rothstein)就认为:"在建立社会信任时,人们会参考借鉴和公共部门官员打交道的经验。因为难以判断社会上'大多数人'是否值得信任,所以在建立社会信任时,人们不得不利用'不完整信息'……因此,当判断大众究竟是否值得信任时,公共部门官员的言行举止成了重要的标杆。"[1]

基于当前中国"大政府、小社会"的现状,政府及其官员的行为在很大程度上会对公众起着示范效应,因此,笔者倾向于采用最后一种观点,即政府信任和社会信任有密切关系,且政府信任是因,社会信任是果。

二、农民工的社会公平感与信任

诸多学者对社会公平与信任之间的关系进行了研究,弗雷泽(Frazier)发现,信任与社会公平之间有着密切的关联[2],亨廷顿(Hetherington)则提出了一个"平等假设",他认为社会和经济平等能够有效地提升居民对政府的信任[3]。尤斯拉纳(Uslaner)则通过实证研究发现,社会公平对普遍信任有显著影响,而经济不平等的程度是引起普遍信任变化的首要原因[4]。而张海良等人的研究发现,社会公平感与政府信任存在显著的正相关关系,其中整体的社会公平感比收入公平感对政府信任的影响更为显著[5]。由此可见,社会公平感对政府信任和社会信任都有显著影响。

就政府信任而言,有学者发现,人们所经历的向上代际流动和代内流动,以及对向上流动的感知和预期都显著增强了他们的政治信任[6],而农民工群体在社会分层结构中的底层地位,决定了农民工的政府信任水平不高,除

---

〔1〕 罗斯坦.政府质量:执政能力与腐败、社会信任和不平等[M].蒋小虎,译.北京:新华出版社,2012:197.

〔2〕 Frazier M L, Johnson P D, Gavin M, et al. Organizational Justice, Trustworthiness, and Trust: A Multifoci Examination[J]. Group & Organization Management, 2010, 35(1): 39-76.

〔3〕 Hetherington M J. Why Trust Matters: Declining Political Trust and the Demise of American Liberalism[M]. Princeton: Princeton University Press, 2005: 9-10.

〔4〕 Uslaner E M, Conway M M. The Responsible Congressional Electorate: Watergate, the Economy, and Vote Choice in 1974[J] American Political Science Review,1985(79): 788-803.

〔5〕 张海良,许伟.人际信任、社会公平与政府信任的关系研究:基于数据CGSS2010的实证分析[J],理论与改革,2015(1):108-111.

〔6〕 盛智明.社会流动与政治信任:基于CGSS2006数据的实证研究[J].社会,2013,33(4):35-59.

了中央政府以外,对政府信任范畴中的其他对象都表现出较低的信任度[1]。

就社会信任而言,蒂利认为,处于市场弱势地位的群体为了增强在竞争中的实力,往往会构建更具有封闭性的社会网络(小环境),使得这些群体更加不容易信任外人[2]。就农民工这个群体而言,由于户籍、文化程度和劳动技能等的限制,他们在其工作和生活中遭遇了更多的不平等,如超长的工作时间、工资水平低、拖欠工资、没有医疗保障和养老保障,以及不能享受公民待遇、融入城市存在种种障碍和困难,等等[3-5]。他们在整个市场经济体制中处于弱势地位,而这必将降低他们的社会公平感,并进一步强化他们的特殊信任,削弱其普遍信任,这一点已经得到国内学者的证实,如符平的研究发现"农民工信任结构的特征与费孝通描绘传统中国社会的差序格局具有高度的契合性,即大体上呈现出以'家'为核心往外推及的多层圈状特征。置信对象与其关系越亲近密切,接触越多,越靠近信任的核心区域;关系越生疏,接触越少,越接近信任的外围"[6]。

就社会公平感、政府信任与社会信任的关系而言,有学者指出,社会不公平的普遍蔓延和公权力不受制约地滥用是社会信任缺失的根本原因,更是各类群体性事件的症结所在[7],而对于处于社会底层的农民工群体而言,这样的论断有待于进一步验证。

三、分析框架和研究假设

在前面的论述中,笔者分别从理论和经验的层面论证了政府信任和社会信任的关系、社会公平感对政府信任、社会信任的影响,考虑到农民工这个群体的特殊性以及社会公平感、政府信任等在操作化方面的维度,且有些维度差异较大,因此,将社会公平感操作化为总体公平感和收入公平感两个维度,

---

[1] 符平.中国农民工的信任结构:基本现状与影响因素[J].华中师范大学学报(人文社会科学版),2013,52(2):33-39.

[2] 蒂利.身份、边界与社会联系[M].谢岳,译.上海:上海人民出版社,2008:165-166.

[3] 简新华,黄锟.中国农民工最新生存状况研究:基于765名农民工调查数据的分析[J].人口研究,2007(6):37-44.

[4] 李强.社会学的"剥夺"理论与我国农民工问题[J].学术界,2004(4):7-22.

[5] 王春光.新生代农民工城市融入进程及问题的社会学分析[J].青年探索,2010(3):5-15.

[6] 符平.中国农民工的信任结构:基本现状与影响因素[J].华中师范大学学报(人文社会科学版),2013,52(2):33-39.

[7] 于建嵘.群体性事件症结在于官民矛盾[J].中国报道,2010(1):50-51.

将政府信任操作化为政府机构信任和领导干部信任两个维度,因此本文的分析框架如图7-1所示。

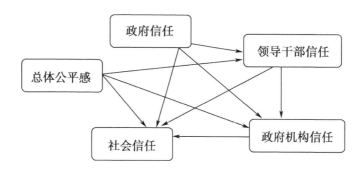

图7-1 社会公平感与政府信任、社会信任的分析框架

根据图7-1的分析框架,得到如下研究假设:

研究假设5a:农民工的社会公平感对其社会信任有显著影响。
研究假设5a1:农民工的总体不公平感对其社会信任有显著影响。
研究假设5a2:农民工的收入不公平感对其社会信任有显著影响。
研究假设5b:农民工的社会公平感对其政府信任有显著影响。
研究假设5b1:农民工的总体不公平感对领导干部信任有显著影响。
研究假设5b2:农民工的收入不公平感对领导干部信任有显著影响。
研究假设5b3:农民工的总体不公平感对政府机构信任有显著影响。
研究假设5b4:农民工的收入不公平感对政府机构信任有显著影响。
研究假设5c:农民工对领导干部的信任对其政府机构信任有显著影响
研究假设5d:农民工的政府信任对其社会信任有显著影响。
研究假设5d1:农民工对领导干部的信任对其社会信任有显著影响。
研究假设5d2:农民工的政府机构信任对其社会信任有显著影响。

第二节 数据、变量与方法

一、数据来源

本文的数据来自"2010年中国综合社会调查"(CGSS2010)[1],为了保证

---

[1] 关于该数据的抽样方案及基本情况,均可通过数据提供方的网站(网址为https://nsrc.ruc.edu.cn)查询得到。

比较的一致性和可比性,从 CGSS2010 数据库中筛选出三大群体,即城市居民群体、农民群体和农民工群体,其中,对城市居民的界定为非农业户口且目前从事非农工作的人;对农民群体的界定为农业户口,工作属性包括目前为务农(曾经可能有过非农工作)、目前没有工作且只务过农或从未工作过的人;对农民工群体的界定为农业户口、目前从事非农工作的人。经过筛选,得到农民样本 3 928 个,城市居民 2 653 个,农民工样本 1 651 个。

二、因变量及其测量：社会信任、政府信任

1. 社会信任

如前文所述,本研究所指的社会信任是指普遍信任,而普遍信任是指个体特有的对他人的诚意、善良及可信性的普遍可靠的信念[1]。就普遍信任的操作化而言,在 CGSS2010 中有 2 个问题,第一个问题是:"总的来说,您是否同意在这个社会上,绝大多数人都是可以信任的?"备选项为:"1—完全不同意,2—比较不同意,3—无所谓同意不同意,4—比较同意,5—完全同意。"第二个问题为:"总的来说,您是否同意在这个社会上,您一不小心,别人就会想办法占您的便宜?"备选项为:"1—完全不同意,2—比较不同意,3—无所谓同意不同意,4—比较同意,5—完全同意。"这两个问题分别代表了普遍信任中的"性善因子"和"性恶因子"[2],本文对第二个问题进行了反向赋值,以便和第一个变量的方向一致,这两个问题作为社会信任的问题,其含义均为取值越大,代表社会信任的程度越高。

2. 政府信任

政府是国家公共行政权力的象征、承载体和实际行为体,在本研究中,对政府信任的测量包括两个部分：一是对政府职能的执行者即领导干部的信任,二是对政府机构的信任。对领导干部信任的测量就是直接问民众对领导干部的信任度,其备选项为:"1—完全不可信,2—比较不可信,3—居于可信与不可信之间,4—比较可信,5—完全可信。"就政府机构信任而言,CGSS2010 调查中主要测量了民众对法院及司法系统、中央政府、本地政府(乡村指乡政府)、军队、公安部门、全国人民代表大会这六类政府机构的信任

---

[1] Wrightsman L S. Assumption about Human Nature: A Social-psychological Analysis [M]. Monterey, CA: Brooks/Ccle, 1974.

[2] 李伟民,梁玉成. 特殊信任与普遍信任：中国人信任的结构与特征[J]. 社会学研究, 2002(3): 11-22.

程度,其备选项与对领导干部信任度的测量一样。

三、核心自变量及其测量

CGSS2010 居民问卷中对公平感的测量有 2 个问题。第一个问题是:"总的来说,你认为当今的社会是不是公平的?"备选项为:"1—完全不公平,2—比较不公平,3—居中,4—比较公平,5—完全公平。"第二个问题是:"考虑到您的教育背景、工作能力、自理等各方面因素,您认为自己目前的收入是否公平?"备选项是:"1—不公平,2—不太公平,3—一般,4—比较公平,5—公平。"第一个问题是被访者对于整体的社会不平等状况的评价和主观判断,可以称之为社会总体公平感,而第二个问题是被访者对于自己收入不平等状况的判断和主观评价,称之为收入公平感,虽然收入公平感属于个人层次的不公平感,但它却是社会公平感在个体中的最佳折射,因此将它也作为测量社会公平感的一个指标。

四、关于控制变量的说明

由于本研究致力于探寻农民工群体中的社会公平感、政府信任和社会信任三者之间的关系,换言之,是将农民工作为一个整体来对待,因此,依照惯例作为控制变量的一些变量,如性别、年龄、收入等将不纳入模型。

五、统计模型与分析策略

本文的分析分为两个部分:第一部分描述农民工群体在政府信任和社会信任方面的基本状况及诸群体比较;第二部分采用结构方程模型进一步剖析社会公平感对农民工信任体系的影响。

第三节 数 据 分 析

一、农民工的信任:现状和诸群体比较

1. 农民工信任的基本状况

数据显示,在农民工的信任体系中,对政府机构的信任程度最高,其次是社会信任,信任程度最低的是对领导干部的信任,农民工的政府信任呈现出一种矛盾的状态,即对政府机构的高度信任和对领导干部的低度信任共存的状态。

就政府机构信任而言,农民工对中央政府、军队和全国人民代表大会的信任程度最高,比较信任和完全信任的比例之和分别高达88.5%、88.2%和88.9%,居于第二档的是对公安机关和法院等司法系统的信任,比较信任和完全信任的比例之和分别为72.9%和73.5%,在政府机构信任中排名最末的是对本地政府(农村指乡政府)的信任,其信任比例仅为60.6%,远低于其他政府机构。

就对领导干部的信任而言,认为领导干部完全可信的人不足一成(7.4%),认为其比较可信的比例为35.7%,两者之和为43.1%,与之相应,有21.4%的人认为领导干部是不可信的,具体见表7-1。

表7-1 农民工的政府信任

	完全不可信	比较不可信	居于可信与不可信之间	比较可信	完全可信
法院等司法系统	3.4%	7.9%	15.2%	42.7%	30.8%
中央政府	0.9%	2.9%	7.8%	36.6%	51.9%
本地政府(农村指乡政府)	6.2%	12.9%	20.3%	39.5%	21.1%
军队	0.7%	1.6%	9.5%	37.8%	50.4%
公安机关	3.5%	7.0%	16.7%	40.9%	32.0%
全国人民代表大会	0.8%	1.9%	8.4%	36.6%	52.3%
领导干部	6.1%	15.3%	35.6%	35.7%	7.4%

就农民工的社会信任而言,同样呈现出一种矛盾的状态,一方面,有超过六成(61.5%)的人认为大多数人是可信的,而另一方面,又有近一半(45.8%)的人应该对别人小心提防,否则一不小心,就会被别人想办法占便宜,具体见表7-2。

表7-2 农民工的普遍信任

	完全不同意	比较不同意	无所谓同意不同意	比较同意	完全同意
对大多数人信任	5.8%	22.4%	10.3%	48.7%	12.8%
对别人小心提防	8.7%	31.7%	13.9%	37.8%	8.0%

2. 信任状况的诸群体比较

为了将农民工的信任状况与其他群体进行比较,本文对社会信任和政府信任都进行了一定处理,对社会信任而言,对测量社会信任的两个变量的值取算术平均值,得到一个新的变量,作为代表社会信任的变量,就新变量而言,其取值越大,代表社会信任的程度越高。就政府机构信任而言,对测量政府机构信任的 6 个维度进行了因子分析,得到一个公因子,该公因子能解释上述 6 个变量共 60.74% 的方差,具有良好的代表性,因此就将该公因子作为代表政府机构信任的变量。

由于通过因子分析形成的公因子是一个均值为 0、标准差为 1 的标准分变量,为了便于描述和解释,因此,将新变量的因子值转化为 1~100 之间的指数,转换之后,因子值越大,其指数越大,代表政府机构信任的程度越高。

由于这三个变量都是定距变量,因此采用一元方差分析方法将农民工的社会信任、政府机构信任和领导干部信任与其他群体进行比较。

一元方差分析的结果显示,农民工信任体系的各个层面和其他群体都有显著差异。在社会信任方面,农民工的社会信任和城市居民没有显著差异,但显著地低于农民;在政府机构信任方面,农民工的信任程度显著地低于农民,但又显著地高于城市居民;在对领导干部的信任方面,农民工的信任程度和城市居民没有显著差异,但显著地低于农民,具体见表 7-3。由此可见,从诸群体比较的角度看,农民工的社会信任与对领导干部的信任比较类似,皆与城市居民趋同,而与农民有显著差异,但他们对政府机构的信任则介于城市居民和农民之间,并显著地区别于这两个群体。

表 7-3 社会信任和政府信任的诸群体比较

	(I)	(J)	均值差(I-J)	标准误	显著性
社会信任（普遍信任）	农民工	城市居民	-0.050	0.027 10	0.204
		农民	-0.200*	0.025 36	0.000
	城市居民	农民工	0.050	0.027 10	0.204
		农民	-0.151*	0.021 73	0.000
	农民	农民工	0.200*	0.025 36	0.000
		城市居民	0.151*	0.021 73	0.000
政府机构信任	农民工	城市居民	4.132*	0.523 98	0.000
		农民	-5.696*	0.490 70	0.000
	城市居民	农民工	-4.132*	0.523 98	0.000
		农民	-9.829*	0.419 92	0.000
	农民	农民工	5.696*	0.490 70	0.000
		城市居民	9.829*	0.419 92	0.000

续表

	(I)	(J)	均值差(I-J)	标准误	显著性
对领导干部的信任	农民工	城市居民	0.022	0.031	1.000
		农民	-0.180*	0.029	0.000
	城市居民	农民工	-0.022	0.031	1.000
		农民	-0.202*	0.025	0.000
	农民	农民工	0.180*	0.029	0.000
		城市居民	0.202*	0.025	0.000

* 均值差的显著性水平为 0.05。

二、农民工的社会公平感对其信任体系的影响

1. 模型拟合与修正

本文采用结构方程模型来研究社会公平感对政府信任和社会信任的影响,根据图 7-1 的分析框架,得到的初始模型如图 7-2 所示(图中的路径系数为非标准化系数)。

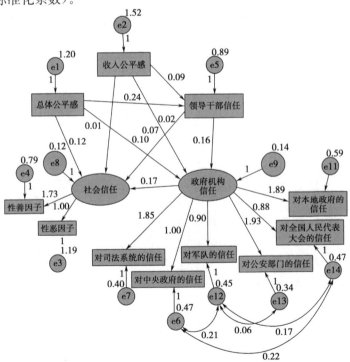

图 7-2 农民工的公平感对其信任体系影响的结构方程模型——初始模型

根据初始模型的相关统计结果及其显著性水平,发现收入公平感对社会信任的影响不显著(sig=0.242);将这条路径删除,得到新的结构方程模型如图7-3所示(图中的路径系数为非标准化系数)。

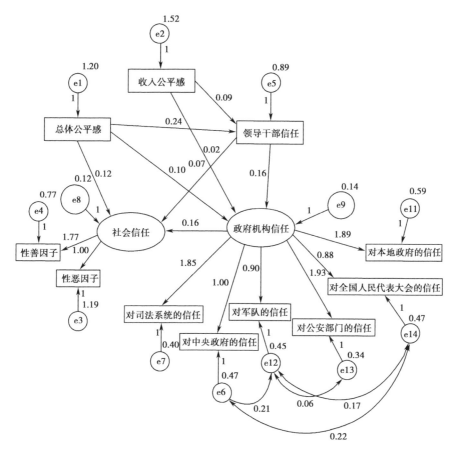

图7-3 农民工的公平感对其信任体系影响的结构方程模型——修正模型

2. 模型的拟合优度

根据温忠麟、侯杰泰等人的研究,一个好的结构方程模型应符合以下三项:其一是卡方(χ^2)除以自由度(df)的值在2~5之间,其二是RMSEA在0.08以下(越小越好),其三是NFI、CFI等指标在0.9以上(越大越好)[1]。表7-4是本文修正模型的各项拟合优度指数:

---

[1] 温忠麟,侯杰泰,马什赫伯特.结构方程模型检验:拟合指数与卡方准则[J].心理学报,2004(02):186-194.

表 7-4 修正模型的拟合优度指数

	绝对拟合指数				相对拟合指数				简约拟合指数	
	χ^2/df	GFI	AGFI	RMSEA	NFI	RFI	IFI	CFI	PGFI	PNFI
标准		>0.90	>0.90	<0.08	>0.90	>0.90	>0.90	>0.90	>0.50	>0.50
修正模型	10.570	0.962	0.929	0.076	0.932	0.893	0.938	0.938	0.510	0.593

从表 7-4 可知，修正模型的各项基本拟合优度指数基本符合要求，仅有卡方和自由度的比值超过 5，但考虑到本文模型使用的样本量较大，其结果还是可以接受的，因此，可以认为修正模型是一个比较好的结构方程模型。

3. 测量模型和结构模型

根据结构方程模型的输出结果，测量模型和结构模型的标准化参数估计如下：

表 7-5 测量模型的标准化参数估计

			参数估计
性恶因子	←	社会信任	0.347***
性善因子	←	社会信任	0.630***
对中央政府的信任	←	政府机构信任	0.540***
对法院及司法系统的信任	←	政府机构信任	0.787***
对政府的信任	←	政府机构信任	0.507***
对公安部门的信任	←	政府机构信任	0.823***
对全国人民代表大会的信任	←	政府机构信任	0.489***
对本地政府的信任	←	政府机构信任	0.732***

注：*** 显著性水平为 0.001。

从表 7-5 可以看出社会信任的两个指标都在 0.001 的水平下显著，且因子负载都大于 0.3，说明这两个指标对潜变量（社会信任）有很强的解释力。就潜变量政府机构信任而言，所有指标的显著性水平都在 0.001，因子负载都大于 0.4，同样说明所有指标对潜变量（政府机构信任）有很强的解释力。

表 7-6　结构模型的标准化参数估计

			参数估计
领导干部信任	←	收入公平感	0.116***
领导干部信任	←	总体公平感	0.262***
政府机构信任	←	领导干部信任	0.369***
政府机构信任	←	收入公平感	0.057*
政府机构信任	←	总体公平感	0.251***
社会信任	←	政府机构信任	0.179***
社会信任	←	领导干部信任	0.160***
社会信任	←	总体公平感	0.338***

注：*** 显著性水平为 0.001，* 显著性水平为 0.05。

从表 7-6 可以看出，除了收入公平感对政府机构信任的显著性水平在 0.05 之外，其余的显著性水平都在 0.001，说明结构方程模型中设定的各测量变量及潜变量之间存在显著的因果关系。

4. 影响分解

根据修正模型输出的各变量之间的直接作用、间接作用和总作用（此处采用标准化结果），进一步分析农民工的社会公平感对其信任体系的影响机制。总体而言，总体公平感对信任的影响比收入公平感更大，它对农民工信任体系的各个方面都既有直接影响也有间接影响；收入公平感对影响较小，它对政府机构信任有直接影响，但对社会信任没有直接影响，仅有间接影响。其具体影响如下：

① 社会公平感对政府信任的影响分解。农民工的社会公平感对政府信任的影响分解如表 7-7 所示。

表 7-7　社会公平感对政府信任的影响分解

		领导干部信任	政府机构信任
		系数值	系数值
总体公平感	直接作用	0.262	0.251
	间接作用	—	0.097
	总作用	0.262	0.348
收入公平感	直接作用	0.116	0.057
	间接作用	—	0.043
	总作用	0.116	0.100

从表 7-7 的分解结果可以看出，农民工的社会公平感对政府信任均有正向的影响，即他们的社会公平感越高，他们对政府的信任程度越高，就影响的程度而言，总体公平感的影响强度远远高于收入公平感。就总体公平感而言，虽然它对领导干部信任的直接影响(0.262)高于它对政府机构信任的直接影响(0.251)，但由于它对政府机构信任还有间接影响，因此，就总影响而言，总体公平感对政府机构信任的总影响(0.348)大于其对领导干部信任的总影响(0.262)。就收入公平感而言，虽然它对领导干部信任仅有直接影响，但其影响的强度(0.116)高于它对政府机构的总影响(0.100)，因此研究假设 5b1、5b2、5b3、5b4 皆得到了证实。

② 对社会信任的影响分析。农民工的社会公平感、政府信任对社会信任的影响分解如表 7-8 所示。

表 7-8 社会公平感、政府信任对社会信任的影响分解

		系数值
总体公平感	直接作用	0.338
	间接作用	0.104
	总作用	0.442
收入公平感	直接作用	—
	间接作用	0.036
	总作用	0.036
领导干部信任	直接作用	0.160
	间接作用	0.066
	总作用	0.226
政府机构信任	直接作用	0.179
	间接作用	—
	总作用	0.179

从表 7-8 的分解结果看，总体公平感对社会信任的影响最强(0.442)，收入公平感对社会信任的影响最弱(0.036)，而政府信任作为社会公平感和社会信任之间的中介变量，其影响强度也有所区别，其中领导干部信任对社会信任的总影响(0.226)大于政府机构信任对社会信任的总影响(0.179)，由此，研究假设 5a1、5a2 和研究假设 5d1、5d2 都得到了证实。

另外，根据表7-6中结构模型的参数估计及其显著性，领导干部信任对政府机构信任有显著影响，因此，研究假设5c也得到了证实。

第四节　结论与讨论

本文对社会公平感与信任、社会信任和政府信任之间的关系进行了理论梳理和实证研究成果的总结，并在此基础上提出了3个研究假设，然后运用"2010年中国综合社会调查"（CGSS2010）的资料对农民工的社会信任和政府信任进行了描述，而进一步的结构方程模型验证了从理论研究推论出的研究假设，并由此揭示了农民工的社会公平感对其信任体系的影响机制。

1. 民工的政府信任呈两极分化、社会信任呈矛盾心态

政府信任的两极分化表现在两个方面：一方面是政府机构信任和领导干部信任有巨大反差，农民工对各政府机构的信任均高于对领导干部的信任；另一方面是在政府机构信任的内部分野，表现为农民工对中央政府、全国人民代表大会、军队甚至公安机关和法院及政法系统的信任程度都很好，但他们对本地政府（农村指乡政府）的信任程度不高，呈现出对高层政府机构高度信任但对基层政府机构信任不足的状况。

而农民工的社会信任状态的矛盾之处在于，他们一方面认为大多数人是可信的，但同时又对别人保持相当高的戒备心理。

2. 农民工的总体公平感比收入公平感对其信任体系的影响更强

在社会公平感对政府机构信任、领导干部信任和社会信任的影响分解中，共同呈现出来的特点就是农民工的总体公平感对其信任体系的影响更强，而收入公平感虽然也有显著影响，但影响强度较弱，且远低于总体公平感。

3. 政府信任中，领导干部信任受社会公平感的影响更强，且它对社会信任的影响也更强

政府信任是社会公平感和社会信任之间的中介变量，即社会公平感对社会信任既有直接影响，也通过政府信任对社会信任有间接影响。而在政府信任的两个维度中，总体公平感和收入公平感对领导干部信任的直接影响都强于其对政府机构信任的影响；另一方面，在政府信任对社会信任的影响中，领导干部信任对社会信任的直接影响和间接影响都高于政府机构信任的影响。由此可见，领导干部信任在政府信任中具有举足轻重的影响，这也证实了罗

斯坦的结论。

4. 农民工的信任状况折射出中国民众信任的独特性

作为社会分层结构中的底层群体之一,农民工的信任状况有其独特性。一方面,他们虽然处于社会底层,但他们的信任状况与同样处于底层且从中脱胎而来的农民群体有显著不同,在各个信任维度上,农民工的信任程度都远低于农民;另一方面,与城市居民相比,他们在对领导干部的信任和社会信任方面和城市居民没有显著差异,但他们对政府机构的信任程度又显著地高于城市居民。所以,总体而言,各群体的信任程度表现出农民高于农民工、农民工高于城市居民的特点,由此可见,在中国社会,处于分层结构底层民众的政府信任和社会信任反而可能是最高的。

虽然塞利格曼(Seligman)认为在具有等级的文化中,信任无法生根[1],但在贫富分化比较严重的中国的当下,中国民众的社会信任和政府信任程度都比较高,其原因在于民众的信任恰恰植根于底层社会,这和 Orren、Newton 等人的研究结论恰好相反。其中的深层原因与机制值得进一步探究。

概而述之,社会信任和政府信任对促进社会整合与保持社会稳定而言都不可或缺,就现状来看,农民工的社会信任较低,政府机构信任较高,但领导干部信任较低,而在社会公平感-政府信任-社会信任的因果机制中,恰恰是领导干部信任起主要作用,这也验证了于建嵘等学者的观点。因此,提高农民工社会信任的关键有二:一是提高农民工的总体公平感;二是提高农民工对领导干部的信任,而提高领导干部信任的有效途径就是提高各级政府领导干部的执政能力,更重要的是杜绝政府官员腐败,因为腐败问题是影响领导干部信任的最为直接的因素[2]。

---

[1] Seligman A B. The Problem of Trust[M]. Princeton: Princeton University Press, 1997.

[2] Wedeman A. The Intensification of Corruption in China[J]. The China Quarterly, 2004(180): 895-921.

第八章

遭遇不公平对待时的资源动员和行动模式

本课题除了充分了解新生代农民工对社会不平等的心态之外,还进一步询问了新生代农民工遭遇不公平对待时的宣泄渠道、资源动员和行动模式,以期建立各种行动模式和资源动员之间的关联性、对社会不平等的认知和感受以及其行动模式之间的关联性。他们对各类社会不平等的反应可能包括接受现状(inaction)、个体行动(individual action)和集体行动(collective action)。

第一节 资源动员和行动模式

一、资源动员

由于中国的城乡二元体制,新生代农民工所遭遇的不平等或不公平对待通常是源于其农村户籍身份,而相应地,他们遭遇不公平或不平等对待的领域则主要发生在其工作中、在城市的日常生活中,而新生代农民工在城市日常生活中的不平等遭遇一是源于其农民工身份而遭受的人际交往歧视(与城里人打交道时可能会遇到),二是在享受城市的公共服务时所遭遇的制度歧视和不公平对待。而当他们遭遇不平等或不公平对待之后的倾诉和讨论,则可被视为一种资源动员,是在采取反抗行动之前的必不可少的一环。因此,本课题选取新生代农民工可能遭遇不公平或不平等对待的三个典型场景,来考察新生代农民工的资源动员状况,了解他们可资动员的社会资源(老乡、同学、同事等)、他们获取信息和进行资源动员的渠道(如电话、短信、QQ 等聊天工具、网上论坛等)。数据结果显示,在过去 5 年里,有超过一半(50.4%)的新生代农民工曾经遭遇过不公平的对待。

1. 在工作单位遭遇不公平对待时的资源动员

资源动员主要包括资源动员的对象和途径或工具,新生代农民工在工作单位遭遇不平等或不公平对待时资源动员的对象和途径如图 8-1 所示。

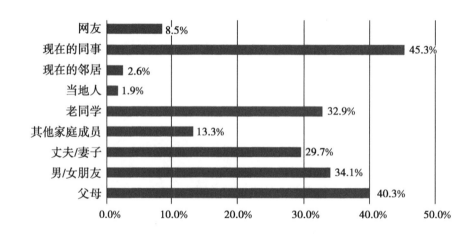

图 8-1 新生代农民工在工作单位遭遇不平等对待时的倾诉或谈论对象

从图 8-1 可以看出,新生代农民工在工作单位遭到不公平对待时,最主要的倾诉或谈论对象为现在的同事(45.3%)、父母(40.3%)、男/女朋友(34.1%)、老同学(32.9%)和丈夫/妻子(29.7%)。

从图 8-2 看,当新生代农民工在工作单位遭遇不公平对待时,面对面聊天是其最主要的倾诉途径(比例为 64.4%),而电话/手机通话则是其最主要的倾诉工具(56.1%),使用 QQ 和微信等聊天工具来倾诉的比例达 48.0%,再次是在自己的工人主页或个人空间进行倾诉(比例为 18.8%),但他们使用新兴的自媒体如微博、论坛等进行倾诉的比例较小(比例分别为 12.4% 和 3.9%)。

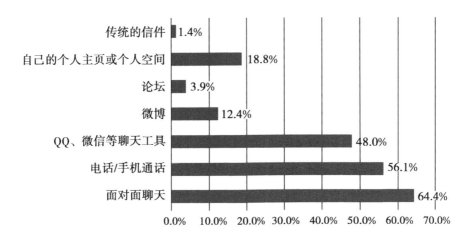

图 8-2 新生代农民工在工作单位遭遇不公平对待时倾诉的途径或工具

2. 和城里人相处遭遇不公平对待时的资源动员

调查结果显示,新生代农民工在和城里人相处遭遇不公平对待时的倾诉对象与前述在工作单位遭遇不公平对待时的倾诉对象类似,排前5位的分别是父母(40.2%)、现在的同事(37.5%)、男/女朋友(35.5%)、老同学(33.2%)和丈夫/妻子(30.1%),具体如图8-3所示。

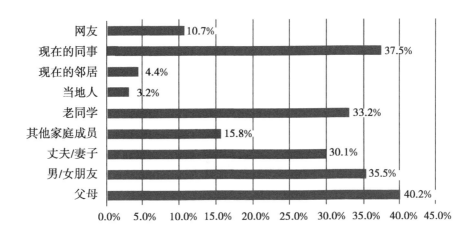

图 8-3 新生代农民工在和城里人相处遭遇不公平对待时的倾诉或谈论对象

新生代农民工在和城里人相处遭遇不公平对待时,面对面聊天也是其主要的倾诉途径(比例为58.1%),其次是手机/电话通话(57.1%),再次是

QQ、微信等聊天工具(50.8%),这与他们在工作单位遭遇不公平对待时的倾诉途径和工具非常一致。具体如图8-4所示。

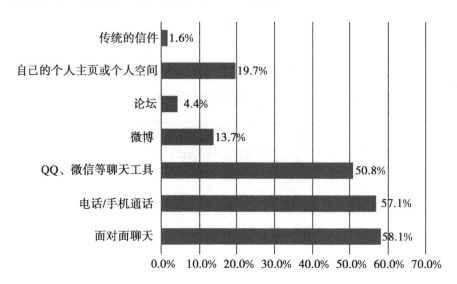

图8-4 新生代农民工在和城里人相处遭遇不公平对待时倾诉的途径或工具

3. 享受城市的公共服务而遭遇不公平对待时的资源动员

新生代农民工享受城市的公共服务而遭遇不公平对待时倾诉或谈论的对象与前述两种情境有所不同,具体如图8-5所示。

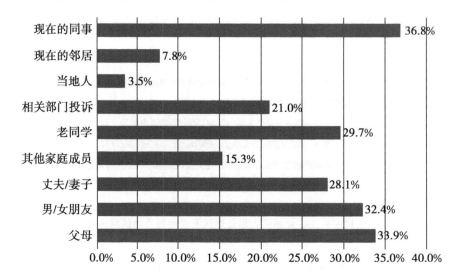

图8-5 新生代农民工享受城市的公共服务而遭遇不公平对待时的倾诉或谈论对象

从图 8-5 可以看出,新生代农民工在享受城市的公共服务而遭遇不公平对待时的倾诉或谈论对象仍以现在的同事(36.8%)、父母(33.9%)、男/女朋友(32.4%)为主,老同学(29.7%)、丈夫/妻子(28.1%)分别排在第 4、5 位。由此可见,新生代农民工无论在工作单位、和城里人相处还是享受城市的公共服务而遭遇不公平对待时,他们的倾诉对象都高度一致。

从倾诉途径或工具而言,新生代农民工在享受城市的公共服务而遭遇不公平对待时,其主要倾诉途径或工具仍然是面对面聊天(54.1%)、电话/手机通话(53%)和 QQ、微信等聊天工具(50.4%)。但需要注意的是,他们通过微博、自己的个人主页或个人空间进行倾诉或谈论的比例均有不同程度的上升,具体如图 8-6 所示。

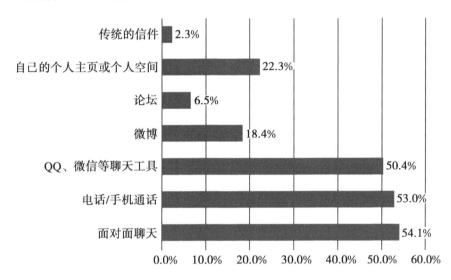

图 8-6 新生代农民工享受城市的公共服务而遭遇
不公平对待时倾诉的途径或工具

二、遭遇不公平对待时的行动模式

由于新生代农民工在遭到不公平对待时所采取的行动中有过激的行动或属于隐私的行动,当他们作为被调查者时可能对这些行动或行为有所避讳。因此,本课题的调查问卷中除了询问了被访者本人的行动,还询问了被访者身边的老乡、工友和朋友所采取的行动,以求更全面真实地反映新生代农民工在遭遇不公平对待时的行动模式。

1. 新生代农民工作为被访者的行动模式

当新生代农民工遇到不公平的对待时,采取的最多的方式仍然是"默默忍受"(44.9%),而"没当回事"的比例也高达28.4%,"暗自难过、痛苦"的比例为23.8%,更有33.7%的人用"辞职"作为反抗的武器,这说明沉默仍然是大多数新生代农民工对待不公平遭遇的最常见方式,但他们当中也不乏积极的反抗者,有24.8%的人会"当场反抗,据理力争",有16.0%的人会"寻求法律援助"。

如果将新生代农民工所采取的行动分为四类:不反抗(没当回事;默默忍受;暗自难过、痛苦)、消极的反抗(私底下偷偷地搞破坏;采取个人报复行动;辞职)、积极的反抗(当场反抗、据理力争;喊同伴过来援助;寻求媒体曝光;自己在网络上曝光;寻求第三方支持;向上级领导或有关部门投诉;给政府官员写信;签署联名信或请愿书;寻求法律援助)、过激的反抗(上访;静坐;绝食;自杀;参加示威游行或集会;参加非官方组织的罢工;堵路;冲砸老板办公室;冲砸当地政府办公楼),则新生代农民工在遇到不公平对待时,不反抗的个案百分比为97.1%,应答百分比为38%,消极的反抗个案百分比为40.1%,应答百分比为15.7%,积极的反抗个案百分比为101.3%,应答百分比为39.8%,过激的反抗个案百分比为16.2%,应答百分比为6.4%。具体如表8-1所示。

表8-1 作为被访者的新生代农民工本人遭到不公平对待时的行动模式:按行动激烈程度分

		频数	应答百分比	个案百分比
不反抗	没当回事	172	11.1%	28.4%
	默默忍受	272	17.6%	44.9%
	暗自难过、痛苦	144	9.3%	23.8%
	小计	588	38.0%	97.1%
消极的反抗	私底下偷偷地搞破坏	17	1.1%	2.8%
	采取个人报复行动	22	1.4%	3.6%
	辞职	204	13.2%	33.7%
	小计	243	15.7%	40.1%

续表

		频数	应答百分比	个案百分比
积极的反抗	当场反抗,据理力争	150	9.7%	24.8%
	喊同伴过来援助	56	3.6%	9.2%
	寻求媒体曝光	46	3.0%	7.6%
	自己在网络上曝光	35	2.3%	5.8%
	寻求第三方支持	78	5.1%	12.9%
	向上级领导或有关部门投诉	119	7.7%	19.6%
	给政府官员写信	13	0.8%	2.1%
	签署联名信或请愿书	20	1.3%	3.3%
	寻求法律援助	97	6.3%	16.0%
	小计	614	39.8%	101.3%
过激的反抗	上访	14	0.9%	2.3%
	静坐	31	2.0%	5.1%
	绝食	9	0.6%	1.5%
	自杀	4	0.3%	0.7%
	参加示威游行或集会	11	0.7%	1.8%
	参加非官方组织的罢工	12	0.8%	2.0%
	堵路	5	0.3%	0.8%
	冲砸老板办公室	6	0.4%	1.0%
	冲砸当地政府办公楼	6	0.4%	1.0%
	小计	98	6.4%	16.2%
	合计	1 543	100.0%	254.7%

如果从另一个角度,将新生代农民工对各类不平等的反应或行动分为接受现状或不反抗(inaction)、个体行动(individual action)和集体行动(collective action),则上述所有的 24 项行动中,不反抗的比例为 97.1%(此处指个案百分比,下面几个比例都是个案百分比),意味着 97.1%人在遇到不公平对待时曾经沉默过,个体行动的比例为 129.6%,而集体行动的比例为 28.0%,具体如表 8-2 所示。

表8-2 作为被访者的新生代农民工本人遭到不公平对待时的行动模式：按参与的人数分

		频数	应答百分比	个案百分比
不反抗	没当回事	172	11.1%	28.4%
	默默忍受	272	17.6%	44.9%
	暗自难过、痛苦	144	9.3%	23.8%
	小计	588	38.0%	97.1%
个体行动	私底下偷偷地搞破坏	17	1.1%	2.8%
	采取个人报复行动	22	1.4%	3.6%
	辞职	204	13.2%	33.7%
	当场反抗，据理力争	150	9.7%	24.8%
	自己在网络上曝光	35	2.3%	5.8%
	自杀	4	0.3%	0.7%
	向上级领导或有关部门投诉	119	7.7%	19.6%
	给政府官员写信	13	0.8%	2.1%
	寻求法律援助	97	6.3%	16.0%
	寻求媒体曝光	46	3.0%	7.6%
	寻求第三方支持	78	5.1%	12.9%
	小计	785	50.9%	129.6%
集体行动	喊同伴过来援助	56	3.6%	9.2%
	签署联名信或请愿书	20	1.3%	3.3%
	上访	14	0.9%	2.3%
	静坐	31	2.0%	5.1%
	绝食	9	0.6%	1.5%
	参加示威游行或集会	11	0.7%	1.8%
	参加非官方组织的罢工	12	0.8%	2.0%
	堵路	5	0.3%	0.8%
	冲砸老板办公室	6	0.4%	1.0%
	冲砸当地政府办公楼	6	0.4%	1.0%
	小计	170	11.0%	28.0%
	合计	1 543	100.0%	254.7%

从表8-1和表8-2可知,新生代农民工对待各种不平等遭遇时,虽然仍然以不反抗、个体反抗或消极反抗为主,但几乎所有人都曾经有过积极的反抗,且积极的反抗在所有的反抗总数中已经高达将近四成,另外,过激的反抗(过激的反抗全部属于集体行动)在所有反抗中也占了6.4%,而16.2%的个案百分比表明,有16.2%的新生代农民工曾经在遭遇不公平对待时采用过过激的反抗,这应该引起有关部门的高度重视和足够警惕。

2. 新生代农民工作为被观察者的行动模式

作为被观察者,新生代农民工是作为群体出现在本研究的被访者面前的,他们的行动模式能更加真实地反映出新生代农民工群体在日常的工作生活中遭遇不公平对待时所采取的行动模式,具体如表8-3和表8-4所示。

表8-3 作为被观察者的新生代农民工遭到不公平对待时的行动模式:按行动激烈程度分

		频数	应答百分比	个案百分比
不反抗	没当回事	243	8.2%	27.0%
	默默忍受	374	12.7%	41.6%
	暗自难过、痛苦	239	8.1%	26.6%
	小计	856	29.0%	95.2%
消极的反抗	私底下偷偷地搞破坏	103	3.5%	11.5%
	采取个人报复行动	102	3.5%	11.3%
	辞职	345	11.7%	38.4%
	小计	550	18.7%	61.2%
积极的反抗	当场反抗,据理力争	277	9.4%	30.8%
	喊同伴过来援助	137	4.7%	15.2%
	寻求媒体曝光	118	4.0%	13.1%
	自己在网络上曝光	85	2.9%	9.5%
	寻求第三方支持	143	4.9%	15.9%
	向上级领导或有关部门投诉	254	8.6%	28.3%
	签署联名信或请愿书	38	1.3%	4.2%
	给政府官员写信	36	1.2%	4.0%
	寻求法律援助	190	6.4%	21.1%
	小计	1 278	43.4%	142.1%

续表

		频数	应答百分比	个案百分比
过激的反抗	上访	60	2.0%	6.7%
	静坐	27	0.9%	3.0%
	自杀	19	0.6%	2.1%
	绝食	10	0.3%	1.1%
	参加示威游行或集会	30	1.0%	3.3%
	参加非官方组织的罢工	40	1.4%	4.4%
	堵路	31	1.1%	3.4%
	冲砸老板办公室	31	1.1%	3.4%
	冲砸当地政府办公楼	14	0.5%	1.6%
	小计	262	8.9%	29.0%
合计		2 946	100.0%	327.5%

从表8-3与表8-4的对比可以看出，按照激烈程度划分的反抗行为中，作为被访者和被观察者的农民工既有一定的相似性也有差异性，其相似性主要表现为"不反抗"的比例相近，而差异性则表现在，作为被观察者的新生代农民工发生"消极的反抗"的比例（个案百分比为61.2%，后面采用的都是个案百分比）比作为被访者的新生代农民工比例（40.1%）高20.1%，而"积极的反抗"中，前者的比例（142.1%）比后者比例（101.3%）高40%以上，而在"过激的反抗"中，前者的比例（29.0%）比后者的比例（16.2%）高12.8%。由此可见，在新生代农民工遭遇不平等时的反抗模式中，作为一个群体的新生代农民工已经不再如他们的父辈一般是沉默的群体，当他们遭遇不平等对待时，"不反抗"已经不再是他们的主导反应模式，"消极的反抗"也是他们不屑采用的方式（比例最低），而"积极的反抗"才是他们最常采用的方式，而"过激的反抗"比例也不容忽视，这是新生代农民工与老一代农民工的重大区别。

表8-4 作为被观察者的新生代农民工遭到不公平对待时的行动模式：按参与人数分

		频数	应答百分比	个案百分比
不反抗	没当回事	243	8.2%	27.0%
	默默忍受	374	12.7%	41.6%
	暗自难过、痛苦	239	8.1%	26.6%
	小计	856	29.0%	95.2%

续表

		频数	应答百分比	个案百分比
个体行动	私底下偷偷地搞破坏	103	3.5%	11.5%
	采取个人报复行动	102	3.5%	11.3%
	当场反抗,据理力争	277	9.4%	30.8%
	寻求媒体曝光	118	4.0%	13.1%
	自己在网络上曝光	85	2.9%	9.5%
	寻求第三方支持	143	4.9%	15.9%
	向上级领导或有关部门投诉	254	8.6%	28.3%
	给政府官员写信	36	1.2%	4.0%
	自杀	19	0.6%	2.1%
	辞职	345	11.7%	38.4%
	寻求法律援助	190	6.4%	21.1%
	小计	1 672	56.7%	186.0%
集体行动	上访	60	2.0%	6.7%
	静坐	27	0.9%	3.0%
	绝食	10	0.3%	1.1%
	喊同伴过来援助	137	4.7%	15.2%
	签署联名信或请愿书	38	1.3%	4.2%
	参加示威游行或集会	30	1.0%	3.3%
	参加非官方组织的罢工	40	1.4%	4.4%
	堵路	31	1.1%	3.4%
	冲砸老板办公室	31	1.1%	3.4%
	冲砸当地政府办公楼	14	0.5%	1.6%
	小计	418	14.3%	46.3%
	合计	2 946	100.0%	327.5%

从表8-4和表8-2的对比看,按照参与人数划分的反抗行为中,作为被访者和被观察者的农民工既有一定的相似性也有差异性,其相似性主要表现为"不反抗"的比例相近,且作为被观察者的新生代农民工不反抗的比例略低于作为被访者的群体,其原因可能在于不反抗的行动模式有时不易被外人觉

察。而差异性则表现在,作为被观察者的新生代农民工发生"个体行动"的比例(个案百分比为186.0%,后面采用的都是个案百分比)比作为被访者的新生代农民工比例(129.6%)高56.4个百分点,而"集体行动"中,前者的比例(46.3%)比后者比例(28.0%)高18.3个百分点,由此可见,作为被访者的新生代农民工在遭遇不平等对待时,虽然"个体行动"仍然是主导行动模式,但"集体行动"在所有反应模式中的比例为11.0%(应答百分比),而其个案百分比高达28.0%,这意味着有28.0%的新生代农民工在遭遇不平等对待时,曾经采用过"集体行动"作为反抗模式,因此新生代农民工的"集体行动"不容忽视。

第二节 行动模式的影响因素

新生代农民工的行动模式受诸多因素影响,如他们对社会不平等的心态、工作和生活经历、可以动员的各类资源及途径甚至新生代农民工自身的背景(人口统计学特征),因此,本课题拟根据以上思路探寻新生代农民工在遭遇不公平对待时的行动模式的影响因素,具体如下:

一、研究假设

由于新生代农民工的反抗模式受诸多维度的因素影响,而各个维度中又包含若干观测变量,为简便起见,仅从各维度的角度提出研究假设:

研究假设6a:新生代农民工对不平等的认知和态度对其反抗模式有显著影响。

研究假设6b:新生代农民工的资源动员方式对其反抗模式有显著影响。

二、变量测量

1. 因变量及其测量

新生代农民工的反抗模式按照不同的分类维度有不同的类别,本课题主要按照反抗的激烈程度及反抗的参与人数划分。其中,按照反抗的激烈程度,将反抗分为不反抗、消极的反抗、积极的反抗和过激的反抗;按照反抗的参与人数,将反抗分为不反抗、个体行动和集体行动,具体的归类方法参见本章的前半部分内容,将各类变量按照上述分类进行加总,就得到代表各类行动模式的变量。

2. 自变量及其测量

影响新生代农民工反抗模式的因素很多,鉴于前面几章已经探讨了各个层面因素对不平等的社会心态的影响,因此,本章着重探讨新生代农民工对不平等的社会心态及资源动员对反抗模式的影响。

(1) 新生代农民工对不平等的认知和态度

主要包括三个大的方面:对整体的社会不平等的认知和评价、对生活世界的不平等的认知和评价,以及公平观。

根据前文,对整体的社会不平等的认知和评价又分为:过度的不平等(对不平等的总体认知)、有害的不平等(对不平等的态度)、不平等的归因(其中又有4个指数,分别为变穷的结构因素、变穷的个人因素、致富的结构因素和致富的个人因素)。

新生代农民工对生活世界不平等的认知和评价则包括他们对就业机会不平等、劳动报酬不平等、住房状况不平等、医疗状况不平等及教育机会不平等的评价,以及基于新生代农民工不平等遭遇的重要来源(身份歧视)而形成的农民工歧视指数。

新生代农民工的公平观则通过一系列量表测量,最终通过因子分析形成了3个公平观指数和4个不平等意识指数。

(2) 新生代农民工的资源动员

虽然新生代农民工面对不公平对待时的资源动员分为工作单位、和城里人相处及享受城里的公共服务这三个情境,但根据前面的描述性分析,发现他们在工作单位以及与城里人相处时遭遇不公平对待时的资源动员很类似,所以,在模型中仅使用两类情境的资源动员:在工作单位和享受城里的公共服务而遭遇不公平对待时的资源动员。

就资源动员而言,又分为资源动员的对象和途径或工具,就资源动员的对象而言,根据交往关系的亲疏远近,将父母、男/女朋友、丈夫/妻子和其他家庭成员归为一类,命名为强关系;将老同学、现在的邻居、现在的同事归为一类,命名为中间关系;将当地人和网友归为一类,命名为弱关系。

就资源动员的途径和工具而言,分为面对面、通信工具(电话/手机、QQ、微信等聊天工具)、自媒体(微博、论坛、自己的个人主页或个人空间),将各类变量按照上述分类进行加总,就得到代表各类资源动员对象和途径的变量。

三、模型及结果分析

按照图1-1的分析框架,分别以因变量"不反抗""个体行动""集体行动""消极的反抗""积极的反抗"和"过激的反抗"建立结构方程模型。具体如下:

1. "不反抗"行动模式的结构方程模型

模型 1 中"不反抗"行动模式为结果变量,数据拟合情况如表 8-5 所示。农民工对公平观的认知、对整体的社会不平等及其对生活世界的不平等的感知,这三方面的不平等的主观感知对农民工的"不反抗"行动模式没有显著影响,即新生代农民工对不平等的认知和态度对其不反抗的行动模式无显著影响。与此同时,在面临不平等境遇时的资源动员的人脉和途径对新生代农民工的"不反抗"行动模式没有显著影响。对比之下,在三个主观变量和两个客观变量中,公平观对"不反抗"行动模式的影响最大,系数为 1.593,资源动员的人脉影响最弱,系数为 0.051。而生活世界的不平等对整体的社会不平等的感知没有显著影响,但生活世界的不平等对新生代农民工的公平观有着显著影响。这说明虽然现实生活的不平等现状对新生代农民工的公平观产生了一定的影响作用,但是农民工对整体的社会不平等的感知与其生活世界的不平等之间没有关联,并且新生代农民工并未将其对不平等的感知态度转化为"不反抗"的行动模式。

表 8-5 "不反抗"的结构方程模型

			Estimate	S.E.	C.R.	p
整体的社会不平等	←	生活世界的不平等	−0.051	0.073	−0.700	0.484
公平观	←	生活世界的不平等	0.320	0.098	3.261	**
致富原因之个人指数	←	整体的社会不平等	1.000			
致富归因结构指数	←	整体的社会不平等	28.898	41.148	0.702	0.482
有害的不平等	←	整体的社会不平等	1.374	1.957	0.702	0.483
全国范围的收入差距	←	整体的社会不平等	0.825	1.178	0.700	0.484
变穷结构因素指数	←	整体的社会不平等	32.726	46.598	0.702	0.482
变穷个人因素指数	←	整体的社会不平等	2.015	3.227	0.625	0.532
不平等来源指数—农民工身份	←	生活世界的不平等	1.000			
教育机会的不平等	←	生活世界的不平等	−0.090	0.010	−9.353	***
医疗状况的不平等	←	生活世界的不平等	−0.096	0.010	−9.225	***
住房状况的不平等	←	生活世界的不平等	−0.100	0.011	−9.304	***
收入差距的不平等	←	生活世界的不平等	−0.085	0.009	−9.235	***

续表

		Estimate	S.E.	C.R.	p
就业机会的不平等 ← 生活世界的不平等		−0.069	0.008	−9.070	***
绝对平均主义 ← 公平观		1.000			
公平的不平等 ← 公平观		2.007	0.645	3.111	**
基于能力的不平等 ← 公平观		−0.690	0.360	−1.914	*
机会公平 ← 公平观		−4.599	1.372	−3.352	***
公平观指数3 ← 公平观		0.789	0.384	2.052	**
公平观指数2 ← 公平观		2.223	0.735	3.026	**
公平观指数1 ← 公平观		−4.367	1.297	−3.366	***
工作单位—强关系 ← 资源动员的人脉		1.000			
工作单位—中等关系 ← 资源动员的人脉		−0.044	0.036	−1.228	0.219
工作单位—弱关系 ← 资源动员的人脉		−0.646	0.345	−1.870	*
工作单位—面对面 ← 资源动员的途径		1.000			
工作单位—通信工具 ← 资源动员的途径		−0.281	0.080	−3.504	***
工作单位—自媒体 ← 资源动员的途径		−0.433	0.071	−6.079	***
公共服务—强关系 ← 资源动员的人脉		12.080	7.198	1.678	*
公共服务—中等关系 ← 资源动员的人脉		−0.834	0.332	−2.512	**
公共服务—公权力 ← 资源动员的人脉		−0.159	0.020	−7.934	***
公共服务—面对面 ← 资源动员的途径		1.069	0.128	8.354	***
公共服务—通信工具 ← 资源动员的途径		−0.232	0.079	−2.937	**
公共服务—自媒体 ← 资源动员的途径		−0.465	0.081	−5.778	***
朴素的平等思想 ← 公平观		0.945	0.368	2.569	**
不反抗 ← 整体的社会不平等		−0.014	0.185	−0.078	0.938
不反抗 ← 生活世界的不平等		−0.355	0.506	−0.702	0.483
不反抗 ← 资源动员的人脉		0.029	0.051	0.574	0.566
不反抗 ← 公平观		1.069	1.593	0.671	0.502
不反抗 ← 资源动员的途径		0.088	0.126	0.698	0.485

注：*** $p<0.01$；** $p<0.05$；* $p<0.1$；模型各拟合情况：NFI=0.586，TLI=0.544，CFI=0.611，RMSEA=0.082。

2. "个体行动"反抗模式的结构方程模型

模型 2 中"个体行动"反抗模式为结果变量,数据拟合情况如表 8-6 所示。与"不反抗"反抗模式类似,农民工对公平观的认知、对整体的社会不平等及其对生活世界的不平等的感知,这三方面的不平等的主观感知对农民工的"个体行动"反抗模式没有显著影响,即新生代农民工对不平等的认知和态度对其个体行动的反抗模式无显著影响,同时,面临不平等境遇时的资源动员的人脉和途径对新生代农民工的"不反抗"行动模式也没有显著影响。而在这三个不平等的主观感知和两个资源动员的客观条件中,公平观依然对"个体行动"反抗模式的影响最大,系数为 0.846,资源动员的人脉影响最弱,系数为 0.079。虽然生活世界的不平等对新生代农民工的公平观产生了极大的影响,但是这一影响却并未传递到农民工的反抗行动中。

表 8-6 "个体行动"的结构方程模型

			Estimate	S. E.	C. R.	p
整体的社会不平等	←	生活世界的不平等	−0.045	0.073	−0.622	0.534
公平观	←	生活世界的不平等	0.342	0.100	3.432	***
致富原因之个人指数	←	整体的社会不平等	1.000			
致富归因结构指数	←	整体的社会不平等	32.483	52.136	0.623	0.533
有害的不平等	←	整体的社会不平等	1.543	2.478	0.623	0.533
全国范围的收入差距	←	整体的社会不平等	0.927	1.491	0.622	0.534
变穷结构因素指数	←	整体的社会不平等	36.783	59.036	0.623	0.533
变穷个人因素指数	←	整体的社会不平等	2.253	3.980	0.566	0.571
不平等来源指数——农民工身份	←	生活世界的不平等	1.000			
教育机会的不平等	←	生活世界的不平等	−0.090	0.010	−9.321	***
医疗状况的不平等	←	生活世界的不平等	−0.096	0.010	−9.191	***
住房状况的不平等	←	生活世界的不平等	−0.100	0.011	−9.270	***
收入差距的不平等	←	生活世界的不平等	−0.086	0.009	−9.203	***
就业机会的不平等	←	生活世界的不平等	−0.070	0.008	−9.039	***
绝对平均主义	←	公平观	1.000			
公平的不平等	←	公平观	1.886	0.579	3.257	**

续表

			Estimate	S. E.	C. R.	p
基于能力的不平等	←	公平观	−0.586	0.325	−1.800	*
机会公平	←	公平观	−4.337	1.226	−3.539	***
公平观指数3	←	公平观	0.764	0.359	2.130	**
公平观指数2	←	公平观	2.049	0.652	3.141	**
公平观指数1	←	公平观	−4.065	1.144	−3.553	***
工作单位—强关系	←	资源动员的人脉	1.000			
工作单位—中等关系	←	资源动员的人脉	−0.042	0.036	−1.188	0.235
工作单位—弱关系	←	资源动员的人脉	−0.636	0.349	−1.824	*
工作单位—面对面	←	资源动员的途径	1.000			
工作单位—通信工具	←	资源动员的途径	−0.290	0.081	−3.600	***
工作单位—自媒体	←	资源动员的途径	−0.442	0.072	−6.174	***
公共服务—强关系	←	资源动员的人脉	12.250	7.454	1.643	0.100
公共服务—中等关系	←	资源动员的人脉	−0.822	0.339	−2.426	**
公共服务—公权力	←	资源动员的人脉	−0.162	0.020	−8.067	***
公共服务—面对面	←	资源动员的途径	1.070	0.126	8.462	***
公共服务—通信工具	←	资源动员的途径	−0.242	0.079	−3.044	**
公共服务—自媒体	←	资源动员的途径	−0.475	0.081	−5.876	***
朴素的平等思想	←	公平观	0.917	0.341	2.687	**
个体行动	←	资源动员的人脉	0.127	0.079	1.611	0.107
个体行动	←	整体的社会不平等	0.057	0.335	0.170	0.865
个体行动	←	生活世界的不平等	0.095	0.292	0.324	0.746
个体行动	←	资源动员的途径	−0.080	0.196	−0.411	0.681
个体行动	←	公平观	−0.279	0.846	−0.330	0.742

注：*** $p<0.01$；** $p<0.05$；* $p<0.1$；模型各拟合情况：NFI=0.583，TLI=0.541，CFI=0.607，RMSEA=0.082。

3. "集体行动"反抗模式的结构方程模型

模型3中"集体行动"反抗模式为结果变量，数据拟合情况如表8-7所示。模型结果与"个体行动"反抗模式结论一致，新生代农民工对不平等的认知和态度、面临不平等境遇时的资源动员的人脉和途径对新生代农民工的

"不反抗"行动模式都没有显著影响。生活世界的不平等并未通过不平等认知和资源动员转化为集体行动的反抗模式。

表8-7 "集体行动"的结构方程模型

			Estimate	S.E.	C.R.	p
整体的社会不平等	←	生活世界的不平等	−0.059	0.073	−0.806	0.421
公平观	←	生活世界的不平等	0.343	0.100	3.434	***
致富原因之个人指数	←	整体的社会不平等	1.000			
致富归因结构指数	←	整体的社会不平等	25.143	31.103	0.808	0.419
有害的不平等	←	整体的社会不平等	1.196	1.479	0.808	0.419
全国范围的收入差距	←	整体的社会不平等	0.719	0.893	0.805	0.421
变穷结构因素指数	←	整体的社会不平等	28.461	35.207	0.808	0.419
变穷个人因素指数	←	整体的社会不平等	1.777	2.545	0.698	0.485
不平等来源指数——农民工身份	←	生活世界的不平等	1.000			
教育机会的不平等	←	生活世界的不平等	−0.090	0.010	−9.320	***
医疗状况的不平等	←	生活世界的不平等	−0.096	0.010	−9.191	***
住房状况的不平等	←	生活世界的不平等	−0.100	0.011	−9.269	***
收入差距的不平等	←	生活世界的不平等	−0.086	0.009	−9.202	***
就业机会的不平等	←	生活世界的不平等	−0.070	0.008	−9.038	***
绝对平均主义	←	公平观	1.000			
公平的不平等	←	公平观	1.883	0.578	3.257	**
基于能力的不平等	←	公平观	−0.580	0.324	−1.787	*
机会公平	←	公平观	−4.339	1.225	−3.542	***
公平观指数3	←	公平观	0.757	0.357	2.118	**
公平观指数2	←	公平观	2.065	0.656	3.151	**
公平观指数1	←	公平观	−4.053	1.140	−3.554	***
工作单位——强关系	←	资源动员的人脉	1.000			
工作单位——中等关系	←	资源动员的人脉	−0.042	0.036	−1.195	0.232
工作单位——弱关系	←	资源动员的人脉	−0.651	0.351	−1.854	*
工作单位——面对面	←	资源动员的途径	1.000			

续表

		Estimate	S.E.	C.R.	p
工作单位—通信工具 ← 资源动员的途径		−0.289	0.081	−3.577	***
工作单位—自媒体 ← 资源动员的途径		−0.442	0.072	−6.164	***
公共服务—强关系 ← 资源动员的人脉		12.181	7.310	1.666	*
公共服务—中等关系 ← 资源动员的人脉		−0.831	0.332	−2.507	**
公共服务—公权力 ← 资源动员的人脉		−0.159	0.020	−7.967	***
公共服务—面对面 ← 资源动员的途径		1.078	0.127	8.465	***
公共服务—通信工具 ← 资源动员的途径		−0.242	0.080	−3.038	**
公共服务—自媒体 ← 资源动员的途径		−0.477	0.081	−5.883	***
朴素的平等思想 ← 公平观		0.919	0.341	2.691	**
集体行动 ← 生活世界的不平等		0.018	0.121	0.148	0.882
集体行动 ← 整体的社会不平等		−0.028	0.119	−0.237	0.813
集体行动 ← 资源动员的人脉		0.009	0.036	0.254	0.800
集体行动 ← 资源动员的途径		−0.084	0.091	−0.927	0.354
集体行动 ← 公平观		−0.064	0.348	−0.184	0.854

注：*** $p<0.01$；** $p<0.05$；* $p<0.1$；模型各拟合情况：NFI=0.586，TLI=0.545，CFI=0.611，RMSEA=0.082。

4. "消极的反抗"的结构方程模型

模型 4 中"消极的反抗"为结果变量，数据拟合情况如表 8-8 所示。新生代农民工对不平等的认知和态度对其"消极的反抗"模式没有显著影响，资源动员的人脉对其"消极的反抗"无显著影响，而资源动员的途径对"消极的反抗"有着显著影响，其系数为−0.140，这说明在面对不平等境遇时，资源动员的途径越多，新生代农民工越不可能采取"消极的反抗"行动，即资源动员途径的多元化在一定程度上弱化了农民工的消极反抗行为。

表 8-8 "消极的反抗"的结构方程模型

		Estimate	S.E.	C.R.	p
整体的社会不平等 ← 生活世界的不平等		−0.054	0.073	−0.744	0.457
公平观 ← 生活世界的不平等		0.350	0.100	3.499	***
致富原因之个人指数 ← 整体的社会不平等		1.000			

续表

			Estimate	S. E.	C. R.	p
致富归因结构指数	←	整体的社会不平等	27.164	36.401	0.746	0.456
有害的不平等	←	整体的社会不平等	1.289	1.728	0.746	0.456
全国范围的收入差距	←	整体的社会不平等	0.775	1.042	0.744	0.457
变穷结构因素指数	←	整体的社会不平等	30.734	41.185	0.746	0.456
变穷个人因素指数	←	整体的社会不平等	1.934	2.941	0.658	0.511
不平等来源指数—农民工身份	←	生活世界的不平等	1.000			
教育机会的不平等	←	生活世界的不平等	−0.090	0.010	−9.315	***
医疗状况的不平等	←	生活世界的不平等	−0.096	0.010	−9.185	***
住房状况的不平等	←	生活世界的不平等	−0.100	0.011	−9.264	***
收入差距的不平等	←	生活世界的不平等	−0.086	0.009	−9.198	***
就业机会的不平等	←	生活世界的不平等	−0.070	0.008	−9.034	***
绝对平均主义	←	公平观	1.000			
公平的不平等	←	公平观	1.836	0.555	3.310	***
基于能力的不平等	←	公平观	−0.574	0.317	−1.812	*
机会公平	←	公平观	−4.231	1.171	−3.612	***
公平观指数3	←	公平观	0.772	0.352	2.193	**
公平观指数2	←	公平观	2.046	0.637	3.212	**
公平观指数1	←	公平观	−3.962	1.092	−3.627	***
工作单位—强关系	←	资源动员的人脉	1.000			
工作单位—中等关系	←	资源动员的人脉	−0.044	0.035	−1.254	0.210
工作单位—弱关系	←	资源动员的人脉	−0.617	0.324	−1.906	*
工作单位—面对面	←	资源动员的途径	1.000			
工作单位—通信工具	←	资源动员的途径	−0.308	0.081	−3.814	***
工作单位—自媒体	←	资源动员的途径	−0.456	0.072	−6.352	***
公共服务—强关系	←	资源动员的人脉	11.545	6.740	1.713	*
公共服务—中等关系	←	资源动员的人脉	−0.813	0.326	−2.493	**
公共服务—公权力	←	资源动员的人脉	−0.160	0.020	−7.996	***

续表

		Estimate	S. E.	C. R.	p
公共服务—面对面 ← 资源动员的途径		1.053	0.120	8.751	***
公共服务—通信工具 ← 资源动员的途径		−0.257	0.080	−3.233	**
公共服务—自媒体 ← 资源动员的途径		−0.486	0.081	−5.993	***
朴素的平等思想 ← 公平观		0.915	0.333	2.745	**
消极的反抗 ← 整体的社会不平等		0.122	0.198	0.615	0.538
消极的反抗 ← 生活世界的不平等		−0.144	0.299	−0.480	0.631
消极的反抗 ← 资源动员的人脉		0.022	0.033	0.679	0.497
消极的反抗 ← 公平观		0.414	0.854	0.485	0.627
消极的反抗 ← 资源动员的途径		−0.140	0.082	−1.704	*

注：*** $p<0.01$；** $p<0.05$；* $p<0.1$；模型各拟合情况：NFI=0.585，TLI=0.544，CFI=0.610，RMSEA=0.082。

5. "积极的反抗"的结构方程模型

模型 5 中"积极的反抗"为结果变量，数据拟合情况如表 8-9 所示。模型 5 的数据结果表明新生代农民工对不平等的认知和态度、面临不平等境遇时的资源动员对新生代农民工的"积极的反抗"行动都没有显著影响。其中，对"积极的反抗"行为影响最强的仍然是公平观。同时，生活世界的不平等对农民工的公平观有着显著影响，而对其关于整体的社会不平等认知却没有显著影响，这说明新生代农民工生活世界的不平等并未通过不平等认知和资源动员转化为"积极的反抗"行为。

表 8-9 "积极的反抗"的结构方程模型

		Estimate	S. E.	C. R.	p
整体的社会不平等 ← 生活世界的不平等		−0.056	0.073	−0.762	0.446
公平观 ← 生活世界的不平等		0.341	0.100	3.427	***
致富原因之个人指数 ← 整体的社会不平等		1.000			
致富归因结构指数 ← 整体的社会不平等		26.518	34.678	0.765	0.444
有害的不平等 ← 整体的社会不平等		1.260	1.648	0.765	0.445
全国范围的收入差距 ← 整体的社会不平等		0.757	0.993	0.762	0.446
变穷结构因素指数 ← 整体的社会不平等		29.976	39.199	0.765	0.444

续表

		Estimate	S. E.	C. R.	p
变穷个人因素指数 ← 整体的社会不平等		1.867	2.792	0.669	0.504
不平等来源指数—农民工身份 ← 生活世界的不平等		1.000			
教育机会的不平等 ← 生活世界的不平等		−0.090	0.010	−9.317	***
医疗状况的不平等 ← 生活世界的不平等		−0.096	0.010	−9.188	***
住房状况的不平等 ← 生活世界的不平等		−0.100	0.011	−9.266	***
收入差距的不平等 ← 生活世界的不平等		−0.086	0.009	−9.200	***
就业机会的不平等 ← 生活世界的不平等		−0.070	0.008	−9.035	***
绝对平均主义 ← 公平观		1.000			
公平的不平等 ← 公平观		1.890	0.581	3.253	**
基于能力的不平等 ← 公平观		−0.582	0.325	−1.787	*
机会公平 ← 公平观		−4.345	1.229	−3.534	***
公平观指数3 ← 公平观		0.806	0.366	2.203	**
公平观指数2 ← 公平观		2.073	0.659	3.147	**
公平观指数1 ← 公平观		−4.083	1.151	−3.549	***
工作单位—强关系 ← 资源动员的人脉		1.000			
工作单位—中等关系 ← 资源动员的人脉		−0.041	0.035	−1.167	0.243
工作单位—弱关系 ← 资源动员的人脉		−0.654	0.363	−1.805	*
工作单位—面对面 ← 资源动员的途径		1.000			
工作单位—通信工具 ← 资源动员的途径		−0.284	0.080	−3.536	***
工作单位—自媒体 ← 资源动员的途径		−0.432	0.071	−6.065	***
公共服务—强关系 ← 资源动员的人脉		12.479	7.666	1.628	0.104
公共服务—中等关系 ← 资源动员的人脉		−0.826	0.337	−2.450	**
公共服务—公权力 ← 资源动员的人脉		−0.161	0.020	−8.058	***
公共服务—面对面 ← 资源动员的途径		1.070	0.128	8.338	***
公共服务—通信工具 ← 资源动员的途径		−0.235	0.079	−2.971	**
公共服务—自媒体 ← 资源动员的途径		−0.464	0.081	−5.763	***
朴素的平等思想 ← 公平观		0.924	0.343	2.693	**

续表

			Estimate	S.E.	C.R.	p
积极的反抗	←	整体的社会不平等	−0.153	0.318	−0.482	0.630
积极的反抗	←	生活世界的不平等	0.356	0.664	0.536	0.592
积极的反抗	←	资源动员的人脉	0.104	0.074	1.410	0.159
积极的反抗	←	公平观	−1.071	1.949	−0.549	0.583
积极的反抗	←	资源动员的途径	0.027	0.184	0.146	0.884

注：*** $p<0.01$；** $p<0.05$；* $p<0.1$；模型各拟合情况：NFI=0.584，TLI=0.542，CFI=0.609，RMSEA=0.082。

6. "过激的反抗"的结构方程模型

模型6中"过激的反抗"为结果变量，数据拟合情况如表8-10所示。模型6的数据结果表明新生代农民工对社会不平等的社会心态、面临不平等境遇时的资源动员的人脉和途径对新生代农民工的"过激的反抗"行为都没有显著影响。生活世界的不平等对农民工的公平观有显著影响，而对其关于整体的社会不平等认知没有显著影响，这也说明新生代农民工生活世界的不平等并未通过不平等认知和资源动员转化为"过激的反抗"行为。

表8-10 "过激的反抗"的结构方程模型

			Estimate	S.E.	C.R.	p
整体的社会不平等	←	生活世界的不平等	−0.052	0.073	−0.713	0.476
公平观	←	生活世界的不平等	0.344	0.100	3.445	***
致富原因之个人指数	←	整体的社会不平等	1.000			
致富归因结构指数	←	整体的社会不平等	28.478	39.836	0.715	0.475
有害的不平等	←	整体的社会不平等	1.350	1.888	0.715	0.475
全国范围的收入差距	←	整体的社会不平等	0.811	1.138	0.713	0.476
变穷结构因素指数	←	整体的社会不平等	32.210	45.056	0.715	0.475
变穷个人因素指数	←	整体的社会不平等	1.985	3.132	0.634	0.526
不平等来源指数—农民工身份	←	生活世界的不平等	1.000			
教育机会的不平等	←	生活世界的不平等	−0.090	0.010	−9.311	***
医疗状况的不平等	←	生活世界的不平等	−0.096	0.010	−9.182	***

续表

		Estimate	S.E.	C.R.	p
住房状况的不平等 ← 生活世界的不平等		−0.101	0.011	−9.260	***
收入差距的不平等 ← 生活世界的不平等		−0.086	0.009	−9.193	***
就业机会的不平等 ← 生活世界的不平等		−0.070	0.008	−9.029	***
绝对平均主义 ← 公平观		1.000			
公平的不平等 ← 公平观		1.908	0.582	3.281	**
基于能力的不平等 ← 公平观		−0.552	0.320	−1.727	*
机会公平 ← 公平观		−4.315	1.214	−3.554	***
公平观指数3 ← 公平观		0.771	0.358	2.154	**
公平观指数2 ← 公平观		2.028	0.644	3.147	**
公平观指数1 ← 公平观		−4.054	1.136	−3.569	***
工作单位—强关系 ← 资源动员的人脉		1.000			
工作单位—中等关系 ← 资源动员的人脉		−0.042	0.036	−1.184	0.237
工作单位—弱关系 ← 资源动员的人脉		−0.660	0.358	−1.845	*
工作单位—面对面 ← 资源动员的途径		1.000			
工作单位—通信工具 ← 资源动员的途径		−0.287	0.081	−3.563	***
工作单位—自媒体 ← 资源动员的途径		−0.439	0.072	−6.141	***
公共服务—强关系 ← 资源动员的人脉		12.335	7.441	1.658	*
公共服务—中等关系 ← 资源动员的人脉		−0.836	0.333	−2.515	*
公共服务—公权力 ← 资源动员的人脉		−0.159	0.020	−7.973	***
公共服务—面对面 ← 资源动员的途径		1.074	0.127	8.429	***
公共服务—通信工具 ← 资源动员的途径		−0.240	0.080	−3.017	*
公共服务—自媒体 ← 资源动员的途径		−0.473	0.081	−5.851	***
朴素的平等思想 ← 公平观		0.891	0.335	2.663	**
过激的反抗 ← 整体的社会不平等		0.063	0.136	0.463	0.643
过激的反抗 ← 生活世界的不平等		−0.109	0.213	−0.511	0.609
过激的反抗 ← 资源动员的人脉		−0.001	0.029	−0.020	0.984
过激的反抗 ← 资源动员的途径		−0.049	0.073	−0.675	0.500
过激的反抗 ← 公平观		0.330	0.619	0.533	0.594

注：*** $p<0.01$；** $p<0.05$；* $p<0.1$；模型各拟合情况：NFI=0.586，TLI=0.545，CFI=0.611，RMSEA=0.082。

第三节　结论与讨论

总体而言,本章的两个研究假设均未得到完全验证。就新生代农民工对不平等的认知和态度而言,生活世界的不平等、整体社会不平等和公平观这三个方面的认知与评价与农民工的反抗模式无显著相关关系,研究假设4a没有得到验证。其中,生活观对反抗模式的影响强度最大,但由于个体认知态度与其生活环境有关,因此通过对不平等的认知评价来考察其反抗模式,仍然不足以证明社会不平等与反抗模式之间的关系,还需要考察生活世界的不平等对农民工对整体社会不平等的感知及公平观的影响作用。数据结果表明,虽然生活世界的不平等对农民工关于整体社会的不平等感知无显著影响作用,但是生活世界的不平等对新生代农民工的公平观有着显著的影响作用。这说明生活世界的不平等的确对新生代农民工的社会心态产生了一定的影响,但是这一影响并未传递到其反抗行为模式上。因此不平等的宏观结构—对不平等的感知—行动模式之间并未形成因果链,这也说明与新生代农民工相关的不平等的矛盾并未激化,也并未上升到行动层面,这一现实状况仍然有很大的改进空间。

与此同时,在面临不平等境遇时,新生代农民工的资源动员与其行动模式之间无显著相关关系,仅在"消极的反抗"模型中,资源动员的人脉对消极的反抗发挥显著的影响作用,研究假设4b只得到了部分验证。对于资源动员的人脉而言,其影响作用具体体现在:当新生代农民工可用于资源动员的人脉越广时,其消极的反抗行为发生的概率越低,这也说明,资源动员对其反抗行为有着一定的影响,但是只体现在弱化其消极反抗行为,对其他行动模式没有影响作用。这说明资源动员过程对农民工反抗模式的影响微乎其微,并且只对消极的反抗有显著影响作用。

总体而言,在遭遇不平等对待时,积极的反抗是新生代农民工的主要反抗模式,而消极、过激的反抗影响程度更大。由本章数据结果可知,虽然不平等的社会结构对新生代农民工的心态产生了显著的影响作用,但是新生代农民工对不平等的感知和态度并未转化成实际的反抗行动,并且资源动员的人脉对消极的反抗行为起到了消解和弱化的作用。新生代农民工对不平等的社会心态与反抗模式之间的因果机制尚未建立,因此当务之急是如何采取措施来缓解社会不平等的程度。

第九章

研究结论与对策建议

本课题以定量研究为主要研究方式,通过问卷调查了解新生代农民工的社会经济状况、工作状况、工作满意度,他们对家庭、工作和同事、农村、自身社会融入的看法,他们对社会不平等的认知和评价、公平观,以及他们在遭遇不公平对待时的反抗模式和资源动员,运用频数分析、t 检验、方差分析等方法分析了新生代农民工在上述各方面的基本状况和群体性差异,并进一步运用多元线性回归模型、序次 Logistic 模型和结构方程模型等探究新生代农民工对社会不平等的社会心态的影响因素、不公平感的影响因素、不公平感与社会信任和政府信任的关系,以及其社会心态、资源动员对反抗模式的影响,本章拟在总结上述研究结论的基础上进行对策研究。

第一节 研究结论

根据前面各章的分析结果,本课题主要有如下发现:

一、新生代农民工画像

新生代农民工的文化程度明显高于老一代农民工;他们收入可观但工作辛苦,福利待遇不高;他们既有乐观的一面,也有悲观和不满的情绪。

1. 新生代农民工的基本特征鲜明,且有别于第一代农民工

背井离乡、跨省流动仍是新生代农民工的主要流动模式,有一半左右的

新生代农民工属于跨省流动;"90后"群体成为新生代农民工的主体,他们既有农民工的特点,更有"90后"群体的特征;而文化程度提高是新生代农民工有别于老一代农民工的最鲜明特征,他们当中初中及以下学历的仅占30%,而大专及以上的农民工占40%。

2. 新生代农民工的工作稳定性有较大的群体差异,收入可观但工作辛苦、福利待遇较差

从工作稳定性而言,新生代农民工并非刻板印象中的频繁跳槽、工作极不稳定,他们当中有约10%的人工作相对稳定,他们每份工作的平均工作时间在5年以上,且工作年限越长,其工作稳定性越好,总的打工年限在10年以上的人当中,频繁跳槽(每份工作时间不足1年)的仅占2.8%,而大约有1/3的人,他们每份工作的平均工作时间超过了5年。另外,约有三成的新生代农民工的工作不稳定,他们每份工作的平均工作时间只有1年或不足1年。

从薪资来看,新生代农民工的月工资均值为3 277.34元,但是有超过六成的人的月工资少于3 000元。新生代农民工当中有相当比例的人工资收入不低,但在这些工资收入中,有相当比例的是加班工资,基本工作所占比例相对较小,其中有22.8%的基本工资比例在50%及以下,而他们被动加班的比例高达61.6%,这说明新生代农民工的工作境遇比较糟糕,他们相对较高的收入都是通过加班或延长工作时间获得的。而他们付出了额外的时间、精力和劳动之后,虽然得到了看似不错的工资收入,但绝大多数人认为,根据他们的能力和工作状况,他们应该有更高的工资。仅有18.8%的人对其实际工资满意,其余的人的理想工资都与其实际工资有或多或少的差距,其中两者差距在1~500元之间的占24.2%,差距在501~1 000元之间的占24.9%,差距在1 001~2 000元之间的占18.9%,差距在2 001元及以上的占13.2%。

从福利待遇来看,共有17.7%的新生代农民工因为用人单位的原因没能签订劳动合同,其基本劳动权益无法得到保障。而他们享受"五险"的比例不足50%,享受"一金"(住房公积金)的比例仅为22.7%,而在"五险"当中,比例较低的是生育保险和失业保险,其比例分别为23.9%和31.7%,另有14.9%的新生代农民工是没有任何社会保障和福利的。

在工作方面,新生代农民工处于比较糟糕的工作环境中,大部分人的工作性质是单调、重复性高、工作任务重、要求高,工作状况与自己的预期有较大差距,他们对工作环境、工作报酬和发展的满意度较低,但即便如此,他们对工作有着积极的认知和理解,获得收入仅仅是工作的目的之一,他们通过

工作认识结交到更多的朋友，在工作中加深了对自己的理解，获得了别人的尊重，并从中获得了多样化的生活方式。这充分体现了新生代农民工与老一代农民工的鲜明差异。

在生活水平方面，新生代农民工的收入与其生活需要相比略显不足，其中真正能满足需要的仅有9.2%，另有19.3%的人认为其收入远远不能满足其需要，还有35.4%的人认为其收入不太能满足其需要，后两者比例之和为54.7%，换言之，有超过一半的新生代农民工认为他们的收入不能满足其需要，这是值得我们警醒的状况。

另外，需要引起警惕的是，在CGSS数据中，在新生代农民工对自己社会等级的主观认知中，仅有其对"10年后"的主观认知对其收入不公平感有显著影响，而从均值看，新生代农民工对其"10年前""现在""10年后"的社会地位等级的认知的均值呈现出显著上升的趋势（其中"10年前的社会地位等级"均值为3.14，"现在的社会地位等级"均值为4.11，"10年后的社会地位等级"均值为6.1）。这说明，新生代农民工对未来社会地位等级的美好预期有效地削弱或缓和了他们目前的收入不公平感，而这种预期一旦被打破，则有可能会加剧他们的收入不公平感，因此对新生代农民工不公平感的未来发展和趋势仍必须加以密切关注。

3. 在婚姻与家庭方面，新生代农民工既拥有优良的传统价值观，也有现代的平等思想

在婚姻与家庭方面，新生代农民工同时持有优良的传统思想和现代价值观，如赡养老人、与家人联系紧密、对婚姻忠诚、希望用婚姻来稳定男女两性的关系，同时他们在婚姻、教育等方面也有性别平等的思想和观念，如夫妻平权的思想。

4. 新生代农民工的工作人际关系融洽，身份认同虽有迷茫，但城市融入积极，有一部分人有积极的政治参与意识

在同事关系方面，新生代农民工对工作中的人际关系满意度较高，他们对同事的看法总体是相当积极的，他们与同事相处融洽，当他们在生活与工作中遇到困难时，会得到领导或同事的帮助，虽然也会有竞争，但有此体验的人比例仅有不到20%。

在身份认同和城市融入方面，新生代农民工当中的大部分人对农村仍有强烈的归属感，有一部分人（11.7%）对自己的身份认同感到迷茫，但也有相当一部分（约20%）人的身份认同变成了城市居民（城里人）。与之相应，他们在当地的社会融入有一定的差异性，有一定比例的人对当地人和当地社会存

在着疏离感,但也有相当比例的新生代农民工在尝试着与当地人交往、参加当地的群体组织(39.6%)、关注当地的经济社会发展状况(46.7%),并进而喜欢上当地城市(52.4%),甚至对当地社会有一种家的感觉。

另外,新生代农民工当中有相当一部分人有积极的政治参与意识,有63.4%的人愿意加入共产党,有51%的人经常关注政府事务的新闻报道,同时,有30%左右的人对政府持积极肯定的评价,并肯定网络对政府行为的监督作用(有53.3%认为网络对政府行为的监督起到了很好的作用),但是他们对政策执行及其监督机制不够满意(53.6%的人认为政府的监督机制比较薄弱)。

5. 新生代农民工的客观社会经济地位与其主观分层评估有一定错位,他们对自身社会阶层的纵向评估趋向于乐观,但横向评估相对客观

虽然根据客观的社会分层标准(教育程度、职业和收入等),新生代农民工在社会整体中处于一个较低的位置,但他们对自己所处社会阶层的评估还是比较乐观的,尤其从"5年前""现在""5年后"的对比中,能看到新生代农民工对自身社会阶层地位认定有明显上升。就目前的社会阶层而言,共有13.4%的人认为自己在整个社会中的层级处在中上层(处于6级及以上,整个社会分层分为10级,10级为最高层,1级为最底层),而认为5年前的等级处于中上层的比例仅为3.7%,预期5年后的等级处于中上层的比例高达57.6%,这一方面可能是因为新生代农民工对自身所处社会阶层的评估有一定偏差,但也反映了他们对自身社会经济地位的自信以及对未来的无限乐观。

但从横向比较的角度来看,当新生代农民工将其社会经济地位与同龄人进行比较时,仅有7%的人认为他们比同龄人的社会经济地位高,反而有24.3%的人认为自己比同龄人的社会经济地位低,但大多数(68.7%)的人认为差不多。

就社会经济地位的影响因素而言,他们认为,自致因素(能力和才干、勤奋和努力、受教育程度、良好的社会关系)是提高社会地位的重要因素,而先赋因素(家庭出身、性别、民族、运气)相对而言不太重要。

二、新生代农民工对整体社会不平等有清醒的认识,且表现出鲜明的群体差异性

1. 新生代农民工不仅认为当前全国范围内的收入差距过大,而且有超过一半的人认为这种不平等是有害的,它不仅对社会安定构成威胁,而且有助于产生和维持现有的不平等结构,从而使得不平等在未来有进一步扩大的趋势

就对不平等程度的认知而言,新生代农民工认为全国范围内收入差距较

大和太大的比例之和为67.4%,认为其所在公司收入差距较大和太大的比例之和为46.8%,认为城乡收入差距较大和太大的比例之和为73.0%。

而在对不平等的态度方面,有54.1%的新生代农民工认为"在过去的5年中,富人变得更富,穷人变得更穷",有55.9%的人认为"社会中存在不平等,是因为有权有势的人会极力维护这种不平等",有48.2%的人认为当下的不平等对社会安定有威胁,而认为不平等违反了社会主义原则的人则占了46.5%。

从社会不平等的归因看,新生代农民工对一些人成为穷人的归因,社会结构的因素比个人因素更重要。具体而言,虽然"个人努力不够"被认为是一些人之所以成为穷人的最重要原因,但排名第二至第四名的依次是一些结构性因素,分别为"收入分配不公平""机会不均等"和"经济体制不公平"。而在致富的归因上,结构性因素仍然是比较重要的因素,排名第一、第二的因素分别是"有门路""起步时有更好的机会"。值得注意的是,在对致富原因进行因子分析时,个人不诚实虽然属于个人品质,但该因素与结构性因素的亲和性更高,这说明,在中国当前情境中,结构性因素有可能催生或维护个人的不诚实,并进而致富。

一般认为,如果当前的不平等更多地被归因于基于个人绩效的因素(如个人天赋、才干、勤奋与否等),那么就是公平的;否则,如果不平等更多地被归因为外部因素(如机会不平等和歧视等),那么这一不平等就被认为是不公平的[1]。而从新生代农民工对人们变穷和致富的归因看,外部结构因素比个人绩效因素更能解释不平等,从这个角度看,新生代农民工认为当前中国的不平等是不公平的,它是一个不公平的社会秩序的反映。这从他们对不公平的观念中也能得到进一步验证,他们对由于外部因素(如有门路)造成的不平等尤为反感,对基于个人因素的不平等则较为宽容,并且主张机会向弱势群体倾斜。同时他们不认可由于职业不同而造成的社会地位不公,渴望主张社会正义,并希望借此改变社会现状。

2. 新生代农民工对不平等程度的认知有显著的年龄、学历和收入差异,但无显著的工作身份、政治身份和地域差异。他们的工作属性、个人社交网络、接受非官方信息的程度以及对生活水平的比较会影响他们对不平等程度的认知,但其工作和生活经历、对自身社会经济地位的主观认知对其不平等程度的认知无显著影响

从人口特征而言,新生代农民工的性别和婚姻状况对其不平等程度的认

---

[1] 怀默霆.中国民众如何看待当前的社会不平等[J].社会学研究,2009(1):96-120.

知无显著影响,而年龄和学历有显著影响。就年龄而言,与"90后"群体相比,"80后"群体都认为全国范围内的收入差距更大;就学历而言,与初中及以下群体、高中/职高群体相比,大专及以上群体认为全国范围内收入差距更大。从收入来看,新生代农民工的个人月收入越低,反而越认为全国范围内的收入差距更小。

从工作特征来看,新生代农民工的工作单位性质、工作身份都对其不平等程度的认知无显著影响,而其工作职务、工作属性和工作氛围有显著影响。就职务而言,与无职务者相比,处于中层管理者位置的新生代农民工认为全国范围内的收入差距更大;就工作属性而言,新生代农民工所从事工作的自主性和成长性越高,越认为全国范围内的收入差距更小,而他们所从事的工作越枯燥乏味,越认为全国范围内的收入差距更大;就工作氛围而言,新生代农民工所处的工作氛围越宽松,越认为全国范围内的收入差距更大。

从个人社交网络来看,"老乡关系网"始终无显著影响,而新生代农民工越较好或较多地拥有当地人关系网,越认为全国范围内的收入差距更小,而他们越较好或较多地拥有在群体活动中形成的关系网,越认为全国范围内的收入差距更大。

从接受非官方信息的程度看,国外媒体和国外渠道对因变量没有显著影响。就国内渠道而言,新生代农民工越是经常通过国内渠道(国内旅游,与国内亲戚或朋友交流社会时事信息,从国内报刊、电视、广播中了解新闻)了解信息,越认为全国范围内的收入差距更小。而值得注意的是,新生代农民工接受非官方信息的状况对因变量没有显著影响,这意味着虽然他们接受了非官方信息,但不会影响他们对不平等程度的判断。因此,我们要做的是加强官方信息,但没必要封堵非官方信息。

从社会经济地位的主观判断来看,新生代农民工对自身当前社会经济地位的主观认知对因变量没有显著影响,但横向比较有显著影响。当他们将其社会经济地位与同龄人、城里人进行比较时,自我感觉社会经济地位越高,越觉得全国范围内的收入差距更小。

从身份认同来看,"认同农村"和"认同迷茫"都对因变量没有显著影响,但"认同城市"有显著影响,他们对城市的认同程度越高,越认为全国范围内的收入差距更小。

因此,主观变量对因变量是否有显著影响出现两个泾渭分明的阵营,显示出了截然不同的两个参照系的影响结果的差异,姑且将同龄人、城里人参照系称为城市参照系,将5年前的自己、亲戚、中学同学、现在的同事(绝大多数同样是新生代农民工)、家乡的邻居称为农村参照系。而新生代农民工的这双重参照系对因变量的影响截然不同,农村参照系对因变量没有显著影响,城市参照系对因变量有显著影响。与城市参照系比较的结果是,新生代农民工越认为自己的社会经济地位较高,越认为全国范围内的收入差距更小。

从生活水平的比较来看,新生代农民工的生活水平"过去5年与现在相比""未来5年的预期"都对因变量有显著影响,且系数都为正数,前者表明新生代农民工过去5年的生活水平越高,越认为全国范围内的收入差距更大,后者表明新生代农民工认为未来5年的预期生活水平越高,越认为全国范围内的收入差距更小,这表明无论在过去的客观现实还是对未来的预期中,他们越能从社会经济发展的总成果中获益,就越对全国范围内的收入差距持乐观态度。

3. 新生代农民工对不平等的有害程度的认知有显著的年龄、学历和婚姻状况差异,但无显著的工作身份、政治身份、收入和性别差异。他们的工作属性、个人社交网络、接受非官方信息的程度、对自身社会经济地位的主观认知和工作经历等都会影响他们不平等有害程度的认知,但其工作氛围、纵向比较的生活水平变化、收入公平感对其不平等程度的认知无显著影响

从人口特征来看,新生代农民工对不平等有害程度的认知有显著的年龄、学历和婚姻状况差异。就年龄而言,"80后"群体比"90后"群体认为不平等的有害程度更高;就学历而言,与大专及以上群体相比,初中及以下群体、高中/职高群体都认为不平等的有害程度更低;就婚姻状况而言,已婚群体比未婚群体认为不平等的有害程度更高。

从工作特征来看,新生代农民工的工作职务、工作属性对因变量有显著差异。就工作职务而言,与无职务者相比,处于基层管理者位置的新生代农民工认为不平等的有害程度更大;就工作属性而言,新生代农民工从事的工作越枯燥乏味,越认为不平等的有害程度更高。

从个人社交网络来看,"当地人关系网"和"在群体活动中形成的关系网"对因变量没有影响,而老乡关系网有显著影响,新生代农民工越较多或较好地拥有老乡关系网,越认为不平等的有害程度更高。

就接受非官方信息的渠道而言,仅有"国内渠道"对因变量始终有显著影响,新生代农民工越是经常通过国内渠道了解信息,越认为不平等的有害程

度更低。

从社会经济地位的主观判断来看,新生代农民工所主观认知和判断的当前社会经济地位越高,越认为不平等的有害程度更低。

从生活水平的比较来看,新生代农民工将其生活水平"与同龄人相比""与5年前的自己相比""与现在的同事相比"都对因变量有显著影响,且系数都为负数,表明新生代农民工在这3个维度上的比较中,自我认知和判断的生活水平越高,越认为不平等的有害程度更低。就横向比较而言,新生代农民工将其生活水平"与家乡的邻居相比""与亲戚相比"对因变量有显著影响,且这两个变量的系数为正数,表明新生代农民工在这2个维度的比较中,自我认知和判断的生活水平越高,越认为不平等的有害程度更高。生活水平比较对因变量的影响所呈现出的规律似乎可以用差序格局来解释,以新生代农民工自身为中心,与他心理距离最近的亲戚、邻居相比的优势会加剧他们对不平等有害程度的认知,和他们心理距离较远的同龄人、现在的同事有时则会削弱他们对不平等有害程度的认知,而他们与中学同学、所在城市的城里人的比较并无影响的可能原因是,新生代农民工本能地认为,与这两个群体在生活水平上没有可比性。

就身份认同而言,"认同城市"和"认同迷茫"对因变量都没有显著影响,仅有"认同家乡"有显著影响,他们对家乡的认同程度越高,越认为不平等的危害程度更低。

就生活经历而言,新生代农民工在工作生活中的糟糕经历越多,越认为不平等有害。

4. 新生代农民工对不平等的归因在个人特征、社会经济特征上都有显著差异,而他们的个人社交网络、社会经济地位和生活水平的比较、身份认同和生活、工作经历都对其不平等的归因有显著影响

新生代农民工对不平等归因的不同维度在个人特征上有不同的群体差异。他们对"基于个人绩效的不平等"认知有显著的性别差异,其中男性新生代农民工更加认同变穷原因的个人因素,而女性新生代农民工更加认同致富原因的个人因素。而他们在基于社会结构因素导致的不平等上有显著的学历和婚姻状况差异,与大专及以上群体相比,初中及以下群体既不认同变穷原因中的结构性因素,也不认同致富原因中的结构性因素,而高中/职高群体都更加不认同致富原因中的结构性因素。从婚姻状况来看,新生代农民工中的已婚群体比未婚群体更加认同变穷原因和致富原因中的结构性因素。就收入而言，个人月收入在4 001元及以上的新生代农民工比月收入为3 001～4 000元的群体更加认同变穷原因中的结构性因素，但该群体比月收入为2 001～3 000元的群体更加认同致富原因中的个人因素。

从工作特征来看，身处国有企业的新生代农民工比身处外资企业的新生代农民工更加不认同变穷原因和致富原因中的个人因素，而私营企业的新生代农民工比外资企业的新生代农民工更加不认同致富原因的个人因素；就工作职务而言，处于中层管理者位置的新生代农民工比无职务群体更加认同变穷原因中的结构性因素，处于基层管理者位置的新生代农民工比无职务群体更加不认同致富原因中的个人因素；就工作属性而言，新生代农民工的工作越具有自主性和成长性，他们就越认同变穷原因中的结构性因素，但越不认同致富原因中的结构性因素，而他们从事的工作越有伤害性、越枯燥乏味，就越不认同变穷原因中的结构性因素，但越认同致富原因中的结构性因素，同时他们的工作越有伤害性，就越认同致富原因中的个人因素，但越不认同变穷原因中的个人因素；就工作氛围而言，新生代农民工的工作氛围越紧张，就越认同变穷原因和致富原因中的结构性因素，但会越认同变穷原因中的个人因素；从其工作身份来看，属于临时工身份的新生代农民工比自雇者更加不认同致富原因中的结构性因素，而合同工和派遣工比自雇者更加不认同变穷原因和致富原因中的个人因素。

就政治身份而言，党员比非党员更加不认同变穷原因中的个人因素。

从个人社交网络来看，新生代农民工越较多或较好地拥有当地人关系网，就越不认同变穷原因中的结构性因素，而他们越较多或较好地拥有在群体活动中形成的关系网，就越不认同致富原因中的结构性因素，但越认同致富原因中的个人因素；另外，新生代农民工越较多或较好地拥有老乡关系网，就越不认同变穷原因中的个人因素。

从接受非官方信息的渠道来看，新生代农民工越是经常通过国内渠道了解信息，越不认同变穷原因和致富原因中的结构性因素，而他们越是通过国外媒体了解信息，就越不认同致富原因和变穷原因中的个人因素，这说明新生代农民工接受信息的渠道会显著影响其对不平等的归因。

从对当前社会经济地位的认知和判断来看，新生代农民工所主观认知和判断的当前社会经济地位越高，就越不认同变穷原因中的结构性因素。

就其生活水平的比较而言，新生代农民工将其生活水平与5年前的自己相比时，目前的生活水平越高，就越不认同变穷原因和致富原因中的结构性因素;与现在的同事相比时,其目前或自身的生活水平越高,就越不认同致富原因中的结构性因素;与所在城市的城里人相比时,其自身的生活水平越高,越不认同致富原因中的个人因素。从未来预期看,新生代农民工对未来5年的生活水平越有好的预期,就越认同致富原因和变穷原因中的个人因素。

从身份认同来看,新生代农民工对家乡的认同程度越高,就越不认同致富原因和变穷原因中的结构性因素,同时越认同致富原因中的个人因素;新生代农民工越是无法确定其家乡或城市的归属感,就越不认同致富原因中的个人因素。

从工作和生活经历来看,新生代农民工在工作、生活中的糟糕经历越多,就越认同致穷原因和致富原因中的结构性因素;而他们在当地城市生活的年限越长,就越认同致穷原因和致富原因中的个人因素。

三、新生代农民工的生活、工作境遇堪忧,他们遭遇的不公平对待和其农民工身份密切相关。他们对生活世界的不平等有深刻体验,且表现出鲜明的群体差异性

1. 新生代农民工在工作、生活方面都曾经历挫折或苦难,有超过三成的人经历过不止一种挫折或磨难

新生代农民工在过去3年遇到最多的挫折就是失业,有35.6%的人有过失业的经历;而处于第二梯队的挫折包括得重病(23.0%)、不得不借钱以应付生活基本开销(21.9%)、支付医疗费用困难(19.6%);处于第三梯队的挫折有受到上级主管的不公平对待(18.5%)、受到地方官员的不公平对待(17.8%),另外,有11.9%的人曾经受到城里人的不公平对待,有9.8%的人因为学费问题而中途辍学。而从遭受挫折或磨难的种类看,有41.9%的人遭遇过1种挫折,有25.8%的人遭遇过2~3种挫折,遭遇4种及以上挫折的农民工也有5.6%。

2. 新生代农民工在就业机会、劳动报酬(收入差距)、住房、医疗和教育机会遭遇不平等的状况普遍存在,而其农民工身份是最主要原因

根据新生代农民工的工作、生活特点,将其生活世界的领域界定为就业机会、劳动报酬、住房、医疗、教育机会等5个方面,而新生代农民工在这5个方面有不平等遭遇或体验的状况都普遍存在,他们遭遇不平等状况最多的是劳动报酬,其次是就业机会,此后依次是医疗、教育机会和住房。在劳动报酬方面,有51.2%的人有过不平等遭遇或体验;在就业机会方面,有50.1%的人有过不平等遭遇或体验;在住房方面,有43.0%的人有过不平等遭遇或体验;在医疗方面,有44.3%的人有过不平等遭遇或体验;在教育机会方面,有43.2%的人有过不平等体验或遭遇。

新生代农民工在其工作和生活中所遭遇的种种不公平主要有三类原因:第一类是由宗教信仰和民族遭遇的不公平对待,也是程度最轻的一种歧视;第二类是性别和省份,这是社会中通行的歧视,这类因素对新生代农民工的影响比第一类严重,但深受其害的人皆不足10%;第三类是和新生代农民工的身份密切相关的因素,也是他们遭遇不平等对待的最重要的原因。因此,新生代农民工所遭遇的种种不公平对待主要与其身份相关,是针对新生代农民工这个群体特有的歧视。

3. 新生代农民工对5个方面不平等的判断、接受程度和公平感有较大差异

在收入差距、住房状况、医疗状况、教育机会和就业机会这5个维度的不平等当中,就严重性而言,最严重的是收入差距不平等,有53.2%的人认为收入差距的不平等比较严重或非常严重;其次,有49.7%的人认为住房状况的不平等比较严重或非常严重;此外,分别有46.4%和42.8%的人认为医疗状况的不平等及教育机会的不平等比较严重或非常严重;就业机会不平等的严重程度最低,仅有33.8%的人认为是严重的。就公平性而言,位列前三的不平等分别为:收入差距的不平等、住房状况的不平等和医疗状况的不平等。而他们不能接受的不平等依次为:医疗状况的不平等、教育机会的不平等、收入差距的不平等、住房状况的不平等和就业机会的不平等。

4. 新生代农民工对生活世界不平等的社会心态在其个人特征、工作特征等方面都有显著差异,而他们对社会经济地位的主观认知、生活水平的比较、个人社交网络和生活、工作经历方面都对其生活心态有显著影响

首先,新生代农民工对生活世界不平等的社会心态在其个人特征的各个维度都有差异。从性别来看,女性比男性体验到更多的就业机会和劳动报酬不平等,并认为就业机会和劳动报酬的不平等更加严重,也更加不能接受;从年龄来看,1985—1989年出生的新生代农民工比"90后"群体体验到更多的劳动报酬、住房状况、教育机会和医疗状况的不平等,认为这4个维度的不平等更加严重,更加不公平,也更加不能接受;从学历来看,与大专及以上群体相比,初中及以下群体认为就业机会、劳动报酬和住房状况的不平等程度较轻,也更能接受这3个维度的不平等,但初中及以下群体体验到了更多的医疗状况的不平等,认为医疗状况的不平等程度更加严重,更不公平,也更不能

接受医疗状况的不平等;从婚姻状况来看,已婚的新生代农民工群体比未婚者体验到更多的劳动报酬和住房状况不平等,认为劳动报酬和住房状况的不平等程度更严重,更不公平,也更加不能接受。从收入来看,个人月收入在3 001~4 000元的群体比个人月收入在4 001元及以上的新生代农民工认为劳动报酬、医疗状况和住房状况的不平等程度较轻,也更能接受这3个维度的不平等,而个人月收入在2 001~3 000元群体比个人月收入在4 001元及以上的群体认为医疗状况的不平等程度更轻,也更能接受医疗状况的不平等,个人月收入在2 000元及以下群体都比个人月收入在4 001元及以上的新生代农民工认为住房状况的不平等程度较轻,也更能接受住房状况的不平等,并且个人月收入在4 000元以下的新生代农民工当中,其收入越高,越认为就业机会的不平等程度较轻,也越能接受就业机会的不平等。

从工作特征来看,身处国有企业和私营企业的新生代农民工比身处外资企业的人体验到了更多的教育机会、医疗状况的不平等,认为这2个维度不平等的程度更加严重,更加不公平,也更不能接受;处在基层管理者和中层管理者位置的新生代农民工比无职务者体验到了更多的教育机会、医疗状况的不平等,认为这2个维度的不平等程度更加严重,更不公平,也更不能接受;而派遣工比自雇群体更多地体验到住房状况的不平等,认为住房状况的不平等程度更加严重,更不公平,也更不能接受住房状况的不平等;就工作属性而言,新生代农民工对自己所从事的工作越喜欢,就越认为就业机会的不平等程度较轻,也越能接受就业机会的不平等,他们所从事的工作越具有自主性和成长性,就越认为医疗状况的不平等程度较轻,也越能接受医疗状况的不平等,但他们从事的工作越枯燥乏味,就越认为就业机会、劳动报酬、教育机会的不平等程度严重,也越不能接受这3个维度的不平等。从工作氛围来看,新生代农民工的工作氛围越紧张,就越认为就会机会、住房状况、劳动报酬的不平等程度严重,也越不能接受这3个维度的不平等。

从个人社交网络来看,新生代农民工越较多或较好地拥有当地人关系网,就越认为就业机会、劳动报酬、住房状况、医疗状况和教育机会的不平等程度较轻,也越能接受这5个维度的不平等。

从接受非官方信息的渠道来看,新生代农民工越是经常通过国内渠道了解信息,就越认为就业机会、劳动报酬、住房状况、医疗状况和教育机会的不平等程度较轻,也越能接受这5个维度的不平等。

从生活水平的比较来看,新生代农民工将其自身与当地城市的城里人相比时,其生活水平越高,就越少地体验过就业机会、劳动报酬、住房状况和教育机会的不平等,越认为这4个维度的不平等程度较轻,也越能接受这4个维度的不平等;当他们将其生活水平与同龄人相比时,其生活水平越高,就越少地体验过就业机会、住房状况的不平等,越认为就业机会、住房状况的不平等程度较轻,也越能接受这2个维度的不平等。

从身份认同来看,新生代农民工对家乡的认同程度越高,越认为就业机会的不平等程度较轻,也越能接受就业机会的不平等,而他们越是对家乡和城市没有归属感,就越多地体验过劳动报酬、住房状况和教育机会的不平等,越认为这3个维度的不平等程度较高,也越不能接受这3个维度的不平等。

在工作和生活经历方面,新生代农民工在工作、生活中的糟糕经历越多,越体验到更多的就业机会、劳动报酬、住房状况、医疗状况和教育机会的不平等,也越认为这5个维度的不平等程度严重,也越不能接受这5个维度的不平等。

从地域来看,在二线城市工作的新生代农民工比在三线城市工作的新生代农民工体验到更多的住房状况和医疗状况的不平等,认为这2个维度的不平等程度更加严重,更不公平,也越不能接受这2个维度的不平等。

四、新生代农民工歧视客观存在,但歧视程度不高且有显著的群体差异,其个人社交网络、接受信息的渠道、生活水平的比较和工作、生活经历都对歧视指数有显著影响

新生代农民工歧视指数是将新生代农民工不平等遭遇的来源进行因子分析之后得到的一个因子,该因子和新生代农民工的身份密切相关,并且是他们遭遇不公平对待的最重要因素,将该因子转换成1~100的指数之后,指数的均值为62.56,根据调查问卷中对各选项的赋值方式(总是＝1、经常＝2、有时＝3、几乎很少＝4、从来没有＝5),转换成的指数数值越高,说明其受到不公平对待的程度越低;均值62.56表明新生代农民工所遭遇的歧视是客观存在的,但歧视程度不算太高。

从个人特征来看,1980—1984年出生的新生代农民工比"90后"群体受到歧视或不公平对待的程度更高;与大专及以上群体相比,初中及以下、高中/职高群体受到歧视或不公平对待的程度更高。个人月收入在2 000元及以下的群体和2 001~3 000元的群体都比4 001元及以上的人受到歧视或不公平对待的程度要高。

从工作特征来看,属于派遣工身份的新生代农民工比自雇者受到歧视或不公平对待的程度更高;他们从事的工作越有伤害性,其受到歧视或不公平

对待的程度越高;他们越喜欢其所从事的工作,他们受到歧视或不公平对待的程度就越低;而他们的工作氛围越紧张,其受到歧视或不公平对待的程度越高。

在个人社交网络方面,新生代农民工越较多或较好地拥有老乡关系网,其受到歧视或不公平对待的程度就越高。

在信息渠道方面,新生代农民工越是通过国外媒体了解信息,其受到歧视或不公平对待的程度就越高,而他们越是通过其他国外渠道(到国外旅游、与在国外的亲戚朋友交流)了解信息,其所受到歧视和不公平对待的程度越低。

在生活水平比较方面,与家乡的邻居相比,新生代农民工的生活水平越高,其所受到歧视和不公平对待的程度越高,而与当地城市的城里人相比时,其生活水平越高,其所受到歧视和不公平对待的程度越低。

在身份认同方面,新生代农民工越是对家乡有归属感,其所受到歧视和不公平对待的程度越低,而新生代农民工越对家乡和城市都没有归属感,其所受到的歧视和不公平对待的程度越高。

另外,新生代农民工在工作、生活中的糟糕经历次数越多,其所受到歧视和不公平对待的程度越高。其总的打工年限越长,受到歧视和不公平对待的程度越低。

五、新生代农民工更加认同基于个人绩效的不平等,难以容忍社会结构因素造成的不平等,有一部分人渴望社会正义、渴望改变现状

1. 在公平观上,新生代农民工对基于结构因素的不公平认可度、容忍度最低,对基于个人因素的不公平认可度最高

新生代农民工对由于外部因素造成某些人能得到优质资源或机会持最难以容忍的态度,如有门路的人能享受到更好的住房、更好的医疗服务、更高的养老金,这三项是他们最不能认同的,他们对这三项的反对比例都在五六成,同时,他们对由于职业不同而造成的社会地位高低也持不赞同的态度,有超过1/3的人不同意这个观点,其原因可能在于新生代农民工大多数从事的是体力劳动,在中国的劳动力市场中处于低端,从而造成其社会地位不高,他们的这种观念是对其处境不公所做出的直接反应。

另一方面,新生代农民工对基于个人因素造成的资源不公则较为宽容,例如,共有47.1%的人同意"有条件的人让子女得到更好的教育,是公平的";对于弱势群体,他们持更为宽容的态度,有62.8%的人同意"对弱势群体给予额外的帮助,使他们能有平等的机会,这是公平的"。

同时,新生代农民工也不再是沉默的群体,已经有相当一部分人渴望主张社会正义、渴望改变现状,他们当中仅有20.6%的人认为"主张社会正义是没有意义的,这无助于改变现状",而有37.4%的人不同意这句话。

2. 在不平等意识方面,新生代农民工认同公平的不平等(基于个人绩效的不平等),不认同不公平的不平等(基于外部因素的不平等)

新生代农民工虽然有朴素的平等主义和平均主义思想,但他们更认同基于个人能力差异和努力程度差异而形成的收入不平等,他们希望有机会平等,并认同基于机会平等基础上的财富差异,也认同财富的代际传递,但他们对由于外部因素造成的不平等的认可度最低。

3. 新生代农民工的公平观和平等意识有显著的群体差异,其个人社交网络、接受信息的渠道、生活水平的比较和工作、生活经历都对其公平观和平等意识有显著影响

从个人特征来看,男性比女性更加赞同绝对平均主义思想;"90后"新生代农民工比1985—1989年出生的人更加赞同基于个人因素的不公平,但同时也更加赞同绝对平均主义思想;就学历而言,初中及以下的新生代农民工比大专及以上群体更不赞同基于个人因素的不公平,而更加赞同基于结构因素的不公平,高中/职高群体比大专及以上群体更赞同机会公平;从婚姻状况来看,已婚的新生代农民工对社会公平的渴望不如未婚群体;从收入来看,个人月收入在2 000元及以下群体比4 001元及以上群体更加赞同机会公平,更加不赞同公平的不平等,而个人月收入在2 001~3 000元群体比4 001元及以上群体更加赞同绝对平均主义。

从工作特征来看,派遣工比自雇的新生代农民工更加不赞同基于结构因素的不公平,合同工比自雇者更加赞同绝对平均主义思想;中层管理者比无职务者对基于结构因素的不公平和基于个人因素的不公平都更加赞同,基层管理者比无职务者更加赞同公平的不平等;他们所从事的工作越具有伤害性,他们对社会公平的渴望反而越弱;而他们越喜欢其所从事的工作,他们就越赞同基于个人因素的不公平和机会公平,他们的工作越具有自主性和成长性,就越赞同机会公平,而他们的工作越枯燥乏味,就越赞同绝对平均主义思想,而越不赞同机会公平。从工作氛围来看,新生代农民工的工作氛围越紧张,就越赞同基于结构因素的不公平,越赞同朴素的平等思想。

从个人社交网络来看,新生代农民工越较多或较好地拥有当地人关系网,他们就越赞同基于结构因素的不公平和机会公平,他们越较多或较好地

拥有在群体活动中形成的关系网,就越赞同基于个人因素的不公平,而越较多或较好地拥有老乡关系网,就越不赞同机会公平。

从信息渠道来看,新生代农民工越是通过国内渠道了解信息,就越赞同基于结构因素的不公平,越不赞同公平的不平等。同时,他们越是通过国外媒体了解信息,就越赞同机会公平和朴素的平等思想。

从生活水平的比较来看,新生代农民工将其生活水平与家乡的邻居、中学同学进行比较时,其生活水平越高,就越不赞同基于结构因素的不公平;将其生活水平与所在城市的城里人相比时,其生活水平越高,就越不认同基于能力的不公平,越不认同绝对平均主义思想,也越不认同公平的不平等;他们将其生活水平与同龄人比较时,其生活水平越高,越赞同机会公平和绝对平均主义思想;他们将其生活水平与现在的同事相比时,其生活水平越高,就越不认同公平的不平等和朴素的平等思想。从纵向比较来看,他们与5年前的自己相比,其现在的生活水平越好,就越赞同基于个人因素的不公平和朴素的平等思想,预期未来5年的生活水平越好,就越认同公平的不平等。另外,新生代农民工越认为自身的社会经济地位较高,就越认同机会公平。

从身份认同来看,新生代农民工越是对家乡有归属感,就越认同机会公平和公平的不平等,越不赞同绝对平均主义思想,对社会公平的渴望就越强烈,而他们越是认同城市或无法确定归属感,就越赞同绝对平均主义思想。

从工作和生活经历来看,新生代农民工在工作、生活中的糟糕经历次数越多,他们就越不赞同基于结构因素的不公平,越不认同机会公平。而他们的打工年限越长,就越不认同机会公平,也越认同公平的不平等。

从地域来看,身处二线城市的新生代农民工对社会公平的渴望不如三线城市的人强烈,也更加不赞同基于个人因素的不公平、公平的不平等和机会公平,而身处一线城市的新生代农民工比三线城市的人更加不认同绝对平均主义思想。

六、CGSS的数据结果和课题组的调查结论一致,新生代农民工是不公平感最为强烈的一个群体,社会结构因素和社会比较变量都是新生代农民工的不公平感的重要影响因素。而他们的不公平感会对其信任体系有显著影响

1. 新生代农民工在社会层次的不公平感和收入不公平感方面,都是不公平感最为强烈的群体

虽然在收入不公平感方面,各个群体的不公平感排序为:城市居民＞农

民＞新生代农民工＞老一代农民工。其中,新生代农民工的不公平感和老一代农民工、城市居民及农民都没有显著差异,但就社会层次的不公平感而言,在社会层次上的不公平感从高到低的排序依次为:新生代农民工＞城市居民＞老一代农民工＞农民。就社会层次的不公平感而言,新生代农民工和老一代农民工的不公平感存在巨大差异,农民和老一代农民工是不公平感最弱的两个群体,而新生代农民工的不公平感则和城市居民不相上下。

2. 结构变量是新生代农民工不公平感的重要影响因素,社会比较变量的影响同样重要

Ologit 模型显示,职业类别对个人层次的不公平感(收入不公平感)有显著影响,而收入对社会层次的不公平感有显著影响,表现为高收入(年总收入在3万元以上)的新生代农民工的不公平感明显高于中等收入、中低收入和低收入的新生代农民工,这虽然验证了"人们在社会结构中的位置决定他们的不公平感"这一观点,但和传统的认知(认为处于优势地位的人更倾向于认为社会现实是较为公平或合理的)恰恰相反,在新生代农民工群体中,恰恰是高收入者的不公平感更为强烈。可能的原因是,新生代农民工这个群体本身在城市中就是弱势群体,他们虽然工作、生活于城市中,但并没有均等的权利享有各项城市公共资源和公共服务,而对于高收入的新生代农民工而言,他们对各项城市公共资源和公共服务(如住房、子女教育、医疗、本人甚至父母养老等)有更高的需求,也经历和体验到了更多的不公平,从而产生了更强烈的不公平感。

3. 社会比较变量对新生代农民工的不公平感同样有重要影响

在 Ologit 模型中,家庭经济状况在当地的相对地位对因变量有显著影响,表现为新生代农民工的家庭经济状况在当地的等级越高,其不公平感越弱,这既验证了"社会比较理论",也说明农村可能仍然是新生代农民工的一个参照系。

4. 在不公平感—政府信任—社会信任的因果机制中,农民工的总体公平感比收入公平感对其信任体系的影响更强,而领导干部信任受社会公平感的影响更强

结构方程模型显示,农民工的总体公平感对其信任体系的影响更强,而收入公平感虽然也有显著影响,但影响强度较弱且远低于总体公平感。而在政府信任的两个维度中,总体公平感和收入公平感对领导干部信任的直接影响都强于其对政府机构信任的影响,且领导干部信任对社会信任的直接影响

和间接影响都高于对政府机构信任的影响。因此,在不公平感—政府信任—社会信任的因果机制中,领导干部信任是最为重要的一环。

七、在遭遇不公平对待时,积极的反抗是新生代农民工的主要反抗模式,而过激的反抗和集体行动的比例也不容忽视

当他们遭遇不平等对待时,"不反抗"已经不再是他们的主导反应模式,"消极的反抗"也是他们不屑采用的方式(比例最低,个案百分比为 40.1%),而"积极的反抗"才是他们最常采用的方式(个案百分比为 101.3%),而"过激的反抗"比例(个案百分比为 16.2%)也不容忽视,这是新生代农民工与老一代农民工的重大区别。

从另一个角度,将新生代农民工对各类不平等的反应或行动分为接受现状或不反抗(inaction)、个体行动(individual action)和集体行动(collective action),发现虽然仍然以不反抗(个案百分比为 97.1%)、个体行动(个案百分比为 129.6%)为主,但集体行动的比例(个案百分比为 28.0%)和过激的反抗的比例(个案百分比为 16.2%)同样不容忽视。这说明新生代农民工在遭遇不公平对待时,有 16.2%的人曾经采用过过激的反抗,有 28%的人采用过集体行动,这应该引起有关部门的高度重视和足够警惕。

八、总结:新生代农民工是一个特殊的、值得重点关注的群体,虽然社会结构不平等—对社会不平等的社会心态—反抗模式的因果链尚未形成,但不公平感—政府信任—社会信任的因果机制已经存在

新生代农民工确实是一个非常特殊的群体,他们的不公平感充分体现了"结构决定论"和"社会比较理论"的影响。一方面,他们属于城市的底层群体,理应体验到强烈的不公平感,但由于他们还有另一个参照系——农村,所以他们的不公平感并不是那么强烈,这也又一次回应了怀默霆的问题:在中国,为什么收入差距日益扩大并没有带来大规模的社会动荡?而另一方面,新生代农民工在城市中的底层群体地位又会激发他们的不公平感,虽然他们当中的大部分人仍然是沉默的大多数,但他们当中的另一部分人(高收入群体)却在追求与城市居民均等化共享城市公共资源和公共服务的过程中体验到了更多的不平等,从而产生了更加强烈的不公平感。由此可见,提高农民工收入不是降低其不公平感的最佳途径,在工资待遇、福利、劳动保障以及社会工作资源和服务等方面都对农民工实现均等化,才可能有效降低其不公平

感,调整其心态,使其在城市中安居乐业。

结构方程模型的结果显示,新生代农民工对整体社会不平等、生活世界的不平等的认知和评价以及他们的公平观对他们的行动模式都没有显著影响,因此社会结构紧张(不平等)—不公平感—反抗模式的因果链尚未完全形成,虽然不平等的社会结构对新生代农民工的心态产生了显著的影响作用,但是新生代农民工对不平等的感知和态度并未转化成实际的反抗行动。但是必须清醒地看到,对于新生代农民工而言,虽然社会结构不平等—对社会不平等的社会心态—反抗模式的因果链尚未形成,但不公平感—政府信任—社会信任的因果机制已经存在。

第二节　对策建议

实证研究的结果表明,单纯地提高新生代农民工收入也许并不是降低新生代农民工不公平感的最佳途径,逐步消除制度上的不平等,在工资待遇、福利、劳动保障以及社会工作资源和服务等方面都对他们实现均等化,才能有效降低其不公平感,调整其心态,使其在城市中安居乐业。因此,本课题提出如下建议:

一、不仅要进行顶层设计,在制度层面保障新生代农民工的合法权益,消除不平等,而且要深入了解相关政策、法律法规的执行过程中的具体机制、过程和问题,保证政策和法律法规的落地和有效执行

1. 以户籍制度改革为突破口,从制度上消除对新生代农民工的身份歧视,并以此促进社会观念上对新生代农民工歧视的改变

在国家层面进行制度设计,保证新生代农民工的均等化权益。首先是积极稳妥地改革户籍制度,从根本制度上保证新生代农民工在体制、社会认同和法律人格上的平等,并进而在医疗、养老、教育、失业、住房等方面同步推进制度改革,从制度上保障新生代农民工在社会经济生活各个领域都能享受到均等化权益,增强他们在城市中的社会、经济和法律地位,通过从制度上消除对新生代农民工的身份歧视来促进社会观念上对新生代农民工的身份歧视的改变。

鉴于各地户籍制度改革存在不均衡、进程不一的状况,在户籍制度改革尚未完成的地区,从政策层面上改变以往的基于农业户口身份的分类,按照

新生代农民工所从事的职业将其纳入相应的职业群体,按照职业群体的职业规范和管理规范来对新生代农民工进行管理,对其进行职业生涯规范,为其设计和提供职业上升通道,从职业技能培训、绩效考核和薪酬体系等各个方面真正实现和非农业户口工人无差别的均等化管理。

2. 新生代农民工保护不仅要有顶层设计,而且要深入了解政策和法律法规执行过程中的具体机制、过程和问题

国家已经有了一系列劳工保护政策和法律法规来保护农民工权益,如《国务院关于解决农民工问题的若干意见》(国发〔2006〕5号)、《民政部关于促进农民工融入城市社区的意见》(民发〔2011〕210号)、《中华人民共和国劳动法》(中华人民共和国主席令〔2007〕73号),以维护社会稳定,但政策和法律法规的落实和执行往往并不理想,其原因在于在农民工保护过程中的国家治理结构、治理逻辑和治理过程存在矛盾和问题。

从治理结构和治理逻辑来看,国家对新生代农民工的保护是劳动力市场监管,但劳动力市场监管最终是需要通过基层组织来执行的,而国家和基层组织在执行农民工保护的政策和法律过程中,遵循的逻辑是大相径庭的,国家层面的政策和法律的逻辑是权利和正义逻辑,但基层组织遵循的逻辑是市场效率逻辑,而这种效率恰恰是建立在牺牲、剥夺农民工的权利和福利的基础之上的。农民工由于其固有的身份限制,使得人们对他们的刻板印象和定位就是他们是不断流动的、工作不稳定的群体,他们最终仍然要返乡,通过土地来获得福利保障,在很大程度上,无论是基层组织、企业还是农民工自身都认同或认可这样的定位以及相应的制度安排,但事实上,新生代农民工与老一代农民工已经有很大不同,他们虽然仍有身份认同迷茫,但有相当一部分人不仅有积极融入城市的意向,而且有积极的政治参与意识和维权意识,如果基层组织仍然沿用原有的市场效益逻辑来执行所谓的农民工保护,则不仅国家的公平正义逻辑被抛诸脑后,而且会遭到来自新生代农民工自身的反抗。

就治理过程而言,有限理性、沟通不畅、利益群体的影响,会导致政策的起始目标在执行过程中被其他目标,尤其是决策执行者自己的目标所替代[1],执行农民工保护政策的地方政府、基层组织和企业都有各自的多重目标,不仅这些多重目标本身会互相矛盾,而且地方政府、基层组织和企业之间

---

[1] 周雪光.组织社会学十讲[M].北京:社会科学文献出版社,2003.

的目标也是互相矛盾甚至冲突的[1],而在这些多重目标的执行过程中,在基层组织与多个组织和行为主体之间的互动、谈判和妥协过程中,国家政策和法律法规往往只能被有限执行或以上有政策、下有对策的方式执行。

因此,新生代农民工权益的保护不仅要在国家层面有顶层设计,有相关的制度设计、政策和法律法规,还要深入了解政策和法规执行的具体过程、各执行主体的博弈和互动机制以及存在的各种问题,理顺不同层级的行为主体的治理逻辑,关注在农民工保护政策的地方实践中出现的好的流程、规则、经验和制度安排,并在此基础上将新生代农民工保护政策的实施有效地纳入地方治理的框架,方可缩小国家政策和法律法规的执行差距,使新生代农民工的权利真正得到保障。

二、充分发挥地方政府、基层组织、企业和公共平台等多方作用,切实保障新生代农民工的合法权益

为了使新生代农民工拥有一个较为公平的社会环境,减轻其遭遇不平等事件的可能性,要充分发挥地方政府、基层组织、企业和公共平台等多方作用。

1. 地方政府要建立健全相关政策法规,保证国家相关政策和法律法规的落地,让新生代农民工共享社会经济发展的成果,从而改变其社会心态

地方政府作为一个地区的管理者,需要在国家顶层设计、宏观政策的基础上,根据地区实际,出台合乎地区需求的相关政策和法规,将国家的政策具体落实执行,并保证执行效果。地方政府部门要根据国家的方针政策出台相关政策和可操作的规程,为新生代农民工营造公平、平等的社会环境,从制度和物质层面减少他们遭遇不公平对待的可能,让他们能够共享社会经济发展的成果,最大限度地保证他们对未来的美好预期能够实现。

目前的新生代农民工群体处于城市和农村的游离状态,他们不认同农村,但又无法很好地融入城市,他们面临着融入城市的重重难题,而他们对城市身份认同和归属感会显著影响其对于整体社会不平等认知和评价,更会减轻和缓解他们对于生活世界各个领域不平等的体验和感受,因此,推动新生代农民工市民化,使其成为城市市民,拥有与其他城市市民相同的公民权,是

---

[1] 周雪光.基层政府间的"共谋现象":一个政府行为的制度逻辑[J].社会学研究,2008(6):1-21,243.

引导新生代农民工对社会不平等的认知和评价的重要一环。为此,各地政府可从以下方面着手:

首先,要将新生代农民工纳入城市社会保障体系,优化和完善现有的社会保障制度,要根据新生代农民工的特点探索合适的社会保障办法。如针对新生代农民工的需求,率先实现工伤保险、医疗保险和失业保险的全面覆盖;而基于大多数新生代农民工收入较低的现实,可适当放宽社会保障门槛,提升新生代农民工社会保障覆盖率;根据新生代农民工流动性强的实际情况,可以建立基于身份证号的社会保障账号,不断完善社保关系的转移制度,以切实保证流动中的农民工的合法权益。同时,地方政府要加大监察力度,督促企业按时为新生代农民工足额缴纳各类社会保险,同时,通过有效措施,引导和激励新生代农民工积极参与各类保险。

其次,地方政府亦应致力于构筑覆盖新生代农民工的城市公共服务体系,从制度上保障他们共享社会经济发展的总成果,尤其要着力解决新生代农民工比较关心的医疗、教育、住房问题,使他们能够更好地在城市中生存和发展,从而更好地融入城市社会。如地方政府可根据自身实际情况,创造性地解决新生代农民工子女上学难的问题,使新生代农民工的同住子女能够享有平等的义务教育;就医疗方面的不平等而言,政策层面的措施显然对弱化新生代农民工的不平等心态更有效,有条件的地区可以完善城市医疗体系,在争取全面覆盖城镇职工医疗保险的同时,对贫困的新生代农民工进行适当补助,以缓解其在医疗卫生方面面临的经济压力,另外,降低异地医疗门槛也是提升新生代农民工城市归属感的重要途径;同时,地方政府亦应加快经济保障房、廉租房建设,修建新生代农民工聚居点,敦促有条件的企业修建职工集体宿舍,以切实改善新生代农民工的住房状况。

实现新生代农民工市民化,需要政府多部门共同配合,涉及地区经济、政治、社会等多方面,地方政府应认识到实现新生代农民工市民化对于地区整体发展的重要意义,多方协调,努力改善新生代农民工所面临的种种困境。

2. 基层组织要有效地贯彻落实相关政策和政策法规,保护新生代农民工的合法权益,帮助他们融入城市社区

基层组织是落实国家和各级地方政府的政策、法律法规的实际执行者,在上级政府、企业、新生代农民工群体等各种行为主体之间,基层组织是各种利益、矛盾的汇聚之处,相关政策和法律法规能否落地和得到有效执行,基层组织起着举足轻重的作用。

第一,基层组织应主动承担起维护新生代农民工合法权益的责任。新生代农民工作为弱势群体,在工作、生活过程中会受到不同程度的歧视、不公正待遇,基层组织应参与到与企业等行动主体的谈判与博弈中,保证新生代农民工的利益不被剥夺,按时督促、监管企业按时履行责任,帮助新生代农民工争取、维护他们在薪酬、社会保障、工作环境等各个方面的合法权益。

第二,基层组织作为国家政策和法律法规的执行者,在政府与新生代农民工之间扮演着联结纽带的角色。为了能够更好地保证国家、地方政府相关政策、法规的贯彻执行,基层组织工作人员应严格要求自己,及时学习、掌握相关的政策执行流程、规则,以能够为有需要的、合乎条件的新生代农民工提供指导和帮助;其亦应对政策执行落实的具体情况进行反馈,及时发现现有政策中存在的不完善之处,参与到政策完善的过程中去,以使政府政策更加切合新生代农民工需要,更好地为新生代农民工服务。

第三,要充分发挥城市社区的作用。居委会的活动和基层组织的网格化管理能够促使新生代农民工逐步融入城市生活。如鼓励和引导新生代农民工参与社区选举之类的社区活动,与社区居民逐步建立良好的互助互信关系;鼓励他们参与各类兴趣活动,帮助他们扩大生活圈和交友圈,丰富其业余生活,他们能够在城市中拥有更多的朋友,了解到城市内不同类型的人群的生活,从而更为深入地了解城市,形成自身对城市的独特的认知,弥合自身和城市居民的心理落差,顺利完成从农民工身份到城市居民身份的过渡。另外,本课题发现,相较于缺乏当地人关系网的新生代农民工,在城市当地有较好的关系网的新生代农民工认为其遭遇的就业机会、劳动报酬、住房状况、医疗状况和教育机会方面的不平等程度都比较轻,也会显著改善他们对生活世界的各个领域不平等的认知和评价,因此,通过城市社区的努力,在各类活动中帮助新生代农民工构建本地人关系网,不仅有助于改善新生代农民工在城市的工作、生活境遇,而且有助于改善他们对生活世界的各类不平等的认知和评价,这需要社区组织大力发挥作用。

第四,调查结果表明,资源动员人脉与新生代农民工的消极反抗行动之间存在显著影响,资源动员的人脉越广,其消极反抗行动的可能性越低,因此提升社区、城市公共服务的质量尤为必要。在新生代农民工遭遇不平等境遇时,通过社区或城市公共服务系统申诉对农民工的心理安抚尤为重要,因此扩大城市公共服务的可及性、简化申诉渠道是一条可行之路。因此通过城市公共服务的宣传引导,提升城市对新生代农民工的接纳和包容程度,是非常重要的化解不平等矛盾的途径。

3. 企业应根据相关政策和法律法规建立完善的管理制度，在保证新生代农民工的基本权益得到保障的基础上，为他们提供更多的职业发展空间

企业作为一种主要的就业渠道，其管理制度是否完善关乎其对员工的吸引力，关乎企业的长远发展，对于新生代农民工来说亦是如此。企业是否拥有完善的管理制度，是否能够为其提供合理的保障和发展机会，会影响其对社会不平等的认知和评价，影响其对自身社会经济地位的评价，因此，企业应在以下几个方面采取行动。

第一，要坚决贯彻落实国家和各级地方政府的相关政策和法律法规，彻底改变企业一贯秉持的刻板印象和做法，不能再将新生代农民工作为企业降低成本的一个环节，不能再将他们作为剥夺的对象，要在薪酬、福利待遇、社会保障、工作时间、工作环境等各个方面保证新生代农民工的合法权益。在员工管理层面，企业应该建立健全员工管理制度，杜绝同工不同酬、同工不同时、同工不同权现象，为新生代农民工提供与其付出相匹配的薪酬待遇和福利保障。这种根据个人努力、天赋确定个人薪酬与岗位晋升发展的制度，更加容易获得新生代农民工的赞同和支持，对于形成和谐的企业员工关系亦十分重要。

第二，有条件的企业应该帮助新生代农民工进行职业生涯规划，为他们提供更多的职业发展机会和上升空间。与老一代农民工不同，新生代农民工早已不再满足于或不能再忍受从事重复性、枯燥乏味乃至有伤害性的工作，他们期待工作有自主性和成长性，期待有宽松的工作氛围，因此，企业需要建立健全针对新生代农民工的职业发展体系，根据他们的兴趣和能力，为其提供合理的职业发展规划，帮助他们实现自我的成长发展，也增强他们对企业的归属感和责任心；基于部分新生代农民工基础知识薄弱、技术能力差的现实，企业亦应为他们提供系统的职业技能培训，将他们纳入相应的职业群体，按照职业群体的规范对其进行培训和管理，并在此基础上为其逐步提供更有自主性、成长性和挑战性的工作。

第三，由于部分工作具有不可避免的伤害性，企业需要建立针对新生代农民工的安全保护制度，尽可能使新生代农民工在工作中受到的伤害最小化，为他们购买相应的特殊保险，定期组织他们进行体检，提供必要的安全劳动保护措施，保护其身体健康；对于部分枯燥、重复的工作，企业亦应着力于改善从事此类工作的新生代农民工的工作环境，为其提供一定的成长机会，

提升他们的工作动力,使他们在职业上有向上发展的机会和预期,而这些机会和预期的存在会在一定程度上改善他们对社会不平等的社会心态。

第四,由于工作氛围的紧张与否会显著影响新生代农民工对社会不平等的认知和评价,宽松的工作氛围有助于改善他们对于社会不平等的社会心态,而他们与单位工作人员的强关系也有利于增强其工作生活的公平感,当新生代农民工有途径诉说并解决自身遭遇的不平等事件时,其反抗行动的可能性便会大大降低。因此,企业应致力于营造宽松的工作氛围,将新生代农民工纳入企业文化建设体系之中,提升新生代农民工企业活动的参与度,提高其对于企业的归属感、认同感。

概而述之,贯彻落实国家和各级政府的相关政策和法律法规是企业对待新生代农民工的底线,而在此基础上,通过内部各项管理制度和管理措施的完善,为他们提供职业生涯发展规划和职业技能培训、改善工作环境和工作氛围,使他们在以城市居民和城市职工为参照系进行比较时能够增强信心,则是企业进一步努力的方向,这一切皆有助于改善新生代农民工对社会不平等的社会心态。

4. 加强公共平台建设

公共平台的存在亦能够帮助新生代农民工融入城市,帮助其正确认识、对待生活中所遭遇的各类不平等事件。总的来说,为了能够使得新生代农民工更理性地应对社会不平等,应该加强工会、法律援助两大公共平台的建设。

首先,工会应将新生代农民工纳入自身的管理之下。此处的管理不是为了对新生代农民工进行监管,而是为了提升其组织能力和行动能力,使其能够更好地维护自身权利,更好地和企业及基层组织进行谈判,实现与企业的平等对话。工会这一职能的发挥能够降低新生代农民工面对权益侵害事件时的无助感和绝望感,减少其采取非理性方式如非法的集体行动进行斗争的可能性。另一方面,新生代农民工通过与各类其他企业、组织的谈判,能够倒逼各级政府、基层组织和企业有效执行国家的政策和法律法规,能够有效避免自身通过自虐、铤而走险等极端手段进行维权的状况,也有助于防止其维权方式的黑社会化。

其次,建立完善的法律援助体系亦能够帮助新生代农民工正确、合理地处理各类不平等事件。在不平等的社会结构中,新生代农民工构建了属于这一群体特有的社会心态和不平等感知态度,而在这一心态并未转化为反抗行动之际,如何安抚新生代农民工的不平等心态并在反抗行动发生前化解矛盾是当务之急。新生代农民工相较于第一代农民工来说,虽然文化程度有了提高,但这并不意味着其对我国各项法律有深入的了解。不懂法的现实在一定条件下会使得新生代农民工违反法律而不自知。为了增强新生代农民工的法治意识,使其能够在法律的框架内维护自身权益,有必要建立针对新生代农民工的法律服务和法律援助体系,而这一体系的建立亦会在一定程度上防止新生代农民工在遭遇不平等对待时采取过激反抗和集体行动。

三、对新生代农民工的社会心态进行合理引导,使其正视社会不平等,既不沉默以对或消极应对,又不过激反抗或采取集体行动

个人的认知和思维方式来源于个体的知识结构和经验,并受个体所处环境的影响。新生代农民工对社会不平等的认识、评价等是在其过去的生活经历基础上形成的,为了能够帮助新生代农民工正确看待、对待各类不平等,有必要采取措施对新生代农民工的心理和行为进行合理引导,基于本书研究发现,对新生代农民工的引导可以从以下两个方面进行:

1. 在思想层面引导新生代农民工对待社会不平等的社会心态

通过研究分析,可以发现相较于初中及以下、高中/职高/中专学历的新生代农民工、无职务新生代农民工及"90后"新生代农民工,学历水平为大专及以上的新生代农民工、处于管理位置的新生代农民工、"80后"新生代农民工对于社会不平等的敏感程度相对更高,对不平等的接受程度更低。这在一定程度上是由于大专及以上、处于管理位置及"80后"新生代农民工过往经历更为丰富,体验的不平等事件更多,看待事情的角度更为深入。因此,为了使拥有不同过往的新生代农民工均能够对社会不平等形成清晰、准确的认知,能够正确识别日常生活中的不平等现象,应该在思想层面上对新生代农民工进行引导。

通过各种形式对新生代农民工开展三观教育,引导新生代农民工正确看待、对待社会不平等,能够正视社会不平等,让其摒弃绝对平均主义思想,引导他们认同基于个人绩效和个人努力的不平等。通过各种类型宣传/宣讲活动,普及法律法规知识,针对某类不平等现象的存在具体设置相关的宣传/宣讲主题,活动的开展能够针对某类主题给予新生代农民工直接的引导,对其进行心理健康教育,帮助新生代农民工正确认识生活中遇到的特定事件,增强新生代农民工识别不平等现象的能力,降低其在遭遇困境、挫折时的无助感,使其能够更加理性、客观地看待各类不平等现象,既不是沉默接受,也不是过激反抗。

2. 在信息渠道方面引导新生代农民工正确看待社会不平等

本课题的研究发现，各个国内信息渠道对于新生代农民工的社会心态有显著影响，并且是正面、积极的影响，通过国内旅游、与国内朋友亲戚交流社会时事信息、从报刊或电视广播中了解新闻等方式，新生代农民工会认为不平等的有害程度更低，会更加不认同致穷和致富原因中的结构性因素，能更加理性地理解和接受各类不平等。因此，有必要进一步增强国内各种信息渠道的既有优势，从时事新闻到国家政策法律法规的出台，都能让新生代农民工群体通过各种信息渠道得以了解，让他们及时了解各级地方政府、基层组织的各项政策和措施，尤其是与其工作、生活密切相关的各类政策、法律法规和实施举措，让他们在积极、正面的信息和文化中得到充分浸润，从而在潜移默化中调整心态，正确、理性地看待和评价社会不平等。

综而述之，传统的二元体制是造成新生代农民工在其工作、生活中的不平等境遇的根源，而相关政策和法律法规的不完善及执行不到位又进一步加剧了他们在工作和生活中的不平等境遇。与老一代农民工不同，新生代农民工不仅在身份认同和现实诉求上有了很大改变，而且在面对不公平对待时的行动模式也完全不同。他们有比较强烈的融入城市的意愿和比较明确的市民化的利益诉求，他们不再像其父辈一样，满足于仅仅获得比农村人更高的收入，他们对福利待遇、社会保障、工作环境、各项城市公共资源和公共服务都有更高的需求，因此如果用传统思维和做法对待他们，必然会加剧他们的不公平感，甚至可能引发他们的反抗。虽然他们的不公平感已经对其社会信任和政府信任产生了显著影响，但值得庆幸的是，他们的不公平感和反抗模式之间的因果链尚未形成，我们应该抓住这个契机，不仅从制度、政策、法律法规保障他们的合法权益，而且要通过地方政府、基层组织、企业等多个行动主体的通力协作来保证这些政策和法律法规的落地和有效执行，尽力保证新生代农民工在其工作、生活中都能享受均等化的薪酬、福利待遇、社会保障和城市公共服务，通过改变他们在现实中的不平等境遇来改善他们对社会不平等的社会心态，降低其不公平感。还要对他们加强三观教育，并且对城市居民进行积极正面的宣传引导，加强城市的包容性，通过各种信息渠道和各类活动引导新生代农民工对待社会不平等的社会心态，使其对整体社会不平等和生活世界的不平等有理性的、正确的认知和评价，并在他们遭遇不公平对待时，通过工会、法律援助体系等平台为其提供服务，引导他们正确维权，防止其极端维权行为和集体行动，从而促进社会的稳定与和谐发展。

参考文献

[1] 陈映芳."农民工":制度安排与身份认同[J].社会学研究,2005,20(3):119-132,244.

[2] 蒂利.身份、边界与社会联系[M].谢岳,译.上海:上海人民出版社,2008.

[3] 冯伯麟.市场经济条件下的社会心态研究[J].社会学研究,1995,10(2):79-90.

[4] 冯仕政.重返阶级分析?:论中国社会不平等研究的范式转换[J].社会学研究,2008(5):203-228,246.

[5] 符平.中国农民工的信任结构:基本现状与影响因素[J].华中师范大学学报(人文社会科学版),2013,52(2):33-39.

[6] 高文珺,杨宜音,赵志裕,等.几种重要需求的满足状况:基于网络调查数据的社会心态分析[J].民主与科学,2013(4):73-76.

[7] 郝大海.流动的不平等:中国城市居民地位获得研究(1949—2003)[M].北京:中国人民大学出版社,2010.

[8] 胡荣,胡康,温莹莹.社会资本、政府绩效与城市居民对政府的信任[J].社会学研究,2011,25(1):96-117,244.

[9] 怀默霆.中国民众如何看待当前的社会不平等[J].社会学研究,2009,24(1):96-120,244.

[10] 简新华,黄锟.中国农民工最新生存状况研究:基于765名农民工调查数据的分析[J].人口研究,2007(6):37-44.

[11] 景天魁.底线公平与社会保障的柔性调节[J].社会学研究,2004(6):32-40.

[12] 克朗普顿.阶级与分层[M].陈光金,译.上海:复旦大学出版社,2011.

[13] 郎友兴,项辉.社会学能为中国社会平等做些什么?[J].社会,2001(4):18-21.

[14] 李春玲. 各阶层的社会不公平感比较分析[J]. 湖南社会科学,2006(1):71-76.

[15] 李汉林,李路路. 单位成员的满意度和相对剥夺感:单位组织中依赖结构的主观层面[J]. 社会学研究,2000(2):1-17.

[16] 李骏,吴晓刚. 收入不平等与公平分配:对转型时期中国城镇居民公平观的一项实证分析[J]. 中国社会科学,2012(3):114-128,207.

[17] 李培林,李炜. 农民工在中国转型中的经济地位和社会态度[J]. 社会学研究,2007(3):1-17,242.

[18] 李培林. 社会结构转型理论研究[J]. 哲学动态,1995(2):41-45.

[19] 李培林,田丰. 中国新生代农民工:社会态度和行为选择[J]. 社会,2011,31(3):1-23.

[20] 李培林. 中国贫富差距的心态影响和治理对策[J]. 中国人民大学学报,2001(2):7-11.

[21] 李强. 改革开放30年来中国社会分层结构的变迁[J]. 北京社会科学,2008(5):47-60.

[22] 李强. 关于城市农民工的情绪倾向及社会冲突问题[J]. 社会学研究,1995(4):63-67.

[23] 李强. 社会学的"剥夺"理论与我国农民工问题[J]. 学术界,2004(4):7-22.

[24] 李强. "心理二重区域"与中国的问卷调查[J]. 社会学研究,2000(2):40-44.

[25] 李伟民,梁玉成. 特殊信任与普遍信任:中国人信任的结构与特征[J]. 社会学研究,2002(3):11-22.

[26] 李忠路. 拼爹重要,还是拼搏重要? 当下中国公众对绩效分配原则的感知[J]. 社会,2018,38(1):215-237.

[27] 廉思. 城市新移民群体的主要利益诉求与社会融入[J]. 探索与争鸣,2014(1):23-26.

[28] 刘欣. 相对剥夺地位与阶层认知[J]. 社会学研究,2002(1):81-90.

[29] 龙书芹,风笑天. 社会结构、参照群体与新生代农民工的不公平感[J]. 青年研究,2015(1):39-46,95.

[30] 龙书芹. 转型期中国人的社会心态及其阶层差异性:基于2006CGSS的实证分析[J]. 南京师大学报(社会科学版),2010(6):32-37.

[31] 卢梭. 论人类不平等的起源[M]. 高修娟,译. 上海:上海三联书店,2014.

[32] 陆学艺. 当代中国社会结构[M]. 北京:社会科学文献出版社,2010.

[33] 罗斯坦. 政府质量:执政能力与腐败、社会信任和不平等[M]. 蒋小虎,译. 北京:新华出版社,2012.

[34] 马广海. 论社会心态:概念辨析及其操作化[J]. 社会科学,2008(10):66-73,189.

[35] 马磊,刘欣.中国城市居民的分配公平感研究[J].社会学研究,2010,25(5):31-49,243.

[36] 彭泗清,杨中芳.中国人人际信任的初步探讨[C]//第一届华人心理学家学术研讨会论文,台北,1995.

[37] 汝信,陆学艺,李培林.2006年:中国社会形势分析与预测[M].北京:社会科学文献出版社,2005.

[38] "社会心态研究"课题组.转型时期的上海市民社会心态调查和对策研究[J].社会学研究,1994(3):19-25.

[39] 盛智明.社会流动与政治信任:基于CGSS2006数据的实证研究[J].社会,2013,33(4):35-59.

[40] 时怡雯.新生代农民工的社会公平感研究:职业流动与相对经济地位的影响[J].同济大学学报(社会科学版),2018,29(1):75-82.

[41] 宋晓梧.不平等挑战中国[M].北京:社会科学文献出版社,2013.

[42] 孙立平.社区、社会资本与社区发育[J].学海,2001(4):93-96,208.

[43] 田丰.改革开放的孩子们:中国"70后"和"80后"青年的公平感和民主意识研究[J].青年研究,2009(06):1-10,92.

[44] 田丰.逆成长:农民工社会经济地位的十年变化(2006—2015)[J].社会学研究,2017,32(3):121-143,244-245.

[45] 王春光.新生代农民工城市融入进程及问题的社会学分析[J].青年探索,2010(3):5-15.

[46] 王奋宇,李路路.当代中国制度化结构体系下的社会心理特征[J].社会学研究,1993(1):5-15.

[47] 王俊秀.社会心态:转型社会的社会心理研究[J].社会学研究,2014,29(1):104-124,244.

[48] 王俊秀,杨宜音.中国社会心态研究报告(2012—2013)[M].北京:社会科学文献出版社,2013.

[49] 王俊秀.中国社会心态研究30年:回顾与展望[J].郑州大学学报(哲学社会科学版),2017,50(4):10-16,158.

[50] 王小章.从"生存"到"承认":公民权视野下的农民工问题[J].社会学研究,2009,24(1):121-138,244-245.

[51] 王正中."民工荒"现象与新生代农民工的理性选择[J].理论学刊,2006(9):75-76.

[52] 温忠麟,侯杰泰,马什赫伯特.结构方程模型检验:拟合指数与卡方准则[J].心理学报,2004(2):186-194.

[53] 吴忠民.从平均到公正:中国社会政策的演进[J].社会学研究,2004(1):75-89.

[54] 西美尔. 货币哲学[M]. 陈戎女,耿开君,文聘元,译. 北京:华夏出版社,1990.

[55] 谢宇. 认识中国的不平等[J]. 社会,2010,30(3):1-20.

[56] 徐梦秋. 公平的类别与公平中的比例[J]. 中国社会科学,2001(1):35-43,205.

[57] 徐增阳. 市民化:保障农民工权益的根本路径[J]. 探索与争鸣,2014(1):21-23.

[58] 杨宜音. 个体与宏观社会的心理关系:社会心态概念的界定[J]. 社会学研究,2006(4):117-131,244.

[59] 于建嵘. 群体性事件症结在于官民矛盾[J]. 中国报道,2010(1):50-51.

[60] 翟学伟,薛天山. 社会信任:理论及其应用[M]. 北京:中国人民大学出版社,2014.

[61] 张海东. 城市居民对社会不平等现象的态度研究:以长春市调查为例[J]. 社会学研究,2004(6):11-22.

[62] 张海良,许伟. 人际信任、社会公平与政府信任的关系研究:基于数据CGSS2010 的实证分析[J],理论与改革,2015(1):108-111.

[63] 郑杭生. 社会公平与社会分层[J]. 江苏社会科学,2001(3):29-34.

[64] 郑松泰."信息主导"背景下农民工的生存状态和身份认同[J]. 社会学研究,2010,25(2):106-124,244-245.

[65] 周晓虹. 中国人社会心态六十年变迁及发展趋势[J]. 河北学刊,2009,29(5):1-6.

[66] 周晓虹. 转型时代的社会心态与中国体验:兼与《社会心态:转型社会的社会心理研究》一文商榷[J]. 社会学研究,2014,29(4):1-23,242.

[67] Bäck M, Kestilä E. Social Capital and Political Trust in Finland: An Individual-level Assessment[J]. Scandinavian Political Studies, 2009, 32(2):171-194.

[68] Rothstein B, Stolle D. The State and Social Capital: An Institutional Theory of Generalized Trust[J]. Comparative Politics, 2008, 40(4): 441-459.

[69] Rothstein B, Uslaner E M. All for All: Equality, Corruption, and Social Trust[J]. World Politics, 2005, 58(1): 41-72.

[70] Rothstein B. SocialCapital, Economic Growth and Quality of Government: The Causal Mechanism[J]. New Political Economy, 2003, 8(1): 49-71.

[71] Brehm J, Rahn W. Individual-Level Evidence for the Causes and Consequences of Social Capital[J]. American Journal of Political Science, 1997, 41(3): 999.

[72] Wright E O, Costello C, Hachen D, et al. The American Class Structure[J]. American Sociological Review, 1982, 47(6): 709.

[73] Frazier L M, Johnson P D, Gavin M, et al. Organizational Justice, Trustworthiness, and Trust: A Multifoci Examination[J]. Group & Organization Management,

2010, 35(1): 39-76.

[74] Gain G G. The Challenge of Segmented Labor Market Theories to Orthodox Theory: A Survey[J]. Journal of Economic Literature, 1976(14).

[75] Hetherington M J. WhyTrust Matters: Declining Political Trust and The Demise of American Liberalism[M]. Princeton, N.J: Princeton University Press, 2005.

[76] Baron J N. Organizational Perspectives on Stratification[J]. Annual Review of Sociology, 1984, 10: 37-69.

[77] Delhey J, Newton K. Who trusts?: The Origins of Social Trust in Seven Societies[J]. European Societies, 2003, 5(2): 93-137.

[78] Keele L. Social Capital and The Dynamics of Trust in Government[J]. American Journal of Political Science, 2007, 51(2):241-254.

[79] Kim J Y. "Bowling Together" Isn't a Cure-All: The Relationship Between Social Capital and Political Trust in South Korea[J]. International Political Science Review, 2005, 26(2): 193-213.

[80] James K. Economic Problems and Socioeconomic Beliefs and Attitudes[J]. Research on Social Stratification and Mobility, 1988(7).

[81] Kluegel J R, Smith E R. Beliefs About Inequality: Americans' Views of What Is and What Ought to Be[M]. NewYork: Aldine de Gruyter,1986.

[82] James K, Mason D, Wegener B. Social Justice and Political Change[M]. New York: Aldine de Gruyter,1995.

[83] Kreidl M. Perceptions of Poverty and Wealth in Western and Post-Communist Countries[J]. Social Justice Research, 2000, 13(2):151-176.

[84] Kumlin S, Rothstein B. Making and Breaking Social Capital: The Impact of Welfare-State Institutions[J]. Comparative Political Studies, 2005, 38(4): 339-365.

[85] Lane R E. Political Life: Why People Get Involved in Politics[M]. Glencoe: Free Press, 1959.

[86] Levi M. Social and Unsocial Capital: A Review Essay of Robert Putnam's Making Democracy Work[J]. Politics & Society, 1996, 24(1):45-55.

[87] Luhmann N. Trust and Power[M]. Chichester: John Wiley & Sons Ltd., 1979.

[88] Whyte M K. Myth of the Social Volcano: Perceptions of Inequality and Distributive Injustice in Contemporary China[M]. Stanford, Calif.: Stanford University Press, 2010.

[89] Mason D, Kluegel J (eds.). Marketing Democracy:Changing Opinion about Inequality and Politics in East Central Europe. Lanham, MD: Rowman&Littlefield, 2000.

[90] Kaase M. Interpersonal Trust, Political Trust and Non-institutionalised Political Participation in Western Europe[J]. West European Politics, 1999, 22(3): 1-21.

[91] Newton K. Trust, Social Capital, Civil Society, and Democracy[J]. International Political Science Review, 2001, 22(2): 201-214.

[92] Orren G. Fall from Grace: The Public's Loss of Faith in Government[M]//Nye J S, Zelikow P D, King D C. , Eds. Why People Don't Trust Government. Cambridge: Harvard University Press, 1997: 77-108.

[93] Ngai P, Lu H L. Unfinished Proletarianization: Self, Anger, and Class Action Among the Second Generation of Peasant-workers in Present-day China[J]. Modern China, 2010, 36(5): 493-519.

[94] Putnam R D. Bowling Alone: America's Declining Social Capital[J]. Journal of Democracy, 1995, 6(1): 65-78.

[95] Robinson R V, Bell W. Equality, Success, and Social Justice in England and the United States[J]. American Sociological Review, 1978, 43(2): 125.

[96] Scholz J T, Pinney N. Duty, Fear, and Tax Compliance: The Heuristic Basis of Citizenship Behavior[J]. American Journal of Political Science, 1995, 39(2): 490.

[97] Seligman A B. The Problem of Trust[M]. Princeton: Princeton University Press, 1997.

[98] Stolle D. Clubs and Congregations: The Benefits of Joining An Association[J]. Trust in Society, 2001(2): 374-392.

[99] Uslaner E M, Conway M M. The Responsible Congressional Electorate: Watergate, the Economy, and Vote Choice in 1974[J]. American Political Science Review, 1985, 79(3): 788-803.

[100] Wederman A. The Intensification of Corruption in China[J]. The China Quarterly, 2004, 180: 895-921.

[101] Wrightsman L S. Assumption about Human Nature: A Social-psychological Approach[M]. Monterey, CA: Brooks/Cole, 1974.

附　录

当代青年工作和生活状况调查问卷

亲爱的朋友,您好!

　　我是××大学的学生,我们正在做一个关于当代青年的研究,想了解一下您在工作、生活等方面的状况,也想了解您对工作、生活、未来的想法,可能需要耽误您20分钟的时间。您的答案没有对错、好坏之分,只要是您的真实情况、真实想法就可以了。我们的问卷是不记名的,您的答案我们将只用于研究,并遵照《中华人民共和国统计法》对这些信息进行严格保密,您可以放心填答。谢谢!

"当代青年工作和生活状况调查课题组"

2013年4月

联系人：

联系电话：

调查地点：_____ 调查时间：_____

一、个人基本特征

A1. 请问您是哪一年出生的？　　_____年

A2. 您的性别： 1. 男　　 2. 女

A3. 请问您的文化程度是？（已经获得的最高学历）

　　1. 小学　　 2. 初中　　 3. 高中　　 4. 中专/职高

　　5. 大专　　 6. 本科及以上

A4. 您的户口是： 1. 非农户口　　 2. 本省农业户口

　　　　　　　　3. 外省农业户口，哪个省？_____

A5. 请问您的民族是：_____族

A6. 您是共产党员吗？ 1. 是　　 2. 不是

A7. 您现在的婚姻状况是：

　　1. 已婚　　 2. 丧偶　　 3. 离婚（回答2、3者跳答至A9）

　　4. 未婚（跳至A11）

A8. 您的配偶现在何处？

　　1. 和我在同一个企业

　　2. 和我在同一城区（镇）　　 A8-1. 您与配偶是否住在一起？

　　3. 老家　　　　　　　　　　　1. 是　　 2. 否

　　4. 其他城市

A9. 您有没有孩子？

　　1. 没有（跳至A11）　　 2. 有，您有几个孩子？_____个

　　A9-1. 您的孩子现在与谁住在一起（有几项选几项）？

　　1. 本人　 2. 配偶　 3. 爷爷奶奶　 4. 外公外婆　 5. 其他_____

A10. 您有到上学年龄的孩子吗？

　　1. 没有　　 2. 有，共有_____个

　　A10-1. 他（们）在哪里上学？

　　1. 农村老家　　 2. 被访者工作的城市　　 3. 被访者配偶工作的城市

A11. 您的家庭成员（包括被访者本人及其父母、兄弟姐妹、配偶、子女等）共有_____人。

　　其中，目前在家务农的有_____人，外出工作的有_____人。外出工

作的是：

    1. 父亲   2. 母亲   3. 配偶   4. 兄弟   5. 姐妹   6. 子女

A12.（A11 无外出工作者不答）和您在同一城市工作的是：

    1. 父亲   2. 母亲   3. 配偶   4. 兄弟   5. 姐妹   6. 子女

    7. 没有

A13. 您什么时候离开老家,到城市生活或工作的?

    1. 从小跟父母在外生活   2. 小学毕业之后

    3. 初中毕业之后   4. 高中毕业之后

A14. 您是哪一年到本地工作/生活的？_____年

A15. 您目前住的房子是?

    1. 自己购买的   2. 自己租赁的   3. 工作单位提供的宿舍

    4. 借住亲戚或朋友处   5. 和朋友合租   6. 和亲戚合租

    7. 其他（请注明）

二、工作情况

B1. 您是哪一年开始工作的？_____年；这是您的第几份工作？第_____份工作,干了_____月。干过的工作中最长的干了_____个月,最短的干了_____个月。

B2. 从学校毕业之后,您是否有务农的经历？   1. 有   2. 没有

B3. 您目前的工作是如何获得的?

    1. 人才市场应聘   2. 直接到企业应聘   3. 家人和亲朋等介绍

    4. 职业介绍机构介绍   5. 个体经营/自雇   6. 派遣公司

    7. 学校安排   8. 网上投递简历   9. 其他

B4. 您目前的工作单位属于什么行业？

    1. 制造业   2. 建筑业   3. 运输与物流行业

    4. 批发/零售业   5. 商业服务业（宾馆/餐饮业）

    6. 家政服务业   7. 其他（请注明）

B5. 您目前工作的单位或公司所有制性质是：

    1. 私营企业   2. 国有企业   3. 集体企业

    4. 港/澳/台企业   5. 日韩企业   6. 欧美企业

    7.（自身是）个体经营   8. 个体户雇工   9. 不清楚

    10. 其他

B6. 您所从事的工作是：_____（请具体填写工作内容，如美发店美发师）

B7. 您在单位的身份是：

    1. 正式工　　　2. 临时工　　　3. 合同工　　　4. 派遣工

    5. 学徒工　　　6. 其他　　　　7. 不适用

B8. 您目前是什么职务？

    1. 没有职务　　　　　　　2. 领班、组长等（基层管理人员）

    3. 部门经理（中层管理者）

    4. 其他（请注明）_____

B9. 过去两年,您有没有获得过技术等级或职务上的晋升？

    1. 有　　　　　　　　　　2. 没有

B10. 您认为在目前的岗位上您的晋升机会大吗？

    1. 很小　　　　2. 比较小　　　　3. 一般

    4. 比较大　　　5. 非常大　　　　6. 不适用

B11. 您选择这份工作的原因是(按重要性选出三项,并排序)：

    第一：_____；第二：_____；第三：_____。

    1. 收入高　　　　　2. 符合兴趣爱好　　　3. 可以学到本事

    4. 没其他工作好找　5. 家人朋友介绍　　　6. 工作稳定轻松

    7. 工作环境好　　　8. 专业对口　　　　　9. 其他

B12. 您上个月工资为_____元,其中：基本工资为_____元；加班工资为_____元；其他工资收入_____元。

B13. 考虑到您的能力和工作状况,您认为您每个月应该拿到多少钱？_____元

B14. 如果和下面的这些人进行比较,您觉得您的工资水平是高还是低了？

	远远低于	略低于	差不多	略高于	远远高于
1. 我国所有正在工作的人	1	2	3	4	5
2. 与您同样文化程度的人	1	2	3	4	5
3. 与您干差不多工作的农村户口的人	1	2	3	4	5
4. 与您干差不多工作的城市户口的人	1	2	3	4	5
5. 与您年龄差不多的有工作的人	1	2	3	4	5

B15. 在实际工作中,下面这些因素对个人收入水平的影响程度有多大?

	非常大	比较大	有一些影响	不太大	完全没影响
1. 文化程度	5	4	3	2	1
2. 工作的危险、艰苦程度	5	4	3	2	1
3. 个人努力	5	4	3	2	1
4. 在工作中所承担的责任	5	4	3	2	1
5. 在企业工作时间的长短	5	4	3	2	1
6. 性别	5	4	3	2	1
7. 与上级的人际关系	5	4	3	2	1
8. 单位中身份的差别	5	4	3	2	1
9. 职务的差别	5	4	3	2	1
10. 户口的差别	5	4	3	2	1

B16. 您一般每周上几天班:_____天,平均每天工作几个小时:_____小时。企业/单位规定每天至少工作_____个小时。

B17. 您一个月一般休息几天?_____天

B18. 最近三个月您有没有加过班?
    1. 没有   2. 有,一般一天加班_____小时;一周加班_____次

B19. 您加班的原因是(可多选):
    1. 增加收入   2. 企业规定必须加班   3. 获得提拔的机会
    4. 没其他事干   5. 安排的工作干不完   6. 不加班会罚款
    7. 其他(请注明):_____

B20. 您对以下方面的满意度是:

	很满意	比较满意	一般	不太满意	很不满意
1. 工作或劳动的收入	5	4	3	2	1
2. 工作环境和条件	5	4	3	2	1
3. 单位的管理制度	5	4	3	2	1
4. 工作中的晋升机会/发展前途	5	4	3	2	1
5. 工作稳定性	5	4	3	2	1
6. 同事间彼此相处的方式	5	4	3	2	1
7. 直属上司的人品和工作作风	5	4	3	2	1

B21. 您是否与所在单位签订了劳动合同?

    1. 签了,合同期限是_____年   2. 没签

    3. 不适用(选择 1、3 请跳到 B23)

B22. 您与所在单位没有签订劳动合同的原因是?

    1. 单位不给签   2. 手续没办好   3. 不想签   4. 其他

B23. 您有下面哪些保障/福利?(有几项选几项)

    1. 养老保险   2. 医疗保险   3. 失业保险

    4. 工伤保险   5. 生育保险   6. 住房公积金

    7. 住房补贴   8. 其他商业保险   9. 城乡居民基本养老保险

    10. 城乡居民基本医疗保险   11. 单位包吃包住

    12. 包吃不包住   13. 包住不包吃   14. 年终奖

    15. 都没有   16. 其他

B24. 半年来,您的工作单位是否拖欠过您的工资?

    1. 没有(跳到 B27)

    2. 有,拖欠了几次:_____次;拖欠了_____月才全部还清。

B25. 被拖欠的工资后来是否补发?

    1. 没有(跳到 B27)   2. 部分补发   3. 全额补发   4. 不清楚

B26. 如果补发的话,是如何促使企业补发的?

    1. 企业主动补发   2. 劳动部门督促之下企业补发

    3. 由政府或其他部门垫发   4. 通过法律诉讼要回

    5. 工人集体去向企业要的   6. 我自己讨回来的

    7. 其他

B27. 2012 年以来,您是否就职工劳动权益问题对工作单位有过意见?

    1. 没有(跳到 B29)

    2. 有。您向企业反映过这些意见吗?

    1) 有   2) 没有(跳到 B29)

B28. 如果有,您反映意见的渠道有(可多选):

    1. 意见箱   2. 投诉电话   3. 受理投诉的机构和人员

    4. 企业举行的座谈会   5. 管理人员不定期征求意见

    6. 由主管逐级向上反映   7. 直接找老板

    8. 企业工会   9. 员工代表委员会

    10. 其他

B29. 如果您在工作中权益受到损害,您会最先找谁帮您解决?限选三项并排序:

第一:_____;第二:_____;第三:_____。

1. 单位领导　　　　　2. 同事　　　　　　3. 工会
4. 社区工作人员　　　5. 社区居民　　　　6. 劳动部门
7. 朋友　　　　　　　8. 政府　　　　　　9. 公安/司法部门
10. 社区其他经营者　 11. 谁也不找　　　 12. 其他

B30. 请您根据自己的感受和体会,判断这些事情在您身上发生的频率,并在合适的数字上打√。

项目	从不	极少(一年几次或更少)	偶尔(一个月一次或更少)	较多(一个月几次)	非常多(一星期几次)	几乎每天
1. 工作让我感觉身心疲惫	1	2	3	4	5	6
2. 下班的时候我感觉精疲力尽	1	2	3	4	5	6
3. 早晨起床不得不去面对一天的工作时,我感觉非常累	1	2	3	4	5	6
4. 整天工作对我来说确实压力很大	1	2	3	4	5	6
5. 工作让我有快要崩溃的感觉	1	2	3	4	5	6
6. 自从开始干这份工作,我对工作越来越不感兴趣	1	2	3	4	5	6
7. 我对工作不像以前那样热心了	1	2	3	4	5	6
8. 我怀疑自己所做工作的意义	1	2	3	4	5	6
9. 我越来越不关心我在工作中所作出的贡献	1	2	3	4	5	6
10. 我能有效地解决工作中出现的问题	1	2	3	4	5	6
11. 我觉得我在为公司作出有用的贡献	1	2	3	4	5	6

续表

项目	从不	极少 (一年几次 或更少)	偶尔 (一个月一次 或更少)	较多 (一个月 几次)	非常多 (一星期 几次)	几乎 每天
12. 在我看来,我擅长自己的工作	1	2	3	4	5	6
13. 当完成工作上的一些事情时,我感到非常高兴	1	2	3	4	5	6
14. 我完成了很多有价值的工作	1	2	3	4	5	6
15. 我自信自己能有效地完成各项工作	1	2	3	4	5	6

B31. 您拥有下面哪些职业资格证书?（有几项选几项）

1. 驾照　　　　　2. 计算机等级证书　　　3. 电工技术

4. 美容美发　　　5. 厨师证　　　　　　　6. 室内装修

7. 营养师　　　　8. 其他　　　　　　　　9. 没有任何证书

B32. 下面是对您当前工作状况的一些描述,请根据您的实际情况回答:

描述	不符合	不太符合	一般符合	比较符合	非常符合
1. 我非常喜欢自己目前的工作	1	2	3	4	5
2. 我的工作职责很明确	1	2	3	4	5
3. 我的工作单调、重复性高	1	2	3	4	5
4. 我对自己所从事的工作不感兴趣	1	2	3	4	5
5. 工作任务重、要求多	1	2	3	4	5
6. 我的工作场所噪声很大	1	2	3	4	5
7. 工作场所的温度过高或过低	1	2	3	4	5
8. 工作场所不安全,容易发生意外	1	2	3	4	5
9. 我的工作和我的生活经常发生冲突	1	2	3	4	5
10. 工作时间太长,让我无暇承担家庭责任	1	2	3	4	5
11. 目前的工作离自己的期望太远	1	2	3	4	5

续表

描述	不符合	不太符合	一般符合	比较符合	非常符合
12. 我的工作需要我不断学习新的知识	1	2	3	4	5
13. 我的工作给了我不断学习新技能的机会	1	2	3	4	5
14. 我能按自己的意愿安排我的工作	1	2	3	4	5
15. 我能自己决定怎么做好我的工作	1	2	3	4	5

B33. 下面问题是关于您与同事关系的描述,请根据您的实际情况回答。

项目	不符合	不太符合	一般符合	比较符合	非常符合
1. 工作中需要帮助时,领导或同事会帮我	1	2	3	4	5
2. 我经常与同事谈论我的工作和生活	1	2	3	4	5
3. 单位对员工过分挑剔,要求太多	1	2	3	4	5
4. 同事之间竞争激烈	1	2	3	4	5
5. 如果生活中遇到困难,领导或同事会帮我	1	2	3	4	5
6. 我与同事相处非常融洽	1	2	3	4	5
7. 家人对于我的工作给予了很大支持	1	2	3	4	5

B34. 对于工作的意义,您的观点是:

项目	不同意	不太同意	说不清	比较同意	完全同意
1. 工作就是为了获得经济收入	1	2	3	4	5
2. 工作为个人提供了多样化的生活	1	2	3	4	5
3. 工作就是为了打发无聊的时间	1	2	3	4	5
4. 工作使我接触了更多的人和事	1	2	3	4	5
5. 我的价值在工作中得到充分体现	1	2	3	4	5
6. 工作中我加深了对自己的认识	1	2	3	4	5
7. 工作使我有了更广阔的发展天地	1	2	3	4	5
8. 工作让我得到了尊重	1	2	3	4	5
9. 工作让我结交了新的朋友	1	2	3	4	5

B35. 工作以来,您是否接受过正规的技能培训?

　　1. 没有　　2. 有,有过_____次,培训的内容是_____

B36. 如果您有机会去学习一门技能,您最想学什么?_____

B37. 过去 2 年,您是否有过失业经历(或超过 1 个月没有找到工作)?

　　1. 没有　　2. 有,曾失业过_____次,总共大约失业_____个月

三、观点与看法

C1. 下面是与他人交往的一些情况的描述,请根据您的实际情况回答:

	非常同意	比较同意	一般/说不清	不太同意	非常不同意
1. 我与当地人交往较多,有很好的朋友	5	4	3	2	1
2. 我觉得当地人对我比较友好	5	4	3	2	1
3. 我对当地社会有一种家的感觉	5	4	3	2	1
4. 在当地生活,我始终觉得自己是局外人	5	4	3	2	1
5. 我愿意参加当地的一些群体组织	5	4	3	2	1
6. 参加群体组织,可以丰富我的生活	5	4	3	2	1
7. 与本地组织相比,我更愿意参加老乡组织	5	4	3	2	1
8. 我很少与当地人接触,不了解当地的生活	5	4	3	2	1
9. 我比较关注当地的经济社会发展状况	5	4	3	2	1
10. 我很喜欢所在的这座城市	5	4	3	2	1
11. 在这个城市我不能很好地发挥自己的能力	5	4	3	2	1

C2. 您觉得在与当地人的交往过程中,最大的困难是什么?

　　1. 没有困难　　　　2. 语言不通　　　　3. 生活习惯不同
　　4. 没有接触的机会　5. 价值观不同　　　6. 身份地位不同
　　7. 其他

C3. 您在本地主要与谁交往?(最多选三项)

　　1. 家人　　　　　　2. 男/女朋友　　　　3. 同事
　　4. 老乡　　　　　　5. 邻居　　　　　　6. 同学
　　7. 网友　　　　　　8. 其他

C4. 下面是对您老家生活的一些描述,请根据您的实际情况回答:

	非常同意	比较同意	一般/说不清	不太同意	非常不同意
1. 老家的生活更加舒适、方便	5	4	3	2	1
2. 我经常关注老家发生的事情	5	4	3	2	1
3. 我愿意让别人知道我来自农村	5	4	3	2	1
4. 我离开老家时会有一种依依不舍的感觉	5	4	3	2	1
5. 没有获得与当地人同等的待遇,被当地人看不起	5	4	3	2	1
6. 我在这里的生活与家乡没有什么差别	5	4	3	2	1
7. 我离开家乡很久了,对家乡没有特别的感觉	5	4	3	2	1
8. 我以后会留在这个城市生活	5	4	3	2	1
9. 如果家乡的收入水平与本地差不多,我不会出来工作	5	4	3	2	1
10. 我觉得我就是城里人	5	4	3	2	1
11. 我对自己是城里人还是农村人感到迷茫	5	4	3	2	1

C5. 下面是对国家事务关注方面的问题,请根据您的实际情况回答:

	非常同意	比较同意	一般/说不清	不太同意	非常不同意
1. 如果条件允许,我愿意加入中国共产党	5	4	3	2	1
2. 我经常关注政府事务的新闻报道	5	4	3	2	1
3. 我对国家的方针政策比较了解	5	4	3	2	1
4. 我非常关心村委会的换届选举	5	4	3	2	1
5. 我比较关注我所生活的社区组织的活动	5	4	3	2	1
6. 我比较关注单位组织的各种活动	5	4	3	2	1
7. 政府大多数时候是维护群众利益的	5	4	3	2	1
8. 政府越来越为人民办实事	5	4	3	2	1
9. 国家的政策是好的,但在执行的过程中会出现一些问题	5	4	3	2	1
10. 我对党的十八大的召开给予了较多的关注	5	4	3	2	1
11. 网络对政府行为的监督起到了很好的作用	5	4	3	2	1
12. 对政府工作的监督机制比较薄弱	5	4	3	2	1

C6. 对于家庭的一些观点,您是否同意以下说法?

	非常同意	比较同意	一般/说不清	不太同意	非常不同意
1. 工作就是为了让全家人生活得更好	5	4	3	2	1
2. 找工作时,离家人远近是我考虑的因素	5	4	3	2	1
3. 我每周都会跟家人联系	5	4	3	2	1
4. 与家人的意见出现分歧时,我会遵从家人的想法	5	4	3	2	1
5. 父母年老时,我会尽量在父母身边照顾他们	5	4	3	2	1
6. 现在女性和男性一样有赡养父母的义务	5	4	3	2	1
7. 我会像对待自己的父母一样对待配偶的父母	5	4	3	2	1
8. 夫妻俩结了婚就应该在一起,不能长期分隔两地	5	4	3	2	1
9. 两个人在一起快乐最重要,不一定要结婚	5	4	3	2	1
10. 婚姻是对夫妻双方权益的保障	5	4	3	2	1
11. 家务事应该谁有空谁做,不分男女	5	4	3	2	1
12. 丈夫的事业比妻子的事业更重要	5	4	3	2	1
13. 女性养家也是很正常的事	5	4	3	2	1
14. 孩子和父母共同生活才能健康成长	5	4	3	2	1
15. 培养孩子独立、自主的观念很重要	5	4	3	2	1
16. 男孩应该比女孩接受更多教育	5	4	3	2	1
17. 女孩学得好不如嫁得好	5	4	3	2	1
18. 孩子的未来需要父母提前做好规划	5	4	3	2	1

四、社会经济状况和社会地位

D1. 从比较的角度看,您家目前的生活水平如何?

	差很多	差一点	差不多	好一点	好很多
1. 过去5年与现在相比	1	2	3	4	5
2. 未来5年的预期	1	2	3	4	5
3. 与亲戚相比	1	2	3	4	5
4. 与中学同学相比	1	2	3	4	5
5. 与现在的同事相比	1	2	3	4	5
6. 与家乡的邻居相比	1	2	3	4	5
7. 与这个城市的城里人相比	1	2	3	4	5

D2. 您家现在的收入能满足需要吗?

  1. 远远不能满足 2. 不太能满足 3. 差不多能满足

  4. 比需要多一些 5. 远远多于需要

D3. 就目前而言,您觉得每个月多少收入能满足您家庭的需要? _____元

D4. 社会中的每个人都处于不同的层级,如果用10代表最高层,1代表最底层,您认为您自己目前在哪个等级上? _____;5年前在哪个等级上? _____;5年后将在哪个等级上? _____

D5. 与5年前相比,您认为您的社会经济地位有怎样的变化?

  1. 变高了 2. 差不多 3. 变低了

D6. 与同龄人相比,您认为您本人的社会经济地位是:

  1. 比较高 2. 差不多 3. 比较低

D7. 要获得较高的社会地位,您认为下列因素的重要性程度如何?

	非常重要	比较重要	一般	不太重要	完全不重要
1. 家庭出身	5	4	3	2	1
2. 能力和才干	5	4	3	2	1
3. 勤奋和努力	5	4	3	2	1
4. 有好的社会关系	5	4	3	2	1
5. 性别	5	4	3	2	1
6. 民族	5	4	3	2	1
7. 运气	5	4	3	2	1
8. 受教育程度	5	4	3	2	1

D8. 您如何看待以下几个方面的收入差距?

	太小	比较小	正好	比较大	太大	不好说
1. 全国范围内的收入差距	1	2	3	4	5	6
2. 您的公司内的收入差距	1	2	3	4	5	6
3. 农村和城市的收入差距	1	2	3	4	5	6

D9. 请问您对下述各个方面的满意程度如何?

	非常不满意	不太满意	中立	比较满意	非常满意
1. 国家的政治制度	1	2	3	4	5
2. 您的生活水准	1	2	3	4	5
3. 国家的经济制度	1	2	3	4	5
4. 就业机会	1	2	3	4	5
5. 收入差距	1	2	3	4	5
6. 住房状况	1	2	3	4	5
7. 医疗状况	1	2	3	4	5
8. 教育机会	1	2	3	4	5

五、关于收入差距

E1. 下列说法,您是否同意?

	非常不同意	不太同意	中立	比较同意	非常同意
1. 在过去5年里,富人变得更富,穷人变得更穷	1	2	3	4	5
2. 社会中存在不平等,是因为有权有势的人会极力维护这种不平等	1	2	3	4	5
3. 国内目前的贫富差距已经对社会安定构成了威胁	1	2	3	4	5
4. 当前存在的不平等违背了社会主义的原则	1	2	3	4	5

E2. 您认为 5 年后中国穷人和富人的比例会怎样变化？

	减少	不变	增加
1. 穷人比例	1	2	3
2. 富人比例	1	2	3

E3. 您认为下面这些因素在多大程度上是我们国家中的一些人变穷的原因？

	从来不是	几乎很少	有时是	经常是	总是
1. 没有能力和才干	1	2	3	4	5
2. 运气不好	1	2	3	4	5
3. 品行不良	1	2	3	4	5
4. 个人努力不够	1	2	3	4	5
5. 社会上存在偏见和歧视	1	2	3	4	5
6. 机会不均等	1	2	3	4	5
7. 经济体制不公平	1	2	3	4	5
8. 收入分配不公平	1	2	3	4	5

E4. 您认为，下面这些因素在多大程度上是我们国家中的一些人变富的原因？

	从来不是	几乎很少	有时是	经常是	总是
1. 有能力和才干	1	2	3	4	5
2. 运气好	1	2	3	4	5
3. 不诚实	1	2	3	4	5
4. 工作勤奋	1	2	3	4	5
5. 有门路	1	2	3	4	5
6. 起步时有更好的机会	1	2	3	4	5
7. 经济体制不公平	1	2	3	4	5

E5. 下面是关于不公平的一些观点,请问您在多大程度上同意这些观点?

	完全同意	比较同意	中立	不太同意	完全不同意
1. 有些职业的人比其他职业的人地位高,是公平的	1	2	3	4	5
2. 对弱势群体给予额外的帮助,使他们能有平等的机会,这是公平的	1	2	3	4	5
3. 有条件的人让子女得到更好的教育,是公平的	1	2	3	4	5
4. 有门路的人能买比别人更好的住房,是公平的	1	2	3	4	5
5. 有门路的人能享受到更好的医疗服务,是公平的	1	2	3	4	5
6. 有门路的人能比别人享受到更高的养老金,是公平的	1	2	3	4	5
7. 主张社会正义是没有意义的,这无助于改变现状	1	2	3	4	5
8. 现在已经很难判断社会上的事情是不是公平了	1	2	3	4	5

六、关于社会不平等现象的看法

F1. 在您的生活和工作中,您在下述几个方面是否有过不平等的遭遇或体验?

	经常有	有时有	偶尔有	从来没有过
1. 就业机会	1	2	3	4
2. 劳动报酬	1	2	3	4
3. 住房状况	1	2	3	4
4. 医疗状况	1	2	3	4
5. 教育机会	1	2	3	4

F2. 您觉得下述几个方面是否公平?

	非常不公平	不太公平	一般	比较公平	非常公平
1. 就业机会	1	2	3	4	5
2. 收入差距	1	2	3	4	5
3. 住房状况	1	2	3	4	5
4. 医疗状况	1	2	3	4	5
5. 教育机会	1	2	3	4	5

F3. 您觉得下述几个方面不平等的严重程度如何?

	完全不严重	不太严重	一般	比较严重	非常严重
就业机会的不平等	1	2	3	4	5
收入差距的不平等	1	2	3	4	5
住房状况的不平等	1	2	3	4	5
医疗状况的不平等	1	2	3	4	5
教育机会的不平等	1	2	3	4	5

F4. 您对下面几个方面的接受程度如何?

	完全不能接受	不太能接受	一般	比较能接受	完全能接受
就业机会的不平等	1	2	3	4	5
收入差距的不平等	1	2	3	4	5
住房状况的不平等	1	2	3	4	5
医疗状况的不平等	1	2	3	4	5
教育机会的不平等	1	2	3	4	5

F5. 在过去的3年内,您或者您的家人是否有过如下经历(有几项选几项):

1. 得重病　　2. 因为天灾人祸而造成的人身伤害或财产损失
3. 失业　　　4. 支付医疗费用困难　　5. 因为学费问题而中途辍学
6. 不得不借钱以应付生活基本开销　　7. 受到地方官员的不公平对待
8. 受到上级主管的不公平对待　　　　9. 受到城里人的不公平对待

F6. 下面的一些观点,您是否同意?

	非常同意	比较同意	中立	不太同意	非常不同意
1. 生活在一个贫穷平等的社会比生活在一个富裕但不平等的社会要好	1	2	3	4	5
2. 没有竞争基础上的报酬差别,人们就不会努力工作	1	2	3	4	5
3. 人类社会存在不平等的现象是非常正常的	1	2	3	4	5
4. 因为个人能力的差异,社会不平等是不可避免的	1	2	3	4	5
5. 在市场经济情况下,人们必须容忍社会不平等	1	2	3	4	5
6. 穷人和富人打官司时,能得到同样公平的审判机会	1	2	3	4	5
7. 在我们国家,人们都有平等的机会获得成功	1	2	3	4	5
8. 在我们国家,人们的努力都能获得回报	1	2	3	4	5
9. 只有当机会平等时,人们的财富差距才是合理的	1	2	3	4	5
10. 努力工作的人应该比那些不努力工作的人赚得多	1	2	3	4	5
11. 人们有权将自己的财富传给下一代	1	2	3	4	5
12. 富人应该分出一部分钱,使得全社会的人都能满足其基本需求	1	2	3	4	5
13. 即便有些人更聪明或更有才能,他们也不应该赚更多钱	1	2	3	4	5

七、社会行为

G1. 当您出来工作之后,是否经常因为下面这些因素而受到不公平对待?

	总是	经常	有时	几乎很少	从来没有
1. 农村户口	1	2	3	4	5
2. 性别	1	2	3	4	5
3. 年龄	1	2	3	4	5
4. 形象土气	1	2	3	4	5
5. 文化程度低	1	2	3	4	5
6. 您来自的省份	1	2	3	4	5
7. 民族	1	2	3	4	5
8. 宗教信仰	1	2	3	4	5

G2. 当人们遭遇不公平的事情时,往往会采取一些行动来表明其看法,在过去的5年中,您是否遇到过不公平的对待?

    1. 没有

    2. 有。您采取的行动是?(有几项选几项)

1) 没当回事　　　　　2) 默默忍受　　　　3) 暗自难过、痛苦

4) 私底下偷偷地搞破坏　　5) 采取个人报复行动

6) 当场反抗,据理力争　　7) 自杀　　　　8) 喊同伴过来支援

9) 寻求媒体曝光

10) 自己在网络上曝光　　11) 寻求第三方支持

12) 向上级领导或有关部门投诉　　　　13) 给政府官员写信

14) 上访　　　　　　15) 静坐

16) 签署联名信或请愿书　　17) 绝食

18) 参加示威游行或集会　　19) 参加非官方组织的罢工

20) 堵路(阻塞交通)　　　21) 冲砸老板办公室

22) 冲砸当地政府办公楼　　23) 辞职

24) 寻求法律援助　　　25) 其他活动

G3. 就您所看到的您身边的朋友、老乡或工友而言,他们遭遇不平等的事情时,采取了上述哪些抗争的方法?(有几项选几项,答案同上)

G4. 如果您在工作单位遭遇不平等或不公平的事情时,您会和谁倾诉或谈论?(有几项选几项)

  1. 父母   2. 男/女朋友 3. 丈夫/妻子 4. 其他家庭成员
  5. 老同学 6. 当地人   7. 现在的邻居 8. 现在的同事
  9. 网友   10. 其他

G5. 您主要会用何种方式谈论您在工作单位的不平等遭遇?(有几项选几项)

  1. 面对面聊天 2. 电话/手机通话 3. QQ、微信等聊天工具
  4. 微博   5. 论坛   6. 自己的个人主页或个人空间
  7. 传统的信件 8. 其他

G6. 如果您在和城里人相处时遭遇不平等或不公平的事情时,您会和谁倾诉或谈论?(有几项选几项)

  1. 父母   2. 男/女朋友   3. 丈夫/妻子
  4. 其他家庭成员 5. 老同学   6. 当地人
  7. 现在的邻居 8. 现在的同事   9. 网友
  10. 其他

G7. 您主要会用何种方式谈论您和城里人相处时的不平等遭遇?(有几项选几项)

  1. 面对面聊天 2. 电话/手机通话 3. QQ、微信等聊天工具
  4. 微博   5. 论坛   6. 自己的个人主页或个人空间
  7. 传统的信件 8. 其他

G8. 如果您在享受这个城市的公共服务问题上遭遇不平等或不公平的待遇时,您会和谁倾诉或谈论?(有几项选几项)

  1. 父母   2. 男/女朋友   3. 丈夫/妻子
  4. 其他家庭成员 5. 老同学   6. 相关部门投诉
  7. 当地人   8. 现在的邻居   9. 现在的同事
  10. 其他

G9. 您会用何种方式谈论您在享受这个城市的公共服务时的不平等遭遇?(有几项选几项)

  1. 面对面聊天 2. 电话/手机通话 3. QQ、微信等聊天工具
  4. 微博   5. 论坛   6. 自己的个人主页或个人空间
  7. 传统的信件 8. 其他

G10. 从总体来说,您大概会和几个人倾诉这些不平等遭遇? _____ 个人

G11. 在过去5年里,您做下列事情的频率如何?

	从不	偶尔	有时	经常
1. 在国内旅行	1	2	3	4
2. 到国外旅游	1	2	3	4
3. 与国内的亲戚朋友交流社会时事信息	1	2	3	4
4. 与国外的亲戚朋友交流社会时事信息	1	2	3	4
5. 从国外报刊、电视或广播中了解新闻	1	2	3	4
6. 从国内报刊、电视、广播中了解新闻	1	2	3	4
7. 从国外报刊或电影了解新闻以外的其他信息	1	2	3	4
8. 上网	1	2	3	4

最后,请您回忆一下您的工作经历情况。没有换过工作的不用回答,请从下面选项中进行选择,写在表格相应位置(没有列出选项的,直接在表格中根据实际情况作答)。

	A 工作获得方式	B 工作了几个月?	C 主要工作职责	D 单位性质	E 选择该工作的原因	F 工作单位的福利	G 月收入	H 换工作的原因
第1份								
第2份								
第3份								

A 工作获得方式:1. 毕业后安排   2. 亲戚朋友介绍   3. 人才市场应聘   4. 个体经营   5. 网上投简历应聘   6. 直接到单位应聘   7. 劳务派遣   8. 其他

D 单位性质:1. 个体雇工   2. 个体经营   3. 国有/集体企业   4. 私营企业   5. 合资/外资企业   6. 其他

E 选择该工作的原因是:1. 工资高福利好   2. 爱好   3. 工作稳定   4. 能学到东西   5. 别人介绍   6. 没有其他工作   7. 其他

F 工作单位的福利包括：1. 食宿补贴　　　2. 医疗保险　　　3. 养老保险
4. 工伤保险　　5. 其他

H 换工作的原因：1. 收入低　　2. 工作时间长　　3. 找到更好的工作
4. 工作压力大　　5. 结婚生孩子　　6. 其他

调查开始时间：_____	调查结束时间：_____
访问员签名：_____	督导员签名：_____

我们的调查结束了，非常感谢您的帮助！